Wöller · Psychische Störungen bei Studenten

Friedrich Wöller

Psychische Störungen bei Studenten und ihre sozialen Ursachen

Eine empirische Untersuchung unter Göttinger „Lehrer"-Studenten

Beltz Verlag · Weinheim und Basel

CIP-Kurztitelaufnahme der Deutschen Bibliothek

Wöller, Friedrich:
Psychische Störungen bei Studenten und ihre sozialen Ursachen : e. empir. Unters. unter Göttinger „Lehrer"-Studenten / Friedrich Wöller. – Dr. nach Typoskr., Neuausg. – Weinheim, Basel : Beltz, 1980.
(Beltz-Bibliothek ; 93)
ISBN 3-407-50093-9

Druck nach Typoskript

Umschlaggestaltung: E. Warminski, Frankfurt/M.
Printed in Germany

ISBN 3 407 50093 9

Inhaltsverzeichnis

Seite

Seite

Seite

Vorwort

Als Wissenschaftlicher Assistent am Pädagogischen Seminar der Universität Göttingen wie auch als bei der Philosophischen Fakultät eingeschriebener Student habe ich die Probleme und Sorgen, die vielgenannten "Frustrationen" und Ängste der Studierenden aus unmittelbarer Anschauung kennengelernt.

Oft habe ich in und außerhalb der eigenen Seminare mit Studenten und mit Kollegen die allen an der Universität Lehrenden und Lernenden bekannten Fragen diskutiert: Woher rührt die allgemeine studentische Verdrossenheit? Warum schweigen so viele Studenten in den Seminaren? Welche Schwierigkeiten haben die Studenten mit ihrer Arbeit, mit sich selbst? Wie erleben die Studenten die für sie entscheidende Phase ihrer Ausbildung?

Wenigstens auf einige dieser Fragen eine fundierte empirische Antwort zu finden, ist Ziel der vorliegenden Untersuchung, die als Dissertation der Philosophischen Fakultät der Georg-August-Universität vorgelegt wurde.

Meine Grundhypothese lautete: Das Studium und die Studienbedingungen an der Hochschule sind heute - und nicht erst seit heute - selbst Ursache für mancherlei psychosoziale Störung, wie sie sich beispielsweise im häufigen Studienfachwechsel, hohen Abbruchquoten, einer allgemeinen Seminarapathie, verstärkter Frequentierung der ärztlich-psychologischen Beratungsstellen bis hin zum Suizidversuch und Suizid ausdrücken.

Mit einer Art "Doppelforschungsstrategie" (Fragebogen und Gruppendiskussion) versuchte ich, in dieser Arbeit das Ausmaß und die Ursachen psychischer Störungen unter Studenten aus der Sicht der Betroffenen zu ergründen. Es soll schon an dieser Stelle darauf verwiesen werden, daß es sich in dieser Arbeit nicht um die Erkundung eines abgewogenen Bildes der deutschen Studentenschaft, sondern explizit um deren Nöte, Sorgen und Beschwerden, also um die "dunklen" Seiten universitärer Realität handelt.

Trotz Verwendung einer Vielzahl von unterschiedlichsten Forschungsinstrumenten wurde in der Darstellung durch Zusammenfassung und Interpretation der Ergebnisse unter thematischen Gesichtspunkten versucht, dem Leser die inhaltlichen Zusammenhänge der Art, des Ausmaßes und der Ursachen von "Neurotizismus", von "Kontaktstörungen" und von "Arbeitsstörungen" zu erläutern. So sind die einzelnen Kapitel auch für den eventuell nur partiell interessierten Leser verständlich. Zwei nicht unwichtige Ergänzungen in Form zweier Exkurse zu den Themen: "Sozialisationswirkungen" und "Probleme der weiblichen Studierenden" differenzieren das Erscheinungsbild psychischer Störungen an der Universität.

Einige wesentlich sich aus dieser Untersuchung ergebende Ansätze zur Verbesserung der universitären Situation enthält der Schlußteil.

Für mancherlei Hilfe bzw. Anregung danke ich an dieser Stelle den Herren Prof. H.P. Bahrdt und Prof. B. Fittkau. Ebenfalls bedankt sei Herr Dr. J. Schlömerkemper für "computertechnischen" Beistand, sowie Frau Dipl.-Sozialwirtin A. Welzel-Mollwitz für ihre Hilfe bei den Auswertungsarbeiten.

Göttingen, November 1977

I. Teil: Allgemeiner Rahmen der Problemstellung

In diesem Teil wird es darum gehen, Bedeutung und Wichtigkeit der durchgeführten Untersuchung zu begründen, wie sie sich einerseits aus dem Problem von psychischen Störungen selbst, zum andern durch die Forschungslage zum Thema Sozialisation an der Hochschule und ihrem Mißlingen ergeben. Am Schluß dieses Kapitels werden die wichtigsten Fragestellungen, die diese Arbeit beantworten soll, erörtert.

1. Motivation und Begründung der vorliegenden Arbeit

Folgende Fakten und Untersuchungsergebnisse verdeutlichen, warum psychische Störungen unter Studierenden kein Randproblem der Universitäten und der Gesellschaft darstellen:

+ 84o 8oo Bundesbürger studierten im WS 1975/1976 im Bundesgebiet an den verschiedensten Arten von Hochschulen, davon ca. 66 % an Universitäten.[1]

+ Nach Schätzungen des Kölner Instituts der Deutschen Wirtschaft verläßt fast jeder vierte Student die Hochschule ohne Examen, d.h.: rund 18 ooo Studierende geben jährlich ihr Hochschulstudium auf.[2] Den Steuerzahler kosten diese "Abbrecher" jährlich 2,5 Milliarden Mark.[3]

+ Nach einer Umfrage des Bundesministeriums für Bildung und Wissenschaft aus dem Jahre 1974 ist jeder dritte

---

1) vgl. betrifft: erziehung, Nr. 1/1977, S. 14

2) Genaue und zuverlässige Untersuchungen über Studienabbruchquoten liegen bislang nicht vor. Unberücksichtigt bleibt sicherlich bei diesen Zahlen auch, daß einige, besonders Frauen, eventuell später ihr Studium wieder aufnehmen. Die Ergebnisse aus je lokalen Untersuchungen schwanken zwischen 15 % und 3o %. Vgl. hierzu sowie zu den oben genannten Zahlen die Veröffentlichung des Deutschen Instituts für die Deutsche Wirtschaft mit dem Titel: Streitsache: Studienabbrecher, Köln 1976, S. 8. Vgl. zu diesem Abbruchproblem auch Kap. III, 5, S. 25o f. dieser Arbeit, sowie HITPASS, J., Das Studienschicksal des Immatrikulations-Jahrgangs 1958, Gütersloh 1967

3) vgl. Streitsache: Studienabbrecher, a.a.O., S. 7

Student vom Studienfach seiner Wahl enttäuscht; 15 % wechselten ein oder mehrmals ihr Studienfach, jeder zweite studierte über die jeweils vorgesehene Semesterzahl hinaus.[1)]

+ Zwischen 1,4 und 3,o % schwanken die prozentualen Anteile von Studierenden, die eine psychotherapeutische Beratungsstelle aufsuchen.[2)] Doch das Beratungsklientel (das sind bei 3 % immerhin mehr als 25 ooo Studenten im Bundesgebiet) stellt nach Meinung von Experten nur das Ergebnis einer vielfachen Selektion dar.[3)] Schätzungen über die wahre Zahl der Studenten, die unter psychischen Störungen leiden, schwanken zwischen 1o % und 5o % je nach Definition und Forschungsmethode.[4)] Sicher scheint zu sein, daß der "unsichtbare Krankenstand" unter den Studenten erheblich über dem derzeitig erfaßten oder erfaßbaren liegt.[5)] SPERLING unterstellt, daß "jeder (Student, d. Verf.) ... zumindest vorübergehend als Symptomträger von Störungen neurotischer oder psychosomatischer Genese zu bezeichnen" ist.[6)]

---

1) vgl. Infratest: Hochschulbarometer, Befragung von Studierenden im WS 1973 u. 1974, Zusammenfassung wichtiger Ergebnisse, München ohne Jahr, S. 9 bzw. S. 12 und S. 18

2) vgl. Bericht der psychotherapeutischen Beratungsstelle Cöttingen, interner Bericht, hrsg. v. M. Kuda, Göttingen 1974, S. 6

3) vgl. BECK, J., Zwischen Identität und Entfremdung, Frankfurt 1976, S. 187. Für die Selektion wird unter anderem die Beratungskapazität, unterschiedliche soziale und psychische Distanz der potentiellen Klienten zur Beratungsstelle, verschiedene Behandlungsmethoden usw. geltend gemacht.

4) vgl. ZIOLKO, H.U. (Hrsg.), Psychische Störungen bei Studenten, ein Symposium, Stuttgart 1969, S. 2

5) vgl. MÖLLER, M./SCHEER, J.W., Psychotherapeutische Beratungsstelle (Gießen), Stuttgart 197o, S. 136 f.

6) SPERLING, E., Folgen emotionaler Instabilität bei Studenten und vorbeugendes Eingreifen, in: Aurin, K. (Hrsg.), Bildungsberatung, Perspektiven ihrer Entwicklung in der BRD, Frankfurt 1973, S. 96

Diese drei Fakten - Höhe der Abbruchquoten, Enttäuschung übers Studienfach und Ausmaß der psychischen Störungen - lassen die Bedeutung erkennen, die einer genaueren und gezielteren Untersuchung der Ursachen von Studienschwierigkeiten zukommen.

Doch trotz einiger neuerer Veröffentlichungen[1] kann auch heute noch nicht von einer systematischen, empirisch fundierten Forschung zu Hochschulproblemen gesprochen werden.[2] Dies verblüfft um so mehr, als die potentiellen Forscher (also Professoren, Dozenten, Assistenten) fast täglich mehr oder weniger stark mit studentischen Problemen und ihren strukturellen Ursachen konfrontiert werden, ja sie zum Teil selbst evozieren: Überfüllte Seminare, schweigende Teilnehmer, starke Fluktuation, geringe "Arbeitsmoral", Klagen über Arbeitsstörungen und Kontaktmangel - all dies sind Erfahrungen, die ein Dozent-zumindest der geisteswissenschaftlichen Fächer - tagtäglich machen kann.

Im Bewußtsein der Öffentlichkeit, der jeweiligen Bezugspersonen und des Lehrpersonals, und meist auch in dem der Betroffenen[3] wird Abbrechen, werden Arbeitsstörungen überhaupt, psychische Störungen bis hin zum Selbstmord als persönliches, je individuelles Versagen aufgefaßt,[4] ohne die gesellschaftlichen, d.h. auch die jeweiligen institutionellen Bedingungen solcher Konflikte und solchen "Versagens"

---

1) AHRENS, BECK, SATERDAG, genauere Angaben s. weiter unten in Kap. I, 3, S.12 f.

2) vgl. BECK, P., Zwischen Identität ..., a.a.O., S. 6, und WEINERT, F.F., Schule und Beruf und institutionelle Sozialisationsbedingungen, in: Handbuch der Psychologie, Bd. 7, 2. Halbband, S. 848 ff., Göttingen 1972

3) vgl. SOMMERKORN, Ch., Die Nase voll von der Uni, 3.4.1975, HR 1, 2o.3o Uhr

4) Sowohl MITSCHERLICH als auch WELLENDORF konstatieren und kritisieren dieses falsche Bewußtsein, vgl. MITSCHERLICH, A., Krankheit als Konflikt, Bd. 1, Frankfurt 1969, S.17 ff und vgl. LIEBEL, M./WELLENDORF, F., Schülerselbstbefreiung, Frankfurt 1971^4, S. 41

in den Blick zu bekommen. Auch die traditionelle psychologische und psychoanalytische Literatur zu studentischen Problemen blieb über lange Zeit auf die Erforschung der individuellen Persönlichkeitsdiagnose oder bestenfalls auf die Persönlichkeitsentwicklung in ihrer familiären Geprägtheit beschränkt.[1] Erst in neuester Zeit setzt sich auch hier die Einsicht durch, den Krankheitsbegriff medizinischer Provenienz in Frage zu stellen und Krankheit als "abweichendes Verhalten" aufzufassen, also als "soziales Phänomen, dessen begriffliche (und inhaltliche, d. Verf.) Fassung weder auf biologischer Ebene noch auf einer isoliert psychologischen Ebene gelingen kann."[2] Psychische Störungen sind also "gesellschaftliches Leiden und Leiden an der Gesellschaft", wie DREITZEL es ausdrückte,[3] sie werden subjektiv erlebt und gesellschaftlich produziert. Es ist dieses "Paradoxon, daß der Mensch fähig ist, eine Welt zu produzieren, die er dann anders denn als ein menschliches Produkt erlebt",[4] was es so schwierig macht, sich auf politischer, wissenschaftlicher oder auch persönlicher Ebene einer der beiden Simplifikationen zu entziehen: entweder soziologistischem Determinismus bei individueller Ohnmacht oder individualistischem Psychologismus mit Omnipotenzphantasien der Art: Jeder ist seines Glückes (und Leides) Schmied. - Auch die sog. "objektive" Wirklichkeit wird letztendlich durch das Zusammenwirken von Subjekten, eben gesellschaftlich be"wirkt" und darüber hinaus jeweils subjektiv interpretiert und wahrgenommen, ohne daß man sich indessen der immer schon produzierten Wirklichkeit, wie sie auf jeden "wirkt", dezisionistisch entziehen kann.

---

1) vgl. weiter unten Kap. I, 3, S. 12 f.

2) KEUPP, H., Psychische Störungen als abweichendes Verhalten, München 1-72, S. 69

3) vgl. DREITZEL, H.P., Das Leiden der Gesellschaft und das Leiden an der Gesellschaft. Vorstudien zu einer Pathologie des Rollenverhaltens, Stuttgart 1972

4) vgl. BERGER/LUCKMANN, Die gesellschaftliche Konstruktion der Wirklichkeit, Frankfurt 1969, S. 65

Um der doppelten Verkürzung bei der Betrachtung sozialer Wirklichkeit, insbesondere psychischer Störungen, zu entgehen, muß deshalb die Erforschung der subjektiven Leiden sowie die Erforschung und Reflektion der (subjektiv wahrgenommenen) Bedingungen, die bei den Betroffenen zum Leiden führen, miteinander verknüpft werden.[1] Nicht als solches schon werden Bedingungen, d.h. Wirklichkeit, schon zur Ursache von Leiden, sondern erst durch die je subjektive Wahrnehmung und Interpretation[2] derselben.

Im Gegensatz zu bisherigen Untersuchungen zu dieser Problematik, die medizinische, psychologische und psychoanalytische Ansätze bevorzugten,[3] scheint es uns also sinnvoll und notwendig, auch psychische Probleme, psychische Störungen bei Studenten als ein soziales Phänomen zu betrachten und als soziales zu analysieren. Ohne die entwicklungspsychologischen Ursachen und individuellen Unterschiede aus dem Blick zu verlieren, soll untersucht werden, ob und inwiefern die speziellen institutionellen Bedingungen: Hochschulstudium und Universitätsleben, überhaupt erst neurotisches Verhalten produzieren oder das andernorts vielleicht zu vermeidende Wieder-Ausbrechen früherer Fehlentwicklungen begünstigen. Der partiellen Beseitigung dieses Forschungsdefizits, nämlich der soziologischen Erfassung psychischer Störungen bei Studenten und ihrer Bedingungen aus der Sicht der Betroffenen soll die vorliegende Arbeit dienen.

---

1) also eine Art "Forschungsdoppelstrategie"

2) vgl. WATZLAWICK, P., Wie wirklich ist die Wirklichkeit, Frankfurt 1975.-"Falsches Bewußtsein" dagegen als objektive Tatsachenbehauptung ist (wenn überhaupt) dann eben notwendiges, wird nicht auf die "richtige" Wirklichkeit bezogen, führt nicht zum Leiden und damit auch weder zur Revolution noch anderen Veränderungen - hier hülfe nur Aufklärung.

3) Ausnahme: P. BECK, AHRENS, J.R., vgl. weiter unten,S.12 f.

2. Hochschule als Gegenstand der (empirischen) Sozialisationsforschung

2.1 Allgemeines

Die Hochschule hat traditionellerweise in Deutschland die doppelte Aufgabe der Forschung und der Lehre. Hinter der Lehraufgabe der Universität verbirgt sich eine bisher wenig beachtete Tatsache, daß die Hochschule eine der wichtigsten Sozialisationsagenturen aller Akademiker unserer Gesellschaft ist, der man traditionsgemäß noch immer einen gewissen Führungs- oder Elitecharakter zuschreibt.[1)]

Doch HUBER dürfte recht haben, wenn er schreibt:

> "Für die Mehrzahl der in der Hochschule tätigen Wissenschaftler bzw. Hochschullehrer dürfte die These, daß wissenschaftliches Studium mit Sozialisation verknüpft ist - oder gar darin seine wichtigste Funktion hat -, noch befremdlich oder illegitim sein, weil sie sich mit dem Selbstverständnis ihrer Disziplin als wertfrei und objektiv forschender und sich vermittelnder Wissenschaft und mit dem Selbstverständnis der Universität, nur "Wissenschaft" zu vermitteln, nicht verträgt, und unangenehm sein, weil sie an die Interpretation der eigenen Biographie als Wissenschaftler rührt."[2)]

Auch die Sozialisationsforschung selbst, die sich die Aufgabe gestellt hat, alle Institutionen, Faktoren und Prozesse bei der individuellen Aneignung gesellschaftlicher Normen und Verhaltensweisen zu untersuchen, hat sich bisher fast ausschließlich mit den Sozialisationsinstanzen: Familie, Schule und peer-groups, weniger jedoch mit der Hochschule (und dem Beruf) befaßt. Erst die theoretische Einordnung der Hochschule in den Sozialisationsablauf des

---

1) Allerdings sind die Nivellierungs-, ja Proletarisierungstendenzen nach der explosionsartigen Zunahme der Studentenschaft seit 1950 und spätestens nach der auch die zukünftigen Akademiker bedrohenden Arbeitslosigkeit nicht mehr zu übersehen.

2) HUBER, L., Das Problem der Sozialisation von Wissenschaftlern, N. Sammlg., 1974, S. 11

angehenden Akademikers aber eröffnet den Blick für die Bedeutung, die das Durchlaufen dieser Sozialisationsagentur mit seiner spezifischen Arbeits- und Kommunikationsstruktur kognitiv und affektiv für die psycho-soziale Entwicklung des Studenten in seiner Übergangssituation von Elternhaus und Schule zum Beruf hat. Neben dem Erwerb von entscheidenden Qualifikationen für den späteren Beruf (zumindest dem Anspruch nach), laufen in dieser Sozialisationsphase so entscheidende Prozesse ab wie Loslösung vom Elternhaus, Aufbau einer neuen Wertordnung, erste Erfahrungen mit ernsthafteren Partnerbeziehungen, Hineinwachsen in einen neuen Status bei gleichzeitiger finanzieller Abhängigkeit und "Unfertigkeit" (vgl. folgendes Schema).

Sozialisationsschema: Hochschule

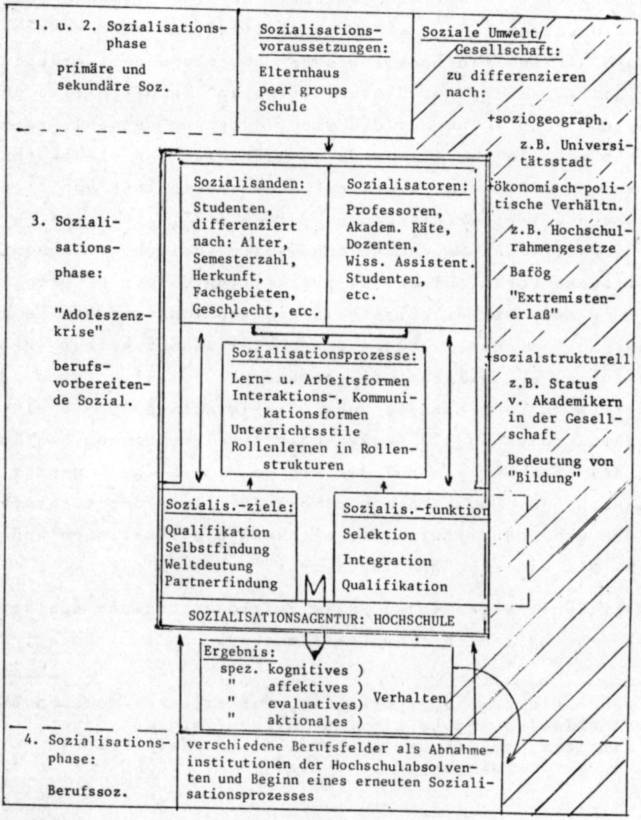

Als Erläuterung dieses Sozialisationsschemas mögen folgende Anmerkungen genügen:

Auf der einen (hier linken) Seite durchläuft jedes Individuum in unserer Gesellschaft relativ unabhängig von den je unterschiedlichen Agenturen bestimmte aufeinanderfolgende Sozialisationsphasen: primäre, sekundäre Sozialisation; Adoleszenzkrise und schließlich die Berufssozialisation. Diese verschiedenen Phasen des allgemeinen Sozialisationsprozesses vollziehen sich je nach gesellschaftlicher Schichtung (und Ausbildung) in unterschiedlichen Sozialisationsagenturen: Die Hochschule ist für die angehenden Akademiker die der berufsvorbereitenden Sozialisation und gleichzeitig die der "Adoleszenzkrise" zuzuordnende Sozialisationsagentur.[1] Auch die Sozialisationsagentur Hochschule hat institutionell gesehen sowie von dem Werdegang der Sozialisanden her "Voraussetzungen": nämlich Elternhaus und Schule (um nur die wichtigsten zu nennen), gleichzeitig ist sie wie alle anderen Agenturen und die in ihnen ablaufenden Prozesse eingebettet und beeinflußt von allgemeineren differenzierenden und diese modifizierenden gesellschaftlichen Gegebenheiten: Soziogeographie, ökonomisch-politische Verhältnisse, Wertvorstellungen von Berufen, von Bildung usw. Die wichtigsten Sozialisationsprozesse in der Hochschule finden zwischen den Sozialisanden selbst (hier Studenten) und zwischen diesen und den Sozialisatoren (hier Lehrkörper) statt, wobei die jeweiligen Ziele eines solchen Prozesses als dessen objektive Funktionen Einfluß auf das Ergebnis wie auf die Art des Sozialisationsprozesses haben. Dabei können sowohl die Ziele der unterschiedlichen Gruppen differieren, als auch die Funktionen andere sein, als man sie "zielfunktional" vermuten müßte.

Das Ergebnis eines jeden Sozialisationsprozesses schlägt sich schließlich in einem bestimmten Verhalten nieder, das

---

1) Wobei nicht zu übersehen ist, daß zwischen solchen Phasenabläufen und bestimmten "Krisen" und der jeweiligen Existenz und Art der zugeordneten Sozialisationsagenturen Wechselwirkungen bestehen.

seinerseits als vorgegebene Verhaltensweise (gemeint sind auch Fähigkeiten, Einstellungen) beim Eintritt in eine neue Sozialisationsphase, den Beruf, relevant wird. Die Einwirkungen, die von diesen "abnehmenden" (Berufs-)Feldern auf die Universität ausgehen, sind bei der jetzigen Form von "autonomer" Universität relativ gering, wie groß der Einfluß der Universität in umgekehrter Richtung, also auf die Berufsgestaltung sowie auf die Gesellschaft im allgemeinen ist, läßt sich schwer festmachen.

2.2 Untersuchungsgegenstand der vorliegenden Arbeit

Untersuchungsgegenstand der vorliegenden Arbeit bilden ausschließlich die Sozialisanden, deren Erleben und Leiden, deren Sicht der Ursachen für Probleme ihrer eigenen Hochschulsozialisation.

Erst im Mißlingen der sonst scheinbar selbstverständlich ablaufenden Sozialisationsprozesse wird die Bedeutung sichtbar, die die Sozialisationsagentur Hochschule für die Studenten hat, bzw. wie gravierend es für die Entwicklung der Sozialisanden ist, wenn jene ihrer Sozialisationsaufgabe nicht gerecht wird oder wenn sie selbst geradezu Bedingungen schafft, die ein Scheitern zumindest wahrscheinlich werden läßt.

Psychische Störungen bei Studenten sind in diesem Zusammenhang subjektiv erlebtes Leiden an psychischen und körperlichen Symptomen und der Unfähigkeit, sich gemäß eigenen und von der Institution Hochschule als relevant definierten Ansprüchen sozial adäquat zu verhalten.[1] Sie sind Ausdruck und Indiz des Mißlingens von Sozialisationsprozessen an der Hochschule; deren Unzulänglichkeiten, widersprüchlichen Rollenanforderungen an die Studenten, innere

---

1) Zur genauen Definition und Diskussion der Definition von psychischen Störungen vgl. Kap. III, 1.1 und KEUPP, H., a.a.O., S. 67 ff.

Konflikte und zum Teil undurchschaubare Irrationalität ihre Entsprechung auf der psychosozialen Ebene bei vielen Studenten in Form von Arbeits- und Kontaktstörungen bis hin zur Aufgabe sozialer (Studienabbruch) und personaler Identität (Selbstmord) finden.

Sind so auf der einen Seite die sozialisationsagenturspezifischen Faktoren, vor allem Arbeitsbedingungen und Kommunikationsstrukturen zu untersuchen, sind auf der anderen Seite die sozialisationsphasenspezifischen zu beachten: die Übergangsproblematik von Schule und Elternhaus, geregelt und kontrolliert mit bekannten, klar umgrenzten Aufgaben, bis hin zum späteren Beruf, über den noch kaum genauere Vorstellungen existieren; typische Probleme der "Adoleszenzkrise",[1] wie Aufbau einer neuen Wertorientierung, Selbständigkeit und Selbstfindung, Partnersuche und Verarbeitung der zu überwindenden Elternbindung müssen in dieser Zeit bewältigt werden.

3. Diskussion der Forschungslage zum Thema: Psychische Störungen bei Studierenden

3.1 Allgemeines

Wie schon erwähnt, kann von "einer systematischen, empirisch fundierten Forschung zu Hochschulproblemen" auch heute "noch kaum gesprochen werden".[2] Zwar gibt es eine Flut von kleineren und kleinsten Diplom- und anderen Qualifikationsarbeiten, meist nur in Form von Aufsätzen zugänglich; in ihnen werden jedoch oft nur isolierte Einzelphänomene mit oft völlig unzureichenden empirischen Mitteln bearbeitet oder es handelt sich "weitgehend um hochschul- und gesellschaftspolitische Publizistik", wie BECK schreibt.[3] Ihre Impulse bekam die Hochschulforschung im

1) vgl. DÖBERT/NUNNER-WINKLER, Adoleszenzkrise und Identitätsbildung, Frankfurt 1975

2) vgl. BECK, P., a.a.O., S. 6

3) vgl. ebenda

weitesten Sinne im wesentlichen aus folgenden verschiedenen Quellen:

a) der amerikanischen Forschung. Sie untersuchte besonders den Einfluß der Hochschule auf die Persönlichkeitsentwicklung, auf Einstellungsänderungen bei den Studierenden sowie Prognosemöglichkeiten des Studienerfolgs.[1)]

b) der Studentenbewegung. Sie initiierte Untersuchungen zum politischen Bewußtsein der Studenten. Auch programmatische Schriften wurden in Aufsatzsammlungen zur Demokratisierung der Hochschule auf den Markt gebracht.[2)]

c) aus der Forschungstätigkeit der psychotherapeutischen Beratungsstellen. Obwohl zumeist mit ihrer Therapieaufgabe völlig ausgelastet, entstanden doch am Rande kleinere Untersuchungen zu psychischen Teilproblemen bei Studierenden, meist jedoch wurde die Institution bzw. die Beratungsklientel besonderen Untersuchungsverfahren unterzogen.[3)]

---

1) vgl. KLEEMANN, S., Bibliographische Materialien zur Hochschulforschung. Sozialisationsprozesse und Einstellungsänderungen in der Hochschule am Beispiel der USA - Berlin 1969 und NEWCOMB, T.M./FELDMAN, K.A., The impact of college on students, 2 Bde., San Francisco 1969. Besonders mit dem Studienerfolg beschäftigen sich folgende Werke: FISHMAN, J.A./PASANELLA, A.K., College admission - selection studies, in: Review of Educational Research, 16o, 3o, S. 298 - 331 und HUMPHREYS, Sl. G., The fleeting nature of the prediction of college academic success, in: Journal of Educational Psychology, 1968, Nr. 59, S. 375 - 38o

2) vgl. HABERMAS, J., Protestbewegung und Hochschulreform, Frankfurt 1969; NITSCH/GERHARD/OFFE/PREUSS, Hochschule in der Demokratie, Neuwied 1965; LEIBFRIED, S. (Hrsg.), Wider die Untertanenfabrik, Handbuch zur Demokratisierung der Hochschule, Köln 1967

3) Als Pionierarbeit gilt in diesem Zusammenhang DÖRNER, K., Die Hochschulpsychiatrie, Stuttgart 1967. Neuere, vor allem schon auf empirischer Basis arbeitende Untersuchungen sind von MÖLLER, M.L./SCHEER, J.W., Psychotherapeutische Beratungsstelle ..., a.a.O. und SPERLING E./JAHNKE, J., a.a.O. Auch SANDER, K./LÜCK, H.R. untersuchten mit dem auch von uns verwendeten SSP psychische Probleme der Beratungsstellenklientel: SANDER/LÜCK, Psychische Konflikte bei Studenten, Köln 1974

d) neuerdings aus der Diskussion um hochschuldidaktische Innovationen. Besonders der Hamburger Arbeitskreis zur Hochschuldidaktik hat sich die Aufgabe gestellt, über den rein hochschuldidaktischen Rahmen hinaus auch allgemein Sozialisationsprozesse an der Hochschule in den Themenbereich ihrer Publikationen in der Reihe: Blickpunkt: Hochschuldidaktik aufzunehmen.[1)]

3.2 Forschungsansätze zu psychischen Störungen bei Studierenden

Die für das vorliegende Thema: Psychische Störungen bei Studierenden und ihre sozialisationsagenturspezifischen Ursachen interessierende Literatur ist jedoch äußerst begrenzt. Natürlicherweise haben sich mit psychischen Störungen besonders Autoren aus dem Umkreis von Beratungsstellen beschäftigt, meist aus ihren Erfahrungen mit Klienten der jeweiligen lokalen Beratungsstellen heraus. Die bekanntesten Untersuchungen dieser Provenienz sind die von MÖLLER/SCHEER und von SPERLING/JAHNKE.[2)] Es handelt sich bei diesen

---

1) vgl. die inzwischen über 4o Bände umfassenden Veröffentlichungen in der Reihe: Blickpunkt: Hochschuldidaktik, die vom Arbeitskreis für Hochschuldidaktik in Hamburg herausgegeben werden. Insbesondere für unsere Problematik interessant sind folgende Publikationen: H. 19: SIMONS, H., Sozialisation durch die Hochschule, Auswirkungen hochschulspezifischer Sozialisation auf das Verhalten von Studenten, Hamburg 1971; H. 17: PRIOR, H., Kritische Bibliographie zur Hochschuldidaktik, Hamburg 1971; H. 37: BARGELT, T./FRAHMHEIN, G./HUBER, L./PORTELE, G., Sozialisation in der Hochschule, Beiträge für eine Auseinandersetzung zwischen Hochschuldidaktik und Sozialisationsforschung, Hamburg 1975

2) MÖLLER, M.L./SCHEER, J.W., Psychotherapeutische Beratungsstelle ..., a.a.O.; SPERLING, E./JAHNKE, J. (Hrsg.), Zwischen Apathie und Protest, 2 Bde., Bern u.a., 1974

Arbeiten jedoch fast ausschließlich um das Klientel der Beratungsstellen, das nach sozialbiographischen und symptomatologischen Gesichtspunkten untersucht wird. Doch wird in diesen Studien immerhin schon die "objektive Studiensituation" als ein möglicher Faktor bei der Genese von Störungen mit einbezogen, wie dies wohl erstmals GOLDSCHMIDT auf dem Symposium über psychische Störungen bei Studenten im Jahre 1968 in Berlin forderte.[1)] So kommen MÖLLER/SCHEER aufgrund ihres "Universitätsfragebogenteils", den sie ihren 3o7 Klienten vorlegten, zu dem zusammenfassenden Ergebnis, daß die "Einschätzung der Universitätssituation" nach Studienphasen sowie nach Fächern differiert. Studierende, die eine Beratungsstelle aufsuchten, seien bei Studienabschluß kritikempfindlicher gegenüber Professoren und wirkten diesen gegenüber resignierter als eine Kontrollgruppe. Weiterhin sei "anzunehmen, daß die heterogenen Studienorganisationen und die unterschiedliche Attraktivität der Lehrstoffe die psychisch labileren Studenten stärker beeinflussen".[2)]

Ausführlicher geht SPERLING auf mögliche sozialisationsagenturspezifische Ursachen psychischer Störungen unter Studenten ein: Die Wissenschaft und der Wissenschaftsbetrieb, so meint er, würden mit ihrer "Prestigekrankheit" und Unübersichtlichkeit selbst zu den Problemen der Studierenden beitragen. "Die Probleme der Studenten sind, so gesehen, nicht zuletzt auch die Probleme der Wissenschaft", die ihrerseits kaum die zum Teil überzogenen Erwartungen der Studenten nach Werten, nach Welterkenntnis befriedige. Daraus resultiere bei den Studierenden einerseits Resignation und Protest, andererseits Frustration und Depression,

---

1) vgl. GOLDSCHMIDT,D., Die objektive Studiensituation der Studierenden in der BRD als eine Stress-Situation, in: Ziolko, H.U. (Hrsg.), Psychische Störungen bei Studenten, Stuttgart 1969, S. 51 ff.

2) MÖLLER/SCHEER, Psychotherapeutische Beratungsstellen ..., a.a.O., S. 81

da es schwieriger geworden sei, sich als einmalig zu erleben und seine Identität zu finden.[1]

In dem von SPERLING/JAHNKE herausgegebenen Band 2 wird von M. KUDA eine Studie bei Göttinger Germanisten erwähnt, die 1967 von J. SCHALTENBRAND durchgeführt, jedoch nicht abschließend verarbeitet wurde. Hier wurde erstmalig versucht, nichtklientele Studierende nach ihren psychischen Störungen zu befragen und deren strukturelle Ursachen zu erforschen. Dem Bericht zufolge leiden danach über die Hälfte aller Studenten unter "persönlichen Problemen" und Beschwerden, die "selbst in leichter Ausprägung eine psychotherapeutische Behandlung notwendig erscheinen lassen."[2] Insbesondere werden spezifische "Konfliktstrukturen", wie Unlust, Rollenkonflikte, Emanzipationsschwierigkeiten, Außenerwartungen, Unselbständigkeit und Schwäche diskutiert. Die nur essayistische Auswertung des offenbar sehr umfangreichen Datenmaterials durch M. KUDA läßt jedoch keine abschließende Beurteilung der Relevanz zu. Auch die Verknüpfung von Symptombereichen und jeweiliger sozialer Situation, die Ziel dieser Arbeit war, bleibt in diesem Bericht unklar.

Ebenfalls aus der Arbeit an einer Beratungsstelle entstand eine Studentenuntersuchung durch die Gießener Psychotherapeuten RICHTER, H.E. und BECKMANN, D., bei der sie den von ihnen selbst entwickelten Gießen-Test anwandten, der auch in vielen Beratungsstellen den sich neuanmeldenden Ratsuchenden vorgelegt wird. Leider liegen die Ergebnisse ihrer Untersuchungen nur in einer für wissenschaftliche Zwecke völlig unzureichenden Form vor. Sie wollten das "Bild der Studenten von sich selbst, von ihrer Arbeit und von der Universität" untersuchen. 162 Gießener Studenten wurden befragt, die nach Angaben der Autoren repräsentativ sein sollen für alle Fa-

---

1) vgl. SPERLING/JAHNKE (Hrsg.), a.a.O., S. 224 ff.

2) vgl. ebenda, S. 96

kultäten, Geschlechter und Anfangs- und Schlußsemester. Letzteres scheint mir bei einer so kleinen Stichprobe ausgeschlossen zu sein.[1] Als Ergebnisse werden sehr allgemeine Aussagen gemacht, so z.B. daß Studenten der "philosophischen Fächer" (gemeint sind: Soziologie, Psychologie und Philologie) sozial aufgeschlossener seien, eigensinnig und hartnäckig, häufig in Auseinandersetzungen verstrickt seien,und durch Angstgefühle an ihrer Entfaltung mehr gehindert würden als andere Studenten.[2] Die "Erziehungswissenschaftler" fielen "eigentlich überhaupt nicht" auf.[3] Die Ursache für ihre Unzufriedenheit sähen die Studenten übereinstimmend "nicht in persönlichen Schwierigkeiten, sondern (in) äußeren Umständen".[4] Den Anfängern wird eine gewisse Unsicherheit, den länger Studierenden eine gewisse Routine zugesprochen, den weiblichen Studierenden gehe es psychisch gesehen vergleichsweise schlechter als ihren männlichen Kollegen: sie fühlten sich eher verloren, sie erhielten keine Zuwendung, die sie in verstärktem Maße erwarteten, seien "unsicher in bezug auf die Richtigkeit ihrer Arbeit und deren Erfolg".[5] Über das Ausmaß und die Ursachen von psychischen Störungen werden lediglich einzelne spekulative Hypothesen erwähnt, ohne diese jedoch zu überprüfen.

Zwei der ältesten Untersuchungen zu psychischen Störungen und Konflikten der Studenten stammen von REICHENBECHER (1962) und SIEDENTOPF (1965).[6]

---

1) BECKMANN/MÖLLER/RICHTER/SCHEER, Studenten - Urteile über sich selbst, über ihre Arbeit und über die Universität, Frankfurt 1972, S. 8

2) BECKMANN u.a., a.a.O., S. 18

3) ebenda

4) ebenda, S. 27

5) ebenda, S. 32 ff.

6) vgl. REICHENBECHER, H., Konflikte der Studentenzeit, Phil. Diss. Heidelberg 1962 und SIEDENTOPF, D., Art und Häufigkeit psychischer und psychosomatischer Störungen - Untersuchung bei Göttinger Studenten, Diss. Göttingen 1968

Soweit aus der Sekundärliteratur zu entnehmen, handelt es sich bei REICHENBECHER um eine Untersuchung der Konfliktträchtigkeit der Studentenzeit, die sich für ihn daraus ergibt, daß "der Studierende einerseits ein in Abhängigkeit Heranwachsender, andererseits ein 'lernender Erwachsener' ... ist, wahlberechtigt und heiratsfähig, aber wirtschaftlich nicht in der Lage, diese Potenzen bereits voll auszunützen."[1)]

SIEDENTOPF dagegen suchte im Jahre 1965 mit Hilfe von Fragebogen (42 Fragen) bei 22o Studenten, die sich in der psychiatrischen Klinik oder im LKH oder bei anderen Psychotherapeuten in Behandlung befanden, Art und Häufigkeit ihrer psychischen Störungen zu erkunden. Er stellte bei dem größten Teil dieser Studenten Symptome wie Konzentrations- und Arbeitsstörungen, Depressionen, vegetative Labilität, Kopfschmerzen, Angstsymptome, Magen- und Darmbeschwerden fest, die seiner Meinung nach Indiz für Neurotizismus sind. Unter seinen Probanden fand er häufiger Theologen und häufiger höhere Semester, die schon über das 12. Semester hinaus studierten. Aufgrund seiner Recherchen litten 2,4 % der Gesamtstudentenschaft unter neurotischen Beschwerden der genannten Art. Er räumt jedoch selbst ein, daß die Zugangsart zu seinen Probanden - er suchte sie sich aus den Karteien der behandelnden Ärzte - keine exakte Aussage über die Repräsentativität seiner Ergebnisse zulasse. Über die Ursachen der Störungen ist aus dieser kurzen medizinischen Dissertation nichts zu entnehmen.

Im Jahre 1974 machte GROSSARTH-MATICEK Furore mit seiner Dissertation mit dem provokanten Titel:"Revolution der Gestörten". Er hatte 1967/68 politisch aktive Studenten (388) in Heidelberg jeweils fast 2 1/2 Stunden lang interviewt

---

1) nach BÖKER, W., Psychische Probleme bei Studierenden, Symptomatik, Ursachen und Behandlungsmöglichkeiten, in: Hamb. Ärzteblatt, 23. Jg., Nr. 1o, 1969
Die Arbeit selbst war dem Verfasser dieser Arbeit leider nicht zugänglich.

und weitere 138 mit Fragebogen befragt, welche privaten Nöte und welche Einstellungen und verdeckten Probleme die Studenten mit ihren Eltern hatten. Erwartungsgemäß förderte er interessante und tiefgründige Konflikte zutage. Daraus jedoch den Schluß zu ziehen: "Ursachen, Probleme und Ziele der studentischen antiautoritären Bewegung waren eben nicht primär sozialer und gesellschaftlicher Natur. Sie sind vielmehr auf dem Hintergrund sozialromantischer Vorstellungen und individuell-psychischer Persönlichkeitsstrukturen zu sehen", wie er im SPIEGEL Nr. 17 vom 22.4.1974, S. 89, zitiert wird, scheint nicht recht einsichtig. Richtiger wiedergegeben ist das Ergebnis seiner Arbeit wohl so: "Der Aufstand linksradikaler Studenten war a u c h ein Aufstand der Gestörten." [1] Nach seinen Untersuchungen, die nicht ohne Methodenkritik geblieben sind (besonders Verzerrungen durch eigene Durchführung der Interviews wurde ihm vorgeworfen) - litten die untersuchten Studenten unter Familienkonflikten, Widersprüchen zwischen eigener Sexualität und bürgerlicher Moral sowie unter psychopathologischen Symptomen wie Angst, Isolierung und Verfolgungsideen. Wie repräsentativ diese Ergebnisse für die Gesamtstudentenschaft damals war, läßt sich kaum erkennen. Dies festzustellen war allerdings auch nicht das Ziel seiner Untersuchung, er versuchte vielmehr, bestimmte Typen von Konfliktstrukturen herauszufinden, die eine bestimmte politische Richtung prädestinierten. Ob ihm das gelungen ist, soll hier nicht weiter erörtert werden.

Die einzige Längsschnittuntersuchung auf deutschem Boden, die auch die Persönlichkeitsstruktur von Studenten zum Thema hatte, ist die noch nicht veröffentlichte Arbeit von AMELANG und HOPPENSACK zum Thema: Persönlichkeitsstruktur und Studienerfolg. Bei ca. 2oo Hamburger Studenten der verschie-

---

1) ebendort im Spiegel, S. 89; vgl. GROSSARTH-MATICEK, R., Revolution der Gestörten?, Motivationsstruktur, Ideologien und Konflikte bei politisch engagierten Studenten, Diss. Heidelberg 1973

densten Fachrichtungen versuchten sie, Abhängigkeiten zwischen Persönlichkeitsstruktur und dem jeweiligen Studienerfolg zu untersuchen, indem sie die gleichen Studenten am Anfang ihres Studiums (1968) und am Ende (1973/74) mit den gleichen Methoden (Fragebogen) befragten. Sie stellten einen deutlichen Rückgang von "Konventionalität" und "Neurotizismus" sowie einen Anstieg von Extraversion fest.[1] Diese Ergebnisse werden in der Zusammenfassung als Vorwort referiert. Im Faktor "Durchsetzung" ließen die Psychologiestudenten und die Naturwissenschaftler eine Abnahme, die Pädagogen dagegen eine Zunahme der mittleren Merkmalsausprägung erkennen."[2] Da es in erster Linie um die Prognose des Studienerfolges ging, blieben die Ursachen für die eruierten Veränderungen unberücksichtigt.[3] Ebenfalls in Hamburg entstand die Arbeit von AHRENS, der von 1965 bis 197o Untersuchungen verschiedenster Art zum Teil selbst durchführte, zum Teil neu aufbereitete und daraus einen ersten umfassenden Versuch zur Beschreibung der Sozialisationsprozesse unter Studenten erarbeitete. Auch hier werden Störungen psychischer Art jedoch nur am Rande gestreift und nicht durch eigene Forschung einer tiefergreifenden Analyse zugänglich gemacht. Die vielfältigen Ergebnisse und Überlegungen AHRENS können hier nicht dargestellt werden, ich werde aber im Zusammenhang der einzelnen Konfliktfelder, die in unserer Untersuchung angesprochen werden, auf ihn zurückkommen.[4]

---

1) AMELANG, M./HOPPENSACK, Th., Persönlichkeitsstruktur und Studienerfolg. Eine Untersuchung zu Persönlichkeitsveränderungen und der Vorhersage des Studienerfolges bei Studierenden verschiedener Fachrichtungen, Zwischenbericht, Hamburg 1975

2) ebenda

3) Die Hypothesen der Richtung von Veränderungen wurden von uns ebenfalls aufgenommen, wenn die Untersuchungsinstrumente auch nicht identisch sind.

4) vgl. AHRENS, J.R., Zur Sozialisationssituation von Studenten - ein empirischer Beitrag zur Analyse von Sozialisationseffekten bei Hamburger Studenten, Diss. Hamburg 1972

Die breit angelegten Untersuchungen von WERNER/ZIERIS/LIPP und von JENNE/KRÜGER/PLANTENBERG und von KATH/OEHLER/REICHWEIN seien hier nur der Vollständigkeit halber erwähnt - sie beschäftigen sich mit Studienverlauf, Studienmotivation und Studienerfolg an den verschiedensten deutschen Universitäten, psychische Störungen und ihre Ursachen tauchen in diesen Büchern gar nicht oder nur am Rande auf. Trotzdem sind einzelne Ergebnisse, z.B. zum Studienabbruch, für unsere Arbeit von Interesse.[1] Relevant für die Fragestellung dieser Arbeit erschien dagegen JAHNKE's Untersuchung über das Arbeitsverhalten der Studenten zu sein, in der er in einem Kapitel auch kurz auf die Arbeitsstörungen eingeht.[2] Bei einer repräsentativen Stichprobe von knapp 3oo Probanden fand er durch schriftliche und mündliche Befragung heraus (SS 68), daß "sich in allen drei Befragungsgruppen (Physiker, weibliche und männliche Philologen) ein leichter Rückgang der Problemzahl mit den Studienjahren beobachten" läßt.[3] Philologen sind hiernach häufiger mit dem Studienaufbau unzufrieden und klagen häufiger über eine "depressiv-labile Selbsteinschätzung", d.h. für JAHNKE, emotionale Probleme treten bei ihnen häufiger in den Vordergrund als bei den Physikern.[4] Weiter faßt er seine - nicht immer einfach zu interpretierende - Ergebnisdarstellung dahingehend zusammen, daß die weiblichen Studierenden die "Unsicherheitssymptome" im "personalen Bereich" stärker betonen[5] und "Studenten mit besseren Leistungen Störungen häufiger und beeinträchtigender erleben, weil das

---

1) WERNER, E. u.a., Student und Studium in Bochum, Zur Soziologie der Gründungssemester, Stuttgart 197o; JENNE, M. u.a., Student im Studium, Stuttgart 1969; KATH, G. u.a., Studienweg und Studienerfolg, Verlauf und Dauer des Studiums, Berlin 1966

2) JAHNKE, J., Empirische Untersuchungen über das Arbeitsverhalten im akademischen Studium, Meisenheim 1971

3) ebenda, S. 99

4) ebenda, S. 98 f.

5) ebenda, S. 99

Studium für sie bedeutsamer ist."[1] Welchen Umfang diese Störungen innerhalb der Studentenschaft haben und welche Ursachen das im einzelnen hat, blieb mir nach der Lektüre dieser Untersuchung unklar.

Die einzige größere Untersuchung, die am ehesten unsere Problematik zu behandeln scheint, ist die von APENBURG und SATERDAG, die bislang immer noch unabgeschlossen und zum Teil unzugänglich ist.[2] P. BECK hat neuerdings ein Buch mit dem Titel: "Zwischen Identität und Entfremdung" vorgelegt, indem er, ausgehend von Positionen der Frankfurter Schule einerseits und WATZLAWICK'scher Kommunikationsforschung andererseits, versucht, die Hochschule als "Ort gestörter Kommunikation" zu beschreiben. Neben einer ganzen Anzahl interessanter theoretischer Überlegungen, auch zu psychischen Problemen, bleiben jedoch letztere eine Art Konstrukte mißlungener Identität infolge von Kommunikationsmängeln der Universität. So konsequent das vom Ansatz dieser eher theoretischen Untersuchung ist, so unzureichend erscheint diese Reduktion der Problematik der psychischen Störungen auf den Kommunikationsaspekt, der sich empirisch auch nur schwerlich so belegen lassen dürfte. Trotzdem verdankt der Verfasser dieser Arbeit wesentliche Impulse und Erklärungsansätze diesem Buch.[3] Ähnliches gilt für den bekannten Aufsatz von W. WAGNER über den "Bluff", in dem meiner Kenntnis nach zum ersten Male versucht wurde, den Zusammenhang zwischen bestimmtem Arbeitsverhalten, besonders aber dem Kommunikationsverhalten (das WAGNER typischerweise als einen Zwang zum Vortäuschen von Wissen und Überlegenheit umschreibt) und spezifischen Universitätsstrukturen aufzuzeigen.[4]

---

1) JAHNKE, a.a.O., S. 1o2

2) vgl. APENBURG, H./SATERDAG, E., Orientierungsprobleme und Erfolgsbeeinträchtigung bei Studenten, Saarbrücken 1972, Auswertungsband fehlt (1976)

3) BECK, P., a.a.O.

4) WAGNER, W., Der Bluff - die Institution Universität in ihrer Wirkung auf die Arbeitsweise und das Bewußtsein ihrer Mitglieder, in: Probleme des Klassenkampfes, Nr. 7, Mai 1973, S. 43 ff.

Eine Reihe weiterer aufschlußreicher Aufsätze ließe sich noch zu unserer Thematik nennen. Es sei zum Schluß nur auf einige der wichtigsten verwiesen: BRASSE, B.: Institutionelle Bedingtheiten psychischer Störungen bei Studenten (in: Stud. Politik H.6/7, 1973), OETZEL, U.: Psychische Störungen bei Studenten - Ursachen und Therapie (in: Facit 36, Okt. 1974), BÖKER, W.: Psychische Probleme bei Studierenden (in: Hamb. Ärzteblatt, Nr. lo, Okt. 1969) und HUBERT, L.: Das Problem der Sozialisation von Wissenschaftlern, ein Beitrag der Hochschuldidaktik zur Wissenschaftsforschung (in: Neue Sammlung, 1974, S. 3 - 33).

Ohne den Anspruch auf Vollständigkeit zu erheben, mag resümierend festgestellt werden, daß es eine ganze Reihe von thematisch angrenzenden Untersuchungen und wichtigen Anregungen zu unserer Problematik gibt, jedoch keine, die explizit psychische Störungen und ihre Ursachen bei nichtklientelen Studenten zum Gegenstand einer empirischen Forschung machte.

4. Fragestellung der vorliegenden Arbeit

In der vorliegenden Arbeit wird durch schriftliche Befragung Göttinger Lehrerstudenten untersucht, welches Ausmaß und welche Zusammenhänge psychische Störungen bei Studenten zeigen und durch Gruppenbefragung von freiwilligen Lehrerstudenten versucht, die Ursachen hierfür zu klären. Die Lehrerstudenten boten sich nicht nur aus methodischen Gründen (Erreichbarkeit über Pädagogik-Seminar) als Stichprobe an, sondern auch als eine vom Berufsziel her homogene Gruppe, die mit ihrer Persönlichkeit, ihren Erfahrungen und Einstellungen später als Lehrer ganz wesentlich die nächste Generation beeinflussen werden.

Die Untersuchung geht dabei von der GOLDSCHMIDT'schen Überlegung beim Symposium über psychische Störungen bei Studenten im März 1968 in Berlin aus:

"Womöglich ist die Hochschule in ihrer Unübersichtlichkeit und Unpersönlichkeit, in ihrer strengen und differenzierten Autoritätsstruktur, in ihrem Leistungs- und Konkurrenzdruck bei vielfach undurchschaubarer Irrationalität der Bewertungsmaßstäbe usf. irgendwie selbst 'krank', dann könnte die psychische Störung bei manchen Studenten oder Studentinnen eine ganz 'gesunde' Reaktion darstellen."[1]

Es geht also in der vorliegenden Arbeit nicht so sehr um eine systematische Erfassung der Sozialisationsagentur Hochschule, sondern um die Klärung jener Anteile im universitären Sozialisationsprozeß, die zum Mißlingen derselben bei einem näher zu bestimmenden Teil der Studentenschaft beitragen; mit anderen Worten, es geht um die Aufdeckung der "neurotogenen" Faktoren - wie MAHLER sie nannte - im Lernen und Leben der Studenten an der Universität.[2]

"Leiden" die Studenten an der Hochschule?[3] Und wenn ja, wieviele sind es, welches sind die Leiden, die sie haben und welches sind die Bedingungen, die Strukturen, an denen sie speziell leiden?

Während bislang fast ausschließlich entweder allgemeine Probleme der Hochschulsozialisation oder aber spezifisch nur die Beratungsstellenklientele untersucht wurden,[4] geht es in dieser Arbeit um die Untersuchung von Art und Häufigkeit und Abhängigkeiten der psychischen Störungen bei nichtklientelen Studenten.[5]

Dazu müssen im einzelnen folgende allgemeine Hypothesen überprüft werden:

---

1) GOLDSCHMIDT, D., a.a.O., S. 52

2) vgl. MAHLER, E., Psychische Konflikte und Hochschulstruktur, in: Psyche 23, 1969, S. 772

3) vgl. SPERLING, E.: Das Leiden an der Hochschule, in: Zwischen Apathie und Protest, Bd. 1, S. 224

4) vgl. Forschungslage, Kap. I.3.2, S. 12 f.

5) Ansätze hierfür sind bei KUDA, M., BÖKER, BECK und SATERDAG/APENBURG zu finden, vgl. Kap. I.3.2, S. 12 f.

1. Psychische Störungen haben einen größeren Verbreitungsgrad unter nichtselektierten Studenten als aufgrund der Frequentierung der Beratungsstellen (ca. 3 %) zu vermuten wäre. Es gilt zu überprüfen, welche der in der Literatur vermuteten, sehr breit streuenden Angaben über das Ausmaß psychischer Störungen zutreffend sind.[1)]

2. Wenn die These MAHLERS vom "neurotogenen Hochschulklima" richtig ist, hieße das: Weder elterlicher Erziehungsstil, Elternhausstruktur noch andere soziobiographische individuelle Sozialisationserfahrungen vor der Hochschule, sondern die universitäre Situation sind Ursache für die Verbreitung psychischer Störungen unter den Studenten.[2)]

3. Die Universität ist nicht in allen ihren Studiengängen und Bildungsstrukturen uniform, deshalb ist zu vermuten, daß Art und Ausmaß psychischer Störungen von Fächergruppierung zu Fächergruppierung unterschiedlich sind.[3)]

4. Die Studenten durchlaufen während ihres Studiums einen Sozialisationsprozeß, der sie vermutlich verändert. Es ist deshalb zu überprüfen, inwiefern sich Art und Ausmaß der psychischen Störungen während dieser Zeit verändert, d.h. welche Rolle die Semesterzahl hierbei spielt.[4)]

---

1) vgl. BECK, P., a.a.O., S. 186: "Die Inzidenz psychischer Störungen wird also mit Werten zwischen vier und fünfzig Prozent der Studentenschaft angegeben."

2) vgl. MAHLER, E., Psychische Konflikte und Hochschulstruktur, in: Psyche 23, 1969, S. 772 f.

3) vgl. hierzu: HUBER, L., Das Problem der Sozialisation ..., a.a.O., S. 15: "... konkrete Aussagen über Sozialisation in der Hochschule (sind) kaum ohne Rücksicht auf das Fach möglich."

4) AMELANG/HOPPENSACK z.B. meinen aufgrund ihrer Untersuchung, im Laufe des Studiums einen Rückgang von "Neurotizismus" feststellen zu können. Vgl. AMELANG/HOPPENSACK, a.a.O., Zusammenfassung

5. Nicht nur der Grad der psychischen Störungen verändert sich vermutlich im Laufe des Studiums, sondern auch die Selbsteinschätzung der Studenten im Sinne einer größeren Unabhängigkeit und Selbständigkeit, besonders gegenüber dem Elternhaus.[1)]

6. Weibliche Studierende leiden mehr unter psychischen Störungen als ihre männlichen Kommilitonen - dies wird in allen bekannten Untersuchungen behauptet.[2)]

7. Im Vergleich zu Schülern klagen Studenten mehr über psychische Störungen. Als einzige erreichbare und in bezug auf Bildungsgang und soziale Schicht vergleichbare Gruppe sollen die Schüler einen relativen Maßstab für das Ausmaß von psychischen Störungen bei Studenten bilden.[3)]

8. Die "psychischen Störungen" lassen sich differenzieren in allgemeinen "Neurotizismus" und in (weiter untergliedert) "Kontaktstörungen" und "Arbeitsstörungen".

Bemerkung: Für die Ursachen wurden gemäß der Methode der Gruppendiskussionen keine speziellen Hypothesen aufgestellt, vgl. Kap. II, 5.

---

1) Entwicklungstheoretisch orientierte Autoren wie ERIKSON, aber auch DÖBERT/NUNNER-WINKLER legen durch ihre Konzeption von "Adoleszenzkrise" bzw. "Identitätskrise" solche Veränderungen nahe. Vgl. ERIKSON, E., Identität und Lebenszyklus, Frankfurt 1966, S. 154, dort ist von "Identitätsdiffusion" im Jugendalter die Rede, und DÖBERT/NUNNER-WINKLER, a.a.O., S. 41, Abschnitt c) Die Adoleszenzphase (13 - 25)

2) vgl. BECKMANN, D. u.a., a.a.O., S. 32 f. und JAHNKE, J., a.a.O., S. 99
Dies zu überprüfen, eventuell zu modifizieren und nach den Ursachen solcher Abweichungen zu fragen, wird Aufgabe dieser Arbeit sein.

3) Ein solcher Vergleich wird von verschiedenen Forschern als notwendig erachtet, um Kriterien für die Beurteilung solcher Ergebnisse zu psychischen Störungen zu bekommen.
vgl. WEINERT, F.E., a.a.O., S. 849: "Vor allem fehlt es in der Regel an parallelisierten Kontrollgruppen Altersgleicher, die keine Universität besuchen."

II. Teil: Forschungsgang und -methodik

Das folgende Kapitel soll dem Leser Auskunft über die verwendeten Instrumente und Auswertungsmethoden geben; welchem Zweck sie dienten, wie die allgemeinen Hypothesen operationalisiert wurden, welchen Umfangs und welcher Art die Stichproben waren und wie die gewonnenen Daten verarbeitet wurden. Schließlich wird ein Überblick über die Darstellungsweise der Ergebnisse in dieser Arbeit gegeben.

Sehr unübersichtlich und undurchschaubar, selten zentral erfaßt, noch seltener koordiniert, werden in der BRD von den verschiedensten Institutionen und/oder Einzelpersonen meist als Qualifikationsarbeiten Forschungen im Bereich der Hochschulsozialisation im weitesten Sinne durchgeführt.[1)]

1. Umfrageerhebung

Um Verdoppelungen oder extreme Überschneidungen zu vermeiden, sowie einen Überblick über den gegenwärtigen (Anfang 1975) Forschungsstand zu Problemen sozialer Ursachen psychischer Störungen bei Studenten und darüber hinaus Anregungen zum eigenen Vorgehen zu bekommen, begann ich meine Arbeit Anfang 1975 mit einer Umfrageerhebung bei sämtlichen soziologischen, psychologischen Instituten und psychologischen Beratungsstellen der BRD. Es handelte sich um 26 soziologische, 55 psychologische Institute und 46 Beratungsstellen. Die Rücklaufquote betrug 4o % oder 49 Rückantworten. Nur von lo Instituten wurden in etwa ähnliche Forschungsvorhaben gemeldet.

Die "Methodenvorschläge" und "zu erwartenden Schwierigkeiten" bei einer solchen Untersuchung, wie sie von den Be-

---

1) vgl. Zentralarchiv für empirische Forschungen der Sozialwissenschaften, Deutsches Institut für wiss. Pädagogik, Münster

antwortern dieser Umfrage gesehen bzw. angeraten wurden, sollen hier im folgenden kurz wiedergegeben werden, da sie uns unmittelbar zu den weiteren Forschungsschritten dieser Arbeit führen. Als Methoden wurden vorgeschlagen (in der Reihenfolge der Häufigkeit ihrer Nennung):

Fragebogen
Persönlichkeitstests
Interviews, standardisiert/unstandardisiert
Tests spezieller Art, z.B. Empathie
systemat. Verhaltensanalyse auf der Basis von Verhaltenstherapie
Gruppendiskussionen
Ergänzung durch nonverbales Datenmaterial
nichtreaktive Meßverfahren.

Die Probleme und Schwierigkeiten, die nach Meinung der Umfragebeantworter bei einer solchen Untersuchung zu erwarten sind, lassen sich wie folgt kurz zusammenfassen:

a) der Gegenstand sei zu komplex für die üblichen zur Verfügung stehenden Forschungsmittel bzw. -methoden
b) Fragen nach Ursache und Wirkung ließen sich kaum klären, da man nicht experimentieren könne
c) eine nichtstudentische Vergleichsgruppe fehle meist, so daß kein Maß für die Häufigkeit der Störungen bei Studenten vorhanden sei
d) Widerstand von seiten der erfaßten Universitätskörperschaften wird vermutet, wenn man die vorhandenen Konflikte aufzeige
e) Unmöglichkeit, wirklich alle Studenten mit psychischen Störungen zu erreichen und "gestörte" von "normalen" Studenten abzugrenzen
f) studentische Probleme veränderten sich dauernd, könnten kaum in einer nicht diachronisch angelegten zeitlich begrenzten Dr.-Arbeit erfaßt werden.

zu a)
Man muß diese erhobenen Einwände der Forschungsinstitute ernst nehmen, doch glaube ich, es geht angesichts der Bedeutung des zu untersuchenden Problems nicht an, aus den

genannten methodischen Schwierigkeiten auf die Untersuchung zu verzichten. Wenn viele der spezialisierten sozialwissenschaftlichen Methoden zu plump und zu einseitig erscheinen, so muß man, wie ich es versuchen werde, zur Ergänzung wieder zu komplexeren, die Ganzheit der sozialen Wirklichkeit besser erfassenden Methoden - wie z.B. die Gruppendiskussionsmethode - zurückkehren oder solche neu entwikkeln, statt positivistisch in methodischer Beschränkung oder Beschränktheit die Probleme zu ignorieren.

zu b)

Fragen nach Ursachen und Wirkungen von Faktoren auf menschliches Verhalten lassen sich sicher nur in den wenigsten Fällen im Sinne einer nomothetischen Wissenschaft "empirisch" quasi wie in einer Laboruntersuchung eruieren; doch gibt es in den Sozialwissenschaften erprobte Methoden (z.B. Fragebogen, Interviews), die es ermöglichen, "Beschreibungen" der Probleme und Zusammenhänge der Probleme untereinander (durch deren statistische Verarbeitung) zu erlangen. Durch Befragung der Betroffenen nach den von ihnen gesehenen Ursachen (wie ich es in den Gruppendiskussionen versuche) für die von ihnen genannten Störungen, erhält man mindestens eine recht gute Annäherung an ein Ursache-Wirkungsmodell, das noch den Vorteil hat, direkt an den Problemen der Betroffenen zu bleiben (statt wie bei manchen eher theoretischen Arbeiten "alles besser zu wissen" als die Betroffenen selbst).

zu c)

Als nichtstudentische Vergleichsgruppe werden in dieser Arbeit 2o8 Gymnasialschüler herangezogen.[1] Diese Schülergruppe ist sicherlich auch nicht in allen ihren sozialen Bestimmungen wirklich vergleichbar mit Studenten - schon vom Alter her, aber sie ist zumindest von der Art der "Arbeit", von der sozialen Schichtung und den Problemen her in etwa ähnlich. Außerdem hat sie den Vorteil, daß die phasenspezifischen Entwicklungen der Studenten, die ja auch mal

---

1) vgl. weiter unten Kap. II, 4, S. 44 f.

Schüler waren, um eine weitere Phase - wenigstens vom Ansatz her - zurückverfolgt werden kann, indem man beispielsweise die Elternbeziehungen der Schüler mit denen der Studenten vergleicht.

zu d)
Einen nennenswerten Widerstand der verfaßten oder nicht verfaßten Universitätskörperschaft habe ich bislang nicht feststellen können, eventuell wegen des scheinbar unpolitischen Charakters meiner Untersuchung.

zu e)
Mein Ziel ist es nicht, alle Studenten mit psychischen Störungen zu untersuchen, sondern gerade die Art und das Ausmaß von Störungen der nicht von vornherein klientelen Studenten zu untersuchen. Daß es sicherlich einige gibt, die in den Seminaren (in denen ich die Untersuchung durchführte), eben wegen ihrer eventuell massiven Störungen nicht mehr erschienen, ist nicht auszuschließen, fällt nach meiner Einschätzung jedoch quantitativ nicht ins Gesicht.[1]

Die Abgrenzung von "gestört" und "normal" ist ein im sozialpsychologischen Bereich immer wiederkehrendes Problem. Hier verwendete operationale Definitionen werden weiter unten noch ausführlich erörtert.[2]

zu f)
Die Erfassung von Schülern und Studenten der verschiedensten Semester ersetzt meines Erachtens zum Teil eine Längsschnittuntersuchung. Historisch aktuelle Dimensionen (z.B. drohende Arbeitslosigkeit und sog. "Extremistenerlaß") finden durchaus ihren Niederschlag in den Antworten der Befragten (in den Gruppendiskussionen). Eine Nachuntersuchung in

---

1) und wenn ihre Zahl wirklich größer wäre als von mir angenommen, so würden dadurch die "negativen" Ergebnisse - siehe weiter unten - ein noch gravierenderes Gewicht erhalten

2) vgl. Kap. III, 1, S. 57 und 63

gewissen Zeitabständen, eventuell mit einer vergleichbaren Stichprobe, wäre jedoch ein durchaus begrüßenswertes Unternehmen.

Die geschilderten Probleme bei der Erforschung von psychischen Störungen der Studierenden sind - neben arbeitsökonomischen Überlegungen - ausschlaggebend für die Auswahl der Forschungsinstrumente gewesen, wie sie von den Instituten vorgeschlagen wurden.[1] Die dort genannte Methode der systematischen Verhaltensanalyse auf der Basis von verhaltenstherapeutischen Theorien sowie die Ergänzung von Fragebogenergebnissen durch nonverbales Material setzte größere Personal- und Zeitreserven bei diesem Forschungsprojekt voraus, als sie dem Verfasser zur Verfügung standen. Auch Interviews und nichtreaktive Meßverfahren schienen ohne weitere institutionelle und finanzielle Unterstützung nicht durchführbar.

Ex negativo blieben somit: Fragebogen, Persönlichkeitstests, andere spezielle Tests (z.B. Beschwerdefragebogen: SSP, vgl. weiter unten) und als Ergänzung die Gruppendiskussion.

In dieser Arbeit geht es[2] um die Erfassung des Ausmaßes der psychischen Störungen, die Beschreibung der Art der psychischen Störungen, ihre Differenzierung bei verschiedenen Untergruppen und um die Erhellung der Ursachen hierfür, wie sie von den Studenten erlebt wird.

Um dieses "Leiden" der Studierenden an der Universität, das Bewußtsein hiervon und dessen eventuelle Ursachen quantitativ zu erfassen, entschloß sich der Verfasser für eine Fragebogenerhebung (einschließlich spezieller Tests, siehe weiter unten, Kap.II, 3 , S.31 ff.) unter den Lehrerstudenten der Universität Göttingen und bei niedersächsischen Gymnasialschülern der 1o. und 12. Klassen.

Die Nachteile solch quantifizierender Methoden, nämlich Vorstrukturierung und Einengung der Probleme und der Ant-

---

1) vgl. Kap. II, 2.1, S. 26

2) vgl. Hypothesenteil, Kap. I, 4, S.23

wortmöglichkeiten der Befragten durch nie ganz unvoreingenommene Forscherpersönlichkeiten, sollte durch einen zweiten Forschungsteil ausgeglichen werden: Die Gruppendiskussionen. Sie bieten lediglich Anreize, auf die die Studenten ohne jegliche äußere Einschränkungen (es sei denn die der Zeit) und ohne vorgeprägte Antworten reagieren konnten. Die als Einwand gegen die Untersuchung des vorliegenden Themas dieser Arbeit von den Forschungsinstituten genannte Komplexität, der die quantitativen Methoden auch nach meiner Meinung nicht immer gerecht werden, konnte mit diesem ergänzenden Verfahren Rechnung getragen werden.[1)]

Um der Gefahr des Subjektivismus auf der einen und der der methodischen Beschränktheit und des Ganzheitsverlustes auf der anderen Seite zu entgehen, wurde diese Kombination von quantifizierenden und qualitativen Forschungsmethoden gewählt - in der begründeten Hoffnung, so die Vorteile beider Verfahren miteinander zu verbinden.

2. Pretest und Validierung der Instrumente

Im SS 1975 und WS 1975/76 führte ich Seminare zu den Themen: "Theoretische und empirische Studien zur Analyse sozialer Ursachen psychischer Störungen bei Studenten" und "Projekt: Probleme der Hochschulsozialisation" durch, um mit verschiedenen Persönlichkeitstests, Fragebogenformulierungen und Gruppendiskussionsstatements zu experimentieren und mit den Seminarteilnehmern zu diskutieren. Wie sich in mehreren freien Gruppendiskussionen herausstellte, handelte es sich bei den Teilnehmern um Studenten, denen psychische Störungen im Zusammenhang mit ihrem Studium zum größten Teil aus eigener Erfahrung bekannt waren und die somit besonders sensibilisiert waren für studentische Pro-

---

1) zum Verfahren der Gruppendiskussion im einzelnen, siehe weiter unten, Kap. I, 2.5., S. 47 f.

bleme und deren soziale Ursachen. Mehrere Untersuchungsinstrumente, so der "Gießentest",[1] der "FPI" (Freiburger Persönlichkeitsinventar),[2] Fragebogen zur Studiensituation nach MÖLLER/SCHEER[3] sowie eigene Entwürfe wurden so getestet und korrigiert, bis sich in Auswahl und Form die jetzige Fassung der Fragebogenbatterie herauskristallisierte.

Auch die Gruppendiskussionsstatements und der Nachprüffragebogen zu den Gruppendiskussionen wurden einer mehrfachen Revision unterzogen und jeweils erneut erprobt, bis sie ihre endgültige Fassung erhielten.

Sicherlich war für eine statistisch abgesicherte Pretestphase die Probandenzahl (ca. 2o) zu gering, doch wird dieser Mangel durch die Intensität der Diskussionen sowie das persönliche Involvement der Beteiligten an diesen Problemen mehr als aufgehoben.

3. Die Testbatterie, ihre einzelnen Teile und ihr Zweck

Als Ergebnis dieser Brainstorming- und Pretestphase einschließlich der Auswertung der Umfrageaktion bei den Instituten entstand eine Testbatterie, die sich insgesamt aus sechs Teilen zusammensetzt.

Inhaltlich dienten die Einzelteile des Fragebogens, nämlich des

FPI - Freiburger Persönlichkeitsinventar

SSP - Skala zur Messung studentischer Probleme

JSS - Fragebogen zur Studiensituation

JEF - Fragebogen zum Elternverhältnis früher

JEH - Fragebogen zum Elternverhältnis heute

sowie die Sozialdaten der Erfassung bestimmter Merkmale der

---

1) vgl. BECKMANN, D./RICHTER, H.E., Gießentest, Bern u.a.1972

2) FAHRENBERG, J./SELG, H., Das Freiburger Persönlichkeitsinventar, 6. H., Göttingen 197o

3) MÖLLER/SCHEER, Psychotherapeutische Beratungsstelle ..., a.a.O.

Lehrerstudenten, des Ausmaßes der psychischen Probleme unter den Studenten unserer Stichprobe, dem Vergleich mit anderen Bevölkerungsgruppen (Schülern, Kölner Klientel, nichtstudentische Gruppen) der Einschätzung der Studiensituation in Göttingen sowie der Ursachen- und Beziehungserforschung der verschiedenen mit diesem Fragebogen erfaßten Faktoren, und schließlich der Überprüfung von Hypothesen über Ausmaß, Art und Ursache von psychischen Störungen. Im einzelnen:

3.1 Der FPI, das Freiburger Persönlichkeitsinventar

Der FPI, das Freiburger Persönlichkeitsinventar, ist ein "mehrdimensionaler Persönlichkeitstest". Er wurde von J. FAHRENBERG, H. SELG und R. HAMPEL in den Jahren zwischen 1965 und 197o in Anlehnung an angloamerikanische Autoren, besonders EYSENCK und GUILFORD, in Freiburg entwickelt. Er gehört zu den meistverwendeten Persönlichkeitstests in der BRD. Die hier benutzte Kurzform enthält 76 Fragen, die mit "stimmt" oder "stimmt nicht" angekreuzt werden müssen. "Die Fragen beziehen sich auf Befinden und Verhalten, Einstellungen, Gewohnheiten und körperliche Beschwerden. Die individuellen Itembeantwortungen zeigen komplexe Muster und korrelative Zusammenhänge, die sich faktoranalytisch auf eine Anzahl gemeinsamer Dimensionen zurückführen lassen."[1)]

Von den Autoren wurden folgende neun Dimensionen "heuristisch" benannt, um den "Gültigkeitsbereich des Tests" zu kennzeichnen:

FPI 1 Nervosität
FPI 2 Aggressivität
FPI 3 Depressivität
FPI 4 Erregbarkeit
FPI 5 Geselligkeit
FPI 6 Gelassenheit

---

1) FAHRENBERG u.a., Das Freiburger Persönlichkeitsinventar, a.a.O.

FPI 7 Dominanzstreben

FPI 8 Gehemmtheit

FPI 9 Offenheit

FPI E Extraversion - Introversion

FPI N Emotionale Labilität - Stabilität

FPI M Maskulinität - Feminität
(besser: Durchsetzungsfähigkeit)

Die drei letzten Skalen wurden von den Autoren mit "ausschließlich itemanalytischer Methodik" zusätzlich konstruiert.[1]

Solche Persönlichkeitstests wie der FPI sind m.E. oft zu Recht kritisiert worden. Zum einen wurden die Ergebnisse aus den Tests als unveränderliche Persönlichkeitsmerkmale angesehen, die unabhängig von der jeweiligen Situation und ohne Berücksichtigung von Entwicklungsmöglichkeiten des Individuums quasi als "Realfaktoren", u.U. sogar als genetische, chromosomale Tatbestände vorhanden seien. Eine solche Betrachtungsweise übersieht, daß es sich bei solchen Tests stets nur um mathematisch-statistische Konstrukte handelt, die "nur" nützliche Ordnungsgesichtspunkte in Form von Klassifizierungen operational definierter Eigenschaftsdimensionen liefern.[2] Zum anderen geben solche Tests auch kein "objektives" Bild der persönlichen Eigenschaften, sondern natürlich "nur" eine "Selbstschilderung" des Probanden, die im extremen Sinne auch "falsch" sein kann. Eine Individualdiagnostik in Form von Be-(Ver-)urteilungen im Sinne von "normal" oder "unnormal" verbietet sich überdies schon wegen der in diesem Fall eindeutigen Bezugsbasis der Klassifizierungen, nämlich dem statistischen Mittel einer sehr inhomogenen Eichstichprobe, die den sozialen Rahmen und jeweils unterschiedliche Normhorizonte der

1) FAHRENBERG u.a., a.a.O., S. 7

2) vgl. zur Kritik: COHEN, R., Systematische Tendenzen bei Persönlichkeitsbeurteilungen, Bern 1969

Probandengruppen völlig ignoriert. Wenn der Verfasser sich trotz dieser und einiger anderer Nachteile des FPI bediente , so deshalb, weil keine Individualdiagnostik betrieben werden sollte, sondern empirisch erfaßbare und mit anderen Daten vergleichbare Klassifikationsdaten über die psychische Selbstdarstellung der Studenten in einer ökonomisch vertretbaren und bei Durchführung und Auswertung vom Verfasser unabhängigen Form gesucht wurden. Der FPI ermöglicht "die vergleichende Beschreibung von Individuen (hier also der Studenten, d. Verf.) hinsichtlich der Ausprägung wichtiger Eigenschaftsdimensionen".[1] Bei der Auswertung der FPI-Ergebnisse wurde die oben beschriebene Skalierung, die ihrerseits auf einer multiplen Faktorenanalyse beruht, von den Autoren des Tests übernommen. Eine Validierung dieser Dimensionen und damit auch der Brauchbarkeit dieses Tests wurde durch "Kreuzidentifizierungen", d.h. in dieser Arbeit durch korrelativen Vergleich mit ähnlichen Beobachtungsmedien, nämlich dem SSP (vgl. weiter unten) und Teilen des JSS (vgl. weiter unten) vorgenommen.

Der FPI bildet zusammen mit dem SSP die Grundlage der Untersuchungen zum Ausmaß der psychischen Störungen bei Studenten, zu deren Verteilungen und den Korrelationen mit anderen Faktoren, nämlich Elternbild, Studienzufriedenheit, Vergleich mit Schülern, Vergleich zwischen den Geschlechtern, Extremgruppenvergleich zwischen Studenten mit hohen Graden psychischer Störungen und solchen mit niedrigen.

3.2 Skala zur Messung studentischer Probleme

Das zweite Instrument, das in der Fragebogenerhebung zum Einsatz kam, war die sog. SSP (Skala zur Messung studentischer Probleme). Sie wurde in den Jahren 197o bis 1973 von K. SANDER und H.E. LÜCK an der Beratungsstelle der Universität von Köln entwickelt und dort bei 5o4 Studentinnen und

---

1) FAHRENBERG u.a., a.a.O., S. 1o

Studenten der dortigen Beratungsstelle in Anwendung gebracht.[1] Es handelt sich um eine 44-Itemskala im Likertformat, die als "Problemanalyse" in Anlehnung an MOONEY und GORDON[2] von den Autoren speziell für studentische Probleme entwickelt wurde.

Bei einer internen Konsistenz von r = .92 wurden durch Faktorenanalyse 3 Subskalen gebildet (Screetest, 35 % kumulierter Varianzanteil), nämlich:

SSP 1 (STU) (15 Items)	eingeschränkte Studienfähigkeit, d.h. Unsicherheit über Begabungsschwerpunkt, Entscheidungsschwierigkeiten, Konzentrationsstörungen, Sprechangst im Seminar usw.
SSP 2 (VEG) (17 Items)	depressiv getönte vegetative Störungen, d.h. Nervosität, Spannung, Schwäche, Schwermütigkeit, "sich abgespannt und gerädert fühlen"
SSP 3 (ABL) (12 Items)	Gefühl sozialer Ablehnung, d.h. Verletztsein, Kontaktschwierigkeiten, Gefühl des Unverstandenseins, unsympathisch sein, Minderwertigkeitsgefühle usw.

Allerdings sind die Interkorrelationen der drei Subskalen relativ hoch (zwischen r = .53 und .57), was nach Ansicht der Autoren für die Generalität der Studienprobleme spricht. Eine interne Validierung wurde durch PM (Produkt-Moment)-Korrelationen zwischen SSP und FPI- und den MMPI-Skalen sowie durch sog. "face-validierung" der Mitarbeiter der Beratungsstelle Köln erreicht.[3]

Der SSP erfüllt für die vorliegende Arbeit mehrere Aufgaben: Zum einen ist es möglich, durch den Vergleich dieser

---

1) vgl. K. SANDER, H.E. LÜCK, Entwicklung einer Skala zur Messung von studentischen Problemen (SSP), in: Zts. für experimentelle und angewandte Psychologie, 1974, Bd. XXI, H. 2, S. 25o ff.

2) MOONEY, R./GORDON, C., The Mooney Problem Checklists, New York, Psychological Corporation 195o

3) SANDER/LÜCK, a.a.O., S. 255 f.

beiden Skalen (FPI und SSP) mögliche Einseitigkeiten und Fehler der Instrumente gegenseitig zu korrigieren, damit also auch eine interne Validierung der beiden Meßinstrumente vorzunehmen, zum zweiten werden hier direkt auf das Studium bezogene Störungen erfaßt, so daß dieses Instrument - näher an der tatsächlichen Situation der Studenten - präziser die sozialisationsagenturspezifischen psychischen Probleme erfaßt (als das allgemeine Persönlichkeitstests vermögen). Schließlich erlaubt uns der Vergleich zwischen der Kölner Beratungsstellenklientel-Stichprobe der Autoren und der hier erhobenen nichtselektierten Lehrerstudentenstichprobe Aufschlüsse über das Ausmaß, das Vorkommen und die Verteilung von psychischen Störungen in der (Gesamt-)Studentenschaft. Anders ausgedrückt, es geht um die Überprüfung der Hypothesen: Die Beratungsstellenklienten sind nur die Spitze eines Eisberges von psychischen Störungen bei allen Studenten - oder - alternativ: Studenten mit psychischen Problemen sind eine isolierbare, psychisch schon von vornherein (Elternhaus) labiler, deprivierter Persönlichkeiten, während die Mehrzahl der Studenten keine nennenswerten Probleme mit ihrem Studium haben.

Die Subskalen SSP 1 und SSP 3 werden weiterhin als Indices für das Ausmaß, Vorhandensein und korrelativen Vergleich für die von uns besonders zu untersuchenden Problemkomplexe: Studienschwierigkeiten (SSP 1) und Kontaktstörungen (SSP 2) herangezogen.

3.3 Fragebogen zur Studiensituation

Der Fragebogen zur Studiensituation war das dritte innerhalb der Fragebogenbatterie verwandte Instrument.

Es setzt sich aus 43 (bei Schülern: 37) Einzelitems zusammen, die in enger Zusammenarbeit mit den Teilnehmern des SS-Seminars 1975 erarbeitet wurden. Aus freien Gruppendiskussionen dieser Teilnehmer sowie modifizierten Itemformulierungen der vorliegenden Teiluntersuchungen zu ähnlichen Themen[1] entstand nach vielen Vorformen der hier vorliegende 43 itemhaltige Fragebogenteil (vgl. Anhang).
Als Skalierung wurde eine abgestufte "Likert"-Skala von 1 bis 5 benutzt, die inhaltlich von "stimmt gar nicht" bis "stimmt genau" reichte. Die "Mitte" (3) bedeutete: "unentschieden" oder "teils/teils". Mit dieser Skalierung sollte erreicht werden, daß der bei nur alternativen Fragestellungen leicht hervorgerufene "Vergewaltigungseffekt" und dadurch der besonders bei Intellektuellen hervorgerufene Verweigerungseffekt vermieden wurde. Zum anderen geben solche skalierten Datenerhebungen auch ein genaueres Bild, weil sie auch geringere Differenzierungen in der Beantwortung noch zu erfassen, in der Lage sind. Die Aufnahme einer Mittelkategorie ist testtheoretisch oft umstritten, da schwierig zu interpretieren; sie wurde hier jedoch aus Gründen der Echtheit beibehalten, um bei Fragen, die der Proband wirklich nicht mit ja oder nein bewerten mag, keine falschen Aussagen oder etwa gar keine, sondern eine "richtige" Antwort zu bekommen.

Diese sog. Likert-Skala als Methode des summierten Ratings hat den Vorteil, daß sie keine Fremd-Beurteiler verlangt und durch die statistischen Auswertungsmöglichkeiten besonders günstig in standardisierten Fragebogen eingesetzt

---

1) vgl. besonders JAHNKE, J., a.a.O., Untersuchung zum Arbeitsverhalten der Studenten und MOELLER, M.L./SCHEER, J.W., Student und psychische Störungen, eine Bestandsaufnahme der psychotherapeutischen Beratungsstelle für Studenten in Gießen, Gießen 197o

werden kann.[1] Zwar ist die Likert-Skala im strengen Sinne des Wortes eine Ordinalskala, jedoch stellt sie eine gute Annäherung an Intervallskalen dar, so daß die meisten statistischen Tests, die eigentlich eine Intervallskala voraussetzen, auch in Anwendung kommen können.[2]

Dieser Fragebogenteil sollte Auskunft geben über die Selbsteinschätzung der Studenten hinsichtlich der Zufriedenheit mit ihrem Studium, ihres Arbeitsverhaltens und ihrer Arbeitsschwierigkeiten, ihres Verhältnisses zu Kommilitonen und Dozenten sowie eventueller Mißstände an der Universität aus der Sicht der Studenten. Aufgrund einer dreifaktoriellen Faktorenanalyse nach dem sog. PAFA-Programm des Deutschen Rechenzentrums Darmstadt (DRZ) bei 519 studentischen und 2o8 Schüler-Probanden unserer Stichprobe wurden drei Super-Variable selektiert,[3] nämlich:

JSS 1 Studiums- bzw. Schul- und Arbeitsunzufriedenheit
JSS 2 negatives Dozenten-/Lehrerbild
JSS 3 Desintegration/Isolation an der Universität/Schule.

Zur weiteren Überprüfung der Subskalenbildung sowie der Möglichkeit, diese aus der Studentenstichprobe faktorenanalytisch gewonnenen Subskalen für die Schülerstichprobe zu übernehmen (was aus Gründen des direkten Vergleichs sinnvoll ist), wurden die drei Subskalen einer internen Konsistenzprüfung nach der von LIENERT modifizierten Sperman-Brown-Formel

---

1) vgl. TRIANDIS, H.C., Einstellungen und Einstellungsänderungen, Weinheim 1975, S. 55 und 62 ff.

2) ebenda, S. 57

3) Durch diese (Varimax rotierte) Faktorenanalyse mit 3 Faktoren wurden 43 % der Varianz (kumulativ) aufgeklärt. Items mit zu niedrigen Ladungen (= vereinfacht: Korrelationen der Items auf den Hauptachsen) auf einem der drei Faktoren wurden nicht weiter berücksichtigt.

$$r_{tt} = \frac{n \cdot \bar{r}_{ij}}{1 + (n - 1)\, \bar{r}_{ij}}$$

unterzogen.[1)] Dabei bedeuten "r_{ij}" den durchschnittlichen Korrelationskoeffizienten der Korrelationen der gesamten Items der jeweiligen Subskala, "n" die Zahl der Items der Subskala und "r_{tt}" den internen Konsistenzkoeffizienten.

Durch diese interene Konsistenzprüfung wurde einerseits eine postoperationelle Testvalidierung durchgeführt (mehrere Items wurden trotz hoher Ladungen bei der Faktorenanalyse selektiert aufgrund der internen Konsistenzprüfung), andererseits erbringen die hohen Konsistenzkoeffizientenwerte die Rechtfertigung für den direkten Vergleich der inhaltlich identischen Subskalen bei Schülern und Studenten.[2)]

Um in der späteren Auswertung einen Vergleich zwischen den Fachdozenten und den Pädagogikdozenten anstellen zu können, wurden aus der Gesamtsubskala "neg. Dozentenbild" zwei Dozentenskalen, nämlich JSS 2 (Fachdozenten) und JPD (Pädagogikdozenten) gebildet.[3)]

3.4 Fragebogen zum Elternverhältnis

Schließlich wurden zwei Fragebogen zum Elternverhältnis in die Fragebogenbatterie aufgenommen; der eine soll das Bild der Probanden von ihren Eltern "früher" (Kindheit und Jugend) und der andere ihr heutiges Verhältnis zu den Eltern erfassen.

---

1) vgl. LIENERT, G.A., Testaufbau und Testanalyse, Weinheim 1967, 2. Aufl., S. 12o, Formel (32)

2) Die Faktorenanalyse bei der Schülerstichprobe hatte eine andere Faktorenstruktur ergeben, weil die Lehrer naturgemäß bei den Schülern eine andere - zentralere - Bedeutung für Schulschwierigkeiten und die Zufriedenheit mit ihrer eigenen Schularbeitsleistung hatten als die Dozenten für die Studenten.

3) vgl. Übersicht, S. 44 in diesem Kapitel

Der erste Fragebogenteil ("früher") wurde in die Untersuchung aufgenommen, um die in der psychoanalytischen Literatur immer wieder aufzufindende Hypothese von der universellen Abhängigkeit psychischer Störungen von frühkindlichen Erziehungseinflüssen durch die Eltern zu überprüfen (bzw. zu modifizieren).[1] Der zweite Teil (Elternverhältnis "heute") sollte belegen, wie weit sich bei Studenten eine sozialisationsphasenspezifische Distanzierung vom Elternhaus durch die räumliche Entfernung von diesen in der Sozialisationsagentur Hochschule vollzieht und zum anderen Beziehungen aufdecken, die eventuell zwischen jeweiligem Distanzierungsprozeß und psychischen Störungen bestehen.

Für eine sichere und "objektivere" Erfassung der tatsächlichen Erziehungssituation der jeweiligen Probanden hätten natürlich zumindest ergänzend andere empirische Instrumente (z.B. teilnehmende Beobachtung, Elterninterview u.ä.) verwendet werden müssen, als es im Rahmen dieser Arbeit möglich war. Doch gilt auch hier das Grundprinzip, daß nicht das objektive Faktum als solches schon Aussagen über seine Bedeutung und seine Wirkung erlaubt, sondern die jeweilige Rezeption, d.h. in unserem Fall die selektive Wahrnehmung der Kinder und somit auch die "Erinnerung" der Studenten an ihre Kindheit und Jugend.

Die Fragebogenteile umfassen je 16 Items (jeweils für Vater und Mutter, genau genommen also 32 Daten pro Fragebogenteil), die in der gleichen Weise und aus den gleichen Gründen wie der Fragebogen zur Studiensituation (siehe weiter oben, S. 36) fünfstufig skaliert waren. Die einzelnen Items wurden aus verschiedenen Vorlagen zu ähnlichen Fragestellungen zusammengestellt, nämlich aus STAPF et al., Psychologie des elterlichen Erziehungsstiles (Bern 1972), aus einem Mainzer Fragebogen zur Untersuchung des Verhältnisses von Studenten zu ihrem Elternhaus (den mir die dortige Be-

---

1) vgl. SPERLING/JAHNKE, a.a.O., Die bisherigen tiefenpsychologischen Modelle, Bd. 1, S. 32 ff.

ratungsstelle dankenswerterweise zur Verfügung stellte) und der Diplomarbeit von R. WEBEL über die Beziehungen zwischen Elternbild und Persönlichkeitsmerkmalen von Studenten, Hamburg 1975.[1]

Inhaltlich orientieren sich die Elternfragebogenteile an dem empirisch mehrfach belegten sog. "hypothetischen Circumplexmodell" des elterlichen Verhaltens (nach SCHAEFER).[2]

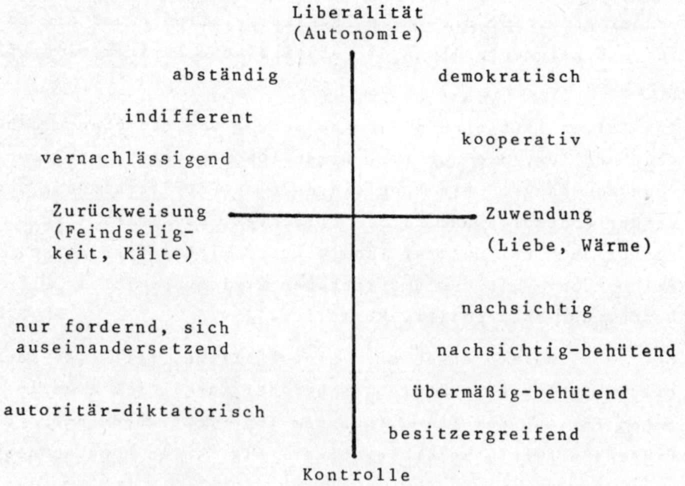

Die Dimensionen Wärme vs. Kälte und Autonomie vs. Kontrolle bildeten denn auch die theoretische Grundlage für die Item-

---

2) SCHAEFER, E.S., A circumplex model for maternal behavior, in Journal of abnormal soc. Psychol., 1959, 59, S. 228 und BECKER, W.C., Consequences of Different Kinds of Paranatal Disciplin, in: Hofmann, M.L./Hoffmann, L.W. (Hrsg.), Review of Child Development Research, Vol. I, New York 1964, S. 174 und 198, vgl. FEND, H., Sozialisierung und Erziehung, Weinheim 197o, S. 89 ff.
Die beiden Modelle von SCHAEFER, E.S. und BECKER, W.C., sind trotz unterschiedlicher Benennungen sehr ähnlich, wenn nicht identisch, vgl. WEBEL, R., a.a.O., S. 8o

1) WEBEL, R., Beziehungen zwischen Elternbild und Persönlichkeitsmerkmalen, unveröfftl. Dipl.-Arbeit, Hamburg 1975

formulierung bzw. Itemauswahl für beide Fragebogenteile ("früher" und "heute"), die sich auch durch die Faktorenanalyse bestätigten. Allerdings erwies sich, daß bei der Einschätzung der Eltern "früher" durch die Studenten und Schüler vier Items uneindeutige (d.h. gleich hohe oder niedrige) Ladungen auf beiden Faktoren zeigten, wobei sie untereinander hoch korrelierten.[1] Diese vier Items wurden zu einer 3. Dimension, nämlich zur Supervariablen JEF 3 "Angst/Liebesentzugstechniken" zusammengefaßt, wofür die hohen Interkorrelationen und die interne Konsistenzprüfung die statistische Legitimation bilden mögen.

Inhaltlich läßt sich diese Abweichung von den oben erwähnten Modellen, die nur zwei Dimensionen kannten, erklären, wenn man "Angst" als Resultierende aus der Verbindung von großer Kontrolle und Kälte betrachtet, die meist - so offenbar auch bei unserer (überwiegend mittelständischen) Stichprobe - mit dem umstrittenen Erziehungsmittel: "Liebesentzug" hoch positiv korreliert.[2]

Bei den Schülern ergab sich eine ähnliche, teilweise identische Faktorenstruktur, was bei der inhaltlich identischen Fassung der Items (nur der Imperfekt wurde durch das Präsens ersetzt) zu erwarten war. Die Skalen konnten des-

---

1) Es handelte sich um folgende Items

5. Ich fühlte mich meinen Eltern gegenüber frei und sicher.
9. Immer, wenn sich meine Eltern über mich ärgerten, ließen sie mich das lange spüren.
12. Meine Eltern machten es von meinem Wohlverhalten (z.B. Mithilfe, Gehorsam usw.) abhängig, ob sie nett und freundlich zu mir waren oder nicht.
15. Ich hatte oft Angst vor meinen Eltern.

2) Zur weiteren Interpretation dieser Zusammenhänge siehe weiter unten, Kap. III, 4, Sozialisationswirkungen, S. 218 f.

halb direkt verglichen werden. Bei der Eltern-"heute"-Skala mit ebenfalls 16 Items fehlten die Items aus der Dimension Angst/Liebesentzugstechniken, deshalb entstanden für die weitere Auswertung hier nur die zwei klassischen Dimensionen: warmes/herzliches Verhältnis vs. Ablehnung, Distanz, Kälte und Kontrolle/Abhängigkeit vs. Autonomie, Eigenständigkeit.

3.5 Zusammenfassung

Abgesehen von den Sozialdaten, die unverändert für die weitere Auswertung verwendet wurden, entstanden aus den 242 Rohdaten pro Versuchsperson anhand der Faktorenanalysen durch Mittelwertbildung die zusammenfassenden "Supervariablen".[1] Für insgesamt 921 VPn wurde so ein neuer Datensatz von 24 "Supervariablen" (bei Studenten) bzw. 21 (bei Schülern) und 15 (Studenten) bzw. 11 (Schülern) Sozialdatenangaben auf nunmehr eine Lochkarte pro Vpn übertragen. Nur diese "Supervariablen" wurden bei der weiteren statistischen Auswertung verwendet.[2]

Die endgültigen Dimensionen ("Supervariablen") aus der Fragebogenbatterie vom Sommer 1975:

		Zahl der unterschiedl. Kateg.
1. Sozialdaten:	Geschlecht	2
	Alter	
	Konfession	4
	Familienstand	4
	Einwohnerzahl	4
	Beruf der Eltern	je 7
	Bildungsgrad d. Eltern	je 5
	Klassenstufe (nur Schüler)	3
	Studienwunsch (nur Schüler)	2
	Belegte Studienfächer (1. u. 2. F)	je 5
	Semesterzahl	6
	angestrebtes Examen	7
	Wohnform	5
	Hochschulbesuchsberechtigung	1

1)"Vater"und"Mutter"wurden zu"Eltern"zusammengefaßt, da sie sich nur wenig voneinander unterschieden.

2) Schon aus auswertungstechnischen Gründen wäre die Benutzung der verfügbaren Programme mit 242 Variablen nicht möglich gewesen.

		Anzahl der Items
2. (FPI)-Persönlichkeitsfragebogen	Nervosität	7
	Aggressivität	7
	Depressivität	7
	Erregbarkeit	7
	Geselligkeit	7
	Gelassenheit	7
	Dominanzstreben	7
	Gehemmtheit	7
	Offenheit	7
	Extraversion	7
	Emotionale Labilität	7
	Maskulinität (Durchsetzungsfähigkeit)	7
3. (SSP)-Fragebogen zur Messung stud. Probleme	Studienunfähigkeit/Schwierigkeiten	15
	Vegetative Störungen	17
	Soziale Ablehnung	12
4. Fragebogen zur Studien-/Schulsit.-beschreibung (JSS)	Studien-/Arbeitsschwierigkeiten	17
	negatives Dozentenbild (Fachdozenten)	6
	Unidesintegration/Isolation	7
(JPD)	negatives Dozentenbild (Päd.-dozenten)	6
5. Elternbild früher (JEF)	Wärme, gutes Verhältnis zu Eltern	6
	große Kontrolle d. Eltern	6
	Angst, Liebesentzugsfrustrationen	4
6. Elternbild heute (nur Studenten) (JEH)	Wärme, Geborgenheit b. Eltern	6
	große Kontrolle, Abhängigkeit	6

4. Fragebogenerhebung bei Lehrerstudenten und Schülern

Der Fragebogen (Studentenform) umfaßt lo beschriebene Seiten mit je vier Teilen und einem statistischen Erhebungsbogen für Sozialdaten. Die vier Teile sind:

FPI (Freiburger Persönlichkeitsinventar) - Kurzform (76 Items)

SSP (Skala zur Messung studentischer Probleme) (44 Items)

JSS (Fragebogen zur Studiensituation)
(43 Items)

JEF/JEH (Fragebogen zum Elternverhältnis früher/heute)
(je 16 Items)

Zusammen mit den Sozialdaten (15 Angaben bei Studenten) und der Verdoppelung bei den Elternfragebögen (durch Aufteilung in Vater und Mutter) wurden so von jedem Probanden 242 Angaben gesammelt und abgelocht.

Die Fragebogenaktion wurde in 22 Seminarveranstaltungen des pädagogischen Seminars der Universität Göttingen Ende des SS 1975 (594 Vpn) und Anfang des WS 1975/76 (119 Vpn) durchgeführt. Die Seminarleiter bekamen eine die Durchführung betreffende einheitliche Instruktion, die sie den Studenten ihrer Seminare vorlasen. Der Fragebogen wurde sodann in den Seminaren in ca. 3o Minuten ausgefüllt und wieder eingesammelt.[1] Die Auswahl der Seminare fand zufällig statt, allerdings waren die Seminare unterschiedlich stark frequentiert, einige Dozenten konnten aus technischen Gründen nicht mitmachen. Verweigerer wurden mir von den Seminarleitern nur wenig gemeldet (insgesamt 12), die übrigen haben - wie auch die Auswertung zeigte - ernsthaft und meist korrekt den Fragebogen ausgefüllt und abgegeben. Inkorrekt oder unvollständig ausgefüllte Fragebogen sowie diejenigen, die weder Vater noch Mutter hatten und den Elternfragebogen gar nicht ausfüllen konnten (15 Vpn), wurden von der weiteren Auswertung ausgeschlossen.

Es blieben damit für die endgültige Auswertung 713 Studenten, von denen 3o6 (42,9 %) männlichen und 4o7 (57,1 %) weiblichen Geschlechts waren. Die überwiegende Mehrzahl war ledig (9o,9 %), evangelisch (67,3 %), studierte Sprachen im 1. Studienfach (6o %) und strebte den Gymnasiallehrerabschluß an (7o %), weitere 17 % den Realschullehrerabschluß.[2]

---

1) Nur bei einigen kleineren Seminaren nahmen die Probanden die Fragebögen mit nach Hause und gaben sie dann wieder ab.

2) vgl. Statistik auf der nächsten Seite.

Tabelle 1: Studentenstatistik

	Gött. Stichpr. %	SS 75	Real-/gymn.-[1]) abschl. %	SS 75	alle Göttinger[1]) Studenten %	SS 75
insgesamt	1oo	713	1oo	4658	1oo	18173
davon männl.	42,9	3o6	46,5	2167	67,6	12292
weibl.	57,1	4o7	53,5	2491	32,4	5881
Konfession						
evangelisch	67,3	48o			63,2	11492
katholisch	18,7	133			17,5	3184
andere Konfession	1,1	8			2,3	419
ohne Konfession	12,9	92			7,2	132o
keine Angaben	-	-			9,7	1759
Familienstand						
ledig	9o,9	648			87,5	15892
verheiratet	8,7	62			12,o	2184
geschieden	o,4	3			o,5	86
verwitwet	-	-			o,1	11
Schulabschluß des Vaters					(Busch-Stat.	12246)[2]
Volksschulabschluß	37,7	269			36,7	45oo
Fachhochschulabschluß	1o,2	73			-	-
Realschulabschluß	18,4	131			22,7	278o
Abitur	11,8	84			(36,9	4523)[3]
Hochschulabschluß	21,2	151			(26,3	322o)[4]
Sonstiges	-	-			3,6	443
Semesterzahl						
1. und 2. Semester	25	177			19	2368
3. und 4. Semester	22	158			2o	255o
5. und 6. Semester	24	168			17	2112
7. und 8. Semester	13	9o			13,6	1675
9. und 1o. Semester	9	67			11,8	1446
11. und mehr	7	49			17,4	2132
Beruf des Vaters						
Arbeiter	14,4	1o3			11,1	137o
Angestellter	33,1	236			29,6	3623
Beamter	29,7	212			26,5	3231
Selbständiger	2o,5	146			3o,7	3742
Sonstiges	1,7	12			2,o	238
Hochschulreife						
Abitur	94	669	8o	98o4		
2. Bildungsweg	6	43	2o	238		

1) vgl. Studentenstatistik der Universität Göttingen, herausgegeben vom Studentensekretariat, Göttingen, SS '75, (S.6o-69)

2) L. BUSCH, Die soziale Lage der Studenten der Universität Göttingen, SS 1975, Göttingen 1975 (eigene Erhebungen, nicht auf den offiziellen Statistiken beruhend, deshalb abweichend)

3) unter Einschluß von Hochschulabsolventen

4) unter Einschluß von Abitur

Der Vergleich mit den offiziellen Statistiken der Universität ist wegen der Unterschiedlichkeit der Erhebungsmethoden sehr schwierig. Doch abgesehen von einigen kleineren Abweichungen entsprechen m.E. die Verteilungen unserer Stichprobe in etwa denen der insgesamt an der Universität Göttingen studierenden Gymnasial- und Realschullehrerstudenten, so daß die erhaltene Stichprobe im wesentlichen als repräsentativ gelten darf.

Als Vergleichs- und Ergänzungsstichprobe wurde 2o8 Schülern aus Niedersächsischen Schulen ein inhaltlich identischer, jedoch auf die Schüler abgestimmter, d.h. in den Formulierungen modifizierter Fragebogen ohne Elternteil "früher" im gleichen Verfahren wie den Studenten vorgelegt. Die Stichproben setzten sich aus Schulklassen der 1o. und 12. bzw. 13. Klassen in Hannover (6o), Burgdorf bei Hannover (39), Emden (55) und Göttingen (6o) zusammen. Um den Schülern die (berechtigte) Angst vor etwaigen Nachteilen durch die Beantwortung der recht persönlichen Fragen zu nehmen, wurde angeregt, die Fragebogen nach dem Ausfüllen von den Klassensprechern einsammeln und direkt an mich verschicken zu lassen, was in einigen Fällen auch geschah. Durchgeführt wurde diese Untersuchung im Juni und August 1975, also kurz vor und kurz nach den großen Sommerferien. Die Fragen wurden während des Unterrichts ausgefüllt. Von den insgesamt 214 zurückgesandten Fragebogen konnten 2o8 nach Selektion der unvollständigen Fragebogen für die endgültige Auswertung gewonnen werden.

Dabei entfielen 1o8 Vpn. auf die 1o. Kl. und 1oo auf die 12. und 13. Kl., 117 waren männlichen (56,3 %) und 91 (43,8 %) weiblichen Geschlechts. Sie sind alle ledig und meist evangelisch (84,1 %), ihr Durchschnittsalter betrug 17 Jahre, 8o,3 % hatten die Absicht zu studieren. Verweigerer sind mir nicht bekannt geworden, allerdings war in der Oberstufe durch die Freiwilligkeit der Teilnahme an den einzelnen Kursen in Emden und Hannover nicht immer die volle Klassenstärke erreichbar.

Die Schülervergleichsgruppe wurde lediglich zum Tendenzvergleich sowie zur Hypothesengenerierung herangezogen.

Die Fragebogenergebnisse wurden auf 6 Lochkarten pro Probanden übertragen, nochmals stichprobenartig überprüft und wo nötig korrigiert (fehlende wurden nach Zufallsprinzip ergänzt), alle weiteren statistischen Verfahren auf der Univac 1108 der Max-Planck-Gesellschaft und mit Hilfe der SPSS-Programmsammlung (Statistical Package for the Social Sciences)[1] vom Verfasser selbst ausgeführt. Insgesamt wurden so 218 722 Einzeldaten erfaßt, auf Band gespeichert und verarbeitet.

5. Durchführung von Gruppendiskussionen

5.1 Allgemeines

Gruppendiskussion als empirisches Forschungsmittel ist eine vergleichsweise selten angewandte Methode. Zuerst wurde sie von POLLOCK 1955[2] zur Erforschung von Meinungsbildungen über das 3. Reich erprobt, später von MANGOLD weiterentwickelt und theoretisch fundiert.[3] Die bekanntesten Untersuchungen unter Verwendung dieser Methode sind die von SCHULENBERG über Erwachsenenbildung und von PIRKER, BRAUN, LUTZ und HAMMELRATH über Einstellungen von Arbeitern zur Mitbestimmung.[4] Die Gruppendiskussionsmethode ist bislang

---

1) vgl. NIE, N.H. u.a., Statistical Package for the Social Sciences (SPSS), New York u.a., 1975[2]

2) vgl. POLLOCK, F., Gruppenexperiment, Frankfurt 1955

3) MANGOLD, W., Gegenstand und Methode des Gruppendiskussionsverfahrens, Frankfurt 1960

4) SCHULENBERG, W., Ansatz und Wirksamkeit der Erwachsenenbildung, Stuttgart 1957; PIRKER, T./BRAUN, S./LUTZ, B. u. HAMMELRATH, F., Arbeiter, Management, Mitbestimmung, Stuttgart 1955, vgl. auch STRZELEWICZ, W. / RAAPKE, H.D./ SCHULENBERG, W., Bildung und gesellschaftliches Bewußtsein, Stuttgart 1966 und LABONTE, Ch., Industriearbeiter und Weiterbildung, Stuttgart 1973

nicht geeignet, quantitativ repräsentative Ergebnisse zu liefern,[1] doch handelt es sich um eine gute "explorative Methode, um Untersuchungen mit besser standardisierten Methoden vorzubereiten oder zu ergänzen".[2] Genau in dieser Funktion wurde sie auch in der vorliegenden Untersuchung eingesetzt. Einmal zur Exploration des gesamten Forschungsgegenstandes und seiner methodischen Erfassung[3] und zum anderen als Ergänzung der qualitativen Erhebungsmethoden durch die Fragebogen.[4]

Bei der Untersuchung psychischer Störungen bei Studenten gibt es einen gewichtigen Grund, sich nicht allein auf standardisierte Meßmethoden zu verlassen: Die eruierbaren Meßwerte über emotionale Labilität, Gelassenheit, Freundeskreis, Kontakte usw., die durch Tests und andere Statements erhoben wurden, sind zwar exakt erfaßbar und deshalb auch mit anderen und untereinander statistisch vergleichbar, das je subjektive Leidensgefühl, Sichunwohlfühlen, Krankfühlen sowie die Ursachen aus der je subjektiven Sicht der Studenten lassen sich damit jedoch nur zum Teil ablesen. "Um eine Störung beurteilen zu können, müssen ... drei Kriterien berücksichtigt werden: das soziokulturelle, das objektive und das subjektive."[5] Mit dem Verfahren der Gruppendiskussion kann der Vielfalt subjektiver Verarbeitungsmöglichkeiten von universitärer Umwelt der Studenten und den sie bedrückenden Problemen samt dessen Ursachenwahrnehmung

---

1) MANGOLD, W., a.a.O., S. 28: "Der Anwendung von Gruppendiskussionen zur Untersuchung individueller Bewußtseins- und Verhaltensphänomene sind ... erhebliche Grenzen gesetzt. Die Ermittlung statistisch repräsentativer quantitativer Ergebnisse dürfte prinzipiell unmöglich sein ..."

2) FRIEDRICHS, J., Methoden der empirischen Sozialforschung, Hamburg 1973, S. 248

3) Seminar des SS 1975

4) vgl. Kap. I, 2.1,

5) vgl. PONGRATZ, L.J., Lehrbuch der klinischen Psychologie, Göttingen 1973, S. 63

in Ergänzung der "objekten" testpsychologischen Messung ein gut Stück nähergekommen werden, da diese Methode geeignet ist, "tieferliegende" Meinungen zu aktualisieren, spontane Reaktionen zu provozieren, und da sie sich in einer Art "natürlicher Situation", nämlich als "Gespräch zwischen Menschen wesentlich gleicher Situation, die sich miteinander zu identifizieren vermögen"[1], vollzieht.

Die Gruppendiskussionen sollen deshalb im Rahmen dieser Arbeit keine zusätzlichen quantitativen Daten liefern, vielmehr haben sie die Funktion, Störungen und deren Ursachen aus der Sicht von Studenten, die aufgrund ihrer eigenen Erfahrung Interesse an einer gezielten Diskussion über ihre Probleme an der Universität hatten, zu erfassen.[2]

5.2 Durchführung

Die "Mitdiskutanden" wurden durch eigene Werbung in den verschiedensten Seminarveranstaltungen des Päd. Seminars um Mitarbeit gebeten, indem ich sie auf die Relevanz der Erforschung von (psychischen) Störungen unter den Studenten und deren Ursachen hinwies und sie aufforderte, sich für eine Diskussion mit mir zu treffen.

Aus insgesamt lo Seminarveranstaltungen fanden sich jeweils ca. lo Teilnehmer hierzu bereit. Allerdings kamen dann tatsächlich nur durchschnittlich 5,6 Personen (d.h. zwischen

---

1 vgl. MANGOLD, a.a.O., S. 223

2 vgl. die auswertungsmethodischen Anmerkungen auf S. 54, Anm. 2

3 und 7 Vpn). Zusammen mit den Gruppendiskussionen in den beiden Seminaren zu ähnlicher Thematik[1] diskutierten so insgesamt 7o Studenten jeweils ca. 2 Stunden lang die von mir gestellten "Anreize" (vgl. weiter unten).[2]

Noch stärker als bei der Fragebogenaktion waren hier die weiblichen Studenten repräsentiert: 61 % gegen 39 %. Stärker waren hier auch die mittleren bis höheren Semester vertreten: 81 % zwischen 3. und 8. Semester, so daß man davon ausgehen kann, daß die Mitdiskutanten schon über genügend Erfahrung mit studentischen Problemen an der Universität verfügten, um die es in dieser Diskussion ging.

Die Mitdiskutanten kannten sich zum größten Teil bereits aus den Seminarveranstaltungen, was die für die zum Teil etwas intimeren Fragen und für die notwendige Vertrautheit untereinander vorteilhaft war. Sie waren im Durchschnitt recht motiviert, die Themen zu diskutieren, da sie freiwillig gekommen waren und meist selbst (z.T.erhebliche) Probleme mit dem Studium, den Kommilitonen und sich selbst hatten. Durchgehende Schweiger gab es deshalb (und wegen der geringen Gruppengröße) nicht.

Nach einer allgemeinen Information über den Sinn der Diskussion und die Rolle des Diskussionsleiters wurden den Teilnehmern sukzessive fünf verschiedene Anreize im Abstand von 2o Minuten eingegeben.[3] Der Diskussionsleiter (ich selbst) hielt sich dabei inhaltlich zurück, versuchte aber in sog. "non-direktiver" Manier alle zu Worte kommen zu lassen, auf unbehandelte Fragenkomplexe und Gegenargumente hinzuweisen, Unverständliches genauer zu erläutern etc.[4]

---

1) vgl. Kapitel II, 2, S. 3o f.

2) allerdings wurden für die weitere Auswertung nur 11 Gruppensitzungen mit insges. 61 Personen verwendet, nämlich die aus den 1o Seminarveranstaltungen und die Gruppendiskussion vom Seminar im WS 1975/76

3) ähnlich wie in der Untersuchung von STRZELEWICZ u.a., a.a.O., und LABONTE, Industriearbeiter und Weiterbildung, Stuttgart 1973

4) vgl. hierzu die Hinweise zur Rolle des Diskussionsleiters bei Gruppendiskussionen, in: FRIEDRICHS, J., a.a.O.,S.249

5.3 Themenkomplexe

Die Themenkomplexe, die mit den einzelnen "Anreizen" angerissen werden sollten, waren folgende:

1. Allgemeine Störungen - Deskription und Ursachen
2. Kontaktstörungen - " " "
3. Arbeitsstörungen - " " "
4. Sozialisationswirkungen der Universität (pos./neg.)
5. Frauenprobleme - Probleme ihrer Benachteiligung/ Verhältnis der Geschlechter untereinander.

Die Diskussionen fanden (mit einer Ausnahme) in den Räumen der Calsowstr. 73 (Päd. Seminar, Haus 3) statt und wurden auf Tonband aufgenommen, gleichzeitig aber zusätzlich von einer Protokollantin in ihren wesentlichen Zügen (bes. Namen der Diskutanten und atmosphärische Beobachtungen) schriftlich festgehalten. Im Anschluß an die Diskussion der 5 "Anreize" wurde den Mitdiskutanten noch ein Fragebogen vorgelegt, der neben den Sozialdaten der Teilnehmer nochmals zu allen 5 Themenkomplexen der Diskussion die wesentlichsten Einstellungen in Form von vierstufigen Skalierungen ermitteln sollte. Dieser Fragebogen sollte zwei Funktionen erfüllen: Einmal das Problem der sich in der Diskussion Zurückhaltenden reduzieren helfen, zum anderen eine Art nachträglicher Validierung der späteren Auswertung ermöglichen.

Der Fragebogen setzt sich aus hypothetischen Antworten bzw. Argumenten zu den einzelnen Anreizen zusammen, wie sie aus der ersten im SS 75 durchgeführten Diskussion ermittelt wurden und im zweiten Seminar im WS 75/76 ebenfalls nach einer Gruppendiskussion getestet und mehrfach verändert wurde.

5.4 Auswertung

Die Auswertung auch dieses Fragebogens geschah mit Hilfe des Computers des Rechenzentrums der Max-Planck-Gesellschaft. Es wurden Häufigkeiten, Verteilungen und Korrelationen und Faktorenanalysen durchgeführt. Die Ergebnisse wurden mit denen aus der Gruppendiskussion verglichen.[1)]

Die Auswertung (der Tonbandprotokolle) der Gruppendiskussionen stellt ein immer wieder neu zu lösendes Problem dar. Da man kein von vornherein quantifiziertes Material hat, ist man überwiegend auf qualitative Auswertung angewiesen, die erstens recht zeitraubend und zweitens der Gefahr subjektiver Verfälschungen durch den Forscher in vielleicht noch stärkerem Maße unterliegt als bei anderen Forschungsmethoden. Wegen der oben geschilderten unbestreitbaren sonstigen Vorteile dieser Methode sind diese Nachteile aber bewußt in Kauf zu nehmen, durch andere Verfahren zu ergänzen und mögliche Fehler durch geeignete Maßnahmen so gering wie möglich zu halten.

Mit Hilfe einer Tutorin wurden die Tonbandprotokolle und die schriftlichen "Mitschreibprotokolle" der einzelnen Gruppensitzungen nach folgenden Gesichtspunkten ausgewertet und auf Karteikarten übertragen:

Fragenkomplexe - 1. allg. Störungen
2. Kontaktstörungen
3. Arbeitsstörungen
4. Sozialisationswirkungen
5. Frauenprobleme

Beitragsarten - (eher) Deskription
Ursachen
Maßnahmen, Veränderungsvorschläge

---

1) siehe die Vergleiche in den jeweiligen Kapiteln des Hauptteils

Grade der Zustimmung zu best. Beschreibungen/Argumenten
- einhellige Zustimmung (1)
  Einzelmeinungen (3)
  besonders wichtige (d.h. als solche von der Gruppe deklarierte Meinung) (5)

Personaldaten der Diskussionsbeiträger
- Geschlecht (w, m)
  Semesterzahl (z.B. 7)
  (Fach) (z.B. Soz.-Kde.)

(Aufzeichnung besonders treffend erscheinender Beiträge zu den einzelnen Fragenkomplexen).

Nach diesem Schema wurden die rund 24 Stunden der 12 Gruppendiskussionen auf 1263 Karten übertragen, d.h. geordnet nach Fragenkomplexen stand dann auf jeder Karte eine Ursache, Deskription oder Maßnahme mit den übrigen oben aufgeführten Angaben. Da es weder auf gruppendynamische Prozesse während der Diskussion noch auf einen Vergleich zwischen einzelnen Gruppen oder Personen und auch nicht auf die Zustimmung oder Ablehnung bestimmter Einstellungen ankam, sondern einzig auf eine gewichtete Sammlung von Beschreibungen und Ursachen für das "Unwohlsein" von Studenten an der Uni, konnten alle Argumente bzw. Beschreibungen nach den 5 Fragenkomplexen zusammengefaßt werden und in eine Rangreihe der Häufigkeit und damit Wichtigkeit durch quantitative Auszählung der Meinungsäußerungen nach einem bestimmten Schlüssel gebracht werden. Schlüssel: einhellige Zustimmung 5 Punkte, Einzelmeinung 1 Punkt, besonders wichtige einhellige Meinungen 7 Punkte (anstatt 5 Punkten).[1)]

Schließlich wurde durch eine Art "handgemachter" Faktorenanalyse versucht, die einzelnen Meinungen zu Gruppen ("Faktoren") zusammenzufassen, die untereinander in einer mehr oder weniger engen Beziehung stehen. Grundlage dieses in gewisser Weise intuitiven Verfahrens waren Überschneidungen in den Meinungsäußerungen und von den Teilnehmern gemachte Querverweise.

---

1) Auf die Auswertung und Kontrolle gruppendynamischer Abläufe in der Diskussionsgruppe sowie weitere statistische Auswertungsverfahren wurde bewußt verzichtet; zu den Fehlerquellen vgl. FRIEDRICHS, a.a.O., S. 254 f.

6. Darstellung der Ergebnisse

Nachdem im ersten und zweiten Teil der Rahmen der Problemstellung, die Forschungslage und Anlage wie Durchführung der Untersuchung dargestellt wurde, wird es im nun folgenden Hauptteil darum gehen, die Ergebnisse sowohl aus der großen Fragebogenaktion vom Sommer 1975 wie auch die Ursachenerforschung durch Gruppendiskussionen aus dem Frühjahr 1976 darzustellen.

Wegen der Vielfältigkeit der untersuchten Probleme, aber auch um den inhaltlichen Zusammenhang der Fragebogenaktion und der Gruppendiskussion nicht aus dem Blick zu verlieren, wurde auf eine getrennte Darstellung der Ergebnisse aus den verschiedenen Verfahren verzichtet zugunsten einer inhaltlichen Gruppierung von Problembereichen, wie sie sich einerseits aus der Faktorenanalyse "overall" (gemeint ist die Faktorenanalyse über alle 42 von uns weiterverwendeten Supervariablen bzw. Dimensionen) und andererseits aus den in den Gruppendiskussionen angesprochenen Fragekomplexen ergeben.

Bei der sechsfaktoriellen Faktorenanalyse ergaben sich folgende Faktoren:[1)]

Neurotizismus

Aggressivität/Dominanz

Geselligkeit/Extraversion

Studienunzufriedenheit/Studienunfähigkeit

Dozentenbild

Elternverhältnis

Die Gruppendiskussionsstatements behandelten die Themen:

allg. Unwohlseinsgefühle

Kontaktstörungen

Arbeitsstörungen

Sozialisationswirkungen bzw. -veränderungen
Geschlechterproblematik

Diese 11 Problemkomplexe haben mehrere Überschneidungen und Korrespondenzien, so daß sich für die Darstellung im Hauptteil folgende Kapitel ergaben:

1. Neurotizismus (zuzuordnen ist: allg. Unwohlseinsursachen)
2. Kontaktstörungen (zuzuordnen ist: Art und Ausmaß der Variable: Geselligkeit/Extraversion)
3. Arbeitsstörungen (zuzuordnen ist: Studienunzufriedenheit/Studienunfähigkeit und Dozentenbild)
4. Sozialisationswirkungen (zuzuordnen sind: die Veränderungen des Neurotizismus über die Semester sowie die Variable: Elternbild)
5. Geschlechterproblematik (zuzuordnen sind hier alle Geschlechtsunterschiede, die sich bei den anderen Dimensionen ergeben)[1]

Im Prinzip wird dabei so vorgegangen, daß am Anfang jeden Kapitels inhaltlich Art und Ausmaß der Störungen, wie sie sich aus der großen Fragebogenaktion vom Sommer 1975 ergibt, dargestellt und erläutert wird und danach, z.T. hierauf bezug nehmend, die Ursachen für diese Störungen als Ergebnis der Gruppendiskussionen folgt. (In Einzelfällen wurde von dieser Systematik abgesehen, um Wiederholungen zu vermeiden.)

Im Schlußteil dieser Arbeit werden dann nochmals die hervorragendsten Ergebnisse zusammengefaßt und die anzustrebenden Lösungsversuche der mitdiskutierenden Studierenden als auch des Verfassers vorgestellt.

---

1) Der Faktor: Aggressivität/Dominanz wurde bei der Auswertung außer acht gelassen, weil er nicht direkt zum Thema Psychische Störungen gehört

III. Hauptteil: P s y c h i s c h e S t ö r u n g e n bei Göttinger Lehrerstudenten

1. Neurotizismus und seine Ursachen

In diesem Kapitel soll Ausmaß und Art der psychischen Störungen, wie sie sich mit Hilfe der aus dem FPI und dem SSP entwickelten Neurotizismusskala für die Göttinger Studentenstichprobe ergeben, dargestellt und im Vergleich mit anderen Untersuchungen sowie in Beziehung zum Elternbild, zu den Sozialdaten und im Vergleich mit den Schülerergebnissen interpretiert werden. Das sich hierbei ergebende Persönlichkeitsprofil als auch ein Bedingungsmodell durch korrelative Beziehungen werden vorgestellt. Schließlich wird ein Überblick über die allgemeinen Ursachen für diesen Neurotizismus aufgrund der Gruppendiskussionen gegeben.

1.1 Allgemeines

Neurosen sind "normalpsychologisch einfühlbare, in ihrer Symptomatik wie auch in ihrer Entwicklung verstehbare Störungen."[1] Der neurotische Mensch ist gestört in seiner Gefühlsbeziehung zu sich selbst, zur Welt und zu Personen; die Symptomatik ist auf eine innere Konfliktsituation bezogen.[2]

Abzugrenzen sind Neurosen einmal von organisch bedingten Störungen, zum andern von Psychopathien und (endogenen) Psychosen, obwohl dies im Einzelfall nicht immer einfach ist. Bis vor kurzem - und zum Teil noch heute - wurden Neurosen wie andere "rein" organische Krankheiten nach dem klassischen "medizinischen Krankheitsmodell" als Störungszustand innerhalb des Organismus oder auch der Persönlichkeit des Individuums verstanden, wobei diesen Störungen bestimmte beobachtbare Symptome zugeordnet wurden.[3] In Abgrenzung von allen sozialwissenschaftlichen Erkenntnissen der letzten hundert Jahre, hatte sich dieses erstarrte Modell bei der Dia-

---

1) BRÄUTIGAM, Reaktionen, Neurosen, Psychopathien, Stuttgart 1968, S. 7o

2) vgl. ebenda, S. 71

3) vgl. KEUPP, H., a.a.O., S. 67 ff.

gnose und Therapie von psychischen Störungen[1] (nicht zuletzt auch bei den Psychoanalytikern in Anlehnung an Freud) als rein organizistische Konzeption mit fast ausschließlicher Konzentration auf spezifische Subsysteme der Erklärung, nämlich das biologische oder das psychologische, erhalten. Erst neuerdings wurde auch von Psychiatern, besonders durch LAING, MITSCHERLICH und SZASZ dieses "medizinische Krankheitsmodell" nachhaltig in Frage gestellt und (nicht nur psychische -) Krankheit als "soziales Phänomen" erkannt, dessen begriffliche Fassung weder auf biologischer noch auf einer isoliert psychologischen Ebene gelingen kann. "Außerhalb eines sozialen Kontextes kann sein (des Patienten) Verhalten nur Ausdruck eines unverständlichen 'psychologischen' und/oder 'körperlichen' Prozesses sein."[2]

Doch mit der Entdeckung der gesellschaftlichen Bezogenheit von Krankheiten, insbesondere von psychosomatischen Krankheiten sind die Probleme der Definition und Ursachenfindung nicht einfacher geworden. Die Umdefinition von psychischen Störungen als "abweichendes Verhalten", wie sie auch bei KEUPP vorgenommen wird, verweist explizit auf den sozialen Hintergrund, von dem Verhalten abweicht und verzichtet auf eine (negative) Bewertung solchen Verhaltens.[3] Damit ist der Weg frei, soziologische Erkenntnisse und Theorienbildung zur Normenproblematik auf neurotische Störungen in Anwendung zu bringen. Der Wechselbezug zwischen Umwelt, gesellschaftlichen Bedingungen und individueller psychischer Anpassung oder Nichtanpassung oder Fehlanpassung rückt in den Mittelpunkt der Betrachtung. Doch es wird damit nur deutlich, daß es einen einheitlichen, von jeweiligen gesellschaftlichen und kulturellen Einflüssen völlig unabhängigen

1) LAING, R.D., The divided Self, London 196o; MITSCHERLICH, a.a.O.; SZAZS, T., The Myth of Mental Illness, London 1962

2) LAING, R.D., Phänomenologie der Erfahrung, Frankfurt 1969, S. 97

3) vgl. H. KEUPP, a.a.O., S. 115 f.

Begriff von neurotischem Verhalten nicht geben kann. Gleichzeitig weitet sich der Neurosebegriff bis ins Unfaßbare aus. "Neurose ist deshalb so ubiquitär,weil sie alle für die Dauer mißglückten Konfliktlösungsmöglichkeiten begrifflich zu umschließen versucht."[1]

Konstitutiv bleiben jedoch - auch bei aller Einschränkung - zwei Elemente, um neurotisches Verhalten zu diagnostizieren und zu therapieren: die Beurteilung des jeweiligen Verhaltens im Rahmen der jeweiligen (sub-)kulturellen und gesellschaftlichen (oder statistischen) Norm und das subjektiv empfundene Leiden derjenigen, die dieses (abweichende) Verhalten an den Tag legen.[2] Wenn also jemand 2o Semester bis zum Staatsexamen studiert, so mag er sich dabei ganz wohl fühlen, sein Verhalten stellt aber eine Abweichung von der statistischen Regel dar und ist insofern nicht "normal". Umgekehrt, im andern Extremfall kann jemand unter den schwersten Depressionen und Ängsten leiden, daß er die "Norm" nicht erfüllt, macht aber mit 12 Semestern sein durchaus durchschnittliches Examen und verhält sich auch sonst "objektiv" völlig angepaßt, d.h. gerade der Zwang, sich keine Abweichung erlauben zu können, macht ihn krank. Beides sind mögliche Reaktionen auf das gleiche Umfeld: Hochschule, wenn auch Extremfälle.

Wichtig bleibt, daß der jeweilige Wechselbezug zwischen individueller psychischer (wenn auch unterschiedlicher) Verarbeitung und gesellschaftlichem Normhintergrund deutlich gesehen wird. Dieser gesellschaftliche Normhintergrund ist nun nicht nur in der Gegenwart zu suchen, sondern selbstverständlich auch in den biographisch vorhergehenden Institutionen, besonders in Familie und Schule. Aber eine einseitige Zuordnung bestimmter Störungen zu nur dieser oder nur jener verursachenden Erfahrung des Leidenden scheint m.E. nicht möglich. Erst die Kontamination von verschiedenen

---

1) SPERLING/JAHNKE, a.a.O., Bd. 1, S. 31

2) vgl. PONGRATZ, L.J., a.a.O.

(restringierenden) Normbildungen und (negativen) Erlebnishintergründen mit der Befindlichkeit in einer aktuellen (konfliktträchtigen) Situation und deren Erfahrung ergeben dann eine konkrete Konfliktsituation, in der der Neurotiker scheitert und unter "krankhaften" Reaktionen leidet. So können schon partiell deprivierende aktuelle soziale Verhältnisse zur Dekompensation von früher bereits kompensierten Konflikten führen. Am Beispiel der Studenten hieße das beispielsweise, daß bestimmte Autoritätskonflikte mit dem Vater durch die Konfrontation mit Professoren, die in übermächtiger Position als Prüfer auftreten, zur Reaktivierung des Konfliktpotentials aus frühkindlicher Zeit führen und in regressiver Weise erneut neurotische Versagensängste auslösen.

Die Schwierigkeit der "Heilung" von psychischen Störungen wird hier deutlich: Eine nur das Individuum verändernde Individualpsychotherapie allein wird den "Klienten" nicht von seinen Leiden befreien, denn auch die aktuellen Probleme der sozialen Umwelt, in der sich der Klient bewegt, können zu neuen traumatischen Erfahrungen, zu neuen neurotischen Reaktionen führen, die schon erreichten Behandlungserfolge wieder in Frage stellen und alte, schon kompensierte Konflikte können durch eine deprivierende soziale Umwelt wieder dekompensatorisch reaktiviert werden. Fazit: Eine umfassende wirkungsvolle Therapie müßte die vergangenen, nur noch in der Biographie jedes einzelnen auffindbaren Konflikte psychotherapeutisch aufarbeiten, gleichzeitig jedoch müßte eine "Gesellschaftstherapie" die gegenwärtigen in den gesellschaftlichen Institutionen vorhandenen deprivierenden Elemente diagnostizieren und beseitigen. - Einen Ansatz zu letzterer Therapie möchte die vorliegende Arbeit leisten, indem sie die Ursachen für neurotisches Befinden bei den Studenten untersucht.

1.1.2. Deskription des "Unwohlseins" durch die Studenten

Obwohl "Neurotizismus" - wie noch zu zeigen sein wird[1)]- nicht in jedem Fall das Gleiche ist wie "Unwohlsein", nach dessen Erscheinungsformen und Ursachen im ersten Statement der Gruppendiskussionen gefragt wurde,[2)] erscheinen mir die diesbezüglichen Beschreibungen der Studenten doch geeignet, die mit dem abstrakten Begriff "Neurotizismus" implizierten Symptome und Störungsbereiche zu veranschaulichen.

Am häufigsten wird von einer allgemeinen Nervosität berichtet, die als allgemeinstes Symptom studentische Reaktion auf universitäre Bedingungen spiegelt. Sie steht - so die Gruppendiskutanten - in engem Zusammenhang mit Überforderungsgefühlen und Ängsten vor Prüfungen aller Art.

Weitere Symptome sind Kopfschmerzen und Depressionen. Oft sind die Symptome vermischt, wechseln und bleiben unspezifisch. Psychische Labilität, Schlafstörungen, Magen- und Blasenbeschwerden, Unruhegefühle und Müdigkeit werden als körperliche Symptome eines allgemeinen "Unwohlseinsgefühls" genannt. Einige fühlen sich unfähig, das Studium oder auch andere Tätigkeiten sinnvoll zu planen, sie fühlen sich dabei überfordert, können nicht aufstehen, ziehen sich zurück, können nicht das leisten, was sie sich vornehmen, treiben Nikotin- und Alkoholabusus oder kompensieren ihr Unwohlsein durch vieles Essen. Arbeits- und Kontaktstörungen werden in diesem Zusammenhang als Ursachen

---

1) vgl. die operationale Definition auf der übernächsten Seite 63

2) vgl. weiter unten, Kap. III, 1.5, S. lo3

genannt, nicht als Symptome, obwohl diese ihrerseits wiederum zum allgemeinen Unwohlsein und den entsprechenden Fehlkompensationen beitragen.[1] Insgesamt 39 solcher Beschwerden wurden spontan in der Gruppendiskussion geäussert, wobei einige sicherlich Hemmungen hatten, vor den ihnen zum Teil unbekannten Personen alle ihre Schwierigkeiten auszusprechen.

MÖLLER/SCHEER berichten in ähnlicher Weise von sog. "Leitbeschwerden" unter den Klienten ihrer psychotherapeutischen Beratungsstelle in Gießen: Es sind dies: Müdigkeit, rasche Erschöpfbarkeit, übermäßiges Schlafbedürfnis, Mattigkeit und starkes Schwitzen.[2]

Die Beschwerden ließen sich demnach unter folgende Kategorien subsumieren:

Körpersymptome:	Nervosität, Kopfschmerzen, Magen-/Darmbeschwerden, Schlafstörungen, Müdigkeit, Herz-/Kreislaufstörungen, vegetative Labilität
Leistungsbereich:	Leistungsabfall, Arbeitsstörungen, Plan- und Ziellosigkeit, Überforderungsgefühl
Sozialbereich:	Kontaktschwierigkeiten, Rückzugsverhalten
psych. Bereich:	Angst, frei flottierend und situationsbezogen.

---

1) Arbeits- und Kontaktstörungen werden aus inhaltlichen und darstellungstechnischen Gesichtspunkten in dieser Arbeit als gesonderte Punkte bzw. in besonderen Kapiteln behandelt, vgl. weiter unten Kap. III, 2 und 3

2) vgl. MÖLLER/SCHEER, Psychotherapeutische Beratungsstelle ..., a.a.O., S. 37; eine vollständige Liste der Krankheitssymptome unter Studierenden, die die Göttinger Beratungsstelle aufsuchten, findet sich in SPERLING/JAHNKE, a.a.O., Bd. 1, S. 97

1.2 Operationale Definition des Neurotizismus

Psychosoziale Störungen werden in dieser Arbeit verstanden als Leiden an psychischen und körperlichen Symptomen und der Unfähigkeit, sich eigenen und äußeren als relevant empfundenen Ansprüchen adäquat zu verhalten. Psychische Störungen haben somit eine psychisch-körperliche und eine soziale Dimension, die stets in unmittelbarer oder mittelbarer Wechselwirkung miteinander stehend aufgefaßt werden.

Um Fragen nach Ausmaß, Art, Verteilung und Zusammenhängen mit anderen Faktoren der soziopsychischen Störungen bei den Göttinger Lehrerstudenten zu erfassen, wurde der Persönlichkeitstest FPI benutzt.

"Neurotizismus" ist in diesem Zusammenhang eine Skala zur Messung allgemeinster neurotischer Störungen, die sich aus verschiedenen Dimensionen von Persönlichkeitseigenschaften zusammensetzt. Eine testpsychologisch einheitliche Übereinkunft über Art und Zahl der Persönlichkeitsdimensionen, die bei Abweichung vom Standard "Neurotizismus" indizieren, gibt es zur Zeit nicht. Aufgrund einer Faktorenanalyse über sämtliche in der vorliegenden Untersuchung erfaßten Variablen zu psychosozialen Störungen bei Studenten werden folgende Dimensionen des FPI zu einer Neurotizismusskala zusammengefaßt:[1)]

Nervosität
Depressivität
Gelassenheit(bzw. Irritierbarkeit, Besorgtheit)
Gehemmtheit
Emotionale Labilität
Durchsetzungsfähigkeit(bzw. Durchsetzungsunfähigkeit)

---

1) Ergebnisse der sechsfaktoriellen Analyse nach dem SPSS

Dimensionen	SPSS-Ladungen
Nervosität (FPI 1)	.59
Depressivität (FPI 3)	.61
Gelassenheit (FPI 6)	-.7o
Gehemmtheit (FPI 8)	.51
Emotionale Labilität (FPI 11)	.61
Durchsetzungsfähigkeit (FPI 12)	-.86

durchschnittl. Korr.koef.r=.53

Inhaltlich bedeutet Neurotizismus eine Kombination von Irritierbarkeit (FPI 6), Durchsetzungsunfähigkeit (FPI 12) und von emotionaler Labilität (FPI 11), die leicht depressiv getönt ist (FPI 3), im einzelnen bedeuten die sechs als Neurotizismusindikatoren benutzten Dimensionen nach FAHRENBERG[1)] folgendes:

Nervosität (FPI 1) (7 Items)	psychosomatisch gestört versus psychosomatisch nicht gestört, körperliche Beschwerden, Schlafstörungen, allgemeine Erschöpfungszustände, starke körperliche Affektresonanz bei affektiver Erregung.
Depressivität (FPI 3) (7 Items)	mißgestimmt, selbstunsicher versus zufrieden, selbstsicher. Mißstimmung, Pessimismus, niedergedrückt, Einsamkeit, Leere, Konzentrationsmangel, Minderwertigkeitsgefühle, Insuffizienzgefühle. Itembeispiel Nr. 56: Ich grüble viel über mein bisheriges Leben nach.

Forts. Fußn. 1 v. S. 63

Dimensionen	SPSS-Ladungen
Studienunfähigkeit (SSP 1)	.45
Vegetative Störungen (SSP 2)	.64
Soziale Ablehnung (SSP 3)	.54

vgl. auch Faktorenanalyse im Anhang S. 62

Der Vollständigkeit halber wurden die Ladungen aus der Skala zur Messung studentischer Probleme SSP mitaufgeführt, die als Vergleich und zur Kreuzidentifizierung (vgl. FAHRENBERG, J. u.a., FPI, a.a.O., S. 8) der von uns verwendeten Neurotizismusskala benutzt wurde. Es zeigt sich hier wie in den entsprechenden Korrelationen, daß besonders die Dimension Vegetative Störungen und Soziale Ablehnung ähnlich hohe Ladungen auf dem Neurotizismusfaktor bzw. hohe Korrelationen haben wie die FPI-Dimensionen.

Alle Dimensionen aus dem FPI laden auf einem Faktor, dem von uns sogenannten Neurotizismusfaktor am höchsten, dies gilt nicht für alle SSP-Dimensionen, bei diesen lädt z.B. der SSP 1 Studienunfähigkeit auf Faktor 5 am höchsten, der als "Arbeitsstörungsfaktor" zu bezeichnen ist. Die Dimension FPI 8 Gehemmtheit lädt auch noch auf dem Faktor 3 Kontaktstörungen relativ hoch, so daß er gleichzeitig auch dort als Indikator benutzt wurde (vgl. Kap. Kontaktstörungen, S. 110f.

---

1) vgl. FAHRENBERG/SELG, Das Freiburger Persönlichkeitsinventar ..., a.a.O., S. 46 ff.

Gelassenheit (FPI 6) (7 Items)	sich selbst vertrauend, gut gelaunt versus irritierbar, zögernd. Unbeirrbares Selbstvertrauen, belastbar, gute Laune, optimistisch, tatkärftig gegen Besorgtheit, leichte Enttäuschbarkeit, Verzagtheit, leicht entmutigt sein. Itembeispiel Nr. 27: Wenn mir einmal etwas schiefgeht, regt mich das nicht weiter auf.
Gehemmtheit (FPI 8) (7 Items)	gehemmt, gespannt versus ungezwungen, kontaktfähig. Schüchternheit, Lampenfieber und körperliche Beschwerden, geringe Tatkraft, ängstlich, leicht irritiert gegen Ungezwungenheit, Selbstbewußtsein, geringe körperliche Erwartungsspannung, Aktionsbereitschaft. Itembeispiel Nr. 5o: Ich bekomme vor bestimmten Ereignissen leicht Lampenfieber und körperliche Unruhe.
Emotionale Labilität (FPI 11) (7 Items)	emotional labil versus emotional stabil. Mißstimmung, traurig, niedergeschlagen, leicht reizbar, verletzt, Grübeleien, Sorgen, fühlt sich oft mißverstanden gegen eher positive Stimmung, ruhige Gelassenheit, Selbstsicherheit, Konzentrationsfähigkeit, ungestörter emotionaler Rapport zu anderen. Itembeispiel Nr. 53: Ich werde oft durch unnütze Gedanken belästigt, die mir immer wieder durch den Kopf gehen.
Durchsetzungsunfähigkeit Maskulinität (FPI 12) (7 Items)	"typisch männliche versus typisch weibliche Selbstschilderung". ausgeglichene Stimmungslage, wenig körperliche Beschwerden, selbstbewußt, unternehmungslustig, Durchsetzungsfähigkeit gegen niedergedrückte Stimmung, wenig Zuversicht und Selbstvertrauen, viel psychosomatische Allgemeinstörungen wie Schwindel, Unruhegefühle usw. Itembeispiel Nr. 74: Ich bin häufiger abgespannt, matt und erschöpft.

Diese Dimensionen wurden zu einer neuen Supervariablen, nämlich dem "Neurotizismus" zusammengefaßt, wobei die positiv gefaßten Dimensionen: Gelassenheit und Durchsetzungsfähigkeit[1] umgepolt wurden.

1.3 Art, Ausmaß und Zusammenhänge des "Neurotizismus" bei Göttinger Studenten

In diesem Kapitel sollen die Ergebnisse unserer Fragebogenaktion unter 713 Göttinger Studenten vom Sommer 1975 zum Fragenkomplex "Neurotizismus" differenziert nach Semester, Fächern, Geschlecht und im Vergleich zur Eichstichprobe des FPI und zu den von uns erhobenen niedersächsischen Schülern dargestellt werden. Sodann ist ein Extremgruppenvergleich aufgrund der "Neurotizismus"-werte und der korrelativen Zusammenhänge mit anderen Variablen der vorliegenden Untersuchung Gegenstand der Diskussion dieses Kapitels.

1.3.1 Vergleich zwischen Eichstichprobe (FPI), Göttinger Studenten und Differenzierung nach Geschlecht

Bei der Eichstichprobe zum FPI handelt es sich - nach Angaben der Autoren dieses Persönlichkeitstests - um eine repräsentative Stichprobe, die auf 63o Personen basiert und deren Befragung mit der Gesamtform des FPI (24o Items) ziwschen 1965 und 1966 durchgeführt wurde.[2] Die Medianwerte, mit denen die Ergebnisse unserer Befragung sinnvollerweise verglichen werden können, stammen aus einer aus der oben beschriebenen Eichstichprobe zurückgerechneten Kurzform.[3] Es gilt, mit diesen Signifikanzprüfungen und dem

---

1) In der Bezeichnung der Testautoren von "Maskulinität" für "Durchsetzungsfähigkeit" spiegelt sich die traditionelle Geschlechtsrollenstereotypie, die vom Verfasser nicht geteilt wird.

2) vgl. FAHRENBERG, J. u.a., a.a.O., S. 14 ff.

3) vgl. FAHRENBERG, J. u.a., a.a.O., S. 37
Die Signifikanzprüfung erfolgte nach folgendem Verfahren:
Forts. s. S. 64

Vergleich der beiden Stichproben zu prüfen, ob sich die Studenten signifikant hinsichtlich ihrer Neurotizität von einer repräsentativen Stichprobe unterscheiden, d.h. ob die Hypothese zu bestätigen ist, daß Studenten aufgrund ihrer spezifischen Sozialisationssituation an der Hochschule neurotischer sind als der Durchschnitt der übrigen Bevölkerung. Außerdem geht es um die Frage, ob sich in dieser Hinsicht deutliche Geschlechtsunterschiede unter den Göttinger Studenten aufzeigen lassen. In der Literatur und von den Beratungsstellen wird immer wieder auf die höheren Anteile an weiblichen Studierenden beim Auftreten neurotischer Störungen hingewiesen.[1)]

Tabelle 2: Vergleich Eichstichprobe, Göttinger Studenten und Geschlecht

	N = 63o Freib. Eichst.-probe Median	N = 713 alle Gött. Stud. Median	Signif.-prüfung der Diff. 1 % *	N = 4o7 weibl. Gött. Stud. Mittelw.	N = 3o6 männl. Gött. Stud. Mittelw.	Signifikanzprüfung der Diff. 1 % * F-Prob.	
Nervosität	2,62	2,93	++	3,18	2,73	.oo1	++
Depressivität	3,18	4,o3	++	4,o5	3,69	.o2o	+
Gelassenheit	3,84	2,36	++	2,26	3,o5	.ooo	++
Gehemmtheit	3,11	4,o3	++	4,21	3,66	.ooo	++
Emotion.Lab.	3,29	4,38	++	4,38	3,95	.oo7	++
Durchs.-fähgk.	3,21	2,3o	++	2,16	3,o1	.ooo	++
"Neurotizismus"				25,41	21,97	.ooo	++

* Hier wie bei den folgenden Tabellen bedeutet: ++ Signifikanz auf dem 1 %-Niveau und + Signifikanz auf dem 5 %-Niveau

Forts. Fußn. 3 v. S. 66
Da beim Median 5o % der Fläche unter der Kurve über und 5o % unter dem jeweiligen Medianwert liegen, wurden mit Hilfe der prozentualen Häufigkeitsverteilung der Medianwerte unserer Stichprobe die Differenzen der Prozentanteile, der Eichstichprobe und der Göttinger Stichprobe miteinander verglichen. Abweichungen der Prozentwerte der Göt-
Forts. s. S. 68

1) s. S. 68

Die Ergebnisse zeigen, daß alle Indikatoren für Neurotizismus der Göttinger Stichprobe sich signifikant von der Repräsentativerhebung der Freiburger Autoren unterscheiden. Ebenso eindeutig läßt sich die Hypothese bestätigen, daß weibliche Studierende im Durchschnitt mehr unter neurotischen Beschwerden leiden als männliche.

Diese Ergebnisse deuten darauf hin, daß die Annahme, die "Dunkelziffer" der neurotisch Gestörten sei wesentlich größer als die 2 % bis 5 % der Studentenschaft, die eine Beratungsstelle aufsucht, zu Recht besteht. Es ist schwer bestimmbar, wann, ab welchem Ausmaß psychischer Gestörtheit die Behandlungsbedürftigkeit beginnt, denn diese ist selbst wieder von dem Angebot an Therapie, den gesellschaftlichen Normen usw. abhängig.[1]

HALLERMANN geht in seinem Einleitungsreferat zum Symposium über "Psychische Störungen bei Studenten" 1968 aufgrund "verschiedener Hinweise in der Literatur" davon aus, daß "die Zahl derjenigen, die der ärztlichen Betreuung ... bedürfen ... zwischen 1o und 15 % aller Studenten in der Bundesrepublik" liege.[2] M. KUDA ist in seinem Bericht über

---

Forts. Fußn. 3 v. S. 66
tinger Stichprobe von der Eichstichprobe, die die 5o % um 5,13 % über- oder unterschreiten,sind dann auf dem 1 % Niveau signifikant. (3,9 % Über- oder Unterschreitung bedeutete ein Signifikanzniveau von 5 %). Alle anderen Signifikanzprüfungen zwischen Neurotizismuswerten innerhalb der Göttinger Stichprobe wurden mit Hilfe des SPSS-Programms "oneway", einer einfachen Varianzanalyse durchgeführt (vgl. NIE u.a., a.a.O., S. 398 ff.)

1) v. S. 66
vgl. BECKMANN, D. u.a., a.a.O., S. 31: "Studentinnen haben es an der Universität insgesamt schwerer ..."; und Bericht der psychotherapeutischen Beratungsstelle Göttingen vom August 1974; von M. KUDA, S. 6 ff: "Mit 57 % männlichen und 43 % weiblichen Studierenden ist der Anteil von Studentinnen an der Beratungsstellenklientel überrepräsentiert. Diese Verteilung steht in Übereinstimmung mit den Berichten anderer derartiger Beratungsstellen ..."

---

1) vgl. 1. Teil, Einleitung, S.2, Anm. 3)

2) HALLERMANN, W., Eröffnung, in: Ziolko, H.-U., Psychische Störungen ..., a.a.O., S. 2

die Schaltenbrand-Studie und aufgrund der dort bei Germanisten erhobenen Beschwerden der Meinung, daß etwa zwei Drittel aller Studenten, auf jeden Fall aber zwischen 6o und 66,5 % der befragten Germanisten, psychische Störungen bzw. "Beschwerden aufweisen, die selbst in leichter Ausprägung eine psychotherapeutische Behandlung als notwendig erscheinen ließen".[1] Es handelte sich um "persönliche Probleme, mit denen sie nicht fertig wurden",[2] im einzelnen wurden als "Hauptsymptome" genannt: Nervosität, Neigung zu Depressionen, Kontakthemmungen, Kontaktscheu, Störungen des Arbeitsrhythmus und Arbeitsunlust.[3] Wegen der andersartigen Aufschlüsselung von "psychischen Störungen" lassen sich allerdings auch die Ergebnisse dieser bisher einzigen Feldstudie zu psychischen Störungen unter Studenten in der BRD nicht unmittelbar mit unseren vergleichen. Auch die internationalen Untersuchungen, besonders aus den USA, lassen sich kaum zum Vergleich heranziehen, da die unterschiedlichen Meßmethoden zu unterschiedlichen Ergebnissen über das Ausmaß der psychischen Störungen führen:nach DÖRNER schwanken die Angaben zwischen 2 % und 9o %. Man kommt der Frage nach dem Ausmaß jedoch näher, wenn man zum einen die Schüler als Vergleichsstichprobe heranzieht und zum anderen unsere Ergebnisse aus der Skala zur Messung studentischer Probleme (SSP) mit denen der Beratungsklientel aus Köln vergleicht (siehe nächste bzw. übernächste Seite). Zunächst gilt es jedoch, nochmals festzuhalten, daß offenbar nicht nur die 2 bis 3 % der Studentenschaft, die die Beratungsstellen aufsuchen, unter psychischen Störungen leiden, sondern im Vergleich zum Durchschnitt der Bevölkerung signifikant mehr.

---

1) KUDA, M., Bericht über eine Feldstudie (J. Schaltenbrand), in JAHNKE/SPERLING, a.a.O., Bd. 2, S. 96

2) ebenda, S. 95

3) vgl. ebenda, S. 97; es wurden nur die über 6o % liegenden aufgezählt. Ausnahme: Neigung zu Depressionen: 53,6 % (-Prozentzahlen beziehen sich auf die Ges.-stichpr.)

4) vgl. DÖRNER, K., a.a.O., S. 2o; vgl. BECK, P., a.a.O., S. 186

Der einzig mögliche Vergleich der vorliegenden Ergebnisse mit früheren Untersuchungen unter Studenten ist der mit einer Gruppe männlicher Studenten aus Freiburg, die vermutlich zwischen 1965/66 durchgeführt wurde.[1] Da die Ergebnisse dieser Untersuchung nur für die Gesamtform des FPI vorliegen, ist ein Vergleich nur indirekt möglich, indem nämlich die Abweichungen der Freiburger männlichen Studenten damals von der männlichen (15 - 3ojährigen) Bevölkerung damals und der der männlichen Göttinger Studenten von der männlichen Bevölkerung miteinander verglichen werden.

Tabelle 3: Vergleich Freiburger männlicher Studenten (N=4oo) und Göttinger männlicher Studenten (N=3o6)[2]

	Freib. männl. Stud. N=4oo Mittelw. (Gesamtform)	15 -3oj. Männer d.Eich-st.pr. N=112 Mittelw. (Gesamtform)	t-wert	Signifikanz	Gött. männ. Stud. N=3o6 Median (Kurzform)	15-3oj. Männer d.Eich-st.pr. Median N=112 (Kurzform)	Signifikanz	Untersch. b.d. Abweichg.
FPI 1 Nervos.	1o,2o	9,72	o,75	n.s.	2,62	1,98	++	+
FPI 3 Depress.	13,17	13,o4	o,28	n.s.	3,74	4,oo	n.s.	-
FPI 6 Gelass.	9,46	1o,95	3,41	++	2,91	4,2o	++	-
FPI 8 Gehemmth.	9,25	9,o3	o,49	n.s.	3,67	3,21	++	+
FPI 11 Em.Lab.	12,1o	11,94	o,28	n.s.	4,o4	3,97	n.s.	-
FPI 12 Durchs.	13,64	14,93	3,19	++	2,94	3,8o	++	-

Der Vergleich (mit den Freiburger männlichen Studenten vor ca. 1o Jahren) zeigt, daß die männlichen Studenten der Göttinger Stichprobe in zwei zu-

1) Es handelt sich um die in der Handanweisung zum FPI unter G 1.35 angeführten "männlichen Studenten aller Fakultäten, welche gegen Honorar freiwillig an verschiedenen Studien der Freiburger Forschungsgruppe Psychophysiologie teilnahmen", vgl. FAHRENBERG, J. u.a., FPI, a.a.O., S. 95. Mittelwerte und Streuungen wurden mir auf Anfrage zugeschickt.

2) Die Signifikanz der Gesamtformvergleichswerte wurde nach der T-Test-Formel: $M_1 - M_2 / \sqrt{s_1^2/N_1 + s_2^2/N_2}$ (vgl. CLAUSS/EBNER, Grundlagen der Statistik, Zürich 1975, S. 213) mit zweiseitiger Hypothese durchgeführt; die Signifikanz der Kurzformvergleiche wurde durch die Prozentwertabweichungen der Mediane ermittelt, siehe Erläut. S 66,[3] ; Vgl. hierzu HAYS, W.L., Statistics for the Social Sciences, London 1974[2], S. 249.

sätzlichen Dimensionen (Nervosität und Gehemmtheit) negativ von der durchschnittlichen männlichen Bevölkerung etwa gleichen Alters abweichen.[1])

Das würde bedeuten, daß sich die - offenbar schon damals vorhandene - stärkere Neurotizismusausprägung bei Studierenden innerhalb der letzten 1o Jahre weiter verstärkt hat, wenn man nicht annimmt, daß die Freiburger Universität eventuell immer schon wesentlich günstigere Studienbedingungen aufzuweisen hat als Göttingen[2]) oder die Freiburger männlichen Studierenden eine "positive" Auswahl darstellen. Für ein schlüssige Beweisführung dieser Hypothese sind die Vergleichsdaten jedoch zu undifferenziert (es fehlen z.B. Angaben über Fächer- und Semesterverteilung bei der Freiburger Stichprobe) und die Vergleichszahlen der nichtstudentischen Bevölkerungsgruppe sind zu alt.[3])

1.3.2 Vergleich Schüler und Studenten

Schon BECKMANN und RICHTER stellten 1968 in einer Untersuchung unter Studenten in Gießen unter Verwendung des von ihnen entwickelten "Gießen-Tests" fest, daß Studierende im Vergleich zu Nichtstudierenden mit "ihrer Lebenssituation unzufriedener sind".[4]) Sie machten sich häufiger Selbstvorwürfe, fühlten sich häufiger bedrückt und abhängig und litten an einer "depressiven Grundstimmung". Auch mit ihrer Arbeitsleistung seien sie unzufrieden; sie könnten sich im Lebenskampf schlecht durchsetzen und schlecht mit anderen zusammenarbeiten. Die Autoren meinen jedoch aufgrund ihrer Untersuchung behaupten zu können, daß diese - mit unseren übereinstimmenden - Befunde nicht auf die spezifisch studentische Lebenssituation zurückzuführen sei, da bei ihren Untersuchungen "die Schüler und Studenten bei den charakte-

---

1) allerdings ist zu berücksichtigen, daß die Vergleichsstichprobe (Kurzform) der durchschnittlichen männlichen Bevölkerung aus dem Jahre 1965/66 stammt - auch dort könnten sich Veränderungen vollzogen haben, vgl. FAHRENBERG, J., FPI, a.a.O., S. 114

2) ... was allerdings nach Meinung ehemaliger Freiburger Studierender durchaus der Fall sei.

3) vgl. Anm. 1)

4) BECKMANN/RICHTER, Gießentest, a.a.O., S. 76

teristischen Items nur unwesentlich voneinander abweichen":[1) "Schon der Schüler fühlt sich im selben Maße kontaktgestört und in seiner Grundstimmung beeinträchtigt."

Diesem Problem wurde nachgegangen, indem niedersächsische Schüler der gleichen Testbatterie unterzogen wurden wie die Göttinger Studenten. Die Ergebnisse dieses Vergleichs sehen folgendermaßen aus:

Tabelle 4: Vergleich Schüler und Studenten

	Schüler N = 2o8 Median	Studenten N = 713 Median	Signifikanz der Diff. zw. Schül. u.Stud. (1 %)		Eichstichprobe Freiburg Median
FPI 1 (Nervos.)	2,o9	2,93	.ooo	++	2,62
FPI 3 (Depress.)	3,97	4,o3	.462	n.s.	3,18
FPI 6 (Gelass.)	3,85	2,36	.ooo	++	3,84
FPI 8 (Gehemmt.)	3,39	4,o3	.oo3	++	3,11
FPI 11 (Emot. Lab.)	3,99	4,38	.o65	n.s.	3,29
FPI 12 (Durchs.)	3,24	2,3o	.ooo	++	3,21
Neurotizismus $\bar{x}$ =	2o,5	23,93	.ooo (F=22,99)	++	
SSP-Neurotizismus	52,77	56,37	.ooo	++	

Es zeigt sich, daß die Schüler signifikant geringere Werte für den Faktor Neurotizismus haben als die Studenten.[2)

Da gleichzeitig 8o,3 % der befragten Schüler den Wunsch hatten, zu studieren, ist auch nicht anzunehmen, daß die Studenten eine psychosomatisch gesehen negative Auslese darstellen.[3)

1) BECKMANN/RICHTER, a.a.O., S. 76

2) mit Ausnahme der Dimensionen FPI 3 "Depressivität" und FPI 12 "Emotionale Labilität"

3) Natürlich ist nicht auszuschließen, daß durch den NC eine solche negative Auswahl getroffen wird - dies wäre eine separate Untersuchung wert.

Das Verhältnis der Geschlechter ist in beiden Stichproben ungleich (Schüler: 56 % männlich zu 43 % weiblich; Studenten: 57 % weiblich zu 43 % männlich),[1] so daß man vermuten könnte, daß der Unterschied zwischen Studenten und Schülern auf die unterschiedlichen Anteile der Geschlechter zurückzuführen sei. Wenn man sich deshalb die geschlechtsspezifischen Werte der Neurotizismusindikatoren ansieht, läßt sich erkennen, daß dieser "Geschlechtsbias" nur bei den weiblichen Probanden eine Rolle spielt, d.h. die Differenz zwischen den weiblichen Schülern und Studenten ist geringer als die zwischen männlichen Schülern und Studenten. Bei den männlichen Vergleichsgruppen sind die Unterschiede ebenso groß wie bei der Gesamtpopulation (vgl. Tabelle 4 auf S. 7o).

Tabelle 5: Vergleich der weiblichen Schüler mit weiblichen Studenten bzw. männlichen Schüler mit den männlichen Studenten

	weibl. Schüler N = 91 x̄	weibl. Student. N = 4o7 x̄	Niveau Diff. 1 %	männl. Schüler N=117 x̄	männl. Student. N=3o6 x̄	Signif. zwischen d.Grupp. 1 %
FPI 1 (Nervos.)	2,75	3,18	.o34 (5%)+	1,97	2,73	.ooo ++
FPI 3 (Depress.)	3,93	4,o5	.616 n.s.	3,66	3,69	.85o n.s.
FPI 6 (Gelass.)	3,15	2,26	.ooo ++	4,15	3,o5	.ooo ++
FPI 8 (Gehemmt.)	4,18	4,21	.863 n.s.	2,96	3,66	.oo2 ++
FPI 11 (Emot.Lab.)	4,11	4,38	.26o n.s.	3,72	3,95	.331 n.s.
FPI 12 (Durchset.)	2,41	2,16	.215 n.s.	3,92	3,o1	.ooo ++
Neurotizismus (FPI)	23,41	25,41	.o46 (5%)+	18,25	21,97	.ooo ++
Neurotizismus (nach SSP)	54,9o	57,39	.o9o n.s.	51,12	55,o3	.oo2 ++

Depressive Grundstimmung und emotionale Labilität scheinen somit Eigenschaften zu sein, die auch an der Schule schon in fast gleich starker

1) vgl. Stichprobenbeschreibung, S. 46.

Ausprägung zu finden sind, dagegen nimmt bei den (männlichen) Studenten die Nervosität zu und die Gelassenheit und Durchsetzungsfähigkeit (im Vergleich zu den Schülern) erheblich ab.

Daß sich bei den weiblichen Schülern wie bei den weiblichen Studierenden die Neurotizismuswerte gleichermaßen auf einem relativ hohen Level bewegen, mag einesteils an einer rollenspezifischen Affinität zu psychosomatischen Beschwerden bestehen - das meint, Unwohlsein, "es mit den Nerven haben" usw. wird als Selbstdarstellung eher und gesellschaftskonformer Frauen attribuiert als Männern -, zum anderen könnte sich hier auch der erhöhte Stress niederschlagen, der für Frauen, die eine "höhere" Bildung anstreben, schon mit dem Besuch der höheren Schule beginnt, während dieser Schulbesuch für die männlichen Schüler noch etwas Selbstverständliches ist.[1)]

Insgesamt ist der Trend bei beiden Geschlechtern jedoch völlig einheitlich: Studenten leiden mehr unter neurotischen Störungen als Schüler - dies ist meiner Meinung nach nur durch die veränderten Umweltbedingungen zu erklären, da nicht anzunehmen ist, daß es sich bei der derzeit studierenden Generation um eine besonders gestörte Population sui generis handelt. Exakt beweisen könnte diese Hypothese allerdings erst eine bislang fehlende Längsschnittstudie.

1.3.3 Vergleich des Neurotizismus Gött. Studenten nach dem SSP (Skala zur Messung studentischer Probleme) mit der Kölner Klientel und Bestimmung des Ausmaßes der Störungen

Obwohl die Skala des SSP in drei Dimensionen aufgeteilt ist, läßt sie sich nach Auffassung der Autoren SANDER/LÜCK

---

1) 1972 waren von 1 567 274 Gymnasialschülern zwar die Hälfte, nämlich 716 124 weiblich, jedoch von den 122 5o4 Schulabgängern mit Hochschul- oder Fachhochschulreife nur noch 44 712 weiblich, vgl. Stat. Jahrbuch für Niedersachsen, 1973, S. 56

auch insgesamt als Inzidenz für psychische Auffälligkeiten auffassen. Die Autoren validierten diese Skala durch die Eingangsprotokolle der Therapeuten an den Klienten der Kölner Beratungsstelle. Es scheint deshalb berechtigt zu sein, die Ergebnisse dieser Skala als eine Art Kontrolluntersuchung für die aus dem FPI erwähnten Ergebnisse zu benutzen und durch Vergleich mit der Kölner Klientel einen Maßstab für das Ausmaß der Störungen unter den Göttinger Studenten nichtklienteler Herkunft zu gewinnen.[1)]

Tabelle 6: Vergleich der Kölner Klientel mit Göttinger Studenten, Schülern

	Kölner Klientel N = 5o4 Mittelw.	Gött. Stud. N = 713 Mittelw.	Signif. Diff. t-test	Schüler N = 2o8 Mittelw.	männl. Stud. N=3o6 Mittelw.	weibl. Stud. N=4o7 Mittelw.	Signif. 1 %
SSP 1 Studienunfähigkeit	2,4o	1,99	++	1,85	1,95	2,o2	n.s.
SSP 2 Vegetat. Störungen	2,16	1,73	++	1,62	1,66	1,79	++
SSP 3 Soziale Ablehnung	2,36	1,91	++	1,81	1,89	1,93	n.s.

Aus Tabelle 6 und dem Schaubild[2)] dazu erhellt, daß die nichtklientele Göttinger Studentenstichprobe wesentlich unter den Werten der Kölner Klientelstichprobe rangiert; noch geringere Beschwerden haben in allen drei Dimensionen die Schüler.

Dies scheint ein durchaus plausibles Ergebnis zu sein, da das Aufsuchen von ärztlich-psychologischen Beratungsstellen dann doch einen bestimmten Leidensdruck voraussetzt, der für grössere dahinterstehende Störungen spricht, wenn auch durch die Art der Befragung in der vorliegenden Untersuchung

---

1) zumal der FPI-"Neurotizismus" mit dem SSP-"Neurotizismus" 0.75 korreliert

2) vgl. nächste Seite

bestimmte soziale Barrieren (wie das offene Eingeständnis von Problemen) wegfallen, die wie andere Gründe (vgl. Kap. I, 1, S. 2 und Kap. III,3.1) zum Fernbleiben von den Beratungsstellen trotz erheblicher Beschwerden beitragen mögen.

Schaubild

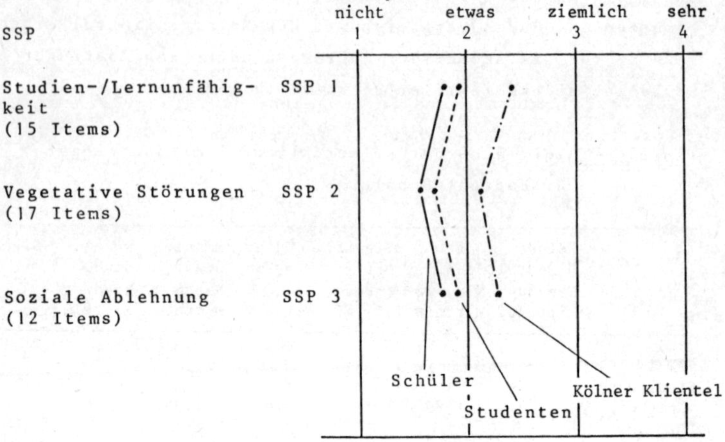

Gleichzeitig bedeutet dies Ergebnis jedoch, daß in der Studentenschaft insgesamt doch erhebliche Störungen vorhanden sind, dies wird insbesondere dann deutlich, wenn man den prozentualen Anteil derjenigen Studenten in Göttingen zu bestimmen versucht, die über den Werten der Kölner Klientelstichprobe liegen:

<u>Tabelle 7:</u> Prozentanteil der Göttinger Studenten gleich oder über dem Mittelwert der Kölner Klientel

	Kölner Klientel Mittelw.	Standardabweichung	Prozentanteil gleich oder über $\bar{x}$-s	Prozentanteil gleich od. über dem Mittelw.
SSP 1 Studienunf.	2,4o	(o,57)	56 %	17 %
SSP 2 Veg. Stör.	2,16	(o,51)	52 %	14 %
SSP 3 Soz. Abl.	2,36	(o,62)	5o %	15 %
gesamt			53 %	15 %

Diese Ergebnisse lassen sich folgendermaßen interpretieren: 53 % der von uns erhobenen Stichprobe nichtklienteler Göttinger Studenten leiden unter gleichen Symptomen, die in Köln zum Besuch einer ärztlich-psychologischen Beratungsstelle geführt haben. Dies deckt sich in etwa mit den Ergebnissen von SCHALTENBRAND aus seiner Feldstudie Göttinger Germanisten.[1] Von diesen 56 % würden aber nur rund ein Viertel wirklich eine Beratungsstelle aufsuchen und benötigen, nämlich 15 %.

Das heißt, eine Bedarfsplanung müßte von diesen 15 % der Göttinger Studentenschaft ausgehen, die sicherlich einer ärztlich-psychologischen Beratung bedürfte. Daß nur ca. 3 % der Göttinger Studentenschaft in der Beratungsstelle behandelt werden, entspricht also nach diesen Ergebnissen nicht dem tatsächlichen Bedarf, sondern ist unter anderem (siehe weiter oben) mit den langen Wartezeiten und der geringen Kapazität der Göttinger Beratungsstelle zu erklären.

1.3.4 Semesterabhängigkeit des "Neurotizismus"

Eine wichtige Frage im Zusammenhang der Klärung von Ausmaß und Ursachen von psychischen Störungen bei Studenten ist die Abhängigkeit des Neurotizismusgrades von der Semesterzahl. Eine ganze Reihe von Untersuchungen beschäftigt sich mit den Anfangsschwierigkeiten von Studierenden, meist mit der Annahme, daß die Probleme am Anfang des Studiums am größten sind.[2] Zur Klärung dieser Frage wurden die ersten sechs Semester mit den mittleren (7. und 8.) Semestern und sodann wieder mit den höheren und hohen Semestern (9. und mehr) verglichen. Gleichzeitig sollte damit die Hypothese geprüft werden, ob das unterstellte neurotogene Hochschulmilieu einen

---

1) vgl. Ausführungen dazu weiter oben, S.69, KUDA hatte die Ergebnisse SCHALTENBRANDS so referiert, daß ca. 6o bis 66 % der untersuchten Germanisten unter psychosomatischen Beschwerden leiden. KUDA, M. in: Sperling/Jahnke, a.a.O., S. 96

2) vgl. beispielsweise: PREUSS-LAUSITZ, U./SOMMERKORN, I.N., Zur Situation von Studienanfängern, in: Neue Sammlung, Bd. 8, H. 5, 1968, S. 434 ff.

kumulativen negativen Effekt auf die Psyche der Studenten, die sich in ihm länger aufhalten, hat.

Tabelle 8: Vergleich der Semestergruppen unter den Göttinger Studierenden

	1. bis 6. Semester N = 5o3 Mittelwert	7. und 8. Semester N = 9o Mittelwert	9. u. mehr Semester N = 12o Mittelwert	Signif.-niveau 1 %
Nervosität	3,o5	2,6o	3,o3	.o92 n.s.
Depressivität	4,o6	3,17	3,8o	.oo1 ++
Gelassenheit	2,55	2,76	2,67	.634 n.s.
Gehemmtheit	4,14	3,64	3,53	.oo3 ++
Emot. Labilität	4,32	3,62	4,11	.o15 (5%)+
Durchsetzungsfähigk.	2,4o	2,93	2,76	.o12 (5%)+
"Neurotizismus" (FPI)	24,62	21,34	23,93	.oo4 ++

Aus diesen Ergebnissen läßt sich unschwer erkennen, daß tatsächlich die Anfangssemester die höchsten Neurotizismuswerte haben, die dann in den mittleren Semestern 7 und 8 erheblich absinken, um dann bei den hohen Semestern erneut anzusteigen.

In Anlehnung an die "Konstanzer Wanne"[1] soll dies als der "Wanneneffekt" der Semesterzahl auf den Neurotizismus bezeichnet werden. Diese Kurve ist nicht dadurch zu erklären, daß die Geschlechtsverteilung über die Semester in unserer Stichprobe variiert, z.B. daß in den höheren Semestern weniger Frauen zu finden sind, sondern offenbar mit einer anfänglich hohen psychischen Belastung der Studienanfänger, einer gewissen Eingewöhnung in den mittleren Semestern und einer erneut hohen psychischen Belastung am Ende des Studiums kurz vor dem Examen.

---

1) Eine Konstanzer Forschergruppe umschrieb hiermit die Abnahme und das spätere Wiederansteigen von Konservativismus von Lehrerstudenten während und nach dem Studium. Vgl. KOCH, J.J., Lehrer-Studien und Beruf, Ulm 1972, S. 42

Schaubild zu Tabelle 8

Neurotizismus (FPI 1, 3, 6, 8, 11, 12)

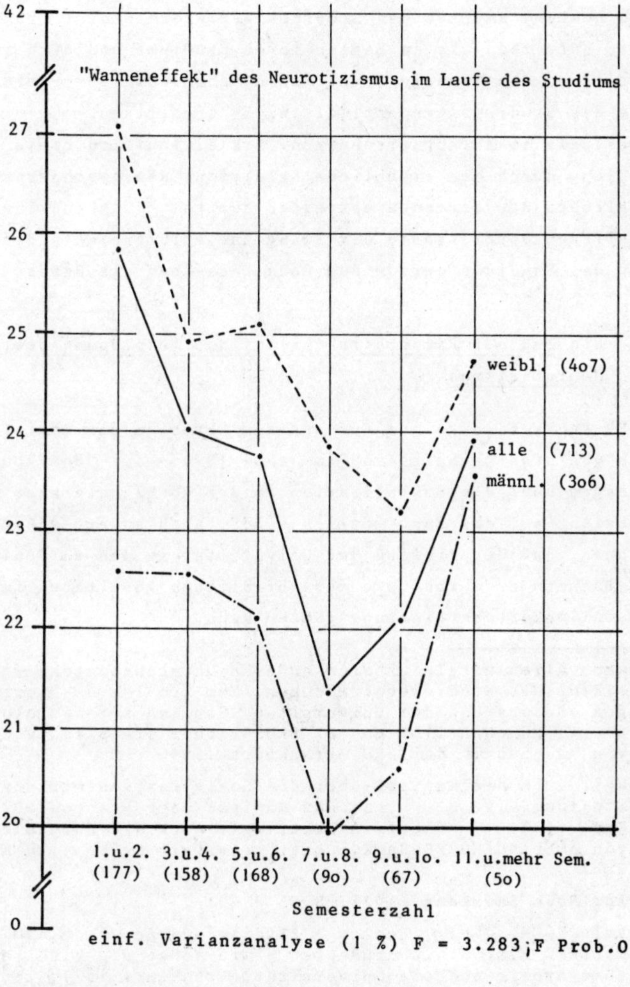

einf. Varianzanalyse (1 %) F = 3.283;F Prob.0.004

Auch der Einwand, daß die zufällige Verteilung zwischen Realschullehrern und Gymnasiallehrern diese Kurve beeinflusse, läßt sich widerlegen: Auch bei Selektion nur der einen oder anderen Lehramtsanwärter bleiben die wesentlichen Züge dieses "Wanneneffekts" erhalten.

Aufmerksamkeit verdient m.E. auch die Tatsache, daß besonders die weiblichen Studierenden, die ein so langes Studium auf sich nehmen, am Ende des Studiums geringere Neurotizismuswerte aufweisen als am Beginn ihres Studiums und sich im wesentlichen den Männern angeglichen haben, die ihrerseits am Ende des Studiums tendentiell (nicht signifikant) "neurotischer" als am Anfang erscheinen. Erklärlich wird diese Entwicklung durch die erhebliche Selektion, die besonders die weiblichen Studierenden betreffen dürfte,[1] während für die männlichen Studierenden der Zwang zur erfolgreichen Beendigung des Studiums gerade zum Ende desselben als Stress wirkt.[2]

3.5 Einfluß der Fächerstruktur auf die Ausprägung des Neurotizismus

HUBER schrieb in seinem Aufsatz zum "Problem der Sozialisation von Wissenschaftlern" im Jahre 1974[3] ... "daß konkrete Aussagen über die Sozialisation in der Hochschule kaum ohne Rücksicht auf das Fach möglich sind". Auch andere Autoren betonen, daß der Einfluß der Universität in den verschiedenen Fächern zu durchaus unterschiedlichen Resultaten in der Persönlichkeitsentwicklung führen kann.[4]

---

1) nach allen vergleichbaren anderen Untersuchungen: vgl. GERSTEIN, H., Studierende Mädchen, Zum Problem des vorzeitigen Abgangs von der Universität. Studien zur Soziologie, Bd. 4, München 1965 und H. PROSS, Über die Bildungschancen von Mädchen in der BRD, Frankfurt 1969

2) vgl. auch die Kapitel über die Sozialisationswirkungen des Studiums, IV, S.   und das Kapitel über Frauenprobleme, Kap. V, S.   dieser Arbeit; vgl. auch die Untersuchung von AMELANG/HOPPENSACK - hier referiert S. 12 , in Kap. I, 3, 2

3) in: Neue Sammlung, 1974, S. 3 - 33

4) vgl. KOCH, J.-J., Lehrer - Studium und Beruf, a.a.O. und MÖLLER, M.L. u.a., Studenten - wie sehen sie sich selbst, ihre Arbeit und die Universität, Frankfurt 1971, und VOGEL, U., Wissenschaftliche Hilfskräfte, Stuttgart 197o

Nun sind in unserer Stichprobe zwar Studierende der verschiedensten Fächer vertreten (da es sich um "Lehrer-Studenten" handelt), doch wurde bei der Erhebung bewußt darauf verzichtet, einzelne Fächer mitzuerheben, weil dies zu einer zu verwirrenden Vielfalt und Zersplitterung der Probanden geführt hätte, vielmehr wurden Fächergruppen zusammengefaßt, die sich aufgrund ihrer Studienorganisation unterscheiden: nämlich Sprachwissenschaftler und Gesellschaftswissenschaftler auf der einen und Naturwissenschaftler und Leibeserzieher auf der anderen Seite.

Der Vergleich dieser beiden Hauptgruppierungen[1)] zeigt in der Tat zum Teil erhebliche Unterschiede in der Ausprägung des Neurotizismus in der erwarteten Richtung, nämlich geringere Neurotizismuswerte bei den Naturwissenschaftlern.

Tabelle 9: Vergleich von Naturwissenschaftlern/Leibeserziehern mit Sprach- und Gesellschaftswissenschaftlern

	Studienfächer: Sprachwiss. Gesellschaftsw. N = 525	$\bar{x}$	Studienfächer: Naturwissenschaft Leibesübungen N = 18o	Signifikanz der Diff. 1 % Niveau	
Nervosität	3,o6		2,77	.o62	n.s.
Depressivität	4,o9		3,41	.ooo	++
Gelassenheit	2,42		3,o9	.ooo	++
Gehemmtheit	4,o7		3,74	.o58	n.s.
Emot. Labilität	4,36		3,77	.oo1	++
Durchsetzungsfähigk.	2,39		2,88	.oo2	++
Neurotizismus	24,76		21,72	.ooo	++

Diese Ergebnisse decken sich mit den Ergebnissen aus der amerikanischen Forschung und den Berichten der Beratungsstellen:

1) die sich allerdings nur auf die Angabe des 1. Studienfaches stützen - eine gewisse Willkürlichkeit bei der Zuordnung ist deshalb nicht völlig auszuschließen

Der Prozentsatz der aus der philosophischen Fakultät kommenden Ratsuchenden der Beratungsstelle - die am ehesten mit der ersten Gruppierung übereinstimmen dürfte - waren 1972 in Göttingen mit 36,6 % am höchsten, der Prozentanteil der mathematisch-naturwissenschaftlichen Fakultät sowie der Wirtschafts- und Sozialwissenschaftlichen Fakultät lag dagegen bei 18,1 % bzw. 19 %.[1] Diese Überrepräsentation der sog. "Geisteswissenschaftler" wird auch aus amerikanischen Forschungen berichtet. HUBER referiert, daß nach den Forschungsberichten von FELDMANN/NEWCOMB "Studenten der Naturwissenschaften am wenigsten Aussagen über psychische Störungen" machen.[2] Er meint allerdings, dies sei auf die bei Naturwissenschaftlern geringere "Bereitschaft, emotionale Regungen und persönliche Probleme auszusprechen", zurückzuführen, "woran der höhere Anteil an Studentinnen einen unbekannten Anteil haben mag".[3] Um diese Frage zu überprüfen, wurde folgende Aufstellung gemacht:

Tabelle 1o "Breakdown" der Quoten der Geschlechter auf die Fächergruppierungen beim Neurotizismus

	Naturwiss./ Leibesübungen		Sprachen/ Gesellschaftswissensch.		Signifikanz der Differenz
	$\bar{x}$	N	$\bar{x}$	N	
männlich	2o.51	(98)	22,81	(2o4)	.o38 (5%) +
weiblich	23,16	(82)	26,oo	(321)	.o1o (1%) ++

Man sieht, daß auch bei Fixierung des Geschlechts die Differenz zwischen den Fächergruppierungen bestehen bleibt, das heißt, es dürfte damit bewiesen sein, daß die Ausprägung von Neurotizismus bei den Studierenden der beiden Fächergruppierungen verschieden ist.

2) HUBER, L., Das Problem der Sozialisation ..., a.a.O., S. 21. Er bezieht sich auf den Sammelband von FELDMANN/ NEWCOMB, a.a.O.

3) HUBER, L., Das Problem der Sozialisation ..., a.a.O., S.21

1) vgl. KUDA, M.: Aus der Arbeit der ärztl.-psychol. Beratungsstelle, in: Informationen der Univ. Göttingen, Nr.1/ 16.1.1974, S. 2) - allerdings wechseln die Prozentzahlen von Semester zu Semester

Allerdings ist durch diese Untersuchung nicht zu entscheiden, ob schon die Fächerwahl eine bestimmte Selektion unter Abiturienten verursacht hat oder - und dies wäre meine Hypothese -, daß die Struktur der Fächergruppierungen, die klarere Organisation der Naturwissenschaftlichen Fächer einschließlich der Leibesübungen, die wegen der kleineren Zahlen überschaubareren Seminare, die fest umrisseneren Studienziele usw. diese Differenz in der Neurotizismusausprägung bewirken.[1] Eine Stütze findet diese Hypothese in den Ergebnissen AMELANGS und HOPPENSACKS[2] bei 2oo Studenten der verschiedensten Fachrichtungen: Die Anfänger, also Schulabgänger, hatten im Bereich Neurotizismus höhere Ausprägungen als die bereits studierenden Fachgruppen: Psychologie, VWL/BWL, Mathematik, Physik/Chemie und Medizin.[3] Die größten positiven (und signifikanten) Veränderungen zeigten die Biologen und die BWL/VWL und Psychologen, während die Pädagogen - am ehesten mit unserer Fächergruppe: Sprachen und Gesellschaftswissenschaften zu vergleichen - auf einem relativ hohen Level blieben.[4] Bei etwa gleicher Neurotizismusbasis am Anfang des Studiums ergeben sich also durchaus unterschiedliche Entwicklungen in den verschiedenen Fächergruppierungen.[5]

1.3.6 Einfluß soziobiographischer Daten auf die Ausprägung des Neurotizismus

Die Diskussion um Chancenungleichheit im Bildungswesen, die schichttheoretischen Ansätze zu einer Sozialisationstheorie

---

1) vgl. auch VOGEL, U., a.a.O., S. 59 ff

2) vgl. AMELANG /HOPPENSACK, a.a.O. S. 45 ff.

3) vgl. AMELANG u.a., a.a.O., S. 47

4) vgl. ebenda

5) Leider liegen weder für die Hamburger Verhältnisse noch für Göttingen detaillierte Untersuchungen über die besonderen Fächerstrukturen vor, die diese Ergebnisse genauer erklären könnten.

sowie das Dogma der frühkindlichen Verursachung von psychischen Störungen durch die Psychoanalytiker - all dies legt die Hypothese nahe, daß die jeweilige Sozialbiographie von ausschlaggebender Bedeutung für die Ausprägung psychischer Störungen, also auch des "Neurotizismus" haben müsse. SPERLING schreibt: "Besondere Beachtung verdient die soziale Herkunft. Es läßt sich immer wieder nachweisen, in welch hervorstechendem Maße Prägungen in früher Kindheit Stilbildungen und Werteinstellungen beeinflussen."[1] Es gibt kaum eine Untersuchung, die nicht versuchte, psychische Störungen nach ihrer Abhängigkeit von Konfession, Familienstand, Elternhaus, Bildungsstand der Eltern, Beruf der Eltern, Wohnort usw. zu überprüfen.[2]

Dabei wird offenbar zweierlei übersehen: Zum einen spiegelt, wie die soziologischen Analysen des Bildungswesens seit langem nachgewiesen haben, die Studentenschaft eben keineswegs die Vielschichtigkeit und Ungleichheit unserer Gesellschaft wieder, sondern ist im wesentlichen eine Domäne der unteren bis höheren Mittelschicht, wobei die "Oberschicht" hier vernachlässigt werden kann, denn sie ist eine "quantiter negleable", wenn man nicht - was unüblich - die akademische "Ober"-Schicht dazu zählt; zum anderen entstehen durch die scharfen Selektionsprozesse im Laufe von 13 Schuljahren recht homogene Zusammensetzungen der Studentenschaft, die über den schon in den Schulen erfolgten Anpassungszwang - einer Art "Anpassungsmeltingpot" - etwa gleiche Wertmuster und Persönlichkeitseigenschaften bei denjenigen evozieren, die es dann tatsächlich bis zum Universitätsstudium "schaffen". Dies läßt, wie noch zu zeigen sein wird, die ursprünglich relevanten sozialbiographischen Faktoren für die Persönlichkeitsentwicklung offenbar in den Hintergrund treten.

Bei kaum einer der Sozialdaten läßt sich ein erkennbarer Einfluß auf die Ausprägung des Neurotizismus bei den hier unter-

---

1) vgl. SPERLING/JAHNKE, a.a.O., 1. Bd., S. 78

2) vgl. ebenfalls: SANDER/LÜCK, a.a.O., S. 34 ff.

suchten Studenten erkennen:

Tabelle 11: Konfession

	Mittelwert	N =	Differenz
evangelisch	24,o9	(48o)	n.s.
katholisch	24,45	(133)	n.s.
andere Konfession[1]	21,13	(8)	n.s.

Ähnlich homogene Ergebenisse bekommt SANDER/LÜCK in seiner Untersuchung bei Kölner Klientelen.[2]

Tabelle 12: Beruf des Vaters/Beruf der Mutter

	Vater Mittelwert	Vater Anzahl	Mutter Mittelwert	Mutter Anzahl
Beamter	23,84	212	25,88	24
Angestellter	23,73	236	23,93	123
Arbeiter	24,o1	1o3	27,74	23
Selbständiger	24,17	146	18,38	29
Mithelfender	27,oo	2	24,89	48
Sonstiges	24,1o	1o	24,o1	22

Auffallende Differenzen treten nur bei 2 (!) Kindern von "mithelfenden" Vätern und 29 Kindern "selbständiger" Mütter auf.

Tabelle 13: Bildungs des Vaters/Bildung der Mutter

	Vater Mittelwert	Vater Anzahl	Mutter Mittelwert	Mutter Anzahl
Volksschulabschl.	24,81	269	24,9o	351
Fachschulabschl.	24,81	73	24,63	52
Realschulabschluß	22,79	131	21,97 (!)	189
Abitur	21,8o (!)	84	23,18	73
Hochschulabschluß	24,14	151	25,26	46

Fußn. 1) u. 2) s. S. 86

Insgesamt läßt sich hier ein gewisser Trend der Abnahme der Ausprägung des Neurotizismus vom Volksschulabschluß zum Abitur (Vater) feststellen. Macht man z.B. einen T-Test zwischen den Studenten, deren Vater einen Volksschulabschluß haben und denen, deren Väter Abitur haben, so ergibt sich ein signifikanter Unterschied auf dem 1 %-Niveau. Merkwürdig bleibt dann jedoch das erneute Ansteigen bei den Vätern, die einen Hochschulabschluß haben. Eine mögliche Erklärung wäre die Vermutung, daß Studenten aus solchen Akademikerfamilien unter erheblichen Abstiegsängsten leiden, was den Stress an der Universität für sie im gleichen Maß verstärkt wie für die Studenten mit "Volksschulabgängervätern", deren Bildungshintergrund weit von dem an der Universität herrschenden Bildungsniveau entfernt ist. Also: Auf der einen Seite "überhöhte" Aufstiegsängste, auf der anderen Seite "überhöhte" Abstiegsängste. Dieser Trend (bzw. diese Kurve) wird durch die Ergebnisse aus dem Beruf der Mutter bestätigt, mit dem Unterschied, daß dort die geringste Ausprägung von Neurotizismus bei den Kindern von Müttern mit Realschulabschluß liegt. Man könnte daraus eine Art "Idealelternpaar" für Studenten konstruieren: Der Vater Abitur, die Mutter Realschulabschluß, wobei der Vater Angestellter, die Mutter selbständig ist.[1] Bemerkenswert erscheint, daß eher der Beruf der Mutter einen Unterschied in der Neurotizismusausprägung bewirkt als der des Vaters, obwohl die Quantitäten wohl zu klein sind, um hieraus eine allgemeine Schlußfolgerung zu ziehen. Ansonsten scheint eher der Bildungsgrad der Eltern für das Sicheinleben an der Universität wichtig zu sein als der Beruf (des Vaters), wobei weder ein zu niedriger noch ein sehr hoher Bildungsgrad dem Wohlbefinden ihrer Sprößlinge zuträglich zu sein scheint.

---

1) v. S. 85
Die Kategorie "andere Konfession" läßt sich nicht statistisch einwandfrei verarbeiten, da es sich nur um 8 Probanden handelt.

2) v. S. 85
SANDER/LÜCK, a.a.O., S. 38

---

1) vgl. ähnlich: SANDER/LÜCK, a.a.O., S. 39

Die Frage nach dem Einfluß der sogenannten "broken home"-Probleme im Elternhaus konnte mit dieser Untersuchung nur partiell angegangen werden: Nur 56 Personen (d. sind 7,8 %) gaben an, ihr Vater sei heute tot oder geschieden, 26 Probanden gaben an (d. sind 3,6 % der gesamten Stichprobe), ihr Vater sei auch "früher" schon tot oder geschieden gewesen. Ob und gegebenenfalls seit wann die Elternpaare nicht mehr zusammenlebten, wurde nicht explizit gefragt.[1] Die Ergebnisse lassen jedenfalls keinen Unterschied in der Neurotizismusausprägung erkennen:

Tabelle 14: Vollständigkeit der Familie:

	"Neurotizismus"		
	Mittelw.	Anzahl	Differenz nicht signif.
Studenten vollst.	24,oo	631	
Stud. ohne Vater heute	23,79	56	
Stud. ohne Vater früher	22,69	26	

Auch SANDER/LÜCK konnten in ihrer Untersuchung bei der Kölner Klientel keinen Zusammenhang zwischen der "Familienauflösung" des Studierenden mit einer speziellen Störungsart gemäß dem SSP-Fragebogen ermitteln.[2]

Keine Rolle spielte weiterhin die Art des Hochschulzugangs. Weder in der oben zitierten Kölner Untersuchung noch in unserer Stichprobe konnten irgendwelche Unterschiede zwischen den Studierenden, die durch das Abiturzeugnis eines Gymna-

1) Bei einigen sehr wenigen, bei denen die Mutter bei den Angaben fehlte, wurde der Fragebogen gar nicht in die weitere Untersuchung aufgenommen.

2) SANDER/LÜCK, a.a.O., S. 39. Vgl. dagegen SPERLING/JAHNKE, a.a.O., Bd. 1, S. 79: 39 % der Klientel stammt aus "broken home" Familien.

siums und denjenigen, die über den zweiten Bildungsweg (ca. 6 %) an die Hochschule kamen, festgestellt werden.[1)]

Auch die Herkunft bzw. Heimatortgröße ergibt keinen eindeutigen Trend:

Tabelle 15: Heimatortgröße

	"Neurotizismus" Mittelwert	Anzahl
unter 5 ooo	25,32	168
unter 5o ooo	23,31	237
unter 1oo ooo	23,67	62
mehr als 1oo ooo	23,61	244

Lediglich Studierende, die aus einem sehr kleinen Heimatort stammen, haben einen gegenüber den übrigen erhöhten Ausprägungsgrad an Neurotizismus. Plausibel wäre hierfür die Erklärung, daß die Umstellung vom dörflichen Milieu auf die Universitätsstadtanonymität für manche eine gewisse Schwierigkeit bedeutet.[2)]

Das Alter der Studierenden kann wohl kaum als völlig unabhängige Variable betrachtet werden, denn es korreliert stark mit der Semesterzahl (r = .64) und spiegelt deshalb die Abhängigkeit der Neurotizismusausprägung von der Semesterzahl. Allerdings sind Wechselwirkungen zwischen Semesterzahl und Alter nicht auszuschließen.

Zwischen 19 und 25 Jahren nimmt also die Neurotizismusausprägung relativ kontinuierlich ab, während sie danach keinen einheitlichen Trend mehr erkennen läßt, auch wegen der geringen Zahl der Probanden nicht mehr aussagefähig erscheint (s. Tabelle 15 auf S. 87).

---

1) vgl. SANDER/LÜCK, a.a.O., S. 36

2) aus den Angaben bei SPERLING/JAHNKE, a.a.O., S. 78, läßt sich nichts entnehmen, weil Vergleichszahlen aus der Uni-Statistik fehlen

Tabelle 16: Alter

	Mittelwert	Anzahl
19 Jahre	26,55	59
2o "	26,7o	132
21 "	23,7o	142
22 "	22,47	112
23 "	22,98	81
24 "	22,73	71
25 "	22,48	6o
26 "	25,29	24
27 "	23,38	8
28 "	2o,oo	4
29 "	26,oo	8
.		
.		
.		
38 "	17,oo	1

Der Korrelationskoeffizient zwischen Neurotizismus und Alter liegt bei r = -16.o, der bei der Größe der Stichprobe signifikant ist. Es ist meiner Meinung nach nicht anzunehmen, daß es eine Art sozialfeldunabhängigen "Reifeprozeß" gibt, der sich hier manifestiert, sondern daß die Anfangssituation der Studierenden, die neu an die Universität kommen, die hohen Werte unter den jüngeren Studierenden bewirken.[1]

Die Wohnform gehört eigentlich nicht mehr zu den biographischen Daten der Probanden, sondern zur Beschreibung der universitären Sozialisationsbedingungen, doch sollen sie der Einfachheit halber an dieser Stelle mit dargestellt werden.

Bemerkenswert erscheinen aus Tabelle 16 (s. S. 88) zwei Daten: Nicht die isoliert lebenden Untermieter, sondern die in Wohngemeinschaften zusammenlebenden Studierenden zeigen einen höheren Grad an Neurotizismus. Der T-Test zwischen diesen beiden Studentengruppen ergibt eine Signifikanz auf dem 5 %-Niveau. Zu überprüfen bliebe die Frage: Suchen eher neurotizierte Studierende eine Wohngemeinschaft oder bewirken

1) vgl. die Entwicklung des Neurotizismus in Abhängigkeit zur Semesterzahl, Kap. III, 3, 4

Tabelle 17: Wohnform

	alle Stud.	Anzahl	männl.	Anzahl	weibl.	Anzahl
allein zur Untermiete	22,97	253	21,31	12o	24,47	133
Studentenwohnheim	24,27	11o	23,85	41	24,52	69
Mit Freund oder Ehegatten zusammen	24,37	194	21,32	75	26,29	119
in Wohngemeinsch.	25,38	12o	23,59	56	26,95	64
zu Hause, b. Eltern	23,oo	35	2o,23	13	24,63	22

Wohngemeinschaften durch die dort auftauchenden Probleme einen höheren Grad an Neurotizismus? Nach den Ergebnissen der Gruppendiskussionen zu den Kontaktstörungen und deren privater Lösungsversuche durch die Studierenden scheint die Erklärung, daß man in Wohngemeinschaften den Kontakt und die emotionale Sicherheit sucht, die einem sonst fehlt, die zutreffendere zu sein. Allerdings ist auch denkbar, daß durch die höhere Kommunikationsdichte in Wohngemeinschaften solche Probleme öfter Gesprächsthema sind und so ein starkes Bewußtsein der eigenen Schwierigkeiten evoziert.

Ein anderes (-das obige modifizierende-) bemerkenswertes Ergebnis ergibt sich aus dem Vergleich zwischen weiblichen und männlichen Studierenden: Während der Neurotizismusgrad bei den männlichen Studierenden relativ niedrig ist oder im Vergleich zum Studentenwohnheim sogar sinkt, wenn sie mit einer Freundin oder dem Ehegatten zusammenziehen, steigt er bei den weiblichen Studierenden erheblich an. Dies deckt sich in etwa mit den Ergebnissen, die der Vergleich von verheirateten und nichtverheirateten männlichen und weiblichen Studierenden zeigt (Tab. 18, S. 91).

Man könnte diese Ergebnisse so interpretieren: Für männliche Studierende ergibt sich durch das Zusammenleben mit einer

Freundin oder einer Ehefrau eine deutliche Verbesserung seiner Lebensumstände, für die weiblichen Studierenden ändert sich hierdurch nichts an ihrer studentischen Rollensituation, im Gegenteil, sie werden womöglich erneut und um so fester in die traditionelle Weiblichkeitsrolle gedrängt, die sie nur schwerlich mit der Studentenrolle in Einklang zu bringen vermögen:[1)]

Tabelle 18: Familienstand

	alle Stud. Mittelwert Neurot.	Anzahl	männl. Mittelw. Neurot.	Anzahl	weibl. Mittelw. Neurot.	Anz.
ledig	24,18	648	22,22	273	25,44	375
verh.	21,97	62	18,87	31	25,o6	31
gesch.	33,oo	3	36,5o	2	26,oo	1

Insgesamt zeigt sich bei der Diskussion des Einflusses der Sozialdaten, daß die Studenten (jedenfalls unserer Stichprobe der Lehramtsanwärter) eine recht homogene Gruppe sind,deren früher eventuell unterschiedliche biographische Erfahrungen nur geringen Einfluß auf das tatsächliche Befinden in der universitären Situation haben.

1.3.7 Korrelative Bedingungsstruktur des Neurotizismus

Dieser (letzte) Satz aus dem vorigen Kapitel muß insofern modifiziert werden, als der Einfluß des Erziehungsstiles im Elternhaus bei den Sozialdaten nicht erfaßt wurde, sondern in gesonderten Fragebogenteilen erhoben wurde. Damit sollte der psychoanalytischen Hypothese von dem universell prägenden Einfluß der frühkindlichen ersten Objektbeziehungen nachgegangen werden. Methodisch muß jedoch eingeschränkt werden, daß bei der vorliegenden Befragung nur das jeweilige

1)vgl. hierzu Kapitel Frauenprobleme, Kap. III, 5
vgl. auch: WELZEL-MOLLWITZ, A., Über Aspekte von Rollenkonflikten bei weiblichen Studierenden, Eine empirische Untersuchung unter Verwendung des Gießen-Tests, unveröff. Dipl.-Arbeit, Göttingen 1976

Bild der inzwischen erwachsenen Kinder erfaßt werden konnte, das sie sich von ihrer "früheren" Erziehung durch die Eltern heute machen. Daneben wurde das heutige Verhältnis der Studenten zu ihren Eltern berücksichtigt, um einerseits weiterwirkende Beeinflussungen des Elternhauses zu erkennen und andererseits sozialisationsspezifische Ablösungsprozesse zu erkennen.[1)]

Im folgenden Korrelationsmodell (siehe nächste Seite) sollen die Abhängigkeiten und Wechselwirkungen der drei hypothetisch wichtigsten Bedingungsfaktoren für Neurotizismus dargestellt werden: Elternverhältnis, Kontaktstörungen und Studienschwierigkeiten (Arbeitsstörungen). Damit entsteht gleichzeitig ein Korrelationsmuster fast aller in der Fragebogenuntersuchung erhobenen Dimensionen, wie sie sich auch in der Faktorenanalyse "over all" spiegeln.[2)]

Aufgrund der hohen Anzahl der Probanden sind sehr viele Korrelationen der einzelnen Dimensionen untereinander signifikant auf dem 1 %-Niveau. Bei der Darstellung des Korrelationsmodells erfolgte deshalb eine Beschränkung auf die Korrelationen, die einen Korrelationskoeffizienten von mindestens r = (-) .3o haben (Ausnahme: Geschlecht).[3)]

Außerdem ist zu bedenken, daß es sich nicht, wie die Überschrift dieses Kapitels vermuten lassen könnte, um das Aufzeigen von Wirkungen einer Ursache oder mehrerer Ursachen für den Neurotizismus handeln kann. Dies ist durch die Methode einfacher Korrelationsrechnungen meiner Meinung nach nicht zu bewerkstelligen.[3)] Dagegen macht eine solche Korrelation doch deutlich, wo bedeutsame und weniger be-

---

1) vgl. Kapitel Sozialisationswirkungen, Kap. III, 4

2) vgl. Kapitel II, 6, S. 55.

3) Das meint, durch Quadrieren des Korrelationskoeffizienten wird der Prozentsatz ermittelt, mit dem die Ausprägung der einen Variable durch die einer anderen vorhergesagt werden kann. Ohnedies ist streng genommen der prognostische Wert einer Korrelation von r = (-) .3o mit ca. 1o % relativ gering

Tabelle 19: Korrelationsmatrixschaubild

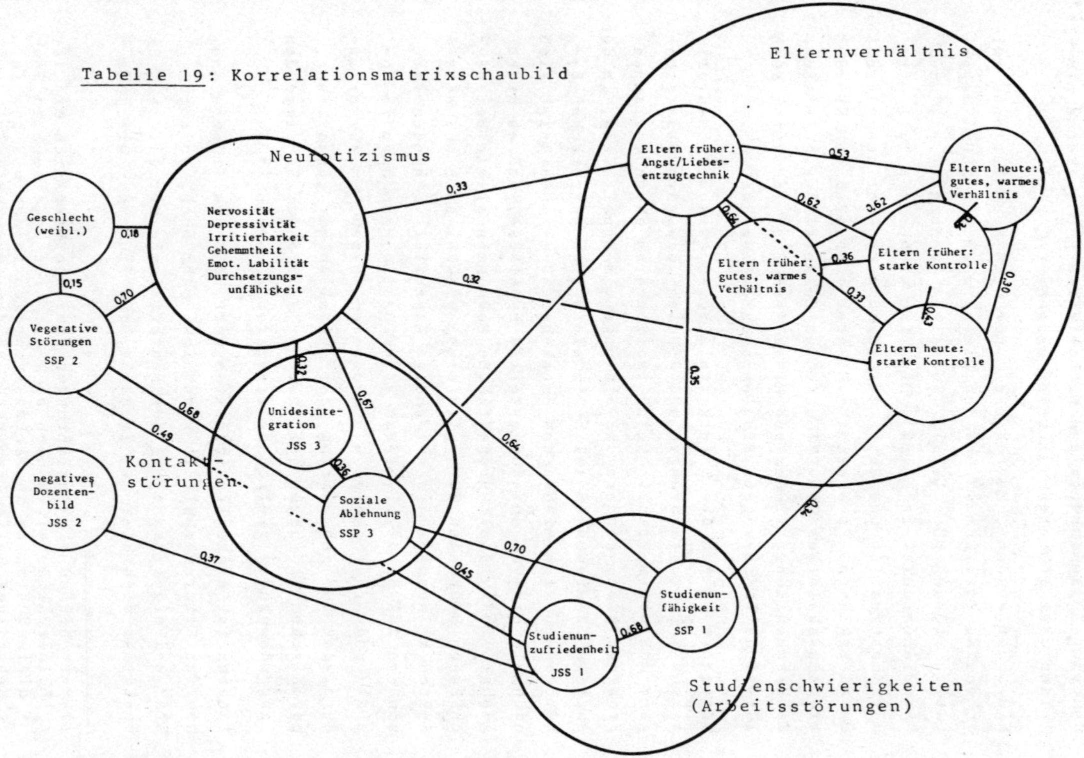

Legende: Die Zahlen zwischen den Kreisen geben die Korrelationen an.

deutsame Zusammenhänge und Wechselwirkungen zwischen einzelnen oder mehreren Variablen bestehen.

Wie schon erwähnt, bestehen die höchsten Korrelationen zwischen "Neurotizismus" und den Dimensionen des SSP: "Vegetative Störungen" - (.7o), "Soziale Ablehnung" (.67) und "Studienunfähigkeit" (.64). Dies ist sicher zum Teil mit der Konstruktion der Skala zur Messung studentischer Probleme zu erklären. Es beweist m.E. aber auch, daß die Neurotizismusskala aus dem FPI durchaus Entsprechungen im studentischen Leben finden und als allgemeiner Indikator auch für situationsbezogene Problemzonen gelten darf.

Weiterhin zeigen die Interkorrelationen zwischen "Neurotizismus", Kontaktstörungen und Studien- bzw. Arbeitsstörungen, daß es im Prinzip keine isolierbaren psychologischen Probleme gibt, sondern daß Störungen im Arbeitsfeld, in den sozialen Beziehungen solche im eigentlich psychischen Bereich nach sich ziehen und umgekehrt. Damit bestätigt sich nochmals die von uns aufgestellte Hypothese, daß es nicht genügt, individualtherapeutische Maßnahmen allein bei psychischen Störungen zu applizieren, wiewohl auch auf diesem Sektor keineswegs die notwendige Kapazität vorhanden ist, sondern daß parallel hierzu strukturelle Maßnahmen im Sozial- und Arbeitsbereich hinzukommen müssen, um zu verhindern, daß aus den bislang wahrscheinlich nur temporären psychischen Störungen bei etwa der Hälfte der Studierenden langandauernde, vielleicht irreparable werden.[1)]

Daneben ist sicherlich beachtenswert, daß das frühere und heutige Elternverhältnis wenn nicht sehr hoch, so doch klar und signifikant mit dem Neurotizismus korreliert.[2)] Es bestätigt sich hier die Tatsache, daß frühere - wie jede -

---

1) vgl. hierzu die Ausführungen über den Vergleich mit der Kölner Klientel, wonach 56 % der hier untersuchten Studierenden unter ähnlichen Symptomen leiden wie die in Behandlung befindlichen Kölner Beratungspatienten, vgl. Kap. 3.3

2) vgl. Tab. 19 und 2o

Sozialisationserfahrungen nicht ohne Auswirkungen auf die Persönlichkeitsentwicklung bleibt. R. WEBEL hat in einer Diplomarbeit in Hamburg anhand von 162 (Konstruktionsstichprobe) bzw. 95 (Analysestichprobe) Studenten zum Thema: "Beziehungen zwischen Elternbild und Persönlichkeitsmerkmalen von Studenten", nachweisen können, daß "psychologisch sinnvoll zu interpretierende Zusammenhänge zwischen dem - durch die Skalen des Elternbildes indizierten - Handlungssystem studentischer Herkunftsfamilien und Persönlichkeitsmerkmalen der Studenten bestehen."[1] Ein retrospektiv perzipiertes "positives Beziehungsverhältnis" zur Mutter besteht nach dieser Untersuchung in positivem Zusammenhang zur emotionalen Stabilität, zur Willenskontrolle, Persistenz und Direktivität der Studenten. Zwischen mütterlicher Kontrolle und Strenge und emotionaler Stabilität der Studenten besteht ein negativer Zusammenhang.[2] Dies steht exakt in Übereinstimmung mit unseren Ergebnissen, wobei zu berücksichtigen ist, daß in der Auswertung nicht zwischen Vater und Mutter differenziert wurde, aber im Prinzip die gleichen Dimensionen zur Erfassung des Elternbildes wie bei R. WEBER verwendet wurden.[3]

Eltern, die (- immer in der Retrospektive der Studenten -) ein Erziehungsverhalten an den Tag legten, das mit Angst und Liebesentzug zur Durchsetzung ihrer elterlichen Gewalt arbeiteten, erzeugten damit also offenbar ebenso wie durch überstarke Kontrolle("früher" und "heute")Prädispositionen für Neurotizismus bei ihren Kindern, auch wenn diese schon an der Universität studieren:

Tabelle 2c: Korrelationsmatrix: Elternstil - Neurotizismus

JEF 1	Eltern früher gutes, warmes Verhältnis	r = -.23	(++)
JEF 2	Eltern früher starke Kontrolle	r = .25	(++)
JEF 3	Eltern früher Angst/Liebesentzug als Erziehungsmittel	r = .33	(++)
JEH 1	Eltern heute gutes warmes Verhältnis	r = -.16	(++)
JEH 2	Eltern heute starke Kontrolle	5 = .33	(++)

Fußnoten s. nächste Seite

Auch während der Studienzeit bleibt die Beziehung zu den Eltern für das Wohlbefinden der Studierenden offenbar von Bedeutung. Sehr negativ wirken sich Eltern aus, die versuchen, ihre Kinder auch noch über das Abitur hinaus stark zu kontrollieren.

Wichtig erscheint jedoch noch der Hinweis, daß elterlicher Erziehungsstil und somit frühkindliche Erfahrungen nicht alleinige Bedingungsfaktoren für psychische Störungen sind, sondern durch weitergehende Sozialisationserfahrungen sowie durch die je gegenwärtige Situation modifizierte Befindlichkeiten eine wichtige Ergänzung bekommen.[1)]

3.8 Extremgruppenvergleich

Um die bisher dargestellten Ergebnisse zum Neurotizismus nochmals zu verdeutlichen und weitere Zusammenhänge mit anderen Variablen (z.B. Studienunzufriedenheit) aufzuzeigen, wurde die Gesamtstudentenpopulation in zwei "Extremgruppen" aufgeteilt. Dazu wurde durch einen varianzanalytischen Vergleich von 21 % der Stichprobe von weniger neurotischen Studierenden (15o Probanden, die einen Indexwert von 1 bis 15 auf der Neurotizismusskala aufwiesen) einer Probandengruppe von 2o % (146 Probanden mit stärkerer Neurotizismusausprägung, d.h. einem Indexwert von 33 bis 42) gegenübergestellt. Jeder solcher Schnitte zwischen "sehr neurotisch" und "weniger neurotisch" bleibt letztendlich irgendwo willkürlich. Der Schnitt, der hier bei 2o % der Stichprobe gemacht wurde, ist damit zu begründen, daß es sich bei den 2o % "sehr neurotischen" Studierenden um solche han-

---

1) R. WEBEL, Beziehung zwischen Elternbild und Persönlichkeitsmerkmalen von Studenten, unveröff. Diplomarbeit, Hamburg 1975, S. 189

2) R. WEBEL, a.a.O., S. 186

3) vgl. Kap. II, 3.4, S. 39

---

1) vgl. Genaueres zum Elternverhältnis und seiner Entwicklung bei Studenten im Kapitel Sozialisationswirkungen, Kap. III, 4, S. 218 f.

delt, die gleichzeitig in etwa im Durchschnitt dieselben Mittelwerte erreichen wie die Kölner Klientel-Stichprobe mit der gleichen Skala zur Messung studentischer Probleme (SSP).[1)]

Diesen 2o % "sehr neurotischen" Studierenden wurde eine etwa gleich große Anzahl mit sehr niedriger Ausprägung auf der anderen Seite der Neurotizismusskala gegenübergestellt, um festzustellen, ob und wenn ja, welche Unterschiede sich bei der Einschätzung der Studiensituation und des Elternverhältnisses (implizit damit auch von Arbeits- und Kontaktstörungen) ergeben.

Es stellte sich heraus, daß sich die beiden Gruppen in allen erfaßten Dimensionen signifikant auf dem 1 %-Niveau unterschieden, und zwar alle in der zu erwartenden Richtung: Also sehr neurotische Studierende sind mit ihrer Studiensituation sehr viel unzufriedener als weniger neurotische; sie hatten und haben - aus ihrer Sicht - ein schlechteres Verhältnis zu den Eltern früher und heute, wurden von ihren Eltern stärker kontrolliert und werden es noch.

Das heißt, es wird nochmals deutlich, daß die im Fragebogen erfaßten Sozialisationsvariablen: Elternhaus und Universitätsbedingungen in engem Zusammenhang mit den erkennbaren psychischen Störungen stehen.

Besonders weit auseinander (um eine ganze Skaleneinheit) liegen die Angaben der beiden Extremgruppen bei den Dimen-

---

1)

Kölner Klientel			2o % "sehr neurot. Gött. Stud."	
SSP 1	2,4o		2,4o	
SSP 2	2,16	Mittelw.	2,22	Mittelw.
SSP 3	2,36		2,46	

Erläuterung: Daß es sich hier um 2o % und nicht um 15 % handelt, mag zunächst verwundern, weil im Kapitel III, S. 74 f. dieser Arbeit, von 15 % berichtet wurde, die so neurotisch seien, daß sie einer therapeutischen Betreuung bedürften. Die Differenz kommt dadurch zustande, daß bei der dort eruierten Prozentzahl die Studenten erfaßt wurden, die gleich oder über dem Kölner Mittelwert lagen, hier jedoch alle die erfaßt wurden, deren durchschnittlicher Mittelwert mit dem der Kölner übereinstimmt, also unter Einschluß der Streuung beiderseits des Mittelwertes.

Tabelle 21: Extremgruppenvergleich

Extremgruppen Neurotizismus

aus: FPI 1: Nervosität
3: Depressivität
6: Irritierbarkeit (Neg. von Gelassenheit)
8: Gehemmtheit
N: Emot. Labilität
M: Durchsetzungsunfähigkeit (Neg. von Maskulinität)

Neurotizismus: Mittelwert: 23,93   Min.: 0, Max.: 42

Gruppe 1 = wenig neurotisch
Mittelwert 1-15
N = 150

Gruppe 2: sehr neurotisch
Mittelwert 33-42
N = 146

	Gr. 1	Gr. 2	Sign.
Geschlecht	1,4	1,7	x
Semesterzahl	3,1	2,6	x
SSP 1 Studienunfähigkeit	1,6	2,4	x
SSP 2 Vegetat. Störungen	1,4	2,2	x
SSP 3 Soziale Ablehnung	1,5	2,6	x
JSS 1 Studienunzufriedenh.	2,6	3,6	x
JSS 2 negat. Dozentenbild	3,1	3,4	x
JSS 3 Unidesintegration	2,8	3,3	x
JEF 1 Eltern: schlechtes Verh.	2,3	2,8	x
JEF 2 Eltern: starke Kontrolle	2,5	3,1	x
JEF 3 Eltern: Liebesentzug	2,0	2,9	x
JEH 1 Eltern heute: schlechtes Verh.	2,6	3,0	x
JEH 2 Eltern heute: starke Kontrolle	1,7	2,4	x

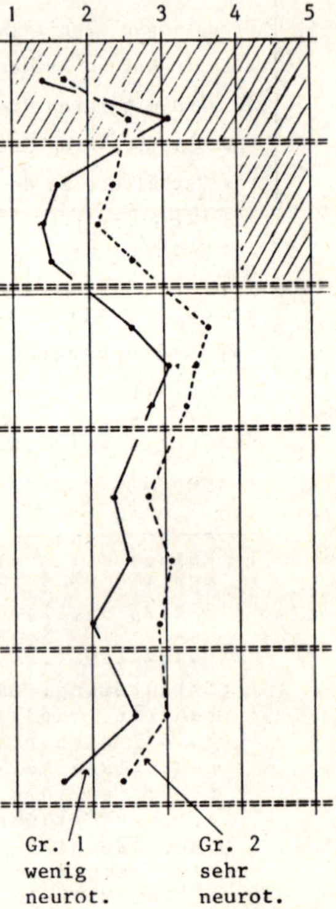

sionen: Studienunzufriedenheit und Angsterlebnisse mit den Eltern "früher" bzw. Liebesentzugserziehungsstil derselben. Es ist zu vermuten, daß sich hier prinzipielle Störungsabläufe im Laufe der Sozialisation kumulieren. Studenten, die sich von ihren Eltern nicht recht akzeptiert fühlten und wegen dauernd drohenden Liebesentzuges kein festes Vertrauen zu sich selbst entwickeln konnten, sind in besonderem Maße auf Kompensation ihrer Unsicherheit im Studium angewiesen und leiden entsprechend stärker unter den unzureichenden Studienbedingungen, die ihre mitgebrachte Unsicherheit nicht zu kompensieren vermag, sondern eventuell schon entwickelte Kompensationen z.B. im Leistungsbereich erneut in Frage stellt.[1)]

Als Ergebnis festzuhalten bleibt aber auch, daß selbst diejenigen, die in ihrer Selbsteinschätzung auf der Neurotizismusskala sich als wenig gestört bezeichnen, mit der Studiensituation nicht besonders zufrieden zu sein scheinen, auch fühlen sie sich keineswegs besonders integriert an der Universität und die Dozenten ihrer Fächer beurteilen sie fast gleich negativ wie ihre unter psychischen Störungen stärker leidenden Kommilitonen.

Es dürfte also in jedem Falle unzulässig sein, das von den Göttinger Studierenden geäußerte Unbehagen an den universitären Verhältnissen lediglich der etwa verzerrten Wahrnehmung von psychisch labilen Studierenden zuzuschreiben. Vermutlich haben diese weniger unter manifesten Störungen leidenden Studierenden durch ihre elterliche Erziehung stabilere Voraussetzungen mitbekommen, um die Frustrationen des Studiums besser zu verarbeiten. Außerdem hat die Mehrheit von ihnen wohl im Laufe ihres Studiums erlernt, sich auch mit den universitären Bedingungen besser zu arrangieren als dies Anfängern möglich ist - dafür spricht, daß unter den weniger neurotischen Studierenden sich mehr höhere Semester befinden als unter den mehr neurotischen.

---

1) vgl. Kap. III, 4, Sozialisationswirkungen, S. 218 f.

1.4 Exkurs: Persönlichkeitsprofil der Göttinger Studenten

Bestimmte Dimensionen des Freiburger Persönlichkeitsinventars (FPI) wurden aus oben erläuterten Gründen nicht in die sog. "Neurotizismusskala" aufgenommen. Nur zum Teil (die Dimensionen: Geselligkeit, Gehemmtheit und Extraversion) wurden die übrigen miterhobenen Dimensionen noch in anderen Teilen dieser Arbeit verwertet, so bei den Kontaktstörungen.

Im folgenden soll deshalb ein Überblick über das sich bei der Göttinger Stichprobe ergebende Profil aus dem FPI in Form einer Grafik gegeben werden, so daß die Unterschiede zwischen den hier erhobenen Gruppen sowie zur repräsentativen Bevölkerungsstichprobe (1966 von den FPI-Autoren erhoben) deutlich werden.[1)]

Die deutlichsten Unterschiede zwischen dem Durchschnitt der Bevölkerung und den Göttinger Studenten (1975 mit dem FPI-K von uns erhoben) ergeben sich, wie aus dem Schaubild (nächste Seite) gut zu ersehen, in folgenden Punkten: Die Göttinger Studenten sind wesentlich depressiver, sie sind weniger erregbar (ruhiger und stumpfer), leichter zu irritieren, nachgiebiger, gehemmter, emotional labiler und weniger durchsetzungsfähig als der Durchschnitt der Bevölkerung.[2)]

Die größten Unterschiede zwischen Schülern und Studenten liegen darin, daß die Schüler aggressiver sind als die Studenten, daß sie erheblich gelassener sind, ein größeres Dominanzstreben an den Tag legen, offener sind, extrovertierter und durchsetzungsfähiger.

---

1) Zu beachten ist wiederum, daß die Werte aus der repräsentativen Stichprobe der Freiburger nur zurückgerechnete Werte beinhaltet und insofern nur beschränkte Vergleiche erlaubt.

2) vgl. hierzu auch MÜLLER-FOHRBRODT, G., Wie sind die Lehrer wirklich?, Stuttgart 1973

Tabelle 22: Persönlichkeitsprofilvergleich

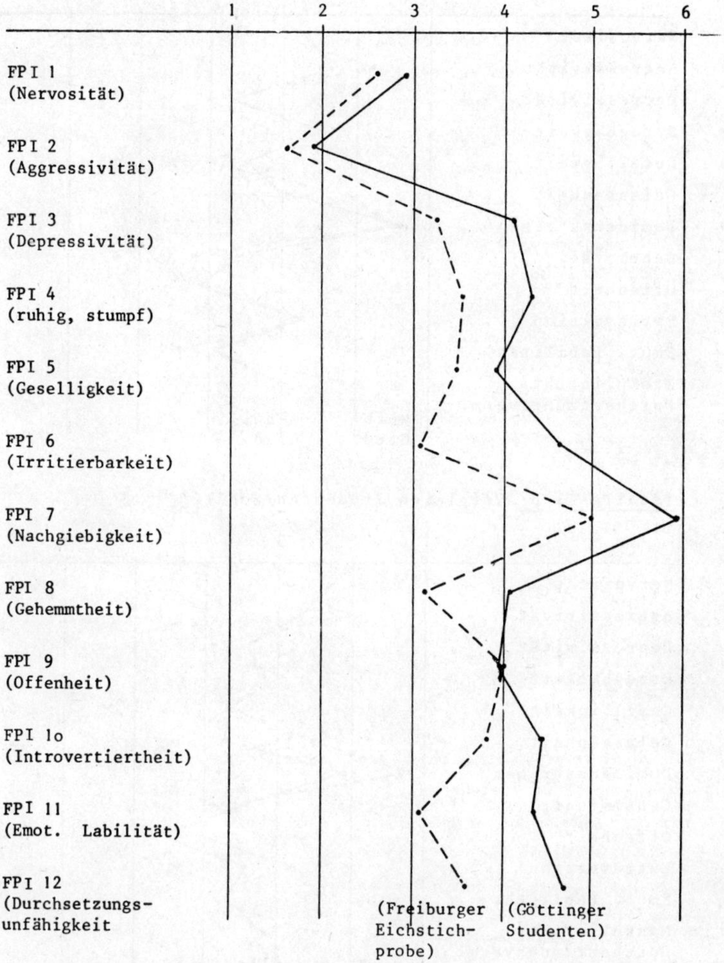

Tabelle 23a/23b: Persönlichkeitsprofile nach dem FPI

Tabelle 23 a: Vergleich Studenten nach Geschlechtern

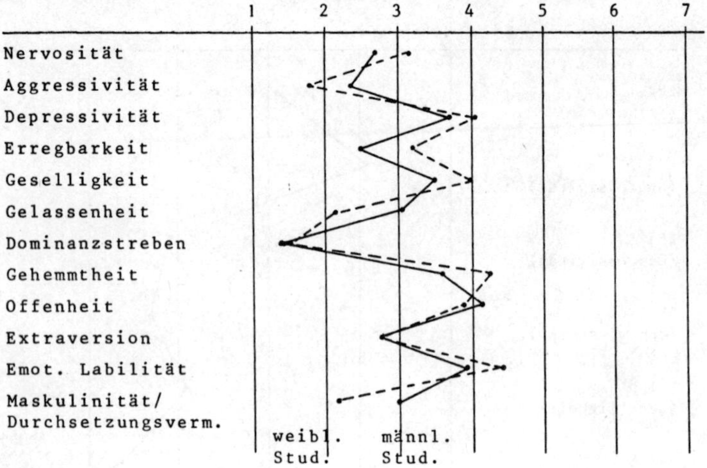

Tabelle 23 b: Vergleich Studenten/Schüler

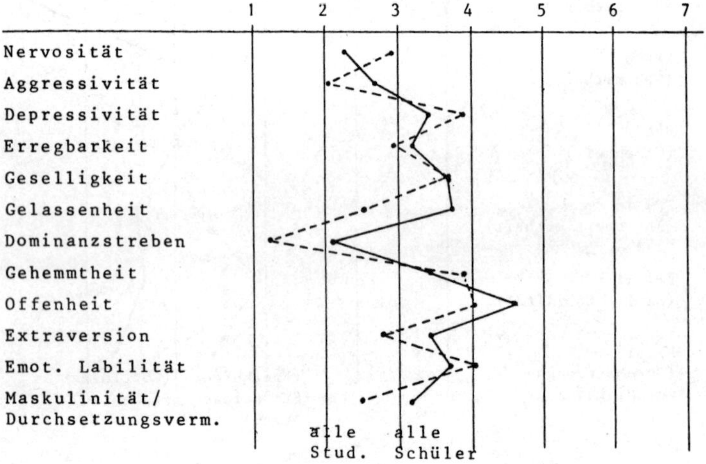

Zwischen weiblichen und männlichen Studierenden liegen die Unterschiede in der geringeren Aggressivität der weiblichen Studierenden, ihrer stärkeren Depressivität, größeren Erregbarkeit und Geselligkeit, in der geringeren Gelassenheit, höheren Gehemmtheit, der größeren emotionalen Labilität und in ihrer geringeren Durchsetzungsfähigkeit im Vergleich zu ihren männlichen Kommilitonen.

In etwa decken sich diese Ergebnisse mit denen im Zusammenhang mit der Entwicklung des sog. "Gießen-Tests" erhobenen Test-Daten unter Gießener und Frankfurter Studenten. Die Autoren heben hervor, daß Studenten im Durchscnitt an einer "depressiven Grundstimmung" litten, sich häufiger "Gedanken über innere Probleme" machen, sich "anderen fern fühlten" und "ihre Interessen im Lebenskampf schlecht durchsetzen könnten.[1)]

1.5 Überblick über die Ergebnisse der Gruppendiskussion zu den Ursachen des "Neurotizismus" bzw. "Unwohlseins"

Neurotizismus ist, wie wir gesehen haben, ein nicht ganz eindeutig faßbares Phänomen. Um das Ausmaß unter den Göttinger Studierenden zu bestimmen, wurde im vorigen Kapitel eine operationale Definition mit Hilfe der verwandten Meßverfahren vorgenommen. Die Ergebnisse haben gezeigt, daß auch nach dieser relativ engen Definition noch knapp über die Hälfte der Studierenden unter "neurotischen Symptomen" leidet, ohne daß dies bei ihnen unbedingt zur manifesten Behandlungsbedürftigkeit führte. Wir wollen in Anlehnung an MÖLLER/SCHEER diese Gruppe von Studierenden als solche mit "unspezifischen Neurosemerkmalen" auffassen.[2)]

---

1) BECKMANN, D./RICHTER, H.E., Der Gießentest, S. 76

2) vgl. MÖLLER/SCHEER, Psychotherapeutische Beratungsstelle ..., a.a.O., S. 32

Stellvertretend für diese - immerhin nicht kleine - Gruppe wurden die Aussagen über die Gründe, wie sie von den freiwilligen Mitdiskutanten für dieses "Unwohlsein" gemacht wurden, ausgewertet.[1]

Den 12 Gruppendiskussionsrunden wurde zu Beginn der Diskussionen folgendes Reizstatement vorgetragen:

"Es gibt viele Studenten, die sich an der Uni nicht wohlfühlen, ja regelrecht (psychisch) krank werden. Nach einer Studie in Göttingen von 1967 wiesen über die Hälfte aller Befragten Beschwerden wie Nervosität, anhaltende Kopfschmerzen, Depressionen, Arbeitsstörungen und Kontaktmangel auf.
Ist das Euch und/oder Euern Freunden und Bekannten auch schon so gegangen - und wenn ja, worin liegen Eurer Meinung nach die Ursachen?"

Die Auswertung ergab (zusammen mit Symptombeschreibungen und angedeuteten Lösungsmöglichkeiten) 44o Meinungsäußerungen, die auf 285 Karten vercodet[2] wurden; 366 Äußerungen bezogen sich auf die Ursachen für das allgemein empfundene Unwohlsein an der Universität. Diese Ursachen wurden nach der Häufigkeit ihrer Nennungen geordnet, so daß eine Rangfolge der Bedeutung entstand (vgl. nächste Seite) und ausserdem in ein "Ursachenstrukturmuster" eingebaut.[3]

---

1) Das Statement ist bewußt recht allgemein gehalten, einmal aus befragungstechnischen Gründen: Man kann schlecht jemandem unterstellen, er sei neurotisch und ihn dann nach den Gründen fragen, zum anderen, weil dieses Statement am Anfang der Gruppendiskussion stand und deshalb erstmal einen gewissen allgemeinen Einführungscharakter haben mußte.

2) gleichlautende Meinungen wurden auf ein und derselben Karte vercodet; Lösungsvorschläge werden im Schlußkapitel (IV, 3) berücksichtigt.

3) vgl. weiter unten, S. 1o7, und zu den methodischen Fragen Kap. II, 5, S. 48 f.

Tabelle 24: Überblick über Ergebnisse zum 1. Statement (285 Kart.)

Allgemeine Gründe für Unwohlsein an der Uni aus der Gruppendiskussion	
1. Kontaktschwierigkeiten, Isolation	92[1]
2. Wir haben's nicht gelernt (in Schule, Elternhaus) zu studieren, d.h. unzureichende Vorbereitung, an der Uni zu leben	62[1]
3. Leistungs-, Konkurrenzdruck, Streß, Examensangst	4o
4. fehlendes Erfolgserlebnis, fehlende Rückmeldung, feed back	24
5. Bruch: Schule - Studium und Diskrepanz zwischen der völlig anderen Art zu lernen und zu leben, fällt schwer	24
6. Arbeitsstörungen	2o
7. fehlende Zukunftsperspektive (auch Berufsperspektive)	16
8. Einschüchterung, Sprechbarrieren in Seminaren, Zwang zum Bluff	15
9. undurchschaubare Studienstruktur, kein roter Faden, langweilige Pflichtstunden	15
1o. fehlender Praxisbezug macht Inhalte beliebig, uneinsichtig und zu theoretisch	14
11. Entfremdung im Studium, Sinnlosigkeit von Studium und Leben	1o
12. Unregelmäßigkeit des Lebens an der Uni, Schwierigkeiten, Arbeit und Leben zu organisieren	1o
13. in Arbeitsgruppen - auch hier kaum persönlichen Kontakt	9
14. Einseitigkeit, Überkopfigkeit des Studiums	7
15. allgemeine Orientierungslosigkeit	5
16. Eltern sind an Neurosen der Studenten schuld	2
17. polit. Gruppen - in group: Abschreckung	1
18. Sonstiges	3
	366

1) die hohe Zahl kommt durch Variation des Themas zustande und verschiedene Ursachenverbindungen

Wie im methodischen Teil dieser Arbeit erwähnt, handelt es sich bei diesem (vgl. nächste Seite) Strukturmuster um eine Art "handgemachter Faktorenanalyse", d.h. es wurden aus den Protokollen der Gruppendiskussionen thematische Zusammenhänge erfaßt und nach Bereichen geordnet[1)] und die durch die Diskussion sich ergebenden Querverbindungen und Abhängigkeiten durch Linien verdeutlicht.

Neben der Deskription von Symptomen des empfundenen Unwohlseins, die man auch als quasi "psychosomatische Lösungen" auffassen kann, und privaten wie strukturellen Lösungsvorschlägen ergaben sich zwei Hauptursachenbereiche:

+ Kontaktschwierigkeiten

+ Arbeits- bzw. seminarbezogene Schwierigkeiten

Daneben ließ sich noch ein mit diesen Hauptschwierigkeiten in enger Verbindung stehender Ursachenpool ausmachen, den man mit

+ Hilflosigkeit und Orientierungslosigkeit

umreißen könnte. Er bezieht sich hauptsächlich auf das Wie und Warum des Studiums und des Lebens an der Universität.

Es bestätigten sich hiermit die im Pretest und in den Beratungsstellen gemachten Erfahrungen von den Hauptproblemen der Studenten, die dann auch zur Grundlage der Formulierung unserer Gruppendiskussionsstatements gemacht wurden. Im Statement 2 und 3 wurde daher auch explizit nach Kontaktstörungen und Arbeitsstörungen gefragt. Die Ergebnisse dieser Diskussionen werden in den folgenden Kapiteln ausführlich erörtert werden.

Die sich in vielen Äußerungen spiegelnde Orientierungs- und Hilflosigkeit scheint besonders die Anfangssemester zu bedrängen, ohne daß sie im Laufe des Studiums völlig verschwände.[2]

---

1) vgl. Kap. II, 5

2) vgl. weiter unten im Kap. III, 4, S. 218 f.

Tabelle 25: Strukturgraphik der Gruppendiskussionsergebnisse zum Statement 1: "Unwohlsein"

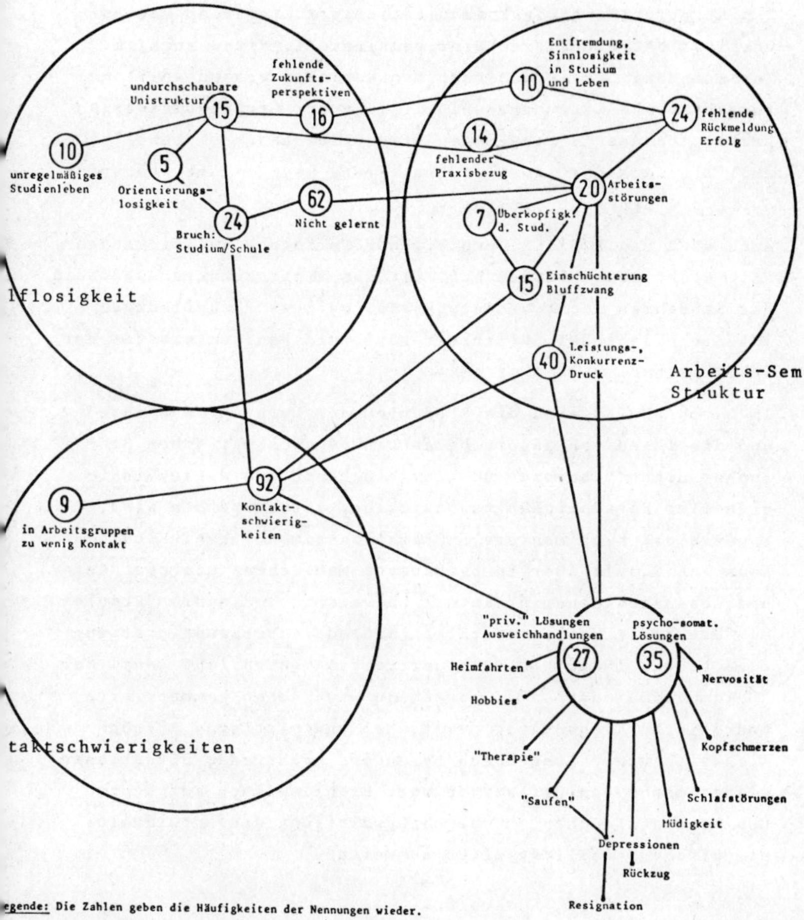

egende: Die Zahlen geben die Häufigkeiten der Nennungen wieder.
Die großen Kreise bezeichnen zusammengehörige Komplexe.
Die Verbindungslinien deuten inhaltliche Zusammenhänge an.

Da sich die Objekte der Orientierungs- und Hilflosigkeit ebenfalls im wesentlichen auf die Bereiche Arbeits- bzw. Seminarstruktur sowie Kommunikationsstrukturen an der Universität beziehen, erscheint es sinnvoll, diese auch im Zusammenhang der in den nächsten Kapiteln genannten Störungsbereiche mitzubehandeln.[1] Im - der Gruppendiskussion nachgeschobenen - Fragebogen wird unter anderem nochmals explizit nach der Kausalattribuierung psychischer Störungen durch die Studenten gefragt.[2]

Auch wenn man Projektionen eigenen Versagens auf die Außenwelt nicht ausschließen mag, ist das Verursachungsbewußtsein der Studenten nicht bedeutungslos, weil es Rückwirkungen auf die eigene Befindlichkeit sowie die Handlungsmuster der Subjekte hat.

Im Durchschnitt sind die Studenten der Meinung, daß ihre und die ihnen von andern bekannten psychosomatischen Störungen nicht "überwiegend" dem einzelnen und dessen individueller Persönlichkeitsentwicklung zuzuschreiben sind, sondern daß hier mehrere Faktoren zusammenwirken: Elternhaus und Schule aber in besonderem Maße eben auch die "Lern- und Lebensbedingungen" an der Universität, die die "Probleme, die jeder hat", verstärken und/oder überhaupt erst zutage treten läßt. Diese Antwortvorgabe entspricht genau der "Dekompensationsthese", wonach in etwa schon kompensierte neurotische Komponenten der frühen und mittleren Persönlichkeitsentwicklung durch besonders belastende Situationen wieder dekompensiert werden oder Probleme auch auf neuen Gebieten auftauchen, zu deren Bewältigung die entwickelte psychische Stabilität nicht ausreicht.

---

1) vgl. Kap. III, 2 und 3

2) vgl. Ergebnisse S. 1o9

Tabelle 26: Ergebnisse aus dem Fragebogen zur Gruppendiskussion: Allgemeine Störungen

JA	ja	nein	NEIN
= trifft weitgend zu bzw. kann ich zustimmen	= trifft etwas zu, eher ja, kann ich noch zustimmen	= trifft eher nicht zu, bzw. eher nein, kann ich nicht mehr ganz zustimmen	= trifft überwiegend nicht zu, kann ich gar nicht zustimmen

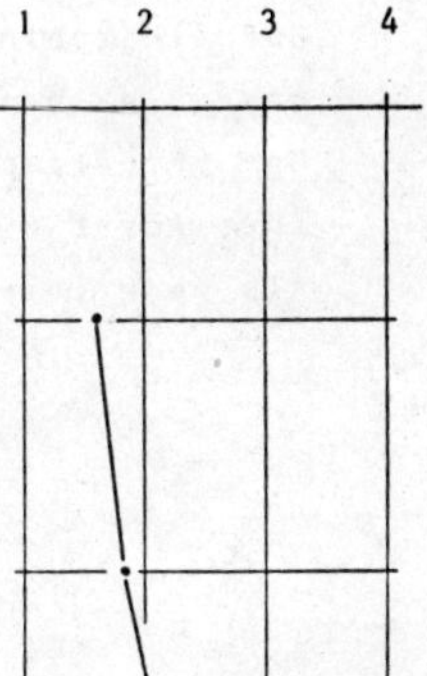

	Mittelwert
I. (psychische Störungen, allg.)	
6. Durch die Situation, in der man sich als Student befindet, werden die Probleme, die jeder einzelne hat, (oder hatte), verstärkt und/oder treten überhaupt erst zu Tage	1,6
4. Die Ursachen für solche psychosozialen und/oder psychosomatischen Störungen bei Studenten sind vorwiegend in den Lern- und Lebensbedingungen an der Uni begründet	1,8
2. Viele, die ich kenne, leiden ebenfalls öfter unter solchen "Symptomen"	2,2
5. Die Ursachen für solche Störungen sind überwiegend in der Entwicklung des einzelnen bis zum Studienanfang, also in Elternhaus und Schule zu suchen	2,2
1. Ich habe auch öfter über Beschwerden (z.B. Schwindelgefühl, Angst, Kreislaufstörungen, Magenschmerzen, Kopfschmerzen usw.), kurz psychosomatische Störungen zu klagen (gehabt)	2,4
3. Wenn man Schwierigkeiten hat an der Uni und psychosomatisch krank wird, so liegt das nicht an der Uni, sondern überwiegend an einem selbst	3,3)

2. Kontaktstörungen

Manche, die Dir hier begegnen,
sind Dir ähnlich, sind allein,
Manche, weil sie niemand haben,
and're woll'n alleine sein;
Und sie sehen Dich nicht an,
tasten sich an Dir vorbei
Und verbergen doch ihr Mißtrau'n,
ihre Angst nur schlecht dabei,
Als wenn ihre Einsamkeit schon ein Vergehen sei.

(H. Wader)

Nach einer allgemeinen Erörterung der Bedeutung von Kontakten mit anderen Menschen, der operationalen Definition und Deskription von Kontaktstörungen werden Ausmaß und Zusammenhänge dieser Störungen bei den untersuchten Göttinger Lehrerstudenten dargestellt. Die Ursachen hierfür werden aufgrund der Gruppendiskussionen aufgezeigt.

2.1 Allgemeines

Der Mensch ist ein "homo sozialis", ein im Gegensatz zum Tier nicht durch sich selbst, von selbst aufgrund von angeborenen Instinkten lebensfähiges Wesen. Er ist von vornherein als "extrauterine Frühgeburt"[1] auf die Betreuung, die Zuwendung, den sozialen Bezug anderer angewiesen.

Nicht nur Kaspar-Hauser-Versuche und SPITZ'sche Hospitalismusforschung beweisen, wie lebensnotwendig soziale Beziehungen für den Heranwachsenden sind, auch LAING's und BATESON's Untersuchungen über den Zusammenhang von defizienten familiären Kommunikationsbedingungen und Schizophrenie wiesen auf den engen Zusammenhang von Isolation, Beziehungslosigkeit, Einsamkeit und psychischer Verelendung hin.[2] FROMM weist m.E. zu Recht darauf hin, daß die Tatsache "seines (d. Menschen) gesonderten Daseins ..., (im) Bewußtsein seiner eigenen kurzen Lebensspanne und der Tatsache, daß er ohne seinen eigenen Willen geboren ist und ohne seinen Willen sterben wird ..., (im) Bewußtsein seiner Hilflosigkeit gegenüber den Kräften der Natur und der Gesellschaft" - daß dies alles den Menschen notwendig auf den anderen hinweist, ohne deren Hinwendung und Liebe er sich in Schuld, Angst und Scham verstrickte. "Er würde wahnsinnig werden, könnte er sich nicht selbst aus seinem Gefängnis befreien und es sprengen, könnte er sich nicht in dieser oder jener Form mit Menschen, mit der Umwelt vereinen."[3]

Während man zur Not - so scheint es - auf andere wichtige Dinge im Leben wie Karriere, Arbeit, Beschäftigung, auch Sexualität verzichten kann, bleiben Kontakt- und Kommunikationsmöglichkeiten offenbar eine anthropologische conditio sine qua non vivere podest.GOFFMAN,G.H. MEAD, KRAPPMANN und zuletzt WATZLAWICK haben eindrucksvoll die Bedeutung je anderen für die Entwicklung einer eigenen Identität herausgearbeitet: MEAD: "Ich bin, aber ich habe mich erst durch

1) vgl. PORTMANN, A., Biologische Fragmente zu einer Lehre vom Menschen, Basel 1951[2]

2) vgl. SPITZ, R., Vom Säugling zum Kleinkind, Stuttgart 1967; BATESON, G. u.a., Schizophrenie und Familie, Frankfurt 1969; LAING, R.D., The divided Self, Harmondsworth 1965

3) FROMM, E., Die Kunst des Liebens, Frankfurt 1975, S. 24

die anderen."; WATZLAWICK: "Diese Bestätigung oder Ratifizierung von A's Identität durch B stellt die wichtigste Voraussetzung für geistige Stabilität und Entwicklung dar ..."[1])

Nicht nur, aber besonders für diejenigen, die noch nicht über anderweitige Surrogate wie Karriere, Erfolg, Konsum in größerem Maße verfügen, eben für die "Sich-noch-in-der-Ausbildung-befindlichen" studentischen Sozialisanden scheint deshalb Kontakt und Kommunikation einen besonderen Stellenwert zu haben und scheinen Störungen auf diesem Gebiet als besonders deprivierend empfunden zu werden; sie sind oft der unmittelbare Anlaß, eine Beratungsstelle aufzusuchen: Fast bei allen mir vorliegenden Berichten von psychischen Beratungsstellen stehen die Kontaktstörungen an erster Stelle:

Tabelle 27 : Symptomaufstellung aufgrund der Erstgespräche in der Göttinger Beratungsstelle 1973

Erfaßt wurden 776 Klienten; die Endzahl N = 927 kommt durch Mehrfachnennungen zustande (Bericht vom März 1973):

Symptom	N	%
Kontaktschwierigkeiten	186	24,o
Leistungsabfall, Leistungsversagen	136	17,5
Depressive Verstimmungen	115	14,8
Sexualstörungen mit körperlichen Symptomen (Impotenz, Frigidität)	1o2	13,1
Störungen des Selbstwertgefühls	99	12,8
An ein Objekt bzw. eine Situation gebundene Angst: Examensangst	68	8,8
vegetative Labilität, Erröten, Schwitzen	61	7,9
Plan- und Ziellosigkeit des Arbeitsverhaltens	61	7,9
frei flottierende Angst	5o	6,4
Schlafstörungen	49	6,3

---

1) WATZLAWICK u.a., Menschl. Komm., S. 84; vgl. auch MEAD, G.H., Mind, Self and Society; GOFFMAN, E.: Stigma, Über Techniken der Bewältigung beschädigter Identität, Frankfurt 1967 und KROPPMANN, L.: Soziologische Dimensionen der Identität, Stuttgart 1973[3]

2.2 Begriff, Deskription und (operationale) Definition von Kontaktstörungen

Meist ist in der Literatur, besonders bei den oben erwähnten Berichten der Beratungsstellen, keine weitergehende Definition für Kontaktstörungen zu finden als solche wie "Störungen im zwischenmenschlichen Bereich", auch "Partnerprobleme" oder "Kommunikationsstörungen", teils werden auch testpsychologische Kategorien übernommen wie z.B. "Sozialangst".
In dieser Arbeit soll folgende Definition verwendet werden: Kontaktstörung bedeutet die Unfähigkeit, dauerhafte, quantitativ wie qualitativ befriedigende Kontakte ohne größere psychische wie physische Belastungen oder Konflikte herzustellen und zu unterhalten.

Um dies ex negativo zu erläutern: Es genügt offenbar nicht, eine ganze Menge Leute zu kennen, wenn man nicht wenigstens zu einigen einen intensiveren Kontakt hat, ja es kann gerade die Vielzahl und die damit oft verbundene Oberflächlichkeit sein, die das Gefühl von Einsamkeit aufkommen läßt.[1] Es genügt auch nicht, etwa nur in den Ferien, zu Hause oder mit alten Freunden "mal" sich wieder gut zu verstehen; es gehört eine gewisse Kontinuität dazu, die das Gefühl von Sicherverlassenkönnen, von Vertrauen in den andern beinhaltet.[2]

In den Gruppendiskussionen wurden die Studenten auch aufgefordert, ihre Erfahrungen mit Kontakt-Problemen zu beschreiben. Diese sollen als Illustration dessen, was oben als Kontaktstörung definiert wurde, dienen und einen Eindruck von der Art von Kontaktstörungen liefern, wie sie von den Studenten wahrgenommen werden:

Sie beklagen ihre eigene Inaktivität, wenn es um das Anknüpfen neuer Kontakte geht, sie seien apathisch geworden,

---

1) vgl. DREITZEL, H.P., Die Einsamkeit als soziologisches Problem, Zürich 197o

2) vgl. hierzu LUHMANN, N., Vertrauen, Ein Mechanismus der Reduktion sozialer Komplexität, Stuttgart 1973

hätten kein Selbstvertrauen mehr, das nötig wäre, beispielsweise jemanden anzusprechen, durch Enttäuschungen sei "man" auch vorsichtiger geworden, mißtrauischer den andern gegenüber, sei unsicher, wieviel man investieren solle, ob es sich überhaupt lohne, sich anzustrengen, wenn dann doch nur wieder ganz oberflächliche Kontakte dabei herauskämen oder im Endeffekt übrigblieben. Gleichzeitig fühlten sie sich jedoch so vereinsamt, daß sie entweder immer erneut wenigstens einen Hauch von Kontaktnähe in regelmäßigen Kneipenbesuchen zu ergattern suchten, oder auch ihre Kontaktstörungen durch Alkohol zu mindern, was vorübergehend sogar hier und da gelinge, oder sie zögen sich resignierend völlig zurück und tränken zu Hause. Sie fühlten sich isoliert von ihrem ursprünglichen Freundeskreis am Heimatort, von den Eltern, aber auch von der Bevölkerung der Universitätsstadt, schließlich in der sog. Massenuniversität auch von ihren Mitstudenten und natürlich auch von den Dozenten, deren es rein quantitativ schon viel zu wenige gäbe. Aus all diesen Deskritpionen klingt eine tiefe Sehnsucht nach dauerhaften, besonders aber tieferen Kontakten an, die ihnen an der Universität fehlen.

Wie körperlich die allgemein empfundene Isolation erlebt wird, macht die Äußerung einer Sportstudentin deutlich, die beim Duschen im Sportinstitut hautnahen Kontakt findet:

> (weibl., 2. Sem., Gesch./Sport, 2. Gruppe): "Mir ist es im IFL aufgefallen, daß ich persönlich da schnellen Kontakt gefunden hab' zu den Leuten, weil man da irgendwie so 'nen echt hautnahen Kontakt hat, ne' ... vor allen Dingen, Du duschst auch mal zusammen ... ja, man wird da richtig 'zu gezwungen, und, das ist kein Witz, das ist irgendwie anders da, als wenn man so trocken da mit seinen Büchern irgendwie zusammen sitzt."

Mir scheint, diese Beschreibung drückt anschaulich die Sehnsucht nach Offenheit, nach Nähe, Intimität und Wärme aus, die den Studenten im allgemeinen an der Universität zu fehlen scheint.

Oftmals wird aus einem übergroßen Bedürfnis nach Kontakt heraus immer wieder der verzweifelte Versuch gemacht, Kontakte herzustellen und zu unterhalten, aber gerade der Druck, die Verzweiflung, der Wunsch, daß es nun diesmal klappen müsse, führt zu psychosozialen Verkrampfungen (unter oft größten psychosomatischen Beschwerden), die ihrerseits zur Unfähigkeit, den Kontakt auch zu genießen und im eigenen Sinne befriedigend zu gestalten, führen können - Ergebnis: Der Kontakt wird abgebrochen. Bei vielen allerdings scheint besonders der erste Schritt, das Kontaktherstellen, so schwierig zu sein, daß bei häufig fehlgeschlagenen Versuchen bald eine Art Kontaktphobie auftritt; das gilt wohl gerade auch bei Kontakten zum anderen Geschlecht.[1] Sicherlich ist auch die Unfähigkeit, allein sein zu können, als neurotisches Symptom zu werten. Doch gerade diese Unfähigkeit entsteht m.E. aus dem existentiellen Mangel an erfahrener Geborgenheit in (eventuell früheren) tragfähigen intensiven Beziehungen. Nur der kann gelassen Einsamkeit ertragen, ja sogar genießen, der von der prinzipiellen Möglichkeit überzeugt sein kann, daß solche - auch für ihn lebensnotwendigen - intensiven Beziehungen überhaupt möglich sind und sich jederzeit (eventuell später nach einer "Einsamkeitsphase") wiederherstellen lassen.

Es läßt sich auch hier sicherlich keine Norm entwickeln, wieviele und welcher Art von Kontakten jemand haben müßte, um "noch" als "gesund" zu gelten.[2]

---

1) vgl. in diesem Zusammenhang auch die immer etwas verkrampften ersten Treffen aufgrund von Bekanntschafts- bzw. Heiratsanzeigen, in denen die Beteiligten in die paradoxe Lage geraten, daß gerade sie, die ohnehin meist Kontaktschwierigkeiten haben, eine durch Eigen- und Fremderwartung verkomplizierte Situation meistern sollen, in der die oben beschriebenen Probleme geradezu vorprogrammiert sind.

2) vgl. hierzu die absurden Versuche, psychische Gesundheit zu definieren, wie sie bei KEUPP zitiert werden: KEUPP, H., Psychische Störungen als abweichendes Verhalten, München 1972, S. 71 ff.

Die Vorstellungen hiervon sind u.a. von Kultur, Landschaft, allgemeiner sozialer Situation und bestimmten Persönlichkeitsstrukturen abhängig. Als relativ eindeutiger Indikator für Störungen auf diesem Gebiet erscheint mir jedoch auch hier das subjektive Leiden unter der jeweiligen Situation ausschlaggebend zu sein. Eine solche Kontaktstörung ist dann - wie noch zu zeigen sein wird - allerdings meist das letztlich gravierendste Glied einer Kette von Schwierigkeiten, mit denen sich der entsprechende "Fall" herumschlägt.

In der im SS 1975 durchgeführten Fragebogenerhebung wurden Kontaktstörungen durch folgende Dimensionen operationalisiert: "Geselligkeit", "Gehemmtheit", "Extraversion" (aus dem FPI); "Soziale Ablehnung" (aus dem SSP) und "Unidesintegration/Isolation" (aus dem JSS).[1]

Neben der inhaltlichen Bezogenheit dieser Dimensionen - vgl. hierzu die Beschreibung derselben auf der nächsten Seite -, läßt sich diese Zusammenstellung durch das Ergebnis einer sechsfaktoriellen Faktorenanalyse sowie durch die Korrelation der Dimensionen untereinander rechtfertigen.

Faktorenanalyse:[2]		Ladungen nach SPSS[3]
Geselligkeit	(FPI 5)	-o,89
Gehemmtheit	(FPI 8)	o,45
Extraversion	(FPI 1o)	-o,8o
Soziale Ablehnung	(SSP 3)	o,34
Unidesintegration	(JSS 3)	-o,23

1) vgl. Gesamtübersicht in Kap. II, 5, Seite 43 sowie die Faktorenanalyse over all im Anhang S. 62

2) Es handelt sich um die jeweils höchsten Ladungen dieser Dimensionen auf einem Faktor, Ausnahme: SSP 3 und FPI 8 laden auch auf dem Faktor "Neurotizismus" sehr hoch, vgl. dort. Eine gewisse Überschneidung ließ sich jedoch nicht vermeiden.
Die Korrelationsmatrix dieser Dimensionen sieht folgendermaßen aus:
Forts. s. S. 117

3) s. S. 117

Das schwächste Glied dieser fünf Indikatoren ist also bei der Faktorenanalyse wie bei der Korrelationsübersicht die Dimension: Uni-Desintegration. Das mag daran liegen, daß hier von Studenten eher Einschätzungen ihrer Kontakte an der Universität gegeben werden als solche ihrer eigenen psychischen Befindlichkeit, wie im Persönlichkeitstest (FPI) Aus inhaltlichen wie systematischen Gründen gehört diese Dimension jedoch m.E. in den Zusammenhang von Kontaktstörungen und wird deshalb in diesem Kapitel mitbehandelt. Ergebnisse, die weiter unten beschrieben werden, müssen jedoch auf diesem Hintergrund interpretiert werden.

Andeutungsweise sollen die Dimensionen im folgenden kurz inhaltlich umrissen werden:[1]

FPI 5 Geselligkeit: (7 Items)	Hoher Testwert bedeutet: Kontaktbedürfnis, Kontaktstreben, kontaktsuchend, umgänglich, schließt schnell Freundschaften und hat großen Bekanntenkreis; Lebhaftigkeit, unternehmungslustig, aktiv, gesprächig, mitteilsam und schlagfertig - versus - niedriger Testwert: geringes Kontaktbedürfnis und Selbstgenügsamkeit, vermeidet u.U. Kontakte, lieber allein, kleiner Bekanntenkreis, findet nicht recht Zugang zu anderen, eigenbrötlerisch, zurückgezogen, u.U. steif und kühl; Zurückhaltung, wenig unternehmungslustig, eher schweigsam, wenig mitteilsam.
Itembeispiel Nr. 4:	"Es fällt mir schwer, den richtigen Gesprächsstoff zu finden, wenn ich jemanden kennenlernen will

---

Forts. Fußnote 2 v. S. 116

Korrelationsmatrix

	FPI 5	FPI 8	FPI 1o	SSP 3	JSS 3
FPI 5	-	-.51	o.77	-.46	-.27
FPI 8		-	-.43	.54	.25
FPI 1o			-	-.32	-.2o
SSP 3				-	-.36
JSS 3					

3) Statistisches Auswertungsprogramm: Statistical Package of Social Sciences, hrsg. v. NIE u.a., a.a.O.

---

1) vgl. hierzu die Beschreibung der Dimensionen im Manual zum FPI von FAHRENBERG u.a., FPI, a.a.O., S. 48 ff.

Itembeispiel Nr. 7o:	"Ich neige dazu, nicht mit Leuten zu sprechen, bis diese mich ansprechen."
FPI 8 Gehemmtheit:	Aufregung, Unruhe, Zittern, Schüchternheit, Verlegenheit - versus - Aktionsbereitschaft, Kontaktfähigkeit, Ungezwungenheit, mit der Kontakte aufgenommen werden.
Itembeispiel Nr. 16:	"Ich werde ziemlich leicht verlegen."
Itembeispiel Nr. 22:	"Ich scheue mich, allein in einen Raum zu gehen, in dem andere Leute bereits zusammensitzen und sich unterhalten."
FPI 1o Extraversion:	Geselligkeit, Umgänglichkeit,tonangebend, lebhaft, schnell Freundschaften schließen könnend - versus - eher zurückhaltend, unterhaltsam, eher lieber für sich sein wollend, beherrscht
Itembeispiel Nr. 15:	"Ich kann in eine ziemlich langweilige Gesellschaft schnell Leben bringen."
Itembeispiel Nr. 37:	"Ich bin ziemlich lebhaft."
SSP 3 Soziale Ablehnung: (12 Items)	beschreibt das "Gefühl sozialer Ablehnung (Verletztsein, Kontaktschwierigkeiten, Gefühl des Unverstandenseins durch andere, Gefühl, unsympathisch zu sein, Minderwertigkeitsgefühle usw.[1])
Itembeispiel Nr. 15:	"Hemmungen, seine Gedanken und sein Wissen vor anderen zu zeigen."
Itembeispiel Nr. 34:	"Gefühl, daß andere einen nicht verstehen und unsympathisch finden."
USS 3 Uni-Desintegration, Isolation (7 Items)	Gefühle des Alleinseins, sich verloren fühlen, auf sich selbst gestellt sein, keine Kommilitonen haben, mit denen man zusammen arbeitet oder die Freizeit verbringt
Itembeispiel Nr. 4:	"Ich finde, an der Hochschule ist eben doch jeder auf sich allein gestellt."
Itembeispiel Nr. 9:	"Ich arbeite meist für mich allein."

1) SANDER/LÜCK, a.a.O., S. 253

2.3 Art, Ausmaß und Zusammenhänge der Kontaktstörungen

Im folgenden werden die Ergebnisse der Umfrageerhebung vom SS 1975 für diese Dimensionen, aufgeschlüsselt nach Studenten/Schülern, Geschlecht, Semester und Studienfächern dargestellt und untereinander als auch mit den jeweiligen Vergleichsstichproben aus Freiburg und Köln verglichen.[1]

Bei der Vergleichsstichprobe zu den Dimensionen "Geselligkeit", "Gehemmtheit" und "Extraversion" (die aus dem FPI stammen), handelt es sich um die repräsentative Eichstichprobe für die Entwicklung des Freiburger Persönlichkeitsinventars (FPI), wobei hier jedoch nur die zurückgerechneten Ergebnisse zur Kurzform Verwendung finden konnten.[2]

Bei der Kölner Vergleichsstichprobe für die Dimension "Soziale Ablehnung" (SSP 3) handelt es sich um 5o4 Studierende der Kölner Beratungsstelle.[3] Mittelwerte und Streuungen aus dieser Untersuchung liegen vor und ließen sich im folgenden direkt vergleichen.[4]

---

1) Zu den Verfahren der Signifikanzprüfungen für die Differenzen zwischen Vergleichsstichproben sowie der Differenzen zwischen den verschiedenen von uns befragten Personengruppen siehe Kap. III, 1.3, S. 66 ff., in dem die Ergebnisse im Zusammenhang dargestellt wurden.

2) Da die hier zum Vergleich herangezogenen Medianwerte von den Autoren für die von uns verwendete Kurzform aus den Ergebnissen der Gesamtform zurückgerechnet wurden, d.h. nicht selbst mit Hilfe der Kurzform erhoben wurden, sind eventuelle kleinere Abweichungen durch Verwendung von streng genommen unterschiedlichen Instrumenten nicht auszuschließen; vgl. hierzu auch FAHRENBERG, J. u.a., FPI, a.a.O., S. 14

3) vgl. weiter oben im Methodenteil, Kap. II, S. 34 f.

4) vgl. SANDER/LÜCK, Entwicklung einer Skala zur Messung studentischer Probleme, in: Zts. f. exper. und angew. Psych., 1974, Bd. XXI, H. 2, S. 25o ff.

2.3.1 Vergleich der Göttinger Studenten mit Freiburger und Kölner Stichproben und Differenzierung nach Geschlecht

Wenden wir uns zunächst dem Vergleich von Göttinger Studenten mit der Freiburger bzw. Kölner Vergleichsstichprobe sowie den Unterschieden zwischen den Geschlechtern zu:

Tabelle 28: Freiburger/Kölner Eichstichprobe, Studenten (Göttingen) und Geschlechter

	N = 63o Freiburg. Eichstichprobe Median	N=713 Gött. Studenten Median	Signif. zw.Eichstichpr. u.Gött. (1 %)	N = 4o7 weibl. Student Mittelw.	N = 3o6 männl. Student Mittelw.	Signifikanz zwischen männlich u. weiblich
Geselligkeit[1]	3,62	3,91	- n.s.	4,oo	3,52	++
Gehemmtheit	3,11	4,o3	++	4,21	3,66	++
Extraversion[1]	3,17	2,58	++	2,8o	2,86	- n.s.
	N = 5o4 (Köln)					
Soziale Ablehnung	2,36	1,91	++	1,93	1,89	- n.s.
Uni-Desintegration	-	3,o6	-	3,o4	3,o8	- n.s.

Auffallendstes Ergebnis dieses Vergleichs ist, daß die Göttinger Studenten signifikant mehr Kontaktstörungen haben als der Durchschnitt der Allgemeinbevölkerung (mit Einschränkung der oben gemachten Vorbehalte), wie sie durch die Dimensionen "Gehemmtheit" und "Extraversion" belegt wird, jedoch weniger Kontaktstörungen haben als die Kölner Klientel, wie die Dimension "Soziale Ablehnung" beweist. Im Gegensatz zu diesen drei Dimensionen scheinen in der Dimension Geselligkeit die Studenten eher "geselliger" zu sein als der Durchschnitt

1) Diese beiden Dimensionen konnten hier und in folgenden Tabellen nicht ins Negative umgepolt werden, da dann ein Vergleich mit der FPI-Eichstichprobe unmöglich wäre.

der Bevölkerung, wenn auch kein signifikanter Unterschied besteht. Erklärlich wird dieses Ergebnis, wenn man sich nochmals die Bedeutung dieser Dimension vergegenwärtigt. Ein höherer Testwert in der Dimension Geselligkeit bedeutet nicht mehr und bessere Kontakte, sondern Kontakt b e d ü r f n i s, Kontakt s t r e b e n , allerdings auch Mitteilsamkeit und Schlagfertigkeit, d.h. dieses etwas höhere Testergebnis der Göttinger Studenten deutet eher auf einen Mangel an soliden Kontakten hin, die sie allerdings nur allzubereit sind, jederzeit zu suchen, ohne jedoch offenbar ungezwungen ohne Aufregung wirklich Freundschaft schließen zu können.[1] Trotzdem sind die Kontaktstörungen der Göttinger Studenten im allgemeinen nicht so groß wie diejenigen der Kölner Beratungsklientel, was die Hypothese widerlegt, daß im Prinzip alle Studenten gleichermaßen kontaktgestört seien, aber nur wenige - aus welchen Gründen auch immer - davon zur Beratungsstelle gingen. Immerhin liegen noch über 1o % der Göttinger Stichprobe über dem Mittelwert der Kölner Klientel (M: 2,36), d.h. mindestens 1o % der Studenten der Göttinger Uni bedürfen danach einer Behandlung ihrer Kontaktstörungen - auf jeden Fall also mehr als von den Beratungsstellen erfaßt und behandelt werden konnten.[2]

Der Blick auf die Geschlechterverteilung zeigt einen insgesamt eindeutigen Trend: die weiblichen Studierenden haben ein signifikant größeres Bedürfnis nach Kontakten und sind signifikant gehemmter als ihre männlichen Kommilitonen. Hier setzt sich die allgemein größere Anfälligkeit der weiblichen Studierenden für psychische Störungen fort, wie wir sie aus den Ergebnissen zum Neurotizismus kennen[3] und deren Ursachen in der eher Zurückhaltung

1) vgl. Dimensionen "Gehemmtheit" und "Extraversion"

2) Nur zwischen 1 und 3 % der Göttinger Studenten kamen überhaupt je zur Beratungsstelle, darunter aber auch alle die, die noch oder nur andere Störungen hatten, vgl. auch Kap. III, 1, 3.1, S.66 f.und Kapitel III, 1.3.3

3) vgl. Kap. III, 1.3.1, S. 74 f.

fordernden weiblichen Geschlechtserziehung der Mädchen und der männlich geprägten Atmosphäre der Universität liegen dürften.[1)]

In den Dimensionen "Extraversion", "Soziale Ablehnung" und "Uni-Desintegration" lassen sich keine wesentlichen Unterschiede verzeichnen.

2.3.2 Vergleich: Studenten/Schüler

Eine weitere Vergleichsmöglichkeit für das Ausmaß der Kontaktstörungen bietet die Stichprobe niedersächsischer Schüler der 1o./13. Klassen.

Tabelle 29: Vergleich Studenten/Schüler

	N = 713 Gött. Studenten Median	N = 2o8 nieders. Schüler 1o./13.Kl. Median	Signif. durch Var.-analyse	N = 63o Freiburger Eichstichprobe Median
Geselligkeit	3,91	3,95	-	3,61
Gehemmtheit	4,o3	3,39	++	3,11
Extraversion	2,58	3,2o	++	3,17
	Mittelw.	Mittelw.		N = 5o4 Kölner Klientel Mittelw.
Soziale Ablehnung	1,91	1,81	++	2,36
Uni- bzw. Schul-Desintegration	3,o6	3,14	-	-

Auch hier läßt sich nochmals bestätigen, daß Kontaktstörungen unter Studenten häufiger sind als unter vergleichbaren anderen Gruppen, hier der Schüler, deren Sozialisation insgesamt in etwa wohl ähnlich der der Studenten verlaufen dürfte. Die Schüler sind signifikant weniger ge-

1) vgl. hierzu weiter unten zu den Ursachen sowie das Kapitel über "Frauenprobleme", Kap. III, 5

hemmt, extravertierter, und leiden weniger unter sozialer Ablehnung, d.h. erst unter den spezifischen Bedingungen der Massenuniversität treten die oben gezeigten starken Kontaktstörungen auf. Eine Ausnahme bildet hier die Dimension "Uni- bzw. Schul-Desintegration": Daß hier kein nennenswerter Unterschied zwischen Studenten und Schülern bezüglich der Integration besteht, kann damit erklärt werden, daß die Schule für die Schüler - eher als bei Studenten die Uni - ein vom übrigen Leben getrennter Lern- und Arbeitsbereich ist, in dem man auch nur einen Teil, in der Regel nur den Vormittag, seines Lebens verbringt, so daß die Isolierung, die die Schüler dort erfahren, nicht voll auf die übrigen Kontakte, die man offenbar zu Hause und in der Familie hat, durchschlägt.

2.3.3 Semestervergleich

Ist das Ausmaß und die Art der Kontaktstörungen von der Semesterzahl abhängig?

Tabelle 3o: Semestervergleich

	N = 5o3 1. - 6. Sem. $\bar{x}$	N = 9o 7. u. 8. Sem. $\bar{x}$	N = 12o 9.u.mehr Sem. $\bar{x}$	Signifikanz
Geselligkeit	3,75	3,74	3,8o	-
Gehemmtheit	4,44	3,64	3,53	+
Extraversion	2,75	2,9o	3,o9	-
Soziale Ablehnung	1,93	1,87	1,89	-
Uni-Desintegration	3,o4	3,11	3,o9	-

Entgegen dem insgesamt zu erkennenden Trend in dieser Untersuchung, daß die psychischen Störungen in der Mitte des Studiums, also zwischen 7. und 8. Semester am geringsten sind, lassen sich in bezug auf die Kontaktstörungen keine einheitlichen Trends ablesen. Lediglich die Gehemmtheit nimmt signifikant (5 %) kontinuierlich über die Semesterhöhe ab, ein

Zeichen dafür, daß im Laufe des Studiums eine gewisse Selbstsicherheit im Umgang mit den spezifischen Kontaktmöglichkeiten an der Universität entsteht, ein Trend, der besonders bei den weiblichen Studierenden, die ein längeres Studium auf sich genommen haben, zu beobachten ist. Der vergleichbare Wert für weibliche Studenten der oberen Semester (9. und mehr Semester) liegt bei $\bar{x}$ = 3,42 (bei N = 48), das ist ein signifikant (1 %) niedrigerer Wert als $\bar{x}$ = 4,59, den die weiblichen Anfangssemester (N = 127) in der Dimension Gehemmtheit zeigen. Ein ähnlicher Trend läßt sich für die anderen Indikatoren für Kontaktstörungen zeigen: Auch die Dimension "Geselligkeit", also das Kontaktbedürfnis und die "Extraversion" nimmt bei den Frauen zu, wogegen sie bei den Männern eher abnimmt.

Tabelle 31: Vergleich 1. und 9. u. mehr Semester, getrennt nach Geschlecht

	weiblich			männlich		
	N=127 1.u.2. Sem. $\bar{x}$	N= 48 9.u.m. Sem. $\bar{x}$	Signifikanzprüfung	N= 59 1.u.2. Sem. $\bar{x}$	N= 72 9.u.m. Sem. $\bar{x}$	Signifikanzprüfung
Geselligkeit	3,8o	4,73	++	3,92	3,57	n.s.
Gehemmtheit	4,59	3,42	++	3,52	3,61	n.s.
Extraversion	2,56	3,56	++	3,o6	2,78	n.s.
Soziale Ablehnung	2,o1	1,89	-	1,93	1,91	n.s.
Uni-Desintegration	3,1o	3,o8	-	3,o9	3,o9	n.s.

Zu berücksichtigen ist bei dieser Tabelle allerdings, daß während des 7. und 8. Semesters sowohl weibliche wie männliche Studierende am wenigsten unter Kontaktstörungen wie überhaupt unter psychischen Störungen leiden.[1)] Erklärlich wird die Abnahme von Kontaktstörungen bei Frauen an der Uni

1) vgl. Kap. III, 1.3.4 über Neurotizismus, S. 77

durch die starke Selektion, der gerade sie im Laufe des Studiums unterworfen sind. Bislang waren die Abbruchquoten der weiblichen Studierenden wesentlich höher als bei den Männern; auch in der hier erhobenen Stichprobe überwiegen in den Anfangssemestern die Frauen, in den höheren Semestern die Männer. Durch den starken Selektionsprozeß, z.B. auch durch Wahl des kürzeren Realschullehrerstudiums, bleiben nur die Studentinnen übrig, die über ein besonders hohes Maß an Selbstbewußtsein, Extrovertiertheit und Durchsetzunsfähigkeit verfügen oder aber im Laufe des Studiums entwickeln. Die traditionell anerzogene Anpassungsfähigkeit dürfte den Studentinnen hier zugute kommen und es ihnen erlauben, sich nach 4 bis 5 Jahren auch an die Universität und deren Lebensmöglichkeiten anzupassen; die meisten haben dann wohl auch unter den vielen männlichen Studierenden einen Dauerpartner gefunden, was eine psychische Stütze bedeuten könnte.

2.3.4 Vergleich der Fächergruppen

Schließlich interessiert der Zusammenhang von Kontaktstörungen mit dem Studienfach. Zwar ist unsere Stichprobe insofern recht homogen, als es sich fast ausschließlich um Lehrerstudenten handelt, doch auch hier gibt es ja Unterschiede in der Studienstruktur. Besonders die naturwissenschaftlichen Fächer wie Mathematik, Biologie, Chemie aber auch Leibesübungen haben eine durchstrukturierte Studienordnung, die eventuell Einfluß auf das Ausmaß der Störungen haben könnte.[2] Im Gegensatz zu den allgemeinen Störungen, dem "Neurotizis-

---

1) vgl. Kap. III, 1.3.4 über Neurotizismus, S. 66 f.

2) Allerdings sind gerade in letzter Zeit auch in den philosophischen Fächern wie Sprachen und Germanistik, auch Geschichte, stärkere Strukturierungen entstanden, die eine eindeutige Trennung in "unstrukturiert" und "strukturiert" nicht mehr zulassen.

mus",[1] lassen sich für die Indikatoren der Kontaktstörungen zwar Trends, aber nur ein signifikanter Unterschied feststellen:

Tabelle 32: Fächergruppenvergleich (Göttinger Studenten)

	N = 525	N = 18o	
	Sprach-/ Gesell.- wiss.	Nat.wiss. und Leibesüb.	Signifikanzprüfung
	$\bar{x}$	$\bar{x}$	
Geselligkeit	3,8o	3,72	-
Gehemmtheit	4,o7	3,74	-
Extraversion	2,75	2,98	-
Soziale Ablehnung	1,95	1,79	++
Uni-Desintegration	3,o7	3,o4	-

Nur in der Dimension des SSP 3: "Soziale Ablehnung" läßt sich ein signifikanter Unterschied in der erwarteten Richtung ablesen. Dieser Unterschied bleibt auch bestehen, wenn man die der Signifikanzprüfung zugrunde liegende Varianzanalyse nach Geschlechtern getrennt durchführt, d.h. die Differenzen zwischen den Fächergruppen sind nicht auf den etwas höheren Anteil von weiblichen Studenten in den klassischen "geisteswissenschaftlichen" Fächern zurückzuführen. Interessant scheint auch die Tatsache zu sein, daß beim Vergleich der Fachgruppen in den ersten beiden Semestern noch kein Unterschied festzustellen ist, d.h. es besteht keine erkennbare Prävalenz von "Kontaktgestörten" für bestimmte Fächerkombinationen. Die Unterschiede in der Dimension "Soziale Ablehnung" sind also mit einiger Sicherheit auf die Studiensituation zurückzuführen.

1) vgl. Kap. III, 1.3.5, S. 8o f.

2.4 Ursachen für Kontaktstörungen an der Universität (aufgrund der Gruppendiskussionen)

Wie aus den vorhergehenden Erläuterungen zum Ausmaß und aus den Berichten der Beratungsstellen[1)] zu ersehen ist, sind Kontaktstörungen noch vor den Arbeits- und Leistungsstörungen der bedeutsamste Deprivationsfaktor im Bewußtsein der Studenten. Dies wird nochmals dadurch unterstrichen, daß zum Statement 1 der Gruppendiskussionen (zum Thema: Gründe für's Unwohlfühlen an der Uni) spontan Kontaktschwierigkeiten als häufigste Nennung (92 Nennungen) auftraten und die Äußerungen zu diesem Thema in Statement 2 der Gruppendiskussionen die längste Zeit beanspruchten und die aktivste Beteiligung der Mitdiskutanten hervorrief.[2)] Es scheint, daß hier eins der gravierendsten Defizite der heutigen Universitätsstruktur zu suchen ist, die, wie SPERLING m.E. richtig feststellt, die "menschlichen Probleme bisher weitgehend verleugnet"[3)] und gerade deshalb zu z.T. massiven Kommunikationsstörungen beiträgt, die nach BECK in der prinzipiellen Schwierigkeit bestehen, die eigene Identität innerhalb der universitären Kommunikation überhaupt zur Darstellung zu bringen.[4)]

Im folgenden wird bei der Erörterung der Ursachen dieser Kontaktstörungen die Auswertung der Gruppendiskussionsergebnisse zum Statement 2 zugrunde gelegt und versucht, die dort gewonnenen Ursachenbeschreibungen mit Hilfe theoretischer Überlegungen zu systematisieren.

Das Statement 2 der Gruppendiskussionserhebung lautete:

---

1) vgl. Göttinger Bericht vom März 1973, Tabelle 26 in Kapitel III, 2.2, S. 12o

2) eventuell spielt auch die gute Plazierung des Statements innerhalb der Gesamtdiskussion eine Rolle

3) SPERLING/JAHNKE, a.a.O., S. 225

4) vgl. BECK, J., Zwischen Identität und Entfremdung, S. 112 f.

"Laut Bericht der ärztlich-psychologischen Beratungsstelle Göttingen sind Kontaktschwierigkeiten, also Klagen über zu wenig Kontakt, über das Fehlen von intensiverem Kontakt sowie Kontaktaufnahmehemmungen das am häufigsten auftretende "Symptom", über das die Studenten, die die Beratungsstelle aufsuchen, berichten.
Hattet Ihr und/oder einer Eurer Bekannten auch schon das Gefühl, isoliert zu sein?
Unter welchen Bedingungen könntet Ihr Euch vorstellen, könntet Ihr oder ein anderer an der Uni in eine solche Situation (Isolierung) geraten?
Worin könnten die Gründe liegen und welche Maßnahmen wären eventuell geeignet, solche Kontaktstörungen zu vermeiden?"

Die Auswertung ergab 393 Meinungsäußerungen zur Ursachenbeschreibung, die auf 295 Karten vercodet wurden und zu 2o Argumentgruppen zusammengefaßt werden konnten.[1] Neben der Deskription (17 Äußerungen) und Lösungsvorschlägen (92 Äusserungen) wurden diese Ursachenbeschreibungen der Häufigkeit ihrer Nennung nach geordnet und in eine "Ursachenstruktur" gebracht, die versucht, strukturelle Zusammenhänge zu verdeutlichen.

Tabelle 33 : Kontaktstörungen - Ursachenbeschreibung (in Gruppendiskussionen)

(Rangfolge)	F Häufigkeit d.Nennungen
1. Angst, abgewiesen zu werden, Unsicherheit bei Kontaktaufnahme	55
2. Arbeitsgr. - positiv (12), aber zu theoretisch, ohne tiefere, längere Kontakte (36)	48
3. Isolation durch Wohnsituation	37
4. Anonymität, Entfremdung, Massenseminare, Massenbetrieb	3o
5. Isolation durch Leistungsdruck, Konkurrenz, Karriere	28
6. Abkapselung in Gruppen (auch Ehen, Partnerschaften)	26
7. in Seminaren: Trennung zwischen fachlicher und persönlicher Ebene - keine persönlichen Kontakte	22

1) zur Methodik vgl. Kap. II, 5,4,S.53 . Manche Äußerungen wurden nur einmal vercodet, geben aber mehrere Meinungsäußerungen wieder.

Forts. Tab. 33

Rangfolge	F Häufigkeit d.Nennungen
8. Überforderung durch Eigeninitiative bei Kontaktaufnahme und -pflege, keine selbstverständlichen Kontakte	2o
9. Sprechbarrieren in Sem., Arbeitsgruppen, Verschüchterung, Angst vor Blamage	17
1o. Kontaktaufnahme, -pflege, Zusammenleben, -arbeiten nicht gelernt (in Schule)	17
11. Fehlen (und Sehnsucht nach) tieferen Kontakten	16
12. Kneipen als Flucht, aber nur selten intensive Kontakte	14
13. Strukturloses Unileben, unterschiedliche Arbeitszeiten	13
14. fehlendes Selbstwertgefühl verhindert Kontaktaufnahme	11
15. Isolation durch ständigen Wechsel der Bezugsgruppen, Eltern, Bekannte zuhause, Bevölkerung - sie alle entfremden sich immer mehr	8
16. Mensa-Atmosphäre - kontakthemmend, anonym	6
17. "Anmachen", Angst, anzumachen und angemacht zu werden	6
18. Skrupel, Hypersensibilität, -reflexibilität, Verlust von Spontaneität	6
19. Wochenendfahrten - Flucht, aber kontakthemmend	4
2o. Sonstiges	9
	393

Die Auswertung von Gruppendiskussionen bringt, wie bereits erwähnt, mehrere Schwierigkeiten mit sich. Zum einen ist nicht immer ganz eindeutig protokollarisch festzuhalten, wieviele wirklich einer geäußerten Meinung zustimmen, zum andern sind die geäußerten Meinungen in sich sehr komplex und beantworten mehrere Fragen, so daß es zur Systematisierung einer größeren freien Interpretation bedarf. Überdies hängt von der Sache her und vom Bewußtsein der Probanden her natürlich immer "alles mit allem zusammen". Darstellungstechnisch und theoretisch jedoch besteht die Notwendigkeit

Tabelle 34: Kontaktstörungen - Ursachenstruktur

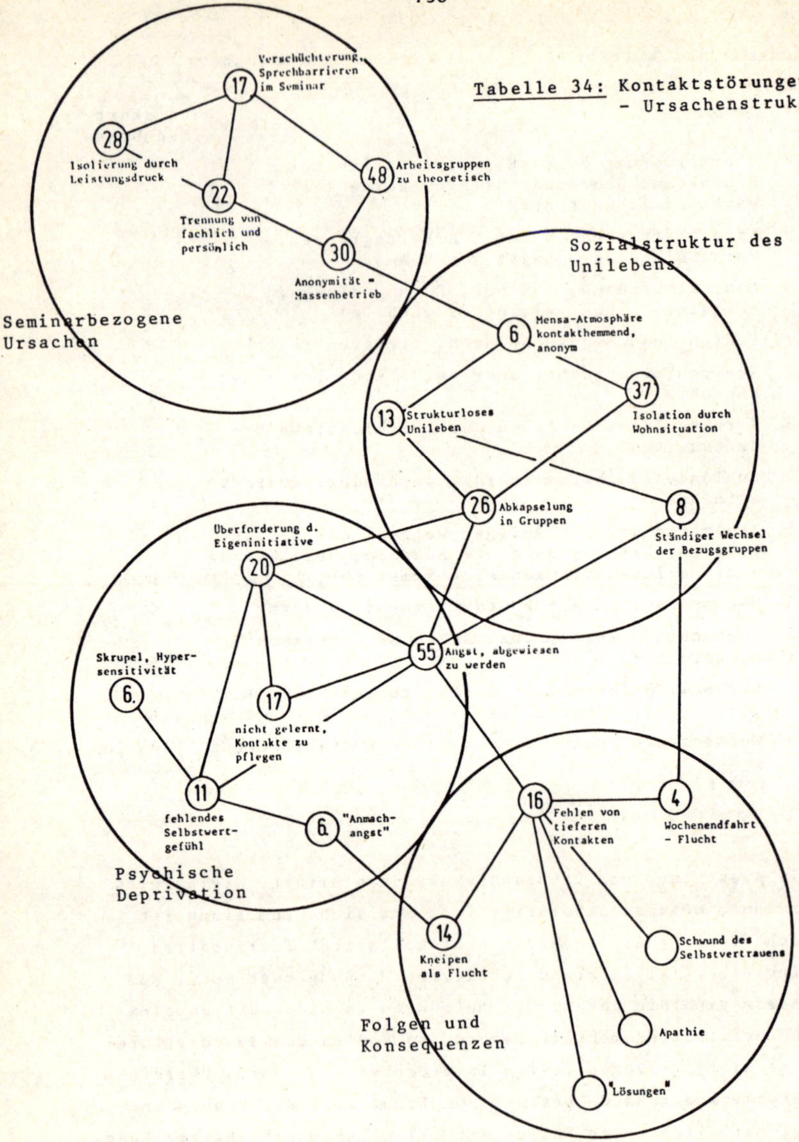

Legende: Die Zahlen geben die Häufigkeiten der Nennungen wieder.
Die großen Kreise bezeichnen zusammengehörige Komplexe.
Die Verbindungslinien deuten inhaltliche Zusammenhänge an.

der Zu- und Unterordnung, des Vor- und Nacheinander. Wenn letzteres also im folgenden versucht wird, so muß man sich immer der Diffizilität eines solchen Unternehmens bewußt bleiben.

Zunächst sollen nochmals die zehn wichtigsten Ursachennennungen aus der Auswertung der Gruppendiskussionen und zum Vergleich die aus der anschließend durchgeführten Fragebogenbeantwortung[1)] in der Rangfolge ihrer Bedeutung gegenübergestellt werden. Es zeigt sich hier nämlich, daß die beiden unterschiedlichen Methoden (schriftliche Befragung und freies Interview) durchaus unterschiedliche Rangfolgen der (Antworten) Ergebnisse liefern, die sich hier sinnvoll ergänzen. Wesentliche Punkte jedoch werden in beiden Befragungsformen hervorgehoben, was dann wiederum für die Validität der Ergebnisse spricht.

Gruppendiskussion (Rangfolge)	Fragebogenergebnisse (Rangfolge)
1. Angst, abgewiesen zu werden, Unsicherheit bei der Kontaktaufnahme	1. die Lehrveranstaltungen sind so voll, daß man dort keinen rechten Kontakt zu jemanden bekommt.
2. Isolierung durch Wohnsituation	2. Angst vor Ablehnung bzw. vor den vermuteten Erwartungen d. andern
3. Arbeitsgruppen sind zu theoretisch, ohne persönliche tiefere Kontakte	3. durch Semesterwechsel, Ferien und Fächerdifferenzierung bleiben die Kontakte oft oberflächlich
4. Anonymität, Entfremdung durch Massenseminare und Massenbetrieb	4. Konkurrenzdruck bewirkt Angst und Mißtrauen
5. Isolation durch Leistungsdruck, Konkurrenz und Karrierestreben	5. mangelndes Selbstwertgefühl durch geringe Erfolgserlebnisse im Studium bewirken Kontakthemmungen
6. Abkapselung in Gruppen (polit. Gruppen, Freundschaften, Ehen, Arbeitsgruppen)	6. studentische Wohnsituation erschwert die Kontaktaufnahme
7. Trennung zwischen fachlicher und persönlicher Ebene in den Seminaren hat zur Folge, daß keine persönlichen Kontakte entstehen	7. allg. Unsicherheit unter Studenten über die Art und Form, in der man Kontakte aufbaut und erhält

---

1) es handelt sich also um den "Gruppendiskussionsfragebogen", der nach jeder Sitzung ausgefüllt wurde.

8. Man fühlt sich überfordert bei der Kontaktaufnahme, d.h. es gibt keine selbstverständlichen Kontakte, bleibt auf Eigeninitiative angewiesen

8. Isolierung von anderen Bevölkerungsgruppen schränkt die Kontaktmöglichkeiten erheblich ein

Man sieht - wenn auch mit unterschiedlicher Gewichtung - daß sich einige Hauptursachen für Kontaktschwierigkeiten unter Studenten herauskristallisieren:

Angst und Unsicherheit bei der Kontaktaufnahme

Anonymität durch Massenseminare

Isolierung durch Leistungs- und Konkurrenzdruck

Überforderung bei der Kontaktpflege wegen mangelndem Selbstwertgefühl

Bei der weiteren Auswertung und Beschreibung der Ursachen für Kontaktstörungen soll jedoch von den Gruppendiskussionen allein ausgegangen werden, weil diese Methode authentischer und umfassender erscheint. Mit Hilfe des Tonbandes und der protokollierten Auszüge werden inhaltsanalytische Kategorien gebildet, unter die sich die einzelnen Argumentgruppen subsumieren lassen.[1]

Es sind dies:

Sozialstrukturelle Ursachen des Unilebens
Seminarbezogene Ursachen
Psychische Deprivation der studentischen Individuen
Folgen und (private) Konsequenzen.

2.4.1 Sozialstrukturelle Ursachen des Unilebens als Ursache für Kontaktstörungen

Hierzu werden die Ursachenbeschreibungen gerechnet, die sich direkt auf die "objektiven" Bedingungen des täglichen Lebens an der Universität beziehen (wobei die Seminar- und Arbeits-

---

1) vgl. Ursachenstrukturskizze, S. 13o

welt noch unberücksichtigt bleibt), z.B. Wohnsituation, Mensaatmosphäre und Wechsel zwischen Semesterferien und Semester:

+ Isolation durch Wohnsituation (37 Nennungen)
+ Abkapselung in Gruppen (politische und Freizeitgruppen, Ehen, Freundschaften) (26 Nennungen)
+ Strukturlosigkeit des Universitätslebens, d.h. z.B. keine festen Arbeitszeiten, wo man sich trifft (13 Nennungen)
+ Isolation durch ständigen Wechsel der Bezugsgruppen, also z.B. Bekannte, Freunde zu Hause und wieder an der Uni (8 Nennungen)
+ Isolation durch kontakthemmende anonyme Atmosphäre der Mensa (6 Nennungen)

Es handelt sich bei diesen Faktoren quasi um die äußeren Gegebenheiten, mit denen der Student, kommt er an die Universität, erstmal konfrontiert wird, mit denen er sich auseinandersetzen muß, mit denen er sich nolens volens arrangieren muß.

2.4.1.1 Wohnsituation

Besonders die Wohnsituation erscheint hier als kontakthemmend und vereinzelnd, zum einen, weil man so weit, jeder für sich, auseinanderwohnt, weil die Verkehrsbedingungen besonders für die Vororte als unzureichend empfunden werden (ohne eigenes Auto kann man sie nach zwölf gar nicht mehr erreichen), zum anderen, weil die Zimmer z.T. für horrende Preise eigentlich selten so beschaffen sind, daß man sich darin wohlfühlen könnte und oft zu klein, um andere dorthin einzuladen.

Einige Beispiele:

(weibl., 7. Sem., Gesch., Deutsch, 5. Gruppe): "Wo ich zuerst gewohnt habe, ich hab', hatte da so ein Zimmer, das hatte so 'nen separaten Eingang, das war von - dem anderen Haus völlig getrennt. Ich hab' also die Leute überhaupt nicht kennengelernt. Ich war - hab' die vielleicht 2, 3mal gesehen. Aber sonst - ich hab' die Leute kaum gesehen. Ich hab' mit denen nicht mal ein Wort gewechselt. Ich mein, sowas, das trägt dazu auch bei, also (daß man) sich im Haus und auch im Zimmer so allein nicht wohlfühlen (kann)."

Andere wohnen nicht nur in einem der Vororte, sondern müssen bis zu einer Entfernung von 2o Kilometern in der Umgebung Göttingens wohnen:

(weibl., 3. Sem., Franz., Phil., 2. Gruppe): "Das ist echt frustrierend, ich kann's aus eigener Erfahrung sagen: Ich hab' die erste Zeit, ich hatte hier nicht gleich ein Zimmer gekriegt, d.h. nur Zimmer zu horrenden Preisen, und ich hab' dann eins in Northeim gehabt, ich bin morgens früh hier reingefahren und abends wieder raus, und dann hängt man da am Wochenende in Northeim rum, (es) besucht einen natürlich kein Mensch - Arbeitsgruppen, die müssen hier natürlich zwischendurch irgendwie eingeschoben werden, das konnte sich auch nie auf die Abende erstrecken, weil ich da - ich glaube um 8 (Uhr) ging der letzte Bus zu meiner Wohnung rauf, oder zu meinem Zimmer, das war ziemlich weit außerhalb, ich mußte in Northeim den Bus benutzen, ich hatte da abends keine Lust, allein noch durch den Wald zu rennen, und damit war also ab 7 Uhr, war jeglicher Kontakt gestrichen, und das ist natürlich gerade das, was u.U. lustig sein kann hier, wenn man mal abends auch noch zusammen was unternimmt ..."

Für viele setzt sich auch die Kontrollsituation des elterlichen Hauses mit der Kontrolle durch die Vermieter fort und hindert sie an freier Kontaktentfaltung:

(weibl., 7. Sem., Deutsch, Gesch., 5. Gruppe): "Also ich wohnte damals nicht weit weg, und hatte also 'n Zimmer ganz weit oben, und das wurde also immer beobachtet von der Wirtin, die wohnte ganz unten im Haus, und das war also -, es wurde immer unten geklingelt, also ich hatte keinen separaten Eingang und das hemmt irgendwie schon, daß man - (ich) stand also unter ständiger Beobachtung und, also nach 1o Uhr war's sowieso schon immer ungeheuer gefährlich, dann noch irgendjemand zu empfangen - und das hemmt natürlich ungeheuer, man wagt dann auch nicht so schnell zu sagen, komme doch mal vorbei oder so, weil man ja nicht um 1o Uhr sagen kann: "Äh, es ist schlecht, jetzt mußte gehen."

So groß die Klage über das isolierte Wohnen ist, das immer noch die Regel in Göttingen ist - ca. 6o % wohnen nach einer Untersuchung des Studentenwerks von 1973 allein zur Untermiete, wogegen zwei Drittel eigentlich gern mit einer oder mehreren Personen zusammenleben möchten[1] - so unbefriedigend

1) vgl. Bericht der Beratungsstelle, Inform. Nr. 1, Jan. 1974, der Universität Göttingen, S. 3

wird aber auch die Wohnsituation in den in letzter Zeit entstandenen Wohnheimen empfunden: Es wird über eine "unterkühlte Atmosphäre" geklagt, es fehlten Gemeinschaftsräume, es seien so unübersichtlich viele Leute, die man sowieso unmöglich kennen könne, man wage kaum, "Du" zu sagen. Und nicht umsonst sei auch die Selbstmordrate in den großen Wohnheimen infolge der Anonymität am größten.

Obwohl mit Sicherheit viele einen Wohnheimplatz auch aus dem Wunsch nach "sozialer Distanzverminderung",[1] also nach besseren Kontakten suchen, bedeutet "die unmittelbare Nachbarschaft für den Neuling keine vorzugsweise genutzte Kontaktsituation."[2] Erst nach geraumer Zeit scheinen sich bessere Kontakte anzubahnen, wie AHRENS in einer Untersuchung in Hamburg feststellte.[3] Insgesamt kommt es wohl aber sehr auf die Bauart eines solchen Wohnheimes und die personale Zusammensetzung desselben an, wie kontakthemmend - oder -erleichternd - es wirken kann.[4]

Zusammenfassend läßt sich zu diesem Punkt sagen: Die Studentenzimmer sind oft zu weit außerhalb, die Verkehrsmöglichkeiten beschränkt, es gibt zu wenig und zu teure Zimmer in annehmbarer Nähe, die Zimmer sind zu klein, zu schlecht ausgestattet, die Kontrolle durch Zimmerwirtinnen für erwachsene Menschen oft unzumutbar, Wohnheime gibt es zu wenige und die wenigen sind oftmals ohne hinreichende Kontakte ermöglichende oder erleichternde Gemeinschaftsräume, zu groß und unpersönlich. All diese Faktoren bilden schon von vornherein eine ungünstige Ausgangslage, um befriedigende Kontakte zu finden für jemanden, der ganz neu in eine ihm oft unbekannte Stadt kommt, eine Situation, die kaum bei einer anderen vergleichbaren Bevölkerungsgruppe auftritt.

---

1) vgl. NEIDHARDT, F.W., Studenten im Internat, Wohnheim, Tübingen 1963 , zit. nach AHREND, Zur Sozialisation von Studenten, a.a.O., S. 147

2) AHRENS, a.a.O., S. 152

3) ebenda

4) vgl. KUDA, M./SCHAUB, H.: Kontaktverhalten der Studenten im Zusammenhang mit den Wohnbedingungen - dargestellt am Beispiel Studentenwohnheim, Christophorusweg, Sonderdruck aus der GEORGIA AUGUSTA, Mai 1976

2.4.1.2 Abkapselung in Gruppen

Die Klage über sog. Abkapselung in Gruppen oder auch Freundschaften und Partnerschaften hat einen widersprüchlichen Charakter. Sicher ist, daß die Mehrheit der Studenten zumindest arbeitstechnische Kontakte zu mehreren Studenten hat, das wird auch durch die immer beliebteren Arbeitsgruppen (siehe weiter unten) gefördert. Schon relativ früh beginnen die Studenten, zusammen mit bekannten Kommilitonen in Vorlesungen und Übungen zu gehen.[1] Auch aus der vorliegenden Erhebung geht hervor, daß die meisten "zu einigen ihrer Kommilitonen eine recht herzliche Beziehung" haben, mit denen sie meist auch in der Freizeit etwas gemeinsam unternehmen. Gleichzeitig wünschen sich jedoch alle noch einen "intensiveren Kontakt". Diesen intensiven Kontakt vermutet nun ein großer Teil der Gruppendiskutanten in eben jenen Gruppierungen, die sie tagtäglich erleben, zu denen sie z.T. selbst gehören, ohne daß sie in den von ihnen erlebten Beziehungen das, was sie sich so dringend wünschen, finden. Fazit (einhellige Gruppenmeinung): Die Gruppen bieten denen, die dazugehören, Sicherheit und Kontakt, stoßen gleichzeitig jedoch alle, die nicht dazugehören, ab. Es bestätigen sich hier die bekannten gruppensoziologischen Regeln, wie sie von HOMANS aufgestellt wurden, daß "Personen, die häufig miteinander in Interaktion stehen, dazu tendieren, einander zu mögen". gleichzeitig sich jedoch auch nach außen absetzen, abgrenzen müssen, um ihre Kohäsion und Stabilität zu sichern.[2] Gerade weil sich offenbar jeder einen solchen Bekanntenkreis wünscht, der ihm Sicherheit und intensive Kontakte zu versprechen scheint, sind die, die einen solchen vermissen, um so ver-

---

1) vgl. AHRENS, a.a.O., S. 129

2) vgl. HOMANS, G.C., Theorie der sozialen Gruppe, Köln 196o, S. 125 ff.

bitterter, daß die "anderen" sie nicht haben wollen, daß "die Leute, die schon einen bestimmten Freundeskreis haben, nicht bereit sind, noch auf (andere) Leute einzugehen" (weibl., 5. Sem.). Auch politische Gruppen erscheinen denen, die (noch) nicht dazugehören, einen unverständlichen Jargon und eine orthodoxe Gruppenmeinung zu haben, die alle anderen eher abschreckt als motiviert, hier Anschluß zu suchen.[1] "Cliquenbildung" wird besonders bei den älteren Semestern gerügt, die sowieso schon immer eine ostentative "Distanzhaltung" zur Schau trügen.

Für viele ist jedoch auch die Tatsache von weitverbreiteten Zweierbeziehungen[2] von vornherein ein Hindernis, Kontakt mit Personen, von denen sie wissen, daß sie "gebunden" sind, überhaupt zu suchen. Dies spielt wohl vor allem für die heterosexuellen Beziehungsanknüpfungen eine Rolle, schlägt aber aufs allgemeine Kontaktverhalten durch. Besonders verlobte und verheiratete Studentinnen beklagten, daß sich kaum jemand mehr mit ihnen unterhalten wolle, sobald klar sei (z.B. durch Tragen von Ringen), daß sie "in festen Händen" wären. So wirken sich Gruppen- und Partnerbindungen - obwohl so ersehnt - im Endeffekt für beide Seiten, für die drinnen wie für die draußen, kontaktvermindernd und -hemmend aus. Diese Situation erklärt unter anderem die verbreitete "Angst, abgewiesen zu werden"[3] und das Gefühl, auf die eigene Initiative angewiesen zu sein; das Gefühl, einen gewissen Widerstand immer schon vorhandener fester Gruppierungen durchbrechen zu müssen. Dies scheint viele zu überfordern.[3]

---

1) vielleicht liegt hier auch einer der Gründe, warum die politische Aktivität des Durchschnitts der Studenten so erschreckend gering ist, vgl. Frage 26 des Fragebogens zur Studiensituation, Anhang, S. 27 ff.

2) vgl. Frage 33 des JSS: die Mehrheit hat wohl ein mehr oder weniger enges Partnerverhältnis

3) vgl. Kap. 2.4.3.1, S. 154

2.4.1.3 Kontaktschwierigkeiten durch Strukturlosigkeit des Unilebens

Während in der Schulzeit das Leben mehr oder weniger fest eingeteilt war durch Zuhause, Schule, durch feste Zeiten zum Frühstück, zur Schule gehen, Mittagessen, Abendessen usw., werden die Studenten plötzlich mit der völlig ungeregelten "akademischen Freiheit" konfrontiert, wo nichts mehr "feststeht". Es gibt keine festen Klassenverbände mehr, jeder baut sich seinen Stundenplan selbst zusammen, der eine schreibt seine Referate am Anfang, der andere am Ende des Semesters, einer hat abends Seminare, der andere morgens. Eine kontinuierliche feste Arbeitszeit vergleichbar mit der Schulzeit von 8 bis 13 Uhr gibt es nicht. Jeder hat seine eigene, höchst individuelle Tageseinteilung, die jedes Treffen zu einem Terminpoker macht und fester Verabredung bedarf. Man kann sich in keinem Bereich darauf verlassen, daß der oder die andere wirklich selbstverständlich auch dort und dort anzutreffen ist, es bedarf zu solchen Kontakten eines besonderen Willensaktes, einer besonderen Initiative, sonst verläuft sich alles im individualistischen Vorsichhinleben.

(männl., 4. Sem., Chemie, Physik, 2. Gruppe): "In der Schule war das doch Klasse organisiert, man war eingebettet in ... eine feste Struktur, in ein System von Schule und Familie, hatte seine Sicherheit in der Schule und in der Familie und zwar emotionale Sicherheiten auf beiden Seiten, die Schüler hatten alle Zeit ab einer bestimmten Zeit, sie hatten, es war also gemeinsam alles festgelegt. Und hier, an der Uni, da mußt Du nämlich ganz andere Energien aufbringen, um überhaupt einen sozialen Kontakt zu organisieren, ne, weil ja die Sachen so unterschiedlich sind. Ich steh z.B. immer ungefähr um 8 Uhr auf ... Meine beiden Kumpels, die stehen um 10 Uhr auf. Wie soll ich denn z.B. mit denen frühstücken. Wenn ich mit denen sozialen Kontakt, also Frühstück haben möchte, ne, geht nicht, ich muß das also anders organisieren."

(männl., 3. Sem., Deutsch/Soz., 2. Gruppe):"So empfinde ich das hier an der Uni, wo man überhaupt keine Struktur hat. Das fängt damit an, daß man zwar oberflächliche Bekanntschaften ziemlich leicht schließen kann, finde ich, aber dann kommt es, daß eben die Freizeit kaum - na unter großen Umständen nur gemeinsam irgendwie - na ja - gemacht werden kann, weil man eben, weil die Leute dann und dann meinetwegen abends Seminare haben oder sich da und dann was vorgenommen haben - das läßt sich alles unheimlich schwer koordinieren."

Offensichtlich fällt es ohnehin den meisten Studenten schwer, ihre Arbeitszeit und ihr Studium zu "planen", JAHNKE stellte in seiner Untersuchung zum Arbeitsverhalten der Studenten fest, daß die meisten "ohne feste Regel" arbeiteten, sich von den jeweiligen Studienanforderungen leiten ließen, und die wechseln natürlich von Seminar zu Seminar und erst recht von Fach zu Fach und außerdem noch von Semester zu Semester.[1] Auch in der Hauptuntersuchung (SS 1975) stimmten dem Statement: "Ich arbeite periodenweise sehr viel und dann wieder so gut wie gar nichts" der Durchschnitt überwiegend zu.[2]

Diese Diskontinuität von Tagesablauf und Arbeitszeit, die völlige Unüberschaubarkeit einer Ansammlung von Menschen, mit denen man doch zu tun hat oder zu tun haben will, macht es schwierig, kontinuierliche Kontakte aufzubauen. Es "ergibt" sich dann kein dauerhafter Kontakt, er muß allemal mit viel Eigeninitiative und Mühe je neu aufgebaut werden.[3]

2.4.1.4 Isolation durch ständigen Wechsel der Bezugsgruppen

Eng mit dem vorigen Problem der inneren Strukturlosigkeit des Universitätslebens verknüpft ist die zeitliche Begrenzung und Diskontinuität der Studienzeit, auch des Lebensraumes und damit zusammenhängend der dauernde Wechsel der Bezugsgruppen. Zwar hat der Studienortwechsel durch NC und Regelstudienzeiten inzwischen abgenommen, doch der Wechsel von Heimatort und Studienort durch vier bis fünf längere oder kürzere Unterbrechungen der Vorlesungszeiten (Weihnachten, Frühjahrssemesterferien, Oster- und Pfingsferien und Sommer-

---

1) vgl. JAHNKE, J., Empirische Untersuchung zum Arbeitsverhalten im akademischen Studium, Meisenheim 1971, S. 77

2) vgl. Fragebogen zur Studiensituation, JSS, Fr. 18, Anhang S. 27 f.

3) vgl. Kap. 4.3.2, S. 157

semesterferien) sowie durch häufigere z.T. verlängerte Wochenendreisen ist geblieben. Wenn man grob rechnet, sind die Studenten nur die Hälfte des Jahres wirklich alle am Studienort, nämlich während der Vorlesungszeit (27 Wochen). Natürlich sind manche, besonders die höheren Semester, wegen Praktika oder Examensarbeiten dann auch noch länger da, aber darauf kann man sich keineswegs im Sinne einer Regel verlassen, sondern das hängt wiederum von der je individuellen Einteilung sowie von den Studienanforderungen ab. Dabei sind die zu einem großen Teil auf zwei bis drei Tage ausgedehnten häufigeren Wochenendfahrten noch nicht miteingerechnet.

Auch im Bewußtsein der Studenten selbst ist das Studium ja auch nur etwas "Vorläufiges", ein Übergangsstadium von der Schule in den Beruf, das die Realschullehrer im Durchschnitt in 4 bis 5 Jahren und die Gymnasiallehrer in 6 bis 7 Jahren hinter sich bringen. All diese Fakten bilden kaum eine geeignete Basis, längerfristige kontinuierliche Kontakte oder feste Bezugsgruppenbindungen einzugehen, etwa in Vereinen oder politischen Gruppierungen. Auch zur ansässigen Bevölkerung besteht unter diesen Umständen soviel wie gar keine engere Beziehung. Hier schlägt zusätzlich zu Buche, daß die Studenten auch während des Studiums an einem Ort noch mehrmals ihr Zimmer wechseln (im Durchschnitt 3 bis 5 Mal). Sich normalerweise ergebende zwanglose Kontakte sind schon durch den unterschiedlichen Lebensrhythmus erheblich erschwert und können hier kaum zu dauerhafteren Bindungen führen.

Die meisten, besonders die Anfangssemester und solche, die eventuell aus biographischen Gründen besondere Schwierigkeiten mit der Kontaktaufnahme haben, flüchten sich vor der Einsamkeit vor allem des Wochenendes um so häufiger in die vertrauten Gefilde des Heimatortes und der Familie, wodurch sie die Zeiten und Möglichkeiten für einen Kontakt am Studienort wiederum verringern. Dieser circulus vitiosus wird zusätzlich dadurch asperiert, daß auch am Heimatort durch Entfremdung vom Elternhaus und den alten Bekannten nicht mehr die Geborgenheit gefunden wird, die sich die kontakt-frustrierten Studenten so sehr erhoffen.[1] In späteren Semestern scheint man hier einen gewissen eigenen Stil gefunden zu haben, mit diesen Problemen umzugehen, die Anfangssemester empfinden diese Situation wie einen Wurf ins kalte Wasser:

(weib., 7. Sem., Gesch./Deutsch, 5. Gruppe): "... diese Vereinsamung ist ja oft mit Anfangsschwierigkeiten verbunden, ob das nicht auch einfach daran liegt, daß man aus dem sozialen Gefüge, in dem man jetzt drin stand von Geburt an, plötzlich herausgerissen wird. Man geht allein oder zu zweit an die Uni - das ist ja relativ wenig - man wird also völlig rausgerissen. Ich kann mir also vorstellen, und ich weiß es auch, daß Leute auch aus anderen Berufen, die völlig die Stadt gewechselt haben, ähnliche Schwierigkeiten hatten ... diese Ausgangsbasis ist schon unheimlich schwierig: daß man da so weg muß und wenn man dann wiederkommt - das ist ja dann auch nicht mehr so wie es war, z.B. mit den alten Bekannten."

2.4.1.5 Isolation durch kontakthemmende anonyme Atmosphäre der Mensa

Besondere Enttäuschung scheint der Mensabetrieb zu bereiten. Offenbar wird das Essen, die Mittagspause als ein eigentlich dem Kontakt, der Geselligkeit, dem Ausspannen und der Geborgenheit zuzuordnender Bereich angesehen, eben wahrscheinlich aus der Erinnerung an den familiären festen Mittagstisch oder vielleicht auch anthropologisch begründet, weil das Essen der Befriedigung ganz elementarer Bedürfnisse dient. Jedenfalls tritt die Diskrepanz von Erwartung und Wirklichkeit bei der Diskussion von Kontaktschwierigkeiten nirgends so deutlich zutage wie bei der Kritik am Mensabetrieb (rund 7 ooo Essen werden dort pro Tag ausgegeben). Die "Massen" seien unerträglich, keiner sage etwas, alle schlängen nur stumm ihr Essen in sich hinein. Viele seien auch hier wieder in Cliquen zusammen, zu denen man sich nicht traue, sich dazuzusetzen. Die Beiträge der Diskutanten sprechen für sich:

---

1) vgl. Kapitel über Sozialisationswirkungen, Kap. III, 4, S. 218 f.

(weibl., 4. Sem. Päd., Soz., 3. Gruppe): "Also wenn ich in die Mensa gehe, mir kommt das Essen, das ich noch nicht gegessen habe, vorher schon hoch. Und die Sachen verstärken sich ja. Die erlebst Du vom ersten Semester an und immer wieder, immer wieder. Und da ist nie ein Gegenpol, was dies irgendwie neutralisiert. Nie!"

(weibl, 3. Sem., Franz., Phil., 2. Gruppe): "Mensaabfütterungsmaschine."

Riesige Säle, kalter Betonbau, Anstehschlangen die Treppen hinunter bis ins Foyer, alle in einer unübersehbaren Hast und Hetze, das ist ein so eindrucksvolles Gegenbild zum gewohnten und erwünschten heimatlichen Mittagsschmaus, daß man sich über die Enttäuschung kaum zu wundern braucht:

(weibl., 5. Sem., Chemie, Soz., 6. Gruppe): "... diese Isoliertheit, die erfährt man ja schon allein, wenn man in der Mensa sitzt und allein essen geht, ne. Da sitzen denn um einen herum Leute, und, ja, keiner sagt: Na, schmeckt Dir's Essen oder, was anderes, das kann man ja auch kaum noch fragen, aber irgendwie, daß sich mal einer kümmert - dieser ganze Bau ist schon so, so auf Anonymität heraus aufgearbeitet, daß (die sich) vielleicht mal fragen, was kontakthemmend wirkt oder was kontaktfördernd wirkt, ne ..."

(männl., 6. Sem., Germ./Angl., 5. Gruppe): "Da ist man umgeben von hunderten von Leuten, von denen man keinen kennt."

Mehr noch als die ebenfalls zu groß empfundenen Seminarveranstaltungen und Vorlesungen scheint die Mensa zum Inbegriff dessen geworden zu sein, was man unter "Massenuniversität" und "Massenbetrieb", unter "Anonymität durch Massenstudium" meint.

2.4.2 Seminarbezogene Ursachen

Die eigentliche Aufgabe des Studenten ist das Studium. Neben dem Selbststudium zu Hause vollzieht sich dies vornehmlich in Seminarveranstaltungen, in Übungen, Vorlesungen, in Bibliotheken und in letzter Zeit immer häufiger in sog. "Arbeitsgruppen". JAHNKE errechnete aufgrund seiner Untersuchung aus dem Jahre 1968 eine durchschnittliche Wochenarbeitszeit von $\bar{x}$ = 41 Std.,[1] d.h. bei einer 5-Tagewoche etwa 8 Stunden pro

1) vgl. JAHNKE, J., a.a.O., S. 68

Tag, wovon zumindest für die erste Hälfte des Studiums ca. 3 Std./Tag für Lehrveranstaltungen zu veranschlagen sind.[1)]

Im Vergleich zu anderen Berufen, aber auch im Vergleich zu anderen Ausbildungsgängen (beispielsweise eine Lehre) ist die Zeit, in der der Student direkt mit den anderen "Mit"-Studenten zu tun hat, also relativ gering. Außerdem hat er selten alle oder auch nur mehrere Seminare mit denselben Personen, so daß die "arbeitsmäßig" sich ergebende Kontaktdichte geringer sein dürfte als in anderen Bereichen unserer Gesellschaft. Trotzdem gibt es, nicht zuletzt durch informelle Kontakte und Arbeitsgruppen, eine ganze Reihe von losen Kontakten, allerdings oft flüchtiger und oberflächlicher Natur.

Die Seminare und Arbeitsgruppen sind für den Studenten, so viel läßt sich im Vorhinein aus den Gruppendiskussionen entnehmen, nicht nur ein Lernbereich, sondern auch Institute der Kontaktaufnahme und -pflege. Weil sie zum zentralen Betätigungsfeld des Studenten gehören, werden die Kontaktbehinderungen in diesem Bereich von diesen auch zu den gravierendsten Ursachen für Kontaktstörungen gezählt. Im wesentlichen sind dies folgende:

+ Arbeitsgruppen werden zwar insgesamt positiv eingeschätzt, jedoch seien sie in der Regel zu theoretisch, tiefere, intensivere Kontakte würden meist nicht kreiert (36 Nennungen)
+ Massenseminare und Massenbetrieb an der Uni führt zu Anonymität und Entfremdung (3o Nennungen)
+ Leistungsdruck, Konkurrenz und Karrieredenken bewirkt Isolation (28 Nennenungen)
+ in Seminaren werde die fachliche Ebene in den Vordergrund gerückt, persönliche Probleme und Kontakte würden ausgespart (22 Nennungen)
+ Verschüchterung und Angst vor Blamage verursache bei vielen Sprechbarrieren, die wiederum als Kontakthemmung erlebt werden (17 Nennungen).

Im einzelnen lassen sich diese seminarbezogenen Ursachen wie folgt erläutern:

---

1) vgl. JAHNKE, a.a.O., S. 66

2.4.2.1 Massenseminare, Anonymität und Entfremdung

Trotz Ausbaus der Hochschulen in den 6oer Jahren hat die Expansion an Lehrkräften nicht mit der der Studentenzahlen schrittgehalten. Nicht nur in Vorlesungen, sondern auch in Übungen und Hauptseminaren sind Teilnehmerzahlen von 1oo bis 2oo nicht die Ausnahme, sondern die Regel. Dies gilt insbesondere für die philologischen Fächer, die die Mehrzahl der Lehrerstudenten belegt haben.[1] In solch großen Seminaren ist weder ein intensiverer Kontakt zwischen Dozenten und Studenten noch zwischen den Studenten selbst recht möglich. Nicht einmal alle Namen kann der Student oder Dozent sich im Laufe eines kurzen Semesters merken, denn man sieht sich in der Regel nur jede Woche einmal für anderthalb Stunden,wobei das Augenmerk auf den Stoff und nicht auf die Personen gerichtet ist. Schon rein rechnerisch ist es nicht möglich, daß alle Studenten während dieser anderthalb Stunden überhaupt zu Wort kommen - sei es auch nur für einige Minuten. Diskussionen bestreiten deshalb in der Regel nur einige besonders selbstsichere oder untereinander bzw. dem Dozenten vertraute "Dauerdiskutanten", die große Mehrheit schweigt. Es ist klar, daß innerhalb solcher Veranstaltungen nicht einmal das Rollensegment "mitarbeitender, mitdenkender, eifrig lernender Student" zur Darstellung kommt,[2] geschweige denn eine die Gesamtpersönlichkeit umfassende eigene Identität.[3] Gezwungenermaßen oder wegen

---

1) vgl. zum Beispiel Päd. Seminar (WS 1975): 3o Lehrpersonen mit zum Teil sehr eingeschränkten Lehraufträgen (Assist.) "betreuen" ca. 4ooo Studenten, darunter ca. 4oo Hauptfachpädagogen. Von diesem Lehrpersonal werden ca. 6o Veranstaltungen angeboten, von denen allerdings die Hälfte nur für kleinere Personengruppen zugelassen sind, beispielsweise Oberseminare, Kolloquien, Fortgeschrittenenseminare. Der Durchschnitt der Teilnehmerzahlen liegt bei ca. 8o Personen für die Anfängerübungen, d.h. ein größerer Teil liegt über 1oo, zumindest am Anfang des Semesters.

2) vgl. Kapitel über Arbeitsstörungen, Kap. III, 3, in dieser Arbeit

3) vgl. BECK, a.a.O. und KEIL, W./PIONTKOWSKI, O., Strukturen und Prozesse im Hochschulunterricht, Weinheim 1973

fehlender Ausbildung und Einsicht dozieren zudem die meisten Dozenten fernab jeglicher pädagogischer Erkenntnisse im Frontalstil über die Köpfe der Studenten hinweg, die dann zurückgezogen in einer anonymen Masse bestenfalls konsumieren. MALETZKE hat solche Massenkommunikationsweise folgendermaßen skizziert:

+ öffentlich, d.h. oft ohne genau begrenzte und definierte Zielgruppe (disperses Publikum)

+ einseitig, d.h. meist ohne oder nur mit sehr geringem Rollenwechsel zwischen Aussagendem und Aufnehmendem

+ indirekt, d.h. ohne bei der Kommunikation - bei räumlich oft erheblicher Distanz - jemand bestimmtes anzusprechen, ohne jemand aus seiner Zuhörerschaft, dessen Vorkenntnisse und Interessen genauer zu kennen.[1]

Von der klassischen Massenkommunikation (Fernsehen, Zeitung) unterscheiden sich viele Seminare (die eher Vorlesungen gleichen) lediglich noch durch das Fehlen technischer Verbreitungsmittel (obschon solche auch zuweilen eingesetzt werden) und durch das Fehlen zeitlicher und (totaler) räumlicher Distanz zwischen den Kommunikationspartnern.

Wie beim Fernsehen, dem klassischen Massenmedium, die Kontakte nach außen[2] aber m.E. nach auch zwischen den Fernsehern bei Überstrapazierung dieser Kommunikationsform notwendigerweise verkümmern, lassen sich für die Studenten, die nicht nur während ihrer Freizeit, sondern während ihrer "Arbeitszeit" ähnlich einseitige Kommunikationsformen erleben, auch ähnliche Folgen prognostizieren.

Relativ hilflos stehen besonders die Anfangssemester diesem Massenkommunikationsbetrieb gegenüber und suchen nach den "Fehlern":

---

1) vgl. hierzu MALETZKE, G., Massenkommunikation. Artikel im Handbuch für Psychologie, 7. Bd., Sozialpsychologie, 2. Halbbd., Göttingen 1972, S. 1514

2) CHAMPAGNE, P., Fernsehen und Familien, S. 19o ff., in: PROKOP, D., Massenkommunikationsforschung, 2: Konsumtion, Frankfurt 1973

(männl., 3. Sem. Franz/Soz., 1. Gruppe): "Es ist ja so, wenn man an die Uni kommt und vor allem wenn man so Massenfächer studiert, dann sitzt man da das erste Mal drin mit hundert Leuten oder hundertfünfzig Leuten, und dann denkt man, na ja, es ist gar kein Problem, denen geht es ja genauso wie dir, die fangen entweder alle an oder die machen alle das Gleiche und so, mit denen müßte man doch ins Gespräch kommen, doch da passiert natürlich nichts dann. Und dann gehst du nach Hause und grämst dich und denkst, das liegt aber an dir, jetzt hast du soviel Leute gesehen und mit keinem hast du geredet - und dann frißt man das so in sich rein und das geht dann immer so weiter und irgendwie sucht man dann den Fehler immer bei sich. ... am Anfang ist doch jede Kommunikation in den Massenseminaren ziemlich unmöglich."

Die hier erlebte Anonymität, die sich auch außerhalb der Seminare, z.B. in der Mensa fortsetzt, führt über bestimmte psychische Umwege, nämlich über Gefühle der Machtlosigkeit und Bedeutungslosigkeit, der Minderung des Selbstwertgefühls zur Entfremdung vom Gegenstand, den Studieninhalten,[1] vom Lernprozeß und von den Mitstudenten,[2] und damit zu Kontaktstörungen. Denn wenn die Studierenden zum Dozenten keine Beziehungen haben können, der Stoff ihnen fremd, unbekannt und oft unnötig erscheint, stellt sich auch kein Medium her, über das sie zu ihren Mitstudierenden Kontakte aufbauen können:

(weibl., 3. Sem., Germ./Soz., 3. Gruppe): "Mir kommt das (die Ursachen für Kontaktstörungen) so vor, als könnte man das mit dem Wort Entfremdung bezeichnen. Wenn du in ein Seminar gehst ..., ich auch den Stoff nicht kapiere und das auch so vorgetragen wird, daß ich keine Beziehung dazu kriege, ... ja und ich glaube, das überträgt sich auf die Beziehungen, die zwischen den Leuten herrschen, zumal auch die Studienbedingungen, wie sie jetzt sind, nicht abgebaut werden: die Seminare sind fürchterlich überfüllt. Im ersten Semester, in den Sprachwissenschaften - da saßen so 2oo Leute drin ... Ich glaube, das kann man schon übertragen, das Gefühl, das ein Arbeiter am Fließband hat - das nennt man ja auch Entfremdung, und das hier, was man für einen Bezug zur Hochschule, zu dem Seminarstoff und auch zu den andern hat."

Hier wird der enge Zusammenhang deutlich, der auch von den Studenten selbst zwischen Arbeitssphäre und persönlichem

---

1) vgl. hierzu Kapitel über Arbeitsstörungen, Kap. III, 3,

2) vgl. SOSMAN, M., On the Meaning of Alienation, in: American Sociological Review, 24/1959, S. 789 f., hier dargestellt nach BECK, a.a.O., S. 128

Selbstverständnis und damit der eigenen Beziehung zum Gegenstand, zur Arbeit und schließlich zu den andern hergestellt wird. Das Leiden unter den Arbeitsbedingungen[1] führt oft direkt zu Kontaktstörungen. Die Frustrationen aus der Arbeit steigern oft noch das Bedürfnis, wenigstens enge und gute Kontakte als Ausgleich zu haben, ohne daß dies dann immer gelingen mag. Diese Entfremdungsgefühle entstehen nicht nur durch die einseitige Kommunikationsform in Massenseminaren, sondern, wie in dem letzten Studentenzitat angedeutet, auch durch eine inhaltliche Beziehungslosigkeit zum Stoff, anders ausgedrückt, durch die "starke Prägnanz des Inhaltsaspekts in den universitären Kommunikationsprozessen".[2] Emotionales Involvement in die Sache sowie die interpersonellen Gefühlsimpulse der Interagierenden, kurz: die Beziehungsprobleme bleiben weitgehend ausgespart, denn nach wie vor gilt das Verdikt: "Sine ira et studio". Dozenten wie Studenten bleiben vornehmlich "digitalen" Kommunikationsformen[3] verhaftet, die eventuell der Sache und deren logischen Strukturen angemessen sind,[4] nicht jedoch den immer auch kommunikativ relevanten, wenn auch geleugneten persönlichen Beziehungen der an der Kommunikation Beteiligten.[5] Diese "Bezie-

---

1) vgl. Kapitel über Arbeitsstörungen, Kap. III, 3, S. 164

2) vgl. BECK, P., a.a.O., S. 113

3) "Digital" und "analog" sind Begriffe, die der Kommunikationsforscher WATZLAWICK für verschiedene, meist gleichzeitig ablaufende Kommunikationsformen entwickelt hat; "digital" - meist die Inhaltsebene einer Kommunikation betreffend - bedeutet Verwendung eindeutiger, meist verbaler Codierungen (bzw. Decodierungen) gegenständlicher Bedeutungen; "analoge" Kommunikation dagegen betrifft die Beziehungsebene, die Mitteilungen sind oft uneindeutig verschlüsselt und nonverbaler Art (z.B. Lächeln, Stirnrunzeln) oder werden implizit durch die Art und Weise scheinbar "digitaler" Äußerungen (mit) vermittelt; die Inhalte haben dann eine übertragene Bedeutung. Vgl. WATZLAWICK, Menschliche Kommunikation. Formen, Störungen, Paradoxien, Bern, Stuttgart 1974

4) ... obwohl auch die Beziehung zu jeder Sache ja eine emotionale Seite hat und m.E. auch haben sollte

5) vgl. hierzu auch die Ausführungen im Funkkolleg: Beratung in der Erziehung, hrsg. v. W. Hornstein, Studienbegleitbrief 3, Tübingen 1975, S. 49

hungsblindheit" führt dann notwendigerweise zu "verheerenden Auswirkungen auf die zwischenmenschlichen Beziehungen."[1)] "Analoge Kommunikation"[2)] kommt nach BECKS Meinung[3)] an der Hochschule nur noch in Form von Ritualen zum Tragen, einer Mischung von analoger und digitaler Kommunikation, die die Gefahr in sich birgt, daß sie gar nicht als Rituale erkannt werden, sondern Mißverständnisse produziert, weil ihr Symbolcharakter weder analog noch digital aufgelöst und befriedigend interpretiert werden kann.

2.4.2.2 Trennung zwischen fachlicher und persönlicher Ebene

Mit der aus dieser Trennung zwischen fachlicher und persönlicher Ebene und analoger und digitaler Kommunikationsform notwendig werdenden "Metakommunikation", die diesen Hiatus wieder überwinden könnte, werden die Studenten jedoch in der Regel alleingelassen. Einen zaghaften Versuch in dieser Richtung stellen die Bierabende im Anschluß an die Seminare dar.

Selbst in Veranstaltungen, die menschliche Probleme zum Thema haben, bleibt - hier besonders paradox - die je eigene Persönlichkeit des Studenten ausgespart:

(männl., 5. Sem. Russisch, Soz., 3. Gruppe): "Also ich mache in diesem Semester beim (.....) ein Seminar ... der ist Psychoanalytiker, der 'nen Lehrauftrag bei den Sozialpsychologen hat, mit. ... Also so was, wie in dem Seminar, hab' ich noch nirgends erlebt, also wirklich, eine so unheimlich abweisende Atmosphäre herrscht da, das ist also ... das Seminar beschäftigt sich mit so irgendwelchen psychoanalytischen Ansätzen über Beziehungen, d.h. so irgendwie ist jedem so ein bißchen klar, wenn man sich für Psychoanalyse interessiert, ist (es) schon ein schlechtes Zeichen, ... (man tut so) als ob ich nur aus wissenschaftlichen Gründen hier bin und - es hat also nichts mit mir zu tun ... und in Wirklichkeit weiß doch jeder von sich, daß er auch da ist, weil er hofft, was für sich einstreichen zu können und weil er Probleme hat und da hofft, was rauszukriegen, wie er da weiterkommen kann unter so 'nem Mäntelchen des wissenschaftlichen Interesses. Aber

---

1) BECK, P., a.a.O., S. 114

2) vgl. Fußn. 3 v. S. 147

3) vgl. BECK, P., a.a.O., S. 114

da redet, wenn Du vorher reinkommst, keiner miteinander ... wenn der rausgeht, redet keiner miteinander, es ist eine unheimlich sachliche und abweisende Atmosphäre, ne."

Die Seminarbeiträge werden als zusammenhanglose Statements erlebt, die nichts mit den Interessen und der Person des Studenten selbst zu tun zu haben scheinen. Die abgehobene "Wissenschaftlichkeit", gespickt mit vielen Fremdwörtern, schreckt viele ab, verunsichert sie; die geforderte Distanz zur Sache und zu den anderen überträgt sich auf die dann mißlingende Kontaktaufnahme.

2.4.2.3 Leistungsdruck und Bluff

Der als Leistungsdruck und Konkurrenz erlebte Zwang, sich in den Seminaren stets als allwissender, gut vorbereiteter, sachverständiger Kleingelehrter darzustellen, ohne daß der durchschnittliche Studierende - zumindest in den geisteswissenschaftlichen Fächern - je über alle Lehrmeinungen wirklich verfügt, wird von WAGNER als "Bluff" gekennzeichnet. "Das Vortäuschen von Wissen ist möglich, weil in Prüfungen und Gesprächen nicht die konkret-qualitative, tatsächliche Problemlösung entscheidend ist, sondern beim Gesprächspartner, der Prüfer ist, lediglich der Eindruck entstehen muß, das geforderte Wissen sei vorhanden. Da es also nur darauf ankommt, den Fragesteller zu befriedigen, genügt es, den Anschein von Wissen zu erzeugen ..."[1] "Beinahe alle müssen also bluffen," meint WAGNER, denn der Bluff wirkt auf alle echt, außer auf den Bluffenden selbst, was zur Folge hat, daß die quantitativen Anforderungen auf allen Stufen unmäßig verschärft werden, "so sehr, daß sie schließlich niemand mehr anders als durch Bluff erfüllen kann."[2] Für die Beziehungsebene bedeutet dies aber, daß jeder in der ständigen Angst lebt, der andere könnte seinen eigenen Bluff durchschauen - das "Resultat ist, gegenseitige Isolierung, die äußerlich meist als Arroganz erscheint."[3] Für viele wird unter diesen Umständen

---

1) WAGNER, W., a.a.O., S. 6o

2) ebenda, S. 6o/61

3) ebenda, S. 61

das Eingeständnis von eigenen Schwierigkeiten, das Eingeständnis von Angst, Einsamkeit, von Nichtwissen, Nichtverstehen unmöglich - man darf sich ja keine Blöße geben:

(männl., 6. Sem., Angl./Soz., 4. Gruppe): "... das heißt, es geht eigentlich darum, daß man sich gegenseitig nicht zu erkennen gibt oder sich nicht traut, sich zu erkennen zu geben, daß man eben im Grunde irgendwo Anschluß sucht - obwohl ich eigentlich Anschluß suche, setze ich irgendwie so 'ne Maske auf, gebe mich ganz cool ..."

(weibl., 5. Sem., Deutsch/Soz., 4. Gruppe): "Ich glaub, das liegt auch so 'n bißchen an dem Klischeebild, das ... so von Jugend aufgestellt wird, ... unsere Jugend ist so jung, dynamisch, lebensfroh ... der "Camel-Typ" hat eben keine Schwierigkeiten ... da traust 'de dich ja gar nicht mehr zu sagen, daß es dir schlecht geht, ne."

(männl., 3. Sem., Soz./Päd., 4. Gruppe): "... das wird dir dann gleich als persönliches Versagen ausgelegt, der schafft's nicht, ne, wenn du sowas mal zugeben würdest. ... Das ist wirklich so 'ne Konkurrenzsituation, daß man nicht zugeben will, daß man nicht klar kommt, weil - das spielt ja auch so in die Beurteilung rein bei irgendwelchen Prof's oder Assi's oder auch von den Mitstudenten oder so ..., jemand, der sich immer selbstsicher gibt, nicht krampfhaft Kontakte sucht, der braucht sowas nicht, der kommt klar ... der packts eben, ... während, wenn man das zugibt, wenn du dich so gibst, wie du dich fühlst, ziemlich unsicher, dann denkt man doch, daß man zuviel von sich preisgibt."

2.4.2.4 Sprechangst und Sprechbarrieren

Dieses Problem, also unangreifbare Selbstdarstellung durch Bluffverhalten auf der einen und Sprechangst und Sprechbarrieren bis hin zur Verunmöglichung von Kontakten auf der anderen Seite, zieht sich durch alle Ebenen universitärer Begegnungen: in den Seminaren (dort noch mehr auf den Leistungsbereich bezogen), in den Arbeitsgruppen und schließlich auch im Freizeitbereich (z.B. in der Kneipe).

Viele fühlen sich durch theoretische Diskussionsbeiträge einzelner verunsichert, denen sie nicht folgen können. Sie wagen aber nicht nachzufragen, weil sie damit eigene Unwissenheit, eventuell Dummheit zugeben müßten; da scheint es schon besser zu schweigen nach dem Motto: "sic tacuisses, philosophus mansisses". Auch eigne, etwa durch Literatur ungeschützte Beiträge werden vermieden, weil ja jemand nachfragen und feststellen könnte, daß sie dies und das nicht gelesen haben, obwohl man das ja eigentlich müßte, schon längst müßte, eigentlich ...

Gerade diese so sorgfältig aufgebaute Angstabwehrfassade unterhält dann jedoch die Angst, die sie vermeiden soll:

"Indem wir aber immer wieder die Angstabwehrfassade aufsetzen ... konservieren wir unsere Angst, statt sie loszuwerden ... Die Angstabwehrfassade erhält die Angst, weil der Betreffende (und die andern) nie die Erfahrung machen kann, daß er auch m i t seinen Fehlern und o h n e sein Imponiergehabe akzeptiert wird von den anderen.[1]

2.4.2.5 Arbeitsgruppen

All diese Probleme der Überprägnanz des Inhaltsaspekts in der Kommunikation, der Trennung der fachlichen von der persönlichen Ebene, des Leistungs- und Konkurrenzdrucks, des Bluffs und der "Entblößungsangst" treten nun in den Arbeitsgruppen - wenn zum Teil auch in abgeschwächter Form - nur auf einer anderen Ebene erneut auf, auch wenn diese insgesamt im Vergleich zu den überfüllten Seminaren erst einmal positiv bewertet werden. Die Gruppendiskutanten meinten übereinstimmend, sie erleichterten die Kontaktaufnahme, seien überhaupt oft die einzige Kontaktmöglichkeit und verstärkten das auch zur Kontaktaufnahme notwendige Selbstbewußtsein. Besonders günstig werden Arbeitsgruppen im Rahmen von Lehrveranstaltungen beurteilt, die gruppendynamische Elemente einbeziehen, beispielsweise die themenzentrierte interaktionelle Methode von R. COHN oder Anleitungen zur Selbsterfahrung nach SCHWÄBISCH/SIEMS, wie sie des öfteren von den pädagogischen, zuweilen auch von den sozialwissenschaftlichen Dozenten angeboten werden.[2]

---

1) aus: Mannheimer Papier, zit. nach WAGNER, W., a.a.O., S.61, Anm. 17

2) vgl. R.C. COHN, Zur Humanisierung der Schulen, in: Schleswig-Holstein. Ärtzeblatt, H. lo, 1973, S. 497 f. und L. SCHWÄBISCH, M. SIEMS, Anleitung zum sozialen Lernen für Paare, Gruppen und Erzieher, Hamburg 1974

Doch solche Einbeziehung von gruppendynamischen Elementen in Seminare und Arbeitsgruppen ist leider nicht die Regel. Die meisten Dozenten und Studenten verfügen keineswegs über elementare Kenntnisse und Fähigkeiten, die Kommunikation untereinander "menschlicher" zu gestalten.[1] Die Zusammensetzung der Arbeitsgruppen sei - so die Mitdiskutanten - oft recht willkürlich, man empfinde oftmals keine Sympathie für die Mitglieder, meist werde die zu bewältigende Aufgabe wiederum in einzelne Häppchen aufgeteilt z.B. beim Referatschreiben und sobald diese Aufgabe erledigt sei, liefe man so auseinander, als hätte man gar nichts miteinander zu tun gehabt. Und wenn die Teilnehmer sehr unterschiedliche Vorbildungsgrade hätten, wiederholten sich hier die Probleme aus den Seminaren: einige wenige dominierten, gäben den Ton an, andere schwiegen, beschränkten sich auf das Notwendigste. Arbeitsgruppen seien "eben Zweckverbände", die durch nichts als die nur temporäre gemeinsame Arbeit zusammengehalten würden. Stehe ein Examen bevor, so dominiere hier erst recht der fachliche Bezug, persönliche Probleme und Kontakte könne man sich dann sowieso nicht mehr leisten.

(weibl., 7. Sem., Gesch./Deutsch, 5. Gruppe): "... ich glaube auch, wenn sich mal irgendwie Arbeitsgruppen gebildet haben, wo man sich ja vorstellen könnte, daß man länger mit denen zusammenarbeitet, in späteren Seminaren, daß die, wenn dann einer durch die Prüfung durchfällt, daß die dann total zerrissen wird, daß dann gar kein Kontakt mehr da ist. - Das finde ich immer unheimlich beschissen."

(männl., 1o. Sem., Gesch./Deutsch, 5. Gruppe): "ja, irgendwie sind das alles nur so Zweckverbände, die sich da konstituieren, diese Arbeitsgruppen. Wir müssen halt die und die Leistung erbringen, drum tun wir uns jetzt mal zusammen zu dritt oder zu viert und wenn wir diese Leistung gebracht haben, dann laufen wir eben wieder auseinander - dann ist der Käse gegessen ..."

Fazit: Ohne Anleitung und Betreuung sind auch Arbeitsgruppen kein Allheilmittel, der Massenuniversität und den allgemeinen Kommunikations- und Kontaktproblemen an der Universität

---

1) vgl. WATZLAWICK, Menschliche Kommunikation ..., a.a.O. und vgl. auch VOPEL, K., Gruppendynamische Experimente im Hochschulbereich, in: Blickpunkt Hochschuldidaktik Nr. 24, Hamburg 1972

beizukommen, auch wenn sie für eine verbesserte Kommunikation die besseren Voraussetzungen bietet.[1)]

2.4.3 Psychische Deprivation der studentischen Individuen

Vielen sind die Zusammenhänge, die zu ihren Kontaktstörungen führen oder geführt haben, nicht bewußt. Sie erleben jeder für sich die Kontaktprobleme als ihre je eigenen, privaten. Ein in der Gruppendiskussion sehr gehemmt wirkender Student drückt die Unsicherheit, "woran liegt es eigentlich", so aus:

(männl., 5. Sem., Chem/Soz., 6. Gruppe): "Ja, ich kann das von mir aus gesehen, an sich wenig auf die Universität beziehen. Ich habe eigentlich festgestellt, daß meine Kontaktschwierigkeiten im Grunde durch mein eigenes Verhalten begründet sind. Und - das klingt vielleicht komisch, wenn ich jetzt sage, daß dieses Verhalten, das ich jetzt an den Tag lege, natürlich wieder durch die spezielle Studiensituation also begründet ist. Aber mein' ich doch, daß es irgendwie an mir selbst liegt, daß, wenn ich mir einen Stoß geben würde, jetzt machste mal irgendwas, daß es dann auch läuft, ich - das ist einfach irgendwie - Selbstüberwindung denn."

So überwogen denn bei der Gruppendiskussion zum Statement Kontaktschwierigkeiten am Anfang jeder Diskussion die Beschreibungen der Mitdiskutanten über ihre je individuellen Probleme auf diesem Gebiet, die sich erst im Laufe der allgemeinen Reflektion zu einem Ursachengeflecht ausdehnten. Aus systematischen und sachlogischen Gründen wurde in der Darstellung der umgekehrte Weg gegangen, denn der individuellen Deprivation, dem Bewußtsein, ich kann hier etwas nicht so, wie ich eigentlich möchte oder sollte, geht natürlich die Erfahrung der eher "objektiven" Situation voraus, wie oben zu beschreiben versucht wurde.

Unter sechs Gesichtspunkten konnten die Meinungsäußerungen zu diesem subjektiven Kontaktgestörtsein zusammengefaßt werden:

---

1) vgl. auch ECKSTEIN, B./BORNEMANN, E., Arbeit mit kleinen Studentengruppen, Blickpunkt Hochschuldidaktik Nr. 4, Hamburg 197o

+ Angst, abgewiesen zu werden, Unsicherheit bei der Kontaktaufnahme (55 Nennungen)
+ keine selbstverständlichen Kontakte, man fühlt sich überfordert, dauernd Eigeninitiative aufbringen zu müssen, um Kontakte zu bekommen und zu pflegen (2o Nennungen)
+ Kontaktaufnahme und Pflege hat man nicht gelernt, z.B. in der Schule (17 Nennungen)
+ Fehlen von und Sehnsucht nach intensiven Kontakten (16 Nennungen)
+ fehlendes Selbstwertgefühl verhindert Kontaktaufnahme (11 Nennungen)
+ "Anmachangst", d.h. Angst, vom je andern Geschlecht in mehr oder weniger eindeutiger Absicht angesprochen zu werden (6 Nennungen).

2.4.3.1 Angst, Unsicherheit und Überforderung

All die oben (Kap. 2.4.1/2.4.2) erläuterten strukturellen Ursachen bewirken auf der subjektiven Ebene Angst, Unsicherheit und Überforderung, wenn es um Kontaktaufnahme und -pflege geht. Man könnte geradezu eine Art "Idealtypologie" des Kontaktgestörten zeichnen: Der Studierende kommt neu, unerfahren, mit der neuen Situation an der Universität nicht vertraut,an den Studienort. Die Sozialverhaltensmuster vom Heimatort, aus Elternhaus und Schule, mit ihren relativ festen Beziehungsstrukturen, lassen sich nicht oder kaum auf die universitäre Situation übertragen. Wie man in einer fremden Umgebung unter neuen Bedingungen Kontakte knüpft und erhält, hat der Studierende somit nicht gelernt. Selbstverständliche Kontakte, wie sie sich aus regelmäßigen gemeinsamen Unternehmungen oder gemeinsamer Arbeit ergaben und anderswo eventuell ergeben, existieren an der Universität nur rudimentär. Der Student ist also ganz auf sich gestellt, auf seine eigene Phantasie, seinen eigenen Mut, die eigene Initiative. Dazu jedoch gehörte ein ungebrochenes Selbstbewußtsein, daß er eventuell durch Leistungserfolge oder Kontakterfolge gewinnen könnte - aber beides fehlt am Anfang, den meisten sogar während des ganzen Studiums. Je weniger diese Anfangsschwierigkeiten überwunden werden, der erste und zweite Schritt vollzogen wird - und er muß eigentlich immer wieder getan werden - um so größer wird die Angst vor den anderen, wird das "Selbstverständliche" des Kontakts zu einem Problem, der Student fragt sich, was mit ihm los sei, reflektiert und kontrolliert sein Verhalten, wird skrupulös und fragt sich, ob sich die Anstrengung überhaupt lohnt. Er grübelt: wahrscheinlich bringt es doch nichts. Er kann dann nicht mehr spontan sein, erwartet von sich und den anderen ganz großartige Dinge und ist um so enttäuschter, je öfter er nun feststellen muß, daß seine Erwartungen in der Tat nicht erfüllt werden - der Zirkel ist geschlossen - Kontaktstörungsneurosen sind das Ergebnis.

Ein großer Teil der Enttäuschungen über die vorhandenen Kontakte resultiert sicherlich aus dem Wunsch, das "emotionale Defizit", das als "dumpfes Gefühl" durch die Entfremdungs- und Versagenserlebnisse im Arbeitsbereich (siehe dort) durch intensive und intensivste Kontakte zu kompensieren. SPERLING schreibt, daß "... viele Studenten zu keiner Arbeit im herkömmlichen Sinne mehr fähig (sind), weil sie in permanentem, therapieähnlichem Gespräch untereinander die eigene Angst zu bannen versuchen."[1] Wenn es richtig ist, "daß es für den einzelnen kaum noch Gründe gibt, stolz zu sein[2] und weder Elternhaus noch Universität, weder Religion noch Politik - wie etwa zur Zeit der Studentenrevolte - das drohende Wertchaos verhindern können, liegt es nahe, sich in privatistischem Rückzug an den oder die andere(n) zu klammern, in der vagen und natürlich unrealistischen Hoffnung, alle Anerkennung und all die so vermißte emotionale Befriedigung hier zu finden. Diese Überlastung von Partnerschaft und Kontakt überhaupt ist m.E. ein ganz ähnliches Phänomen, wie es SCHELSKY für die moderne Ehe beschreibt und trägt selbst mit dazu bei,

---

1) SPERLING/JAHNKE, a.a.O., Bd. 1, S. 154

2) ebenda, S. 17

daß Kontaktaufnahme und -pflege noch schwieriger werden, als sie es immer schon sind.[1]

DREITZEL hat in seinem Essay das gleiche Phänomen eindrucksvoll beschrieben: Trotz vieler oberflächlicher Kontakte, d.h. inmitten von Menschen, befällt ihn die Einsamkeit, soziale Beziehungen werden "schal", "man hat einander nichts zu sagen, was die gemeinsame Gestaltung eines sinnvollen Daseins beträfe, sondern benutzt den andern als Mittel und Objekt unbefriedigt gebliebener affektiver Bedürfnisse, um zu kompensieren, was einem an Möglichkeiten der Selbstbestimmung und Selbstdarstellung verwehrt ist."[2] Bei solch überhöhten, egozentrischen und - die meisten ahnen es wenigstens - unrealistischen Motiven und Erwartungen an den andern steigt die Angst; zum einen die Angst davor, dem andern diese Wünsche mitzuteilen, da es ja Riesenwünsche sind, vor denen der andere wahrscheinlich zurückschrecken wird, zum andern, weil man skeptisch ist, daß der andere, selbst wenn er wollte, diese Erwartungen wird erfüllen können und schließlich, weil man aufgrund von Projektion dem andern zutraut, ähnlich übersteigerte Erwartungen an einen selbst zu hegen, vor denen man selbst wiederum Angst hat.

Dieser von DREITZEL beschriebene Mechanismus wird auch von einigen Studenten durchschaut:

(männl., 9. Sem., Soz., SS): "So 'nen lockeren Kontakt kriege ich jedenfalls immer relativ schnell, aber ... mir geht's immer so, je länger ich irgendwelche Leute kenne, desto eher wird's schwieriger, weil da viel mehr Erwartungen auftauchen vom einen an den andern, Erwartungen, die ich beim andern erfüllen soll und z. T. nicht erfüllen will und erfüllen kann und dann die Angst, daß er z.B. oder sie z.B. meine Erwartungen nicht erfüllen will oder kann ... und besonders an der Uni ... in der Regel geht das jedenfalls immer schief."

---

1) SCHELSKY, H., Das Auseinanderfallen von Öffentlichkeit und Intimsphäre, in: H.P. DREITZEL, Sozialer Wandel, Neuwied 1967

2) DREITZEL, H.P., Die Einsamkeit als soziologisches Problem, Zürich 197o, S. 32

4.3.2 Fehlen von intensiveren Kontakten

Aus diesen von SPERLING und DREITZEL beschriebenen Mechanismen ist die in dem Gruppeninterview immer wieder geäusserte Klage über das Fehlen von intensiveren Kontakten zu verstehen. Oberflächliche Kontakte haben die Studenten wohl zur Genüge, in Seminaren, in der Mensa, in Arbeitsgruppen, aber jemand, mit dem sie ihre Schwierigkeiten besprechen können, der ihnen "therapieähnlich" - wie SPERLING sagt - hilft, finden sie selten, suchen sie sehnsüchtig und schrecken doch davor zurück, damit jemanden zu "belästigen".

(weibl., 5. Sem., Bio./Engl., 3. Gruppe): "Ich habe auch schon mal so Leute kennengelernt, die fand ich auch schon ganz nett und hatte auch den Wunsch, mit denen längerfristig 'ne Beziehung aufzumachen. Und ich muß auch sagen, ich kenne ziemlich viele Leute eigentlich, aber alle irgendwo nur mehr oder weniger oberflächlich - was ich finde, was fehlt, ist, daß längerfristige und engere Beziehungen bestehen bleiben ... da ist dann die Zeit nicht da oder man rafft sich nicht auf, denn man muß ja selber ganz unheimlich aktiv sein, wenn man eine längerfristige Beziehung aufbauen will ... man braucht viel Zeit und viel Mut, denn sonst ist wieder Feierabend, weil man die nicht länger mal sieht."

Geklagt wird weiterhin darüber, daß man zuwenig vom andern wisse, daß es einem leichter fallen würde, Kontakte aufzunehmen, wenn man mehr Informationen habe, die man normalerweise bei der Flüchtigkeit der Begegnungen nicht bekomme, daß man Angst habe, sich lächerlich zu machen, sich dem andern aufzudrängen. Da es auch nicht zum Bild des jungen dynamischen Studierenden gehöre, einsam zu sein, Schwierigkeiten zu haben,[1)] setzte jeder eine Maske auf, so daß die andern nunmehr auch vermuten müssen, der andere suche gar keinen Kontakt, habe so etwas nicht nötig.

Zudem entsteht so bei den Studenten auch Unsicherheit über die Art und Form, wie man einen andern anspricht bzw. zu welcher Art und in welcher Form man die loseren Kontakte in kontinuierlichere und engere umwandelt. Mit der Loslösung vom Elternhaus und der sozialisationsphasenspezifischen Ab-

---

1) vgl. weiter oben, Kap. 2.4.2.3, S. 149

lehnung aller "bürgerlichen" Normen und Regeln entsteht hier eine Art "Formenvakuum", das mit eigener Phantasie und eigenem Mut zur Unkonventionalität ausgefüllt werden müßte:

(weibl., Zweitstudium, Volkskunde, SS): "... diese Unsicherheit, wie man nähere Kontakte anknüpft ... liegt das nicht irgendwie daran, daß an der Universität eigentlich jedenfalls explizit bestimmte Umgangsregeln fehlen. Natürlich haben wir bestimmte Regeln, wenn wir miteinander reden, aber sie sind irgendwie nicht explizit, während - meine ich - in anderen Bevölkerungskreisen so ziemlich alles nach Regeln abläuft, die man dann vielleicht auch überschauen kann, die man kennt, an die sich alle halten, wo man da z.B. draus lesen kann, ob man jetzt da hin kann oder so. Z.B. so 'ne blöde Sache, daß man Leute nicht nach 10 Uhr besucht, das ist 'ne Regel, die da wahrscheinlich relativ einsichtig ist ... auch die Orte, wo man sich kennenlernt, wie man das tut, - daß das alles relativ normiert ist."

2.4.3.3 Eigeninitiative und Nichtgelernthaben von Kontakten

Wegen dieser Umgangsformenunsicherheit, wegen der Unstrukturiertheit des Arbeitsablaufes, der Verstreutheit der Zimmer, der Flüchtigkeit der Kontakte, sind Eigeninitiative und Mut, immer wieder neu anzufangen, notwendig, um Kontakte zu knüpfen. Die Studenten haben das Gefühl, es gibt keine "selbstverständlichen" Kontakte, sondern alle Kontakte sind von eigener Initiative abhängig, was viele als Überforderung ihrer Energie erleben. Eine weibliche Studierende berichtet, wie naiv sie auf selbstverständliche Kontakte hoffte: sie habe früher in ihrem Zimmer gesessen und gedacht: "Warum kommt denn keiner?" (weibl., 11. Sem., Deutsch/Pol., 7. Gruppe).

Gerade wegen des "Nichtselbstverständlichen" von Kontakten bedarf es für die Kontakte eines größeren Aufwandes, einer größeren Aktivität, eines gewissen Mutes und einer gewissen Zähigkeit, die sich, so wird wohl zu Recht erst einmal angenommen, sich "von selbst", nebenbei ergeben sollten. Abgesehen davon, daß sich das die einen wegen der Beanspruchung durchs Studium nicht leisten zu können glauben - schließlich ist der Studierende zum Arbeiten an der Universität -, müssen sie erst lernen, solcherart Kontakte anzuknüpfen und zu pflegen. Denn, so wurde übereinstimmend von den Mitdiskutanten berichtet, in der Schule und zu Hause im Elternhaus habe man das nicht gelernt. Zwar gibt es auch schon während der Schulzeit Isolation, aber im Rückblick empfinden die Studenten doch, daß sie eine gewisse Geborgenheit hatten im Eingebundensein in den gewachsenen Bezugsgruppen in Schule und Heimatort. Während auf der Arbeitsebene durch inzwischen extremen Leistungsdruck in der Schule[1)] Kooperation nicht nur nicht gefördert, sondern geradezu verhindert wird,[2)] kann sich der Schüler doch auf quasi selbstverständliche Beziehungen in Klassenverband und Familie stützen, die seine Isolation bei der Arbeit kompensieren. An der Universität wird nun plötzlich zweierlei verlangt: im Arbeitsbereich (in Maßen) zu kooperieren und darüber hinaus Kontakte aufzunehmen und zu pflegen, die nicht mehr selbstverständlich vorhanden sind.

(männl., 4. Sem., Chemie/Physik, 2. Gruppe): "... man sollte fragen, sollte man die Leuten nicht vielleicht in der Schule auf die Universität vorbereiten!? In der Schule sind die Leute immer noch in einer Klasse, einem Gebäude zusammen, nicht über die ganze Stadt verteilt und kennen sich auch aus den früheren Klassen, - es ist dort also längst nicht so schlimm ... Problemlösungsverhalten, Zusammenarbeit, Selbständigkeitserziehung - das wird überhaupt nicht gefördert in der Schule, z.B. daß keine Gruppenarbeit gemacht wird, daß die Klassen nichts miteinander zu tun haben, daß da keine Kommunikation getrieben wird."

Für die weitaus meisten Studierenden beginnt mit dem Studium eine Phase, in der Partnerbeziehungen eine entscheidende Rolle zu spielen beginnen, um schließlich am Ende der Studienzeit einen "Lebenspartner" zu finden. Diese Partnersuche ist nicht ohne Probleme, und sie beeinflußt das Kontaktverhalten entscheidend mit.

---

1) vgl. RUMPF, H., Konkurrenzlernen, Gedanken zum Leistungsprinzip, in: b:e, 3/75, S. 27 ff.

2) vgl. auch Kapitel über Arbeitsstörungen, Kap. III, 3

2.4.3.4 "Anmachen"

Von den diskutierenden Studenten wurden die sich hieraus ergebenden Probleme mit dem studentischen Jargonwort "Anmachen" umschrieben. Gemeint ist die Angst davor, vom jeweils anderen Geschlecht in mehr oder weniger eindeutiger (sexueller) Absicht angesprochen zu werden. "Anmachen" wird entsprechend den traditionellen Rollenvorstellungen natürlich vor allem den Männern unterstellt, aber auch für Frauen entstehen hier Probleme, denn sie wollen noch weniger (als Männer) für jemand gehalten werden, der "anmacht" aber auch nicht für jemand, der bzw. die sich "anmachen" läßt. Besonders kontakthemmend und z.T. wohl verhindernd läßt sich diese Angst in Studentenkneipen beobachten. Die wenigen Frauen, die sich allein in solche Lokale trauen, müssen sich durch besonders abweisendes, schnoddriges und distanzierendes Verhalten vor sich und dem etwaigen Mißverständnis schützen, sie wolle hier jemanden "anmachen" oder wolle "angemacht" werden. Diese Abwehrstrategie hat aber oft nicht nur den gewünschten Effekt zur Folge, sondern erzeugt oft auch Verkrampfungen, die auch jeglichen "harmlosen" Kontakt behindern. - Die männlichen Studierenden dagegen stehen in bezug auf die wenigen Frauen, die es an der Universität immer noch gibt (das Verhältnis beträgt etwa 2:1, WS 1975/76: 12 951 männliche und 6 295 weibliche Studenten)[1] in einem dauernden Konkurrenzverhältnis zueinander und Kontakte untereinander können so oft nur als Ersatzlösung begriffen werden, bis eine Frau auftaucht. Die weiblichen Studierenden dagegen ziehen sich angesichts dieser Situation mehr und mehr zurück und wagen nur in den seltensten Fällen, einmal das traditionelle Rollenverhalten umzukehren:

(weibl., 5. Sem., Russisch/Soz., 3. Gruppe): "... ich meine, nicht nur die Frauen sind in ihrer Frauenrolle drin, sondern die Männer auch ganz verdammt in ihrer Männerrolle. Und - also Auffordern finden sie Scheiße, aber aufgefordert werden, obwohl sie bis zum sonstwo in den Bart pinselt, können sie

---

1) vgl. Vorlesungsverzeichnis WS 77, S. 462

auch nicht leiden, also ist es dann wirklich so, daß sie dann, daß - ist schon so, glaube ich, so 'ne Reaktion auf dieses Isoliertsein, dieses auf die Isolation abgestimmt sein, daß man dann, wenn man sich eigentlich geschmeichelt fühlt oder wohlfühlt, oder sich freut, daß da jemand auf einen zukommt, dann reagiert man im ersten Moment, so aus Angst vielleicht, abweisend ne, und arrogant und sagt dann vielleicht: Ach, die Kleine, die hat's wohl nötig oder irgend so 'was Doofes."

Für Frauen besteht also das Problem nicht so sehr darin, daß es nicht genügend Partner und damit auch genügend Kontakte und solche, die sich um Kontakte mit ihnen bemühen, gäbe,[1] sondern darin, die Kontakte auf eine unkomplizierte Ebene in eine kontinuierliche nichtsexuelle Partnerschaft umzuwandeln und zu halten. Ihre größere Gehemmtheit[2] beweist, daß die traditionellen Rollen weiterwirken, die Frauen ein Zugehen auf einen männlichen Gesprächspartner weitgehend verunmöglichen.[3]

2.4.4 Folgen, Konsequenzen, Lösungen

Die Folge all dieser strukturellen Kontakterschwerungen und privaten psychischen Deprivation ist zum einen eine weitverbreitete Hilfslosigkeit und zum andern eine Reihe privater Lösungen, die nur zum Teil eine wirkliche Erleichterung für die Betroffenen erbringen, zum Teil jedoch die alten Schwierigkeiten auf einer anderen Ebene wiederholen.

2.4.4.1 Wochenendfahrten

Eine solche negative private Lösung sind die häufigen Wochenendfahrten, durch die man sich den trist empfundenen Bedingungen an der Universität entziehen möchte. Doch diese Flucht

---

1) so gibt es in bezug auf "soziale Ablehnung" keine signifikanten Unterschiede zwischen Männern und Frauen, vgl. Kap. III, 2.3.1

2) vgl. oben, Kap. III, 1.3, S. 67 f. u. S. 246 ff.

3) vgl. weiteres hierzu auch in Kap. III, 5 über Frauenprobleme, S. 246 ff.

- soweit sie überhaupt den gewünschten Kontakterfolg hat -[1] hat zur Folge, daß die Studierenden hier noch weniger Kontakte finden, denn das Wochenende bietet zeitlich gesehen die Möglichkeit, über den reinen Seminarbetrieb hinaus festere Kontakte zu pflegen.

(weibl., 5. Sem., Deutsch/Soz., Päd., 4. Gruppe): "Man saß eben immer so zwischen zwei Stühlen, immer auf der Bahn praktisch. Hier konnte man in der Woche nichts so richtig anfangen, weil man auch arbeiten mußte, und dort konnte man mit seinem alten Freundeskreis im Grunde auch nicht ganz so wie früher."

Für die dann in den Ferien und am Wochenende hier in der Universitätsstadt Lebenden wird die Auswahl der zu Besuchenden dadurch natürlich nochmals reduziert.

2.4.4.2 Besuch von Kneipen

Eine andere private, nicht immer erfolgreiche Lösung besteht im regelmäßigen Besuch von Kneipen - eine Möglichkeit, die allerdings vornehmlich von den männlichen Studierenden benutzt wird, um der Einsamkeit in der Studentenbude zu entfliehen. Hier nun allerdings wiederholen sich trotz viel Alkohols die schon bekannten Kontaktprobleme der Universität und der Studenten untereinander. Die Kneipen seien ungemütlich, besonders in Göttingen, man gehe in der anonymen Masse unter, jeder warte darauf, daß hier nun etwas passiert, daß die anderen aktiv würden, die Kontakte blieben oberflächlich, es gäbe zu wenig Frauen dort, die "Anmachangst" trete hier noch verschärft auf, da es hier nicht einmal mehr ein Sachthema gebe, das auf die Situation entschärfend wirken könnte.[2]

Immerhin 5 % der Göttinger Studentenschaft sucht dort täglich Kontakt, Vergessen, Geselligkeit, Entspannung. Doch insgesamt nur 12 % gab bei einer Befragung Göttinger Studenten durch das betriebswirtschaftliche Seminar an, "Kneipen und Pinten ... mit einer gewissen Regelmäßigkeit" aufzusuchen. Am ehesten - so diese Untersuchung -, scheint die "Zusammen-

---

1) vgl. Kap. 2.4.1.4, S. 139

2) vgl. auch den eindrucksvollen Bericht von A. PETERMANN und Chr. DARMSTADT: Frauen in Kneipen, in: Kursbuch 47, Berlin 1977, S. 57 f.

kunft in Privaträumen und Wohnungen" die Bedürfnisse der Studenten nach Kontakt und Geselligkeit zu befriedigen: 72 % gaben an, sich so mit einer gewissen Regelmäßigkeit und in einer Atmosphäre, wo sie sich "relativ" wohlfühlen mit anderen zu treffen.[1)]

2.4.4.3 "Lösungen"/Ratschläge

Auf die Frage, was man ändern könnte, wurden eine ganze Reihe von wohlmeinenden Ratschlägen an die eigene Adresse (34 Nennungen) genannt: Sie seien hier nur der Vollständigkeit halber aufgezählt: Man müsse seine Erwartungen an die anderen herunterschrauben; die Initiative ergreifen; offen auf Leute zugehen; sich Gruppen, auch politischen anschließen; versuchen, gemeinsamen Interessen mit anderen nachzugehen, z.B. Sport treiben, die Kontakte in Arbeitsgruppen ausbauen; eventuell in gruppendynamische Seminare, z.B. bei den Pädagogen gehen oder zum "Social Work", einer Selbsthilfegruppe der ärztlich-psychologischen Beratungsstelle.

Strukturelle Lösungsmöglichkeiten wurden zum Teil erst auf Nachfrage des Diskussionsleiters genannt:

Lösungen:

(1.	private Lösungen: Arbeitsgruppen, Therapie, Kneipenbesuche, Wochenendfahrten	34)
2.	Wohnsituation verbessern, Wohnhausgemeinschaftsräume	1o
3.	Einführungs - Orientierungsphase einrichten	8
4.	Social-work, SE-Gruppen, Studienberatung - verstärkt einrichten	8
5.	kleinere Seminare	6
6.	bessere, kontinuierlichere Arbeitsgruppen, wo persönliche Kontakte entstehen	5
7.	Wochenendseminare mit warming-up-Phasen	7
8.	Kleingruppenarbeit und Tutorengruppen in Seminaren	4

---

1) Seminar für Betriebswirtschaftliche Marktlehre, Kurzinformation über die Studie: Kaufkraft und Freizeitverhalten der Göttinger Studenten 1975, Göttingen 1975, S. 16

9.	bessere, pädagogisch und gruppenpsychologisch geschulte Seminarleiter	4
1o.	Kommunikations- und Freizeitzentren, auch Sportangebote	4
11.	geregelteres Grundstudium, um kontinuierl. Kontakt zu haben	2
		92

Es wird an dieser Stelle auf eine ausführliche Diskussion dieser strukturellen Lösungsmöglichkeiten verzichtet, weil sie zum Schluß dieser Arbeit zusammen mit anderen Vorschlägen zur Verbesserung der studentischen Situation geführt wird.[1)]

3. Arbeitsstörungen

In diesem Kapitel werden Art und Ausmaß von Störungen im Lern- und Leistungsbereich bei den Göttinger Studenten dargestellt und ein Vergleich mit anderen früheren Untersuchungen vorgenommen. Die Ursachen werden aufgrund der Gruppendiskussionen erörtert. Die Dozenten als wesentlicher personaler Bezugsfaktor werden in diese Überlegungen eingeschlossen.

3.1 Allgemeines

Der vornehmliche Zweck des befristeten Aufenthalts eines Studenten an der Universität ist seine Qualifizierung zum ausgebildeten Akademiker. Die im allgemeinen den Bildungsinstitutionen auch zugesprochenen Sozialisationsfunktionen: "Integration" und "Selektion" treten zumindest im Bewußtsein der Öffentlichkeit, aber auch der Studenten selbst in den Hintergrund, obwohl sie inhaltlich wie objektiv natürlich eng mit der "Qualifikations"-funktion verbunden bleiben. Trotzdem ist mit dieser Zielsetzung des Studiums noch keineswegs die - zumindest beanspruchte - Universalität der Aufgaben und Funktionen der Universität als solcher umschrieben. Seit Humboldt's

1) vgl. Kap. IV, 3, S. 294 f.

Zeiten versteht sich die Universität als eine Stätte der "Forschung u n d Lehre",[1] wobei Lehre auch heute noch von vielen als ein Nebenprodukt dieser Institution im Sinne ihrer ursprünglichen Bedeutung verstanden wird, nämlich als das "Nachahmen" und "Mitahmen" der "Lehrlinge" beim Forschen des "Meisters", durch den er nach einer gewissen Zeit in die Lage versetzt wird, Handlungen, Überlegungen, auch bestimmte Wertüberzeugungen durch die Teilhabe am meisterlichen Tun selbständig aus- und weiterzuführen.[2] Soweit dieses Modell vom Meisterbetrieb überhaupt je Realität abgebildet hat - schon zu Humboldt's Zeiten konnten die meisten Studenten nicht den Professoren-Beruf ergreifen (= Meister), jenes "Handwerk", das sie auf diese Art und Weise vielleicht erlernen hatten können, sondern wurden Richter,Lehrer,Ärzte usw. - so scheint es für die heutige Massenuniversität, die einen jährlichen output von rund 1000 - 2000 "fertigen" Akademikern hat, kaum noch anwendbar - schon wegen des quantitativen Verhältnisses von "Meistern" zu "Lehrlingen".[3] Nichtsdestowe-

---

1) Besonders in den 60er Jahren gab es zum Problem der Universitätsreform und dem Verhältnis von Forschung und Lehre eine breite Diskussion. Exemplarisch sei hier nur verwiesen auf die Schriften von GERHARDT/OFFE/PREUSS, Hochschule in der Demokratie, Neuwied 1965 und H. v. HENTIG, L. HUBER, P. MÜLLER (Hrsg.), Wissenschaftsdidaktik, 5. Sonderheft der Zts. "Neue Sammlung", Göttingen 1970

2) vgl. hierzu: H. TITZE, Politisierung der Erziehung, Frankfurt 1973, S. 58

3) Es ist schwierig, hier eine genaue Zahl anzugeben, denn die "objektiven" Zahlen trügen: Nach den Ermittlungen des Statistischen Bundesamtes zum WS 1976/77 standen den 877 000 Studierenden rund 100 000 Professoren, Dozenten, wiss. Assistenten, Lehrbeauftragte und sonstige Mitarbeiter gegenüber - das bedeutete ein recht positives Verhältnis von 10 zu 1. Doch dürfte dieses Verhältnis in den einzelnen Fachrichtungen und Fakultäten recht stark variieren, vor allem aber verbringen die meisten Dozenten (welchen Status auch immer) nur den geringeren, z.T. geringsten Teil ihrer Arbeitszeit mit Lehre und Studentenberatung (bei den Assistenten sind es meist überhaupt nur 2 - 4 Wochenstunden Lehre), so daß man realistischerweise wohl eher von den Frequenzen der Veranstaltungen ausgehen muß, und dann in den Geisteswissenschaften zu einem Verhältnis von ca. 100 Studenten zu einem Dozenten kommt. (Vgl. Vorbericht über Ergebnisse des Statistischen Bundesamtes in Frankfurter Rundschau vom 4.8.1977)

niger hat dieses Ideal unter anderem recht reale und fatale Folgen für die Ausbildungsfunktion der Universität: Zum einen wird die Ausbildungsaufgabe nicht ernst genommen, es wird vielmehr den "akademischen Lehrlingen" in "Einsamkeit und Freiheit"[1] überlassen, sich ihre Ausbildung selbst zusammenzubasteln, eine Ausbildung, die sie nicht zum Lehrer ausbildet, sondern zum "kleinen Gelehrten", der das Pech hat, nicht Professor werden zu dürfen, zum anderen verstehen sich die "Lehrkörper" nicht als "Ausbilder", auch nicht als Erzieher, sondern als Fachspezialisten, die in erster Linie die Forschung voranzutreiben sich bemühen, denn nur darin ist ihr Prestige begründbar, nur hierin sind sie schließlich auch "ausgebildet".

Dieses schon in der Konstruktion der Universität angelegte Dilemma, die Diskrepanzen in der Zielsetzung, in der Bewältigung tatsächlich vorhandener Aufgaben und in den unterschiedlichen Bedürfnissen der die Universität tragenden Personengruppen und denen der Auszubildenden, blieb über Jahrzehnte die Grundfrage der bildungspolitischen Diskussion um eine immer wieder erstrebte und nie vollzogene Reform der deutschen Universität.[1] Hinzu kam erschwerend die unselige Unterscheidung zwischen "Bildung" und "Ausbildung", die das gesamte Bildungs- (oder Ausbildungs-?)Wesen in Deutschland in eine praxisferne, zweckfreie universelle Bildung für höhere Schichten auf Gymnasien und Universitäten und ein nur dem jeweiligen Verwertungsinteresse der Wirtschaft dienende "bildungsferne" Ausbildung (in den Hauptschulen) für die unteren Schichten trennte. Damit wird auf der einen Seite der größte Teil der Bevölkerung dem Machtbereich privatwirtschaftlicher Interessen ohne kritische Reflektionsmöglichkeiten überantwortet und auf der anderen Seite eine jeglicher gesellschaftlicher Produktion entfremdete und diese ignorierende "Geisteselite" gegründet, die keinen Einblick und kein Interesse an einer demokratischen Veränderung derselben hat.[2]

---

1) vgl. SCHELSKY, H., Einsamkeit und Freiheit, Hamburg 1963

2) vgl. BAETHGE, M., Ausbildung und Herrschaft, Frankfurt 197o, S. 95 ff

An der Universität hat diese Trennung ihren vorläufigen Höhepunkt erreicht. Fern jeglicher praktischen Bewährung und Verwendbarkeit, konfligiert nun jedoch das Ideal des kontemplativen, sich allseitig bildenden, seine Persönlichkeit verfollkommnenden Studenten inzwischen immer stärker mit den Realitäten der massenhaften Produktion von Akademikern unter immer stärkeren Selektionszwängen, ohne damit aber die beschriebene Trennung aufzuheben.

In einer solcherart - nur knapp skizzierten - Universität geht der Student seiner "Arbeit" nach, die sich in den verschiedensten Vollzügen manifestiert: Bücher, Lesen, Seminare besuchen, Referate schreiben, Stoff lernen, Problemlösungen in der Diskussion erproben usw, die Hauptkomponente dieser Arbeit besteht aber immer noch - und das im Gegensatz zur Schule - in der selbständigen, d.h. "ohne direkte Einwirkung oder Aufsicht einer Lehrperson ablaufende" Aneignung von Wissensstoff.[1)] Diese seine "Arbeit", die zu seiner Qualifikation und damit zur Grundlage seiner späteren sozialen und ökonomischen Existenz führen soll, ist für den Studierenden eigentlicher Sinn und Zweck seines studentischen Daseins.

Gerade bei der allgemeinen im Abendland hypertrophierten Form der Hochschätzung von Arbeit und Leistung als Selbstlegitimation der eigenen - sonst als sinnlos, zwecklos, sündig apostrophierten - Existenz, wie sie besonders durch den Calvinismus seine allgemeinste Verbreitung fand,[2)] ist verständlich, wie fundamental Störungen, vor allem aber ein Versagen in diesem Bereich von den Studierenden erlebt werden muß.

So ist die Klage über Arbeitsstörungen bzw. Leistungsabfall und -versagen - neben der über Kontaktstörungen - der häufigste Anlaß für viele Studierende, eine Beratungsstelle auf-

---

1) vgl. JAHNKE, J., a.a.O., S. 2

2) vgl. M. WEBER, Die protestantische Ethik und der Geist des Kapitalismus, München 1965

zusuchen oder in extremeren Fällen das Studium abzubrechen.[1]

Was aber sind überhaupt Arbeitsstörungen?

3.2 Begriff, Deskription und operationale Definition von Arbeitsstörungen

Es ist sicherlich nur unter größten Schwierigkeiten und unter Einbuße von Realitätsgerechtigkeit möglich, eine "objektive" quantitative Definition von Arbeitsstörungen zu versuchen. JAHNKE meint in seiner Untersuchung zum akademischen Arbeitsverhalten, daß solche quantitativen Erfassungen äußerst problematisch seien, da solche Verfahren, die vom subjektiven Erleben des einzelnen völlig abstrahieren, die "Wahrscheinlichkeit von Fehlurteilen zweifellos erhöht", denn "die Toleranzgrenzen für bestimmte Beeinträchtigungen (pflegen) sehr unterschiedlich zu sein".[2] Auch die vorliegende Untersuchung unterstellt kein eindeutiges Maß als Indiz für Arbeitsstörungen, vielmehr werden die quantitativen Ergebnisse nicht als "objektives" Maß für Arbeitsstörungen, sondern als Vergleichsmaßstab der (Vergleichs-)Gruppen untereinander aufgefaßt und durch "qualitative" Interpretation der Gruppendiskussionen ergänzt.

So soll im folgenden zunächst versucht werden, mit Hilfe der von den Studenten gegebenen Deskriptionen über ihre Arbeitsstörungen das damit angesprochene Problem auf den Begriff zu bringen. Die Klagen über ihre eigenen Arbeitsstörungen machen sich im wesentlichen an folgenden Symptomen fest:

+ größere Anlaufschwierigkeiten bei der Inangriffnahme einer Arbeitsaufgabe

---

1) MÖLLER/SCHEER, Psychotherapeutische Beratungsstelle ..., a.a.O., S. 18; vgl. auch Tab. über Beschwerden, die beim Erstgespräch bei der Göttinger Beratungsstelle erfaßt wurden, abgebildet im Kapitel Kontaktstörungen, Kap. III, 2

2) JAHNKE, J., a.a.O., S. 95

+ leichte Ablenkbarkeit und Konzentrationsstörungen bei der Arbeit
+ Planlosigkeit bei der Durchführung der Arbeit (es werden zu viele Dinge auf einmal in Angriff genommen, man verliert den Überblick, oder hat bestimmte Bücher oder Unterlagen nicht zur Hand)
+ starke Unlustgefühle und Müdigkeit, die sich bis zu Kopfschmerzen, Sehstörungen, Schwindelgefühlen und Übelkeit steigern können, wenn "man sich an den Schreibtisch setzt"
+ immer wieder herausschieben der eigentlich notwendigen nächsten Schritte, bis sich ein kaum bewältigbarer Berg an Arbeit angehäuft hat, vor dem man dann resigniert
+ Gefühl, nur unter Zeitdruck oder Leistungsdruck mit äußerster Anstrengung noch etwas leisten zu können
+ Gefühle von Sinnlosigkeit, die die eigene Arbeit, aber auch den jeweiligen Stoff betreffen
+ Angst, den Stoff nicht zu begreifen oder es sich doch nicht merken zu können oder (etwa beim Schreiben) es doch alles falsch zu machen, d.h. - Unzufriedenheit mit der eigenen Arbeitsleistung
+ Gefühl, immer zu wenig getan zu haben und deshalb auch die mögliche Freizeit nicht genießen zu können.

Aufgrund dieser Beschreibungen ergibt sich folgende Definition der Arbeitsstörungen:

Arbeitsstörung bedeutet die Unfähigkeit, vom Gestörten selbst als notwendig erkannte Arbeitsleistungen planvoll und konzentriert ohne Unlustgefühle oder andere psychosomatische Nebenerscheinungen in einer der Arbeitsaufgabe angemessenen Zeit zu bewältigen.

Der hier gewählte Begriff "Arbeitsleistung" ist dabei sehr weit zu verstehen, er soll auch die aktive Mitarbeit im Seminar in Form von Diskussionsbeiträgen bis hin zum selbständigen Transfer von Gelerntem auf neue Problemfelder wie auch die Bewältigung von Prüfungsaufgaben beispielsweise in einer Klausur umfassen.

Abzugrenzen sind Arbeitsstörungen hingegen von Phänomenen wie fehlender Intelligenz oder Faulheit oder Unwissenheit, die von manchen fälschlicherweise für Synonyma der Arbeitsstörungen gehalten werden, deren Ursachen bzw. Folgen sie gelegentlich sein können.

Dort, wo es um die quantitative Erfassung und den Vergleich derselben mit anderen Gruppen ging, wurde eine weitergehende operationale Definition von Arbeitsstörungen notwendig. Bei der großen Fragebogenerhebung im SS 75 wurden folgende drei Dimensionen zur Erfassung von Arbeitsstörungen bzw. Studienschwierigkeiten benutzt:

+ Studienunfähigkeit (SSP 1) (aus dem Kölner Problemfragebogen)
+ Studienunzufriedenheit/Studienschwierigkeiten (JSS 1) (eigene Entwicklung)
+ negatives Dozentenbild (JSS 2) und (JPD) (eigene Entwicklung)

Das negative Dozentenbild wurde als zusätzliche Variable zur (Ursachen-)Erfassung von Studienschwierigkeiten aufgenommen und nach Fachdozenten und Pädagogikdozenten getrennt ausgewertet. Die beiden Dozentenvariablen können aber nicht direkt als Indiz für Studienschwierigkeiten betrachtet werden, was sich auch darin ausdrückt, daß sie bei der Faktorenanalyse über alle erfaßten (zusammengefaßten) 24 Dimensionen nicht auf dem gleichen Faktor laden. Sowohl die Dozenten- wie die Studienschwierigkeitsdimension bildeten jede für sich einen eigenen Faktor in einer sechsfaktoriellen Faktorenanalyse über alle 24 Dimensionen.[1)]

---

1) "Studienunfähigkeit" (SSP 1) und "Studienunzufriedenheit" (JSS 1) luden mit .55 bzw. .6o am höchsten auf ein und demselben Faktor.
"Negatives Dozentenbild" der Fachdozenten (JSS 2) und der pädagogischen Dozenten (JPD) luden mit .74 bzw. .5o auf ein und demselben Faktor, auf dem sonst keiner über .21 lud.
Die Interkorrelation zwischen SSP 1 und JSS 1 beträgt .68, die zwischen JSS 2 und JPD .39.

	SSP 1	JSS 1	JSS 2	JPD
SSP 1	-	.68	.23	.o3
JSS 1		-	.37	.o5
JSS 2			-	.39

Forts. s. S. 171

Die folgende Kurzbeschreibung der zu den genannten Dimensionen zusammengefaßten Items soll ihre inhaltliche Fassung verdeutlichen:

Studienunfähigkeit (SSP 1) (15 Items)	- eingeschränkte Studienfähigkeit, d.h. Unsicherheit über Begabungsschwerpunkt, Konzentrationsstörungen, Sprechangst im Seminar usw.[1] Itembeispiel (35): Gefühl, Dinge sehr langsam verrichten zu müssen, um wirklich sicher zu sein
Studien- bzw. Arbeitsschwierigkeiten (JSS 1) (17 Items)	- Enttäuschung übers Studium, Unzufriedenheit mit der eigenen Arbeitsleistung, Frustration durchs Studium, Konzentrationsschwierigkeiten Itembeispiel (34): Ich habe öfters das Gefühl, mal wieder nichts "geschafft" zu haben, obwohl ich den ganzen Tag etwas getan habe
negatives Dozentenbild (JSS 1) (6 Items)	- Fehlende Hilfsbereitschaft, Arroganz, zu hohe Anforderungen stellend, pädagogisch unqualifiziert Itembeispiel (2o): Unsere Dozenten sind im allgemeinen recht hilfsbereit

3.3 Art, Ausmaß und Zusammenhänge der Arbeitsstörungen bei Göttinger Studenten

In diesem Kapitel sollen die Ergebnisse der großen Fragebogenerhebung vom Sommer 1975 dargestellt werden, soweit sie sich mit Fragen der Studienschwierigkeiten, der Beurteilung der Studiensituation, den Arbeitsstörungen und dem Dozentenbild

---

Forts. Fußn. 1) v. S. 17o
Interessant ist, daß lediglich FPI 3: Depressivität und FPI 11: Emoitonale Labilität mit je .5o relativ hoch auf diesem Faktor luden. Dieses Ergebnis deutet auf einen relativ engen Zusammenhang zwischen Studienschwierigkeiten und depressiv getönter emotionaler Labilität hin.

1) vgl. SANDER/LÜCK, SSP, S. 252

befassen. Wie man aus der obigen Kurzbeschreibung sehen kann, beinhalten die Dimensionen "Studienunfähigkeit" (SSP 1) und "Studienschwierigkeiten" (JSS 1) in etwa die gleichen Problembereiche. Wegen ihrer unterschiedlichen Skalierung und Herkunft werden sie jedoch auch bei der Auswertung getrennt behandelt. Der Vergleich zwischen selbstgebildeten Untergruppen oder mit Vergleichsgruppen soll die Frage nach Ausmaß und Zusammenhängen verdeutlichen; dabei werden in Einzelfragen auch die Ergebnisse der Einzelitems herangezogen.

3.3.1 Vergleich der Einschätzung der Studiensituation der Kölner Klientel mit den Göttinger Studenten und Differenzierung nach Geschlecht

Tabelle 35:

	N = 5o4 Kölner Klientel Mittelw.	N = 713 alle Gött.Stud. Mittelw.	Diff.- Signif.- niveau	N = 4o7 weibl. Stud. Mittelw.	N = 3o6 männl. Stud. Mittelw.	Diff.- Signif niveau
Studienunfähigkeit (SSP 1)	2,4o	1,99	++	2,o2	1,95	-
Studienschwierigkeiten (JSS 1)	-	3,1o	-	3,15	3,o4	+
negatives Doz.-bild (Fachdoz.) (JSS 2)	-	3,29		3,3o	3,27	-
negatives Doz.-bild (päd. Doz.) (JPD)	-	2,82		2,82	2,82	-

Der Vergleich mit der Kölner Klientel, der nur für die erste Dimension: "Studienunfähigkeit" möglich ist, zeigt, daß die Göttinger Studenten signifikant geringere Schwierigkeiten mit dem Studium haben als die Kölner Beratungsstellen-Klientel, daß aber doch ein großer Teil der nichtklientelen Göttinger Studenten mit der Situation an der Universität bzw. mit ihrer eigenen Arbeitsleistung unzufrieden sind. Denn der Mittelwert aus der zweiten Dimension liegt klar über dem Mittel der fünfstelligen Skala, d.h. die diesbezüglichen Statements wurden in der Tendenz mit "stimmt überwiegend" beantwortet.

Erinnern wir uns an die im Kapitel Neurotizismus vorgenommene Prozentanteilrechnung, in der bestimmt wurde, wieviel Göttinger Studenten gleich oder über dem Mittelwert der Beratungsstellenklientel in Köln liegen, so waren das für die Dimension Studienunfähigkeit 56 % bzw. 17 %.[1] Das bedeutet, daß über die Hälfte der nichtklientelen Göttinger Studenten Schwierigkeiten hat, sich dem Universitätsstudium in einer sie befriedigenden Form anzupassen, davon 17 % so stark, daß es für sie sehr schwer sein dürfte, das Studienziel überhaupt oder in einer angemessenen Zeit zu erreichen.

Sieht man sich die Einzelantworten zu den Items, aus denen sich die beiden Dimensionen SSP 1 und JSS 1 zusammensetzen, genauer an, so fallen mehrere durch ihre durchschnittlich extreme Beantwortung auf:

So ist die Angst vor Prüfungen offenbar am weitesten unter den Studenten verbreitet ($\bar{x}$ = 2,72, d.h. "ziemlich" in der SSP-Skala), des weiteren fragen sich überdurchschnittlich viele, "ob die Fähigkeiten für das gewählte Studium ausreichen" (Item 31 der SSP-Skala, $\bar{x}$ = 2,21) und sind "unsicher, wo der Schwerpunkt ihrer Begabung liegt" (Item 25 der SSP-Skala, $\bar{x}$ = 2,12), auch haben viele das Gefühl, "langsam und ohne Energie zu sein" (Item 13, $\bar{x}$ =, 2,1o). Diese hier deutlich werdende Unsicherheit über die eigenen Fähigkeiten und die eigene Arbeitsleistung korrespondiert mit den "auffälligen" Items aus dem Fragebogen zur Studiensituation, dem JSS: Den Studierenden fällt es im Durchschnitt eher "schwer, sich auf ihre Studienarbeit zu konzentrieren" (Item 7 der JSS-Skala, $\bar{x}$ = 3,3o), sie arbeiten "periodenweise sehr viel und dann wieder so gut wie gar nichts" (Item 18, $\bar{x}$ = 3,5, JSS), geraten eher "oft ins Grübeln, wenn sie arbeiten wollen" (Item 22, $\bar{x}$ = 3,4 der JSS-Skala) und haben überwiegend das

---

1) vgl. Kap. III, 1, 3.3, S. 74 f., vgl. dort auch die Erläuterung der Bedeutung dieser Prozentrechnung

Gefühl, "eigentlich mehr arbeiten zu müssen" (Item 21, $\bar{x}$ = 3,7, JSS). Im übrigen halten sie im Durchschnitt "überwiegend" die "meisten Übungen für so überfüllt, daß sie keine Möglichkeiten sehen, intensiv mitzuarbeiten" (Item 25, $\bar{x}$ = 3,8). Einen zweiten Hinweis auf die Gründe für diese Schwierigkeiten gibt Item 23: Mit "stimmt weitgehend" antworteten im Durchschnitt alle Göttinger Studenten auf das Statement: "Ich halte das ganze Klima hier an der Hochschule für irgendwie unpersönlich" ($\bar{x}$ = 4,o).

Faßt man diese Art Rangfolge der Schwierigkeiten als Differenzierung der globalen Dimensionen zu Studienschwierigkeiten zusammen, so sind es neben der Angst vor Prüfungen die Gefühle von Unsicherheit über die eigenen Fähigkeiten, die Konzentrationsschwierigkeiten bei der Studienarbeit und das Gefühl, nicht mit der notwendigen Tatkraft und Ausdauer an die Studienaufgaben heranzugehen.

Wie aus der obigen Tabelle zu entnehmen, sind die Unterschiede in der Einschätzung der Studiensituation zwischen den Geschlechtern minimal, allerdings zeigt sich auch hier wie beim Neurotizismus und den Kontaktstörungen eine leichte Tendenz zuungunsten der weiblichen Studierenden, die aufgrund ihrer Geschlechtsrolle die größeren Schwierigkeiten haben, sich an die "männliche" Universitätsstruktur anzupassen.[1)]

Die Dozenten sind die wichtigsten Repräsentanten der Universitätsstruktur. Für die Studenten verkörpern sie das von ihnen zu erlernende Wissen, sind neben Büchern die wichtigsten Medien ihres Lernprozesses, sollten "Freund und Helfer" in allen Studienfragen sein und sind gleichzeitig die Richter über den Erfolg ihrer Bemühungen für den erstrebten Studienabschluß. Es zeigt sich, daß die Dozenten der einzelnen Studienfächer im Ganzen eher negativ eingeschätzt werden,

---

1) vgl. zu diesem Problem weiter unten in Kap. III, 5 über die besonderen Probleme der weiblichen Studierenden, S. 245 f.

interessanterweise signifikant viel negativer als Dozenten des pädagogischen Begleitstudiums. Die Unterschiede ergeben sich vor allem in der Einstufung hinsichtlich der Arroganz, dem "Auf die Studenten herabsehen", die den Fachdozenten wesentlich häufiger zugeschrieben wird, hinsichtlich der pädagogischen Qualifikation, die bei den Fachdozenten in erheblichem Maße fehle und der "zu hohen Anforderungen", die die Fachdozenten stellten. Wenn auch die Korrelation zwischen negativem Dozentenbild (JSS 2) und Studienunzufriedenheit (JSS 1) nicht sehr hoch ist,[1] so ist die positive Korrelation von .37 doch ein Indiz, daß Arroganz, mangelnde pädagogische Qualifikationen und zu hohe Anforderungen einen nicht unerheblichen Anteil an der Unzufriedenheit bzw. zu den allgemeinen Arbeitsstörungen haben dürfte, wobei zu berücksichtigen ist, daß die Studenten natürlich wesentlich mehr mit den für sie wichtigeren Fachdozenten zu tun haben als mit den Pädagogikdozenten, die in allen zur Diskussion stehenden Punkten besser abschnitten.

Bestätigt wird dieses negative Bild von den Dozenten und von der Studiensituation, wenn die Studenten mit den Schülern verglichen werden:

3.3.2 Vergleich Schüler und Göttinger Studenten

Tabelle 36 :

	Studenten N = 713 Mittelw.	Schüler N = 2o8 Mittelw.	Differ.- Signif. n. Var.-analyse
Studien- bzw. Schulunfähigkeit (SSP 1)	1,99	1,85	++
Studien- bzw. Schulschwierigkeiten (JSS 1)	3,1o	2,88	++
negatives Dozenten- bzw. Lehrerbild (JSS 2)	3,29	2,99	++

1) was wohl daran liegen dürfte, daß in JSS 1 auch nach ganz persönlichen Schwierigkeiten mit dem Studium gefragt wurde.

Trotz Leistungsdrucks durch den NC, trotz Zwangsveranstaltungen in Form von ungeliebtem Fachunterricht, geringer Selbständigkeit und großer Abhängigkeit vom Lehrer werden die Schule und die Lehrer von den Schülern durchweg signifikant positiver eingeschätzt als der "freie" Universitätsbetrieb durch die Studenten.

Ist dieser Unterschied nur auf einen höheren Bewußtseinsgrad von Schwierigkeiten bei den Studenten zurückzuführen? Diese Frage kann aufgrund des vorliegenden Materials nicht letztendlich beantwortet werden, die folgende Überlegung spricht jedoch dagegen: Im Bewußtsein der Öffentlichkeit und wohl auch dem der meisten "ehemaligen" Schüler wird die Schule in recht negativer Erinnerung behalten,[1] es gibt kaum eine pädagogische Zeitschrift, die in unregelmäßigen Abständen nicht über die Motivationsunlust, über den Leistungsdruck, über schlechtes Klima in den Schulen berichtete, selbst die Massenmedien nehmen sich zunehmend dieser Probleme an.[2] Dagegen besteht in der Öffentlichkeit im allgemeinen von der Universität nach wie vor das relativ ungetrübte Bild des faulen, leichtlebigen Studentenlebens, wo es den Leuten so geht wie nie zuvor und hernach. Von der allgemein akzeptierten und veröffentlichten Meinung her bestünde also eher ein Meinungsdruck in die entgegengesetzte Richtung. Unsere Untersuchungen weisen aber darauf hin, daß zumindest in der Einschätzung der Befragten selbst die Universität mit ihren Arbeitsbedingungen negativer eingeschätzt wird als die Schule.[3]

Wenden wir uns als nächstes dem Semestervergleich zu, der die Frage nach der Veränderung der Arbeitssituationsein-

---

1) vgl. KEMPOWSKY, W., Immer so durchgemogelt. Erinnerungen an unsere Schulzeit, München 1974

2) vgl. Spiegeltitelgeschichte: Schulangst, SPIEGEL Nr. 23, 3o. Jg., 31. Mai 1976; Bild der Wissenschaften, Heft 4, 13. Jg., April 1976, Die Schule macht die Kinder krank, S. 96

3) Die Ursachen für diese verblüffende Tatsache werden im zweiten Teil dieses Kapitels aus der Sicht der Studenten erläutert.

schätzung durch das "Sich-eingelebt-haben" an der Universität beantworten soll:

3.3.3 Vergleich von Anfangs-, mittleren und höheren Semestern

Tabelle 37:

	N = 5o3 1.-6.Sem.	N = 9o 7.u.8.Sem.	N = 12o 9.u.mehr Sem.	Diff. Signifikanz
Studienunfähigkeit (SSP 1)	2,o1	1,91	1,95	n.s.
Studienschwierigkeiten (JSS 1)	3,15	3,oo	2,98	++
negatives Fachdozentenbild (JSS 2)	3,32	3,31	3,17	n.s.
negatives Doz.-bild d. Pädagog. (JPD)	2,79	2,94	2,87	n.s.

Es läßt sich ein leichter Trend hin zur Abnahme der studienbezogenen Schwierigkeiten im Laufe des Studiums feststellen,[1] signifikant ist dieser Unterschied bei unserer Untersuchung allerdings nur bei der Dimension: Studienschwierigkeiten/Unzufriedenheit mit der Studiensituation (JSS 1). Offenbar spielen die Anfangsschwierigkeiten, die Neuanpassung an eine völlig neue Umgebung, der Zwang, sich selbst stärker als bisher zu selbständiger Arbeit anzuhalten, Kommilitonen zu finden, mit denen man zusammenarbeiten kann, eine wichtige Rolle bei der Beurteilung der eigenen Studiensituation.

Diese Anfangsschwierigkeiten, die man als allgemeine Orientierungslosigkeit kennzeichnen könnte, sind offenbar nach

1) vgl. JAHNKE, J., a.a.O., S. 99: "Im Ganzen läßt sich ... ein leichter Rückgang der Problemzahl mit den Studienjahren beobachten."

wie vor nicht behoben, obschon sie ein altes Problem darstellen.[1] Im Gegensatz zum allgemeinen "Neurotizismus" läßt sich allerdings bei den "Arbeitsstörungen" keine Entwicklung im Sinne des Modells einer "Wanne" nachweisen,[2] sondern wie schon erwähnt, ein leicht abnehmender Trend zum Ende des Studiums hin. Das beweist m.E., daß "Neurotizismus" und "Arbeitsstörungen" nicht dasselbe sind, sondern relativ unabhängige Faktoren im Bewußtsein der Studenten,[3] auch wenn es natürlich Wechselbeziehungen zwischen beiden gibt, wie die Korrelationen zeigen: "Neurotizismus" mit SSP 1: o.64; "Neurotizismus" mit JSS 1: o.61. Es legt sich die Vermutung nahe, daß am Anfang des Studiums die "Arbeitsstörungen" bzw. "Studienschwierigkeiten" im Vordergrund der empfun denen Belastung durch die Studenten stehen, während sich im Laufe des Studiums, am Ende, die Schwierigkeiten(scheinbar) in den persönlichen Bereich verlagern, und dort als nicht mehr der objektiven Situation zuschreibbar, sondern als privater Neurotizismus erscheinen.[4]

Der folgende Vergleich der ersten beiden Semester mit den höheren Semestern (ab 9. Sem) zeigt, daß es zum Teil erhebliche Unterschiede zwischen den Geschlechtern gibt.

Hieraus erhellt, daß die Abnahme der Arbeitsstörungen im Laufe des Studiums wohl in der Hauptsache auf den Anteil der weiblichen Probanden zurückzuführen ist, wobei der größere Selektionsfaktor gerade bei diesem Teil der Population zu berücksichtigen ist. Die von BECKMANN u.a.

---

1) vgl. MIELITZ, M., Die Situation der Studienanfänger in der phil. Fak., in: Neue Slg., Sonderh. 4, Göttingen 1967 und PREUSS-LAUSITZ/SOMMERKORN, a.a.O.

2) vgl. Kap. III, 1,3.4, S. 77 f.

3) vgl. hierzu die Hypothese von MÖLLER (in: MÖLLER/SCHEER, Psychotherapeutische Beratungsstelle ..., a.a.O., S. 44), daß man zwischen "primären" und "sekundären" Arbeitsstörungen unterscheiden müsse. Eine sekundäre Arbeitsstörung liegt hiernach dann vor, wenn Störungen außerhalb des Arbeitsbereiches auf eigentlich intakte Arbeitsfunktionen übergreifen, die bei einer etwaigen Therapie primär beseitigt werden müssen, um die Arbeitsfähigkeit der Klienten wiederherzustellen.

4) vgl. Kapitel III, 4, Sozialisationswirkungen, S. 218 f.

Tabelle 38: Vergleich Anfangs- mit End-Semestern, differenziert nach Geschlecht

	weiblich			männlich		
	N = 127 1.u.2. Sem. $\bar{x}$	N = 48 9.u.mehr Sem. $\bar{x}$	Signif.- prüfung	N = 5o 1.u.2. Sem. $\bar{x}$	N = 72 9.u.mehr Sem. $\bar{x}$	Signif. prüfung
Studienunfähigkeit (SSP 1)	2,o6	1,94	.171 n.s.	1,97	1,95	.864 n.s
Studienschwierigkeiten/Arbeitsstör. (JSS 1)	3,25	2,96	.o1o ++	3,11	3,oo	.37o n.s
negatives Fachdozentenbild (JSS 2)	3,27	3,15	.365 n.s.	3,13	3,19	.661 n.s
negatives Doz.-bild d. Pädagog. (JPD)	2,71	2,94	.o18 +	2,54	2,83	.o23 +

behauptete größere Frustration der Studentin im und durch den Verlauf des Studiums kann hier somit für den Bereich der Einschätzung der Studiensituation nicht bestätigt werden. Nach der vorliegenden Untersuchung besteht vielmehr eine Angleichung der Geschlechter in der Beurteilung der Studiensituation im Laufe des Studiums, die m.M. nach einmal durch Selektion der Studierenden mit den größten Problemen und zum anderen durch eine Anpassungsleistung besonders der weiblichen Studierenden erklärt werden kann.[1)]

Festzuhalten bleibt fernerhin, daß die relativ negative Beurteilung der Fachdozenten sich im Laufe des Studiums kaum verbessert, während die relativ positive Einschätzung der Pädagogikdozenten sich im Laufe des Studiums leicht abschwächt.

---

1) vgl. BECKMANN u.a., a.a.O., S. 32 f. Zur weiteren Diskussion und Begründung der Unterschiede zwischen den Geschlechtern sowie der Veränderungen im Laufe des Studiums vergleiche die Ausführungen in den Kap. III, 4 und III, 5., S. 218 f. bzw. 248 f.

In allen theoretischen Abhandlungen über studentische Probleme wird auf die vermutete starke Abhängigkeit der Einschätzung der Studiensituation von der Fächerstruktur hingewiesen. In dieser Arbeit wurden lediglich die beiden wichtigsten und von der Struktur ähnlichen Fachkombinationen miteinander verglichen, die die Lehrerstudenten gewählt haben: Geistes- und Naturwissenschaften (einschließlich Sportstudenten).[1]

3.3.4 Fächergruppenvergleich zwischen Naturwissenschaften und Geisteswissenschaften

Tabelle 39:

	N = 525 Sprach- u. Gesellsch.-wissensch. Mittelw.	N = 18o Naturwiss./ Leibesübg. Mittelw.	Signif. der Differenz	
Studienunfähigkeit (SSP 1)	2,o1	1,94	.o64	n.s.
Studienunzufriedenheit/Arbeitsstörg. (JSS 1)	3,15	2,97	.oo2	++
negatives Fachdozentenbild (JSS 2)	3,21	3,54	.ooo	++
negatives Doz.-bild d. Pädagog. (JPD)	2,77	2,99	.ooo	++

Die "Studienunzufriedenheit", d.h. Unzufriedenheit mit der "objektiven" Studiensituation aus der Sicht der Studierenden, wie auch der Unzufriedenheit mit der eigenen Lern- und Arbeitsleistung ist also auch nach dieser Untersuchung bei den klassischen "geisteswissenschaftlichen" Fächergruppierungen signifikant höher als bei den Naturwissenschaftlern (einschließlich des diesen hier zugeordneten Fachs: Leibesübungen). Dies deckt sich mit Ergebnissen JAHNKE's, der fest

1) vgl. zur Differenzierung Kap. III, 1, 3.5, S. 8o

stellte, daß die "Philologen" im Vergleich zu "Physikern" signifikant mehr Probleme mit dem Studium ankreuzten.[1] Er führt diesen Unterschied auf die "Problematik des Studienangebots und der Studienorganisation" der philologischen Fächer zurück, ohne anzugeben, was das im einzelnen heißen mag.[2]

Interessant ist auch hier, daß in den ersten zwei Semestern noch keine Unterschiede in der "Studienunzufriedenheit" auszumachen sind, wohl aber beim Dozentenbild,d.h. Naturwissenschaftler und Leibesübungsstudenten haben von vornherein ein negativeres Bild von den Dozenten oder erwarten wohl auch weniger von ihnen als die Geisteswissenschaftler. Dies hält sich durchs Studium durch. Differenziert man die obigen Ergebnisse jedoch nach Geschlecht, so ergibt sich eine entscheidende Einschränkung: Die Differenz zwischen Naturwissenschaftlern und Geisteswissenschaftlern bezüglich der "Studienunzufriedenheit" ist nur zwischen den weiblichen Studierenden beider Fächergruppen signifikant, nicht aber zwischen den männlichen Studierenden dieser beiden Gruppen, während der Unterschied beim Dozentenbild vom Geschlecht unabhängig ist.

3.4 Ursachen für Arbeitsstörungen (aufgrund der Gruppendiskussionen)

Über die Hälfte der Studierenden - das geht aus der eigenen wie auch aus anderen Untersuchungen[3] hervor , klagen über mehr oder weniger große Probleme im Arbeits- und Leistungsbereich und geben auch das Problem "Arbeitsstörung" als - neben "Kontaktstörungen" - wichtigsten Grund für das Aufsuchen von

---

1) vgl. JAHNKE, J., a.a.O., S. 98 f.

2) vgl. ebenda, S. 99

3) vgl. SPERLING/JAHNKE, a.a.O., Bd. 2, S. 97 ff. und eigene Untersuchungen, Kap. III, 3.1, S. 172 f.

Beratungsstellen.[1] Dies demonstriert die Bedeutung, die die Studierenden selbst dem Studium und den darin erlebten Störungen bei der Selbsteinschätzung ihrer Befindlichkeit zumessen. Zusammen mit den Studienfachwechslern[2] und den Abbrechern[3] ergibt sich damit doch das Bild einer weit verbreiteten Unzufriedenheit mit der Studiensituation, deren Ursachen mit dem folgenden Statement in 12 Gruppendiskussionen ergründet werden sollte:

Statement 3:

"Ein weiteres spezifisch studentisches Problem scheinen teils häufiger auftretende Arbeits- und Konzentrationsstörungen zu sein, obwohl die Arbeitsbedingungen an der Uni auf den ersten Blick günstiger als in allen anderen Bereichen der Gesellschaft zu sein scheinen. Nach einer Umfrage des Bundesministeriums für Bildung und Wissenschaft von 1974 ist jeder Dritte vom Studienfach seiner Wahl enttäuscht, 15 % wechselten ein oder mehrmals ihr Studienfach, jeder zweite studierte über die vorgeschriebene Semesterzahl hinaus. Wenn Ihr mal an Eure Erfahrungen denkt: Wo würdet Ihr die Ursachen für die Arbeitsstörungen, für die Unzufriedenheit mit dem Studium und die verlängerte Studienzeit sehen? Was müßte Eurer Meinung nach an der Uni oder im Studium geändert werden?"

Die Auswertung der Gruppentonbandprotokolle ergab 319 Meinungsäußerungen zur Ursachenbeschreibung, die auf 268 Karten vercodet und zu 2o Argumentgruppen zusammengefaßt wurden. Neben Deskription (19 Äußerungen) und Lösungsvorschlägen (45 Äußerungen) wurden diese Ursachenbeschreibungen der Häufigkeit ihrer Nennung nach geordnet und in ein "Ursachenstrukturmodell" einzuordnen versucht, das die Zusammenhänge optisch verdeutlichen soll.[4]

---

1) vgl. Bericht der Göttinger Beratungsstelle vom März 1973, MASCHINENDRUCK; in anderen Berichten stehen Arbeitsschwierigkeiten sogar an erster Stelle, z.B. im Jahresbericht des "Zentrums für Studien- und Konfliktberatung, Augsburg 1973/74, S. 8: 72 %; vgl. auch Bericht der Kölner Beratungsstelle, in: "Psychologie heute", H. 1, 1977, S. 36

2) ca. 15 % nach einem Zwischenbericht der HIS, Kurzinformationen, H. 4, Okt. 1976, S. 11

3) ca. 12 % eines Studienjahrganges, vgl. ebendort, S. 8

4) vgl. die Seiten 183 und 184

Tabelle 4o: Arbeitsstörungen - Ursachenbeschreibung (in Gruppendiskussionen)

Rangfolge		Häufigkeit der Nennungen F
1.	Orientierungslosigkeit, mangelnde Anleitung, Desinformation, fehlende Beratung	44
2.	fehlender Praxisbezug, theoretische Einseitigkeit	38
3.	mangelnde Erfolgserlebnisse, feed back	25
4.	Schule bereitet nicht oder falsch auf Studium vor	24
5.	Studienaufbau - unstrukturiert, undurchschaubar, roter Faden fehlt, Massenseminare	22
6.	Streß, Überforderung, Leistungsdruck	18
7.	fehlende oder schlechte Berufsperspektive	17
8.	Fehlen von Selbstverwirklichungsmöglichkeiten, Entfremdung	17
9.	Sinn des Studiums, Studieninhalte nicht einsehbar	15
1o.	wenn gute Kontakte - gutes Arbeiten	15
11.	keine Eigeninitiative im Studium möglich, gefordert	11
12.	Examens- und Prüfungsängste	9
13.	persönliche Probleme	9
14.	pädagogische Unfähigkeit der Dozenten	9
15.	N-C-Schäden: eigentliche Studieninteressen konnten nicht zum Tragen kommen	9
16.	allg. Resignation: politisch und Uni-bezogen	8
17.	Unfähigkeit oder Schwierigkeit, mit akademischer Freiheit umzugehen	7
18.	Enttäuschung über Studienrealität, d.h. eigentlich etwas anderes vorgestellt	6
19.	finanzielle Belastung, jobben, keine Bücher	4
2o.	falsche Arbeitseinteilung oder Fehlen einer solchen überhaupt	3
21.	Sonstiges	9
		319

Tabelle 41: Ursachenstruktur - Arbeitsstörungen

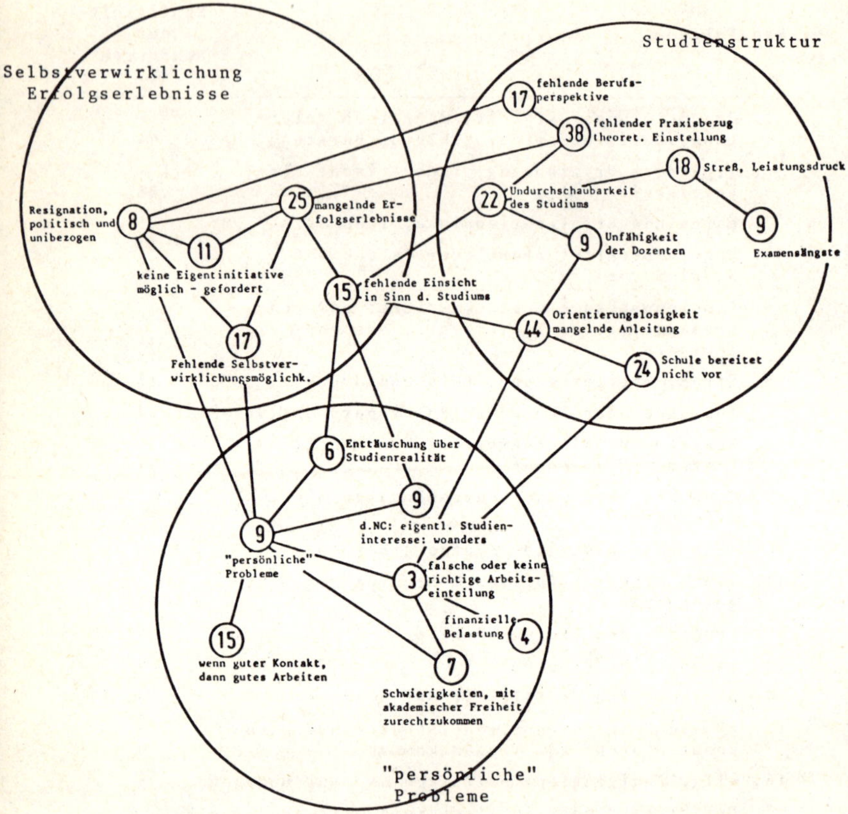

Legende: Die Zahlen geben die Häufigkeiten der Nennungen wieder.
Die großen Kreise bezeichnen zusammengehörige Komplexe.
Die Verbindungslinien deuten inhaltliche Zusammenhänge an.

Im Anschluß an die Gruppendiskussion wurde, wie beschrieben, eine Fragebogenerhebung zum gleichen Problemkreis angehängt, um Schweiger zu berücksichtigen und eventuelle Verzerrungen durch gruppendynamische Prozesse auszugleichen. Wie unten zu sehen, ergeben sich dabei in der Rangfolge der angegebenen Gründe gewisse Unterschiede. Doch tauchen in beiden Befragungsarten ähnliche Problempunkte unter den ersten zwölf (nach Häufigkeit bzw. nach Rangplatz eingestufte Begründungen für Arbeitsstörungen auf:

Gruppendiskussion (Rangfolge)	Fragebogen (Rangfolge)
1. Orientierungslosigkeit, mangelnde Anleitung zum Studieren	1. die Verwertbarkeit des Gelernten für späteren Beruf - zweifelhaft
2. fehlender Praxisbezug, zu theoretisch	2. Veranstaltungen sind oft so überfüllt, daß man nicht diskutieren kann
3. mangelnde Erfolgserlebnisse, überhaupt: zu wenig feed back	3. mangelnder Praxisbezug, fehlende Anwendungsmöglichkeiten des Gelernten
4. Schule bereitet nicht oder falsch aufs Studium vor	4. man hat nicht gelernt, selbständig zu arbeiten
5. Studienaufbau - unstrukturiert, undurchschaubar, roter Faden fehlt	5. Bluffzwang verhinert echtes Lernen
6. Leistungsdruck, Überforderung, Streß	6. isoliertes Lernen zerstört Arbeitsmotivation
7. fehlender oder schlechte Berufsperspektive	7. man hatte eigentlich andere Vorstellungen von dem, was und wie man studieren wollte
8. Fehlen von Selbstverwirklichungsmöglichkeiten, Entfremdung	8. zu geringe Erfolgsrückmeldung
9. Sinn des Studiums, der Studieninhalte - oft nicht einsehbar	9. man weiß nicht, was in der Prüfung später verlangt wird
1o. oft fehlen gute Kontakte, deshalb kann man auch schlecht arbeiten	1o. zu Dozenten/Kommilitonen - oft nur schlechten Kontakt
11. es wird keine Eigeninitiative, keine Selbständigkeit im Studium gefordert oder ermöglicht	11. Lerninhalte erscheinen in sich sinnlos und unzusammenhängend
12. Examens- und Prüfungsängste	12. zu geringe Anleitung zum Studieren

Versucht man, die wichtigsten Punkte aus beiden Befragungsarten herauszusuchen, so ergeben sich etwa folgende Hauptprobleme:

+ Orientierungslosigkeit, mangelnde Anleitung, nicht gelernt, zu studieren
+ fehlender Praxisbezug, fehlende Anwendungsmöglichkeiten des Gelernten, schlechte Verwertbarkeit
+ zu geringe Erfolgsrückmeldung (feed back)
+ innerer Sinn der Studieninhalte und damit auch eigenes Engagement fehlt
+ Studienstruktur zu unstrukturiert, Seminare zu groß
+ Isolation und Kontaktstörungen (Kommilitonen/Dozenten)

Für die detaillierte Darstellung der Gruppendiskussionsergebnisse zu den Ursachen der Arbeitsstörungen soll jedoch den inhaltsanalytisch gewonnenen Kategorien gefolgt werden, die sich unter die Argumentgruppierungen

unzureichende Studienstruktur

fehlende Erfolgserlebnisse und Selbstverwirklichungsmöglichkeiten

"persönliche Probleme"

subsumieren lassen.[1]

3.4.1 Studienstrukturelle Ursachen

In diesem Abschnitt sollen die Ursachen behandelt werden, die quasi unabhängig vom einzelnen und dessen individueller Perzeption den Studenten wohl allgemein das Studieren an der Universität erschweren.[2]

Folgende Argumente wurden zu diesem Problembereich genannt:

---

1) vgl. Ursachenstrukturskizze, S. 184

2) wobei die Abrenzung vom zweiten Punkt: mangelnde Erfolgserlebnisse weniger einem systematischen Grund als mehr dem Zwang zur sukzessiven Darstellung folgt.

+ Orientierungslosigkeit, mangelnde Anleitung zum Studieren, man ist oft desorientiert und wird zu wenig beraten (44 Nennungen)
+ fehlender Praxisbezug, theoretische Erörterungen stehen zu einseitig im Vordergrund (38 Nennungen)
+ Schule bereitet nicht genügend auf das Universitätsstudium vor, auch werden falsche Vorstellungen geweckt (24 Nennungen)
+ Studienaufbau ist in vielen Fächern unklar, undurchschaubar, es fehlt ein roter Faden, in Massenseminaren ist man noch verlorener (22 Nennungen)
+ Streß und Leistungsdruck verunsichern und führen zu Arbeitsstörungen (18 Nennungen)
+ fehlende (oder schlechte) Berufsperspektive, man weiß nicht, ob man später wirklich den Beruf ausüben kann, für den man lernt (17 Nennungen)
+ Angst vor Examen und anderen Prüfungen verhindern engagiertes Lernen und erzeugen auch Arbeitsstörungen (9 Nennungen)
+ pädagogische Unfähigkeit der Dozenten demotivieren im Seminar (9 Nennungen)

3.4.1.1 Orientierungslosigkeit und mangelnde Vorbereitung auf Studium

Wie schon aus der repräsentativen Fragebogenerhebung vom SS 1975 hervorgeht, sind die "neurotischen" Beschwerden sowie die "Arbeitsstörungen" unter den Anfangssemestern am größten.[1] Wenn auch unter den genannten Ursachen für Arbeitsstörungen die Orientierungslosigkeit und mangelnde Vorbereitung durch die Schule sowie mangelnde Anleitung zum Studieren an der Universität selbst an erster Stelle stehen, so muß man annehmen, daß es sich hierbei um eine der wichtigsten Defizite der gegenwärtigen Universitätsstruktur handelt.

Diese Desorientierung wird schon auf der Schule "vorbereitet". Besonders das selbständige Arbeiten ohne konkrete Anleitung könne man auf der Schule gar nicht lernen, ebenfalls keine kooperative Arbeit mit anderen zusammen. Überhaupt habe man, wenn man von der Schule komme, keine Vor-

1) vgl. Kap. III, 1, 3.4, S. 77 f.

stellung darüber, was "sinnvolles Arbeiten" heißen könne. Von den Fächern, die dann gewählt würden - wenn man sie noch frei wählen könne - und ihren Studienmöglichkeiten habe man durch die Behandlung der Fächer in der Schule oftmals völlig andere Vorstellungen, so daß man dann von der Realität des Studiums des gewählten Faches enttäuscht sei. Viele wissen während der Schulzeit nicht, und können es dort auch nicht erproben, ob die Neigung und Begabung für das gewählte Studienfach überhaupt ausreicht, um es intensiv, eventuell ein ganzes Leben lang zu betreiben. So würde beispielsweise im Fach Deutsch moderne Literatur interpretiert, an der Universität aber müsse man im Fach Germanistik hauptsächlich sprachwissenschaftliche Übungen belegen, Grammatiken lernen usw. Über die verschiedenen Berufsmöglichkeiten werden die angehenden Studenten offenbar auch nicht ausreichend informiert, so daß sie erstmal ein Studium beginnen, ohne sich eigentlich f ü r einen bestimmten Beruf, hier z.B. den Lehrerberuf, zu entscheiden, einen Beruf, von dem sie auch während der Studienzeit eigentlich kaum genauere Vorstellungen zu bekommen scheinen. Im Extremfall läßt sich die Situation folgendermaßen umschreiben: Wegen des NC studiert der Student ein Fach, daß er schon an der Schule nicht unbedingt gern gehabt hat, kann es im Studium wegen der strengen Bafögbestimmungen nicht wechseln, hat sich zudem noch auf der Schule völlig falsche Vorstellungen davon gemacht; nun läßt er sich nolens volens auf dieses "neue" Fach an der Universität ein, wobei ihm im Laufe des Studiums klar wird, daß er mit diesem Fachstudium noch keineswegs eine sinnvolle Qualifikation für einen Beruf erhält, den er - ironischerweise - eigentlich auch nie erstrebt hat aber froh sein muß, wenn er wenigstens diesen - also den Lehrerberuf - ergreifen kann.

Einige Beispiele:

(weibl., 7. Sem., Deutsch, Geschl., Gruppe 5): "Ich würde sagen, das (Studienunzufriedenheit) liegt an der mangelnden Vorbereitung durch die Schule. Man wird da in irgendwas reingestoßen. Ich habe Deutsch und Geschichte an der Schule gemacht und da 'ne zwei gehabt und denk' ich mir, machst das halt, - dann weiß ich aber eigentlich gar nicht, was das ist und mach nachher was völlig anderes als ich mir das so in meinem kindlichen Sinne da vorgestellt habe vorher. Ich finde, da müßte die Vorbereitung einfach besser sein, das ist ja genauso wie jetzt, ne, ich krieg ja von allem was mit hier, nur nicht vom Lehrerberuf, den ich ja später mal auszuüben habe. Na ja, und dann versuchen eben viele es mal mit anderen Fächern, um dann festzustellen: da sieht es genauso aus, jedenfalls in den philosophischen Fächern."

(männl., 6. Sem., Anglistik/Germanistik, Gruppe 1): "Die Ursache dafür liegt ja meiner Meinung nach in der Schule, jedenfalls wars bei mir so. Da wird man ja auf das selbständige Arbeiten und Lernen und auf die Universität gar nicht vorbereitet. Als ich zur Uni kam, da wußte ich überhaupt nicht, was hier lief, ne. Da lief ich erstmal ein Semester total desorientiert hier rum. Und das muß ich der Schule wirklich zum Vorwurf machen, daß die einen darüber auch eigentlich gar nicht informiert hat, geschweige denn, irgendwelche Anleitung zum selbständigen Arbeiten zu geben."

SATERDAG u.a. stellten in ihrer Untersuchung zu diesem Thema (1972) fest: "Zwei Drittel der Befragten (156 Probanden, die Fragebogen ausfüllten) wurden in der Schule nicht über Studienmöglichkeiten und -bedingungen unterrichtet. ... Vergleicht man die Erwartungen bei Studienbeginn mit den Erfahrungen, die die Befragten dann später im Studium gemacht haben, so wird deutlich, daß vor allem im Hinblick auf den Grad der Abwechslung, der Universalität und der Praxisbezogenheit des gewählten Studiums recht unzutreffende Vorstellungen vorhanden waren."[1] Auch die Beratung etwa eines Drittels der von SATERDAG u.a. Befragten wird rückwirkend gesehen "als wenig nützlich und zufriedenstellend" angesehen.[2] Bedenkt man, daß durch die Verschärfung des NC in den letzten Jahren die Zahl derer, die wegen mangelnder Notendurchschnitte nicht ihr ursprünglich gewünschtes Fach studieren können, noch zugenommen hat, so ergibt sich daraus

---

1) SATERDAG/APENBURG, Orientierungsprobleme und Erfolgsbeeinträchtigung bei Studierenden, Saarbrücken 1972, S. 59

2) vgl. ebendort; wichtig wäre sicherlich, nicht nur "über" das Studium zu unterrichten, sondern ein Anschauungsunterricht im Sinne von "Präsentation" von Studieninhalten und -bedingungen

und aus dem Informationsdefizit über das Fach und über den Beruf schon im Vorfeld der Universität ein Frustrationsfaktor für die Studierenden, der sich später in Resignation, Unlust, Arbeitsstörungen und Studienfachwechsel niederschlägt.

(weibl., 3. Sem., Chem./Soz., Gruppe 6): "Ich komm aus einer ziemlich kleinen Stadt und war da bei der Berufsberatung und da lassen Berufsberatungen ja zu wünschen übrig, ja und da hatte ich mit dem Gedanken gespielt, Haushaltswissenschaft zu studieren, ja, und da sagten sie, da wüßten sie nichts drüber und das wäre ja auch so 'ne vage Sache und da hab ich mich in dem Buch über Berufsberatung informiert und da ... dachte ich, das schaffste nie, und dann wollte ich Diplompädagogik machen wollen, und da haben sie gesagt, ja Diplompädagogen, die kriegen sowieso keinen Job, das gibt's überhaupt noch gar nicht und die werden auch nicht eingesetzt. Das waren dann schon mal zwei Sachen, die mich so abgeschreckt haben und ich dachte, na ja, wenn die das sagen, die müssen's ja wissen, ne. Na ja, und dann bin ich auf Lehrer gekommen, und da ich in Biologie und Chemie am besten war, sagte ich mir, na ja, studierts du Chemie und Biologie.
Na ja, und dann bin ich hier in Göttingen in die Vorlesung gegangen, und habe mich da hingesetzt, und mir das angehört, und nichts verstanden. Und in Biologie mußte ich gleich ein Praktikum machen und da hatte ich einen Stundenplan von 4o Wochenstunden und ich dachte, das muß eben jeder machen, bis mir klar wurde, daß das eben einfach zu viel ist ... Und dann bin ich auf Sozialkunde gestoßen, weil ich meinte, da ginge das so reichlich locker zu und da habe ich festgestellt, daß ich da nun mal gar nicht weiß, was muß ich machen, man weiß nur, man muß soundsoviel Scheine machen und kann sich dann zur Prüfung melden, aber was hat man, wenn man drei Übungen gemacht, was weiß man dann: Nichts. Man hat einfach nichts in der Hand oder im Kopf. Das läuft alles so lasch. Also was mir dann fehlt, ist so, daß ich mich überfordert fühle. Ich habe seit Januar noch keinen Tag frei gehabt, ich bin also total überlastet dadurch, und was das Schlimmste daran ist, ich merke auch nicht, daß es was bringt, daß ich so viel mache."

Der zweite wesentliche Faktor für die - oft nicht nur anfängliche - Verwirrung und Verunsicherung der Studierenden wird von den Gruppendiskutanten in der mangelnden Beratung und Information an der Universität selbst gesehen. Hier handelt es sich hauptsächlich um Klagen darüber, daß man von vornherein ohne Anleitung mit der Forderung "überfordert" werde, sein Studium selbständig zu organisieren und selbständig zu arbeiten und zu lernen, was man eben von der Schule her nicht könne. Fragen sind z.B.: Wie viel muß ich außerhalb der verlangten Pflichtseminare noch zusätzlich lesen und lernen, um mein Examen gut zu bestehen? Muß ich in den Ferien auch noch für's Studium lernen oder kann ich da jobben oder Urlaub machen? Welche Anforderungen werden später im Examen gestellt, reichen da meine in den Seminaren erworbenen Kenntnisse oder was muß ich da noch wann, in welcher Form zusätzlich wissen? Muß ich mich auf beide Fächer gleichzeitig mit der gleichen Intensität von Anfang an vorbereiten oder ist es sinnvoller, erst das eine, dann das andere voranzutreiben? Kann ich es mir leisten, erst einmal überall hereinzuhören, auch in Nachbardisziplinen zu gastieren oder muß ich mich gleich auf "examensrelevante" Lernstoffe stürzen, und wenn ja, wer sagt mir verbindlich, welche das sind? Ist es sinnvoller, von vornherein mit anderen zusammenzuarbeiten oder sollte ich lieber meine Fähigkeiten zu individueller selbständiger Arbeit trainieren, die später dann doch einzig und allein zählen?

Viele Fragen und wenig befriedigende Antworten erhält der Studienanfänger, soweit er aus Scheu vor den Dozenten und älteren Semestern überhaupt wagt zu fragen. Dies liegt allerdings nun nicht nur an der Borniertheit und Arroganz der befragten Dozenten, obwohl es auch die aus der Sicht der Studenten in erschreckendem Maße gibt[1], sondern wohl auch einfach daran, daß es für viele dieser Fragen keine verbindlichen Antworten geben kann, und zwar hauptsächlich deshalb, weil das Universitätsstudium selbst keinen festen Regeln folgt, weil es kaum orientierende Studienordnungen gibt, keine Lernzieldefinitionen, meist nur vage Prüfungsordnungen usw. So ist der Meinungsvielfalt jedes einzelnen "Beraters" allemal nur die Relevanz einer persönlichen - und meist schon länger zurückliegenden - Erfahrung des Antwortenden zuzuschreiben, deren plurale Relativität durch die Unterschiedlichkeit der Fächerstrukturen gesteigert wird

1) vgl. Kap. III, 3, 3.1, S. 175

und oftmals die Verwirrung bei den Studierenden noch verstärkt, statt sie zu mildern. Viele legen offenbar ihr Studium aus dieser Unsicherheit heraus von vornherein "breiter" an, um sich erstmal zu informieren, was später zu einer Verlängerung der Studienzeit führt.[1)]

(männl., 6. Sem., Sozialkunde, Mathematik, Gruppe 10): "Ja, so 'nen Chaos habe ich am Anfang auch gehabt, bei meinem Sozialkundestudium, da habe ich gar keine Linie dringehabt, erstens auch, einfach, weil ich nicht wußte, wie man so was angeht, ob man immer beim selben Dozenten bleibt oder nicht. Und dadurch ist das unheimlich chaotisch gelaufen ... in Mathe ist es viel mehr strukturiert, aber da wird auf den Anfänger und auf die Lehrerstudenten wieder überhaupt keine Rücksicht genommen."

(weibl., 5. Sem., Deutsch/Sozialkunde, Gruppe 4): "Ja, diese Umstellung von der Schule, wo du alles vorgesetzt kriegtest und dann hier, da sagt man dir plötzlich: selbständig arbeiten oder so - hast noch nie gehört, war 'n Fremdwort. Und dann wirst du gleich auf Gruppenarbeit angesetzt, hast du auch noch nie gemacht vorher ... und da sollst du dann mit klarkommen, ne? ... Ich finde, da müßte so in den ersten Semestern auch ein bißchen Hilfestellung gegeben werden, wie man sinnvoll arbeiten kann ... so daß man bestimmt ein bis zwei Semester verliert, weil man nicht weiß, wie man arbeiten soll.

(männl., 3. Sem., Soz./Päd., Gruppe 4): "... Du weißt ja nicht, wie du dein Studium organisieren sollst, nicht mal, was oder wen du belegen sollst und weißt auch nichts über Prüfungsordnungen ... sagt dir ja auch keiner ... und dann, wenn die Prüfungen anstehen, dann kommt man langsam dahinter, daß man vieles hätte anders machen sollen am Anfang."

(weibl., 5. Sem., Deutsch/Sozialkunde, Gruppe 4): "Ja, und dann wird Dir gesagt, Du sollst kontinuierlich arbeiten, obwohl das Studium ja selbst gar nicht irgendwie richtig organisiert ist, da gibt es ein unheimliches Angebot, meinetwegen von Kleists Dramen bis zur Literaturtheorie der Moderne und da sitzt du dann als Erstsemester unheimlich frustriert davor. ... und dann wird dir gesagt, du sollst 'ne Kartei anlegen von vornherein, ich habe doch keine Ahnung, wie man eine Karte anlegt, aber meinste, da wird dir mal 'ne Hilfestellung gegeben? Ne. Ich meine, daß da dann mal irgendwann einer sagt, ich habe die Scheiße satt, ich schmeiße die Bücher in die Ecke, - das ist doch logisch."

---

1) vgl. Aufstellung der Gründe für Studienverlängerung, in: Infratest: Hochschulbarometer ..., a.a.O., S. 11

(weibl., 7. Sem., Geschichte/Anglistik, Gruppe 5): "Ich finde, man sollte das auch nicht nur der Schule überlassen (mit der Vorbereitung auf Studium), sondern an der Universität so 'ne Art Einführung machen, so 'ne Art Nullsemester, daß man nicht schon im ersten Semester gezwungen ist, irgendwelche Scheine zu machen ... Aber die Anfängerseminare, die ich mitgemacht habe - da kriegte man in der ersten Sitzung so 'ne Literaturliste mit vier, fünf, sechs Seiten und alles solchen dicken Wälzern, und dann saß man davor und sollte sich das aneignen und sollte sich was aussuchen und ich hatte überhaupt keine Ahnung, was nun das Wichtigste ist, was man lesen muß - und von daher habe ich dann gar nichts gelesen." (allgemeines Gelächter)

MORGENSTERN schreibt zu diesem Problem: "Die zur Konsumtion bereitgestellten Lernangebote sind Warenangeboten von Supermärkten vergleichbar. Man verspricht sich anfangs zu viel davon, Augenblicksbedürfnisse werden stimuliert und unentwegt Illusionen geweckt, die jedoch nicht real erfüllt werden können. Das "Überangebot" gängelt, frustiert und löst Apathie aus."[1]

Faßt man nochmals die hier behandelten Defizite zusammen, ergibt sich folgendes Bild: Schon in der Schule - so die Studierenden - wird weder kooperatives noch selbständiges Arbeiten gelernt, es wird nicht in angemessener Weise auf die spezifischen Probleme vorbereitet, mit denen der Student an der Universität konfrontiert wird (z.B. woraus setzt sich eine Disziplin an der Universität zusammen, was lernt man in einem Fach usw.). Die Beratung für ein Berufsziel ist ausgesprochen unzureichend. An der Universität selbst entsteht durch die Unübersichtlichkeit der Fächerstrukturen, der Örtlichkeiten, der Anforderungen, der unterschiedlichen Ratschläge und durch die noch nicht erlernte, aber unterstellte Selbständigkeit eine Überforderung und Verunsicherung, die bei vielen das ganze Studium über anhalten und zu Studienabbruch, -verlängerung, -wechsel und Arbeitsstörungen führen kann.

---

1) MORGENSTERN, W.R., Pathographie eines Wegs ins Ungewisse - von der Schulbank in den Hörsaal, in: Studentische Politik, H. 6/7, 1973, S. 35 ff.

3.4.1.2 Fehlender Praxisbezug, unklarer Studienaufbau, schlechte Berufsaussichten

MORGENSTERN hat zwar de facto recht, wenn er meint, daß die einstige Eliteuniversität mit ihren Humboldt'schen Idealen von Einsamkeit und Freiheit "ihren Charakter gründlich geändert" habe und nunmehr eine "Ausbildungsuniversität" geworden sei, eine Institution, die zudem noch Monopolstellung habe, doch das Bewußtsein von dieser Funktionswandlung hat m.E. keineswegs die inneruniversitären tradierten Strukturen gleichermaßen mitverändert, und diese seine neue Aufgabe ist kaum in das Bewußtsein des immer noch entscheidenden und tragenden "Ausbildungspersonals": der Professoren gedrungen, auch nicht in das der Kultusministerien, die bezeichnenderweise noch nie eine innere Studienreform an deutschen Universitäten durchsetzen wollten oder konnten - weil das an die Interessen der Professoren gegangen wäre -[1] dagegen aber seit Humboldt's Zeiten mit immer neuen Reglementierungen der Eingangs- und der Abgangsbedingungen die Autonomie des Studierens, also die studentische Freiheit einschränkten. Die Lasten der Freiheit, nämlich zu entscheiden, wie am ehesten zum "Stein der Weisen" gelangt werden kann, welche Bausteine für ein Studium wichtig sind, um einen gewünschten Abschluß zu bekommen, wurde den Studenten belassen, die Vorteile jedoch der Freiheit werden vorher durch NC, nachher durch vorgeschriebene Prüfungsstoffe, durch Regelzeitstudium sowie Einschränkung des Fach- und Ortswechsels und freier Wahl von Prüfern und Themen immer mehr eingeschränkt.

So leidet die deutsche Universität - wie von den Studierenden in unserer Gruppendiskussion klar erkannt - an den Ge-

---

1) Die Neuansätze von einer durchgreifenden Reform der Lehrerbildung und der Studienform sind m.E. trotz kleiner Verbesserungen (z.B. "Einführungsseminare", "Fachdidaktikseminare" und "Zwischenprüfungsordnungen") auf halbem Wege in der jetzigen bildungspolitischen Restaurationsperiode steckengeblieben.

burtsfehlern der Humboldt'schen Universität, die für manche bei seiner Gründung noch "Vorteile" gehabt haben mag: an Praxisferne, "Einsamkeit und Freiheit", die der Studierende bei der allgemeinen äußeren Reglementierung nicht mehr als Privileg genießen, sondern individuell zu überwinden versuchen muß - einer Aufgabe, die im Prinzip aussichtlos ist und nicht nur im Einzelfall zu erheblichen Beeinträchtigungen eines befriedigenden Studiums führt.

"Die Studenten erleben" - so nochmals MORGENSTERN - "aus direkter Anschauung den 'Zerfall von Wissenschaft' in einen imposanten Schotterhaufen unkorrelierten Detailwissens."[1] Konnte eventuell in früheren Zeiten, als das Verhältnis Dozenten - Studenten quantitativ und qualitativ noch günstiger war, das Nebeneinander, die Fülle des Stoffes durch das persönliche Gespräch, das lebendige Vorbild des Dozenten für den Studenten einen Sinn bekommen, indem der Dozent selbst quasi eine Struktur vorlebte, von der er seine Tätigkeit als Forscher und Lehrer leiten ließ, so bleibt der Student heute in den allgemein üblichen Massenseminaren mit diesem Versuch völlig allein. In den Massenseminaren, so klagen die hier referierten Gruppendiskutanten, ist keine intensive und zusammenhängende Diskussion möglich, so daß nicht einmal innerhalb eines Seminars die speziellen Stoffe integrierbar werden. Die Seminarleiter selbst lassen hilflos die unausgegorene Meinungsvielfalt der studentischen Äußerungen über sich ergehen, ohne in der zur Verfügung stehenden Zeit auch nur im Entferntesten auf einen der Beiträge mit der notwendigen Tiefe eingehen zu können, froh, wenn sie einige - wie sie meinen - wichtige Gesichtspunkte in der Endzusammenfassung "retten" können. Doch der Student besucht nicht nur ein Seminar, sondern mehrere. In wissenschaftstheoretischer wie didaktischer Hinsicht unterscheiden sie sich z.T. erheblich.Zwischen den Disziplinen, zwischen den Seminarleitern besteht nicht einmal dem Anspruch nach ein gemeinsames Ziel oder irgendeine Verständigung. Der "rote Faden", nach dem so viele doch wohl berechtigterweise suchen,

1) MORGENSTERN, W.R., a.a.O., S. 35

zerbröselt sich in einen wirren farbigen Knäuel. Und seine Entwirrung gelingt auch nicht durch größere "Heimarbeit", weil deren Ergebnisse auch nicht an den Mann gebracht, einer Bestätigung oder Korrektur zugänglich gemacht werden können:

(weibl., 7. Sem., Germanistik/Sozialkunde, Gruppe 7): "Ich muß mir immer was vorstellen können, wenn ich arbeiten will ... bloß nutzt das dann auch nicht sehr viel ... die Themen entpuppen sich dann oft als etwas, was ich mir überhaupt nicht vorgestellt habe, dann verliere ich auch die Konzentration und stehe alle fünf Minuten auf und denke, ach Gott, so wichtig scheint das Buch auch nicht zu sein. ... Dieser ganze Grus von Wissenschaft, das ist alles so unübersichtlich, da sind so viele Sachen, die ich dann lese, ohne überhaupt zu wissen, in welchem Zusammenhang die Sachen da überhaupt stehen. So daß ich manchmal das Gefühl habe, daß alles, was an der Uni sich Wissenschaft nennt, total an dem vorbeigeht, was ich für mich und meinen Beruf später erarbeiten will."

(weibl., 3. Sem., Englisch/Geographie, Gruppe 3): "Also, ich weiß manchmal überhaupt nicht, wozu ich das alles mache, wenn du später in die Schule gehst, brauchst du das sowieso gar nicht mehr, da fehlt dann die Motivation ... es ist einfach nicht einsichtig, wozu man manche Sachen lernt, ne, z.B. Karthographie in Geographie - das sieht keiner ein, ne ... und wenn ich was nicht einsehe, dann bedingt das sofort, daß ich mich nur widerspenstig an die Sache ranmache und das ist dann auch nicht effektiv ...

Diese innere Strukturlosigkeit und Uneinsehbarkeit von Stoffanhäufung hat ihre tiefere Ursache in der traditionellen Praxisferne der universitären Ausbildung. Die impliziten Studiengänge sind vorwiegend "disziplinorientiert" - und -strukturiert, nicht jedoch von den Anforderungen des tatsächlichen Berufsfeldes her aufgebaut, zumal es ein Berufsfeld ist, das über 9o % der Dozenten nur noch aus ihrer Erinnerung an ihre eigene Schulzeit kennen, zu dem sie also kaum noch einen Bezug haben. Im Gegenteil, sie versuchen, sich durch "Wissenschaftlichkeit" von diesem abzuheben.

So entsteht bei den Studierenden der Eindruck, man betreibe bestenfalls "geistige Onanie", wie ein Gruppendiskutant formulierte. Die wenigen didaktischen Seminare in den Fächern und die wenigen pädagogischen Seminare (nur 2 von ca. 3o Seminaren beim Gymnasiallehrer) können schon rein quantitativ keinen Ausgleich für den Überhang an reiner Theorie bzw. reinem Fachwissen darstellen, ganz abgesehen davon, daß auch in diesen Seminaren im Prinzip kein Kontakt mit dem konkreten Berufsfeld Schule zustande kommt, sondern ebenfalls nur wieder Theorien und Fakten über die Schule, über das Lehren.

(weibl., 3. Sem., Englisch/Sozialkunde, Gruppe 10): "ja, didaktische Seminare anbieten, das genügt eben nicht. Da wird nämlich auch meistens nicht viel gemacht. Da kloppt man sich auch nur die Theorie über Didaktik in den Kopp - wirklich ganz konkret, daß man sich selber mal hinstellt und sowas macht, das gibt's eigentlich auch kaum ... man weiß eben nie, wie man das später überhaupt mal umsetzen kann, in der Schule, wenn ich da jetzt beispielsweise eine Übung über Grundrechte mache oder so was, dann ist mir total schleierhaft, wenn ich da jetzt in der Schule vor meiner Klasse stehe - was - ich damit anfangen soll. ... Man kloppt eigentlich immer nur igendwelches Wissen in sich rein, oder auch nicht, liest haufenweise schlaue Bücher, malt die bunt an - und mehr passiert eigentlich nicht!"

(weibl., 3. Sem., Gruppe 6): "Es wird völlig an den Studenten vorbeigewissenschaftlert."

Das Gefühl, nicht richtig (d.h. für den Lehrerberuf) ausgebildet zu werden, vieles lernen zu müssen, was sie selbst nicht wollen und was sie später nicht gebrauchen zu können meinen, ist neben der Orientierungslosigkeit offenbar einer der wichtigsten Gründe für die Arbeitsstörungen und den Unmut über die vorhandene Studiensituation bei den befragten Studierenden (38 Nennungen).

Der fehlende Praxisbezug steht in unmittelbarem Zusammenhang mit der Perspektivlosigkeit des Studiums auf den späteren Beruf hin. Neben dem psychisch schwer zu verkraftenden Gefühl, nichts Greifbares zu produzieren, keine konkrete Arbeit zu verrichten und deshalb minderwertig zu sein, einer theoretischen Vereinseitigung zum Opfer zu fallen, steht fernerhin die Unsicherheit über die eigene "Begabung", die bange Frage: Bin ich überhaupt für diesen (Lehrer-)Beruf geeignet, für den ich soviel Theorie lerne und ein ganzes Studium absolviere? Denn es gibt schlechterdings während der Studienzeit keine Möglichkeit, diese eigene Fähigkeit zu überprüfen oder zu erwerben.[2] Die vagen Vorstellungen vom Beruf und das, was sie über die spätere Tätigkeit im Beruf lernen und erfahren, scheint immer nur aufs Neue zu bestätigen, daß das meiste, was sich die Studenten z.T. mühsam an der Universität aneignen, später völlig irrelevant ist. Ein für andere Ausbildungen sehr wichtiger Motivationsfaktor fällt auf diese Weise völlig aus. Die Angst vor dem Berufseintritt, vor der Praxis wird durch die lange,erzwungene Abstinenz in manchen Fällen so weit gesteigert, daß sich allein hieraus ein Großteil der Studienverlängerungen, der Zweit- und Zusatzstudien erklären lassen. Sich an der "Alma mater" zu bewegen, haben die älteren Semester nun einigermaßen gelernt, fühlen sich hier zu Hause, nicht aber in einem völlig neuen, fremden Arbeitsgebiet, das sie nur vom Hörensagen kennen, für das sie nicht qualifiziert worden zu sein glauben. Die immer wiederkehrenden Berichte über "Praxisschocks" beim Eintritt in das Berufsleben machen deutlich, wie verheerend sich die Praxisferne der Universitätsausbildung auswirkt.[1]

(männl., 1o. Sem., Geschichte/Deutsch, Gruppe 5): "Also Arbeitsstörungen habe ich immer noch ... und Geschichte, was ich studiere, macht mir überhaupt keinen Spaß, aber ich ziehe das eben nun durch, weil ich nicht nochmal wechseln kann ... und wenn man dann so im Studium erfährt, daß da überhaupt keine Praxis einem irgendwie vermittelt wird während des Studiums, sondern daß so man sich in so unheimlich hohen Sphären bewegt, daß man da geistige Onanie betreibt, dann kann einem das auch ziemlich verleidet werden, auch wenn man am Anfang noch einigermaßen motiviert war. Dieser mangelnde Praxisbezug, das ist wohl so ein ziemliches Grundübel."

(weibl., 5. Sem., Deutsch/Sozialkunde, Gruppe 7): "... so daß ich öfters das Gefühl habe, alles, was ich jetzt lerne, an Wissenschaftlichkeit und so, im Grunde genommen zentral vorbeigeht an dem, was ich mir für meinen Lehrerberuf vorgestellt hatte ... die Wissenschaftlichkeit erschlägt dich völlig ... und das, was ich mir vorstelle, als Lehrerin zu arbeiten, ist das jedenfalls völlig irrelevant ... so suche ich dauernd rum - gucke hier mal ein Buch an, mache da mal was ... z.B. in Germanistik: da werden so ganz alte Sachen, zum Beispiel Stilanalyse, unheimlich in den Vordergrund gestellt, wozu das da ist, gar nicht mehr klar ist."

---

1) vgl. Zts. b:e, H. 5, 1976: Praxisschock

2) Die beiden vorgeschriebenen Praktika sind "Hospitationspraktika", in denen der Student nicht unterrichten darf.

3.4.1.3 Leistungsdruck und "Bluff"

Nach JAHNKE haben die Studenten der philologischen Fächer ähnlich wie Arbeitnehmer in der freien Wirtschaft eine durchschnittliche Wochenarbeitszeit von rund 4o Stunden (die von ihm gleichfalls untersuchten "Physiker" jedoch von 5o bis 6o Stunden).[1] Auch nach unseren Untersuchungen sind die Naturwissenschaftler stärker als die klassischen Geisteswissenschaftler vom Studium beansprucht und klagen über zu großen Zeit- und Leistungsdruck, der ihnen keine Zeit lasse, sich mit anderen, z.B. persönlich sie interessierenden Inhalten oder auch mit Kontaktaufnahme und -pflege zu beschäftigen.[2] Über diese Unterschiede in den Fächergruppierungen hinaus tritt jedoch ein merkwürdiges Phänomen auf: Obwohl beide Gruppierungen offenbar genügend Arbeitszeit für ihre Studium erübrigen (4o-41 Std.),[3] haben doch alle dauernd das Gefühl: "Ich müßte eigentlich mehr für mein Studium arbeiten" und "andere arbeiten mehr".[4] Erklärlich wird dieser Widerspruch nur, wenn man sich die Struktur der Arbeitsbedingungen und des Arbeitsverhaltens sowie der Anforderungen ansieht. Zum einen fehlen - im Vergleich zu sonstigen "Arbeitnehmern" - feste Arbeitszeiten und -räume; ein direkter Vergleich mit anderen Studenten und deren Arbeitszeit und Arbeitsverhalten ist also nicht möglich. Nach JAHNKE arbeiten 77 % bzw. 85 % der männlichen bzw. weiblichen "Philologen" bevorzugt im eigenen Zimmer.[5]

---

1) vgl. JAHNKE, J., a.a.O., S. 68

2) vgl. Kapitel über Kontaktstörungen, Kap. III, 2,3,4,S.125

3) vgl. neuere Untersuchung von Infratest WS 73/74, München 1974, S. 17 ("Erziehungswissenschaftler" nur 34 Stunden, s. ebendort)

4) vgl. JAHNKE, a.a.O., S. 79; 7o % bzw. 63 % der männlichen bzw. weiblichen Philologen waren dieser Ansicht, dagegen nur 39,9 % der Physiker

5) vgl. JAHNKE, J., a.a.O., S. 83

Die einzelnen Arbeitsphasen im Tagesablauf verteilen sich auf die verschiedensten Arbeitsplätze und Zeiten. So entsteht eine dauernde subjektive Verunsicherung über das Ausmaß der eigenen Arbeitstätigkeit, die sich kaum objektiv messen läßt. Dazu kommt noch die Tatsache, daß die Arbeitsintensität sich nicht gleichmäßig über die Semesterzeit, noch weniger über die Ferienzeit erstreckt. Die Studenten arbeiten "periodenweise sehr viel und dann wieder soviel wie gar nichts". Der wichtigste Grund jedoch für die permanente Verunsicherung hinsichtlich des eigenen Arbeitsverhaltens liegt sicherlich in der Tatsache, daß es keine genau umrissenen Ziele und Definitionen von dem gibt, was in einem Seminar, ja im Studium überhaupt gelernt und erreicht werden soll und daß auch nur ungenügende Erfolgsrückmeldungen erfolgen.[1] Es wird vielmehr überall auf noch weitere Literatur, noch weitere Wissensgebiete hingewiesen, die der Student eigentlich auch noch kennen sollte, wobei offenbleibt, wie wichtig das für sein Studium, für sein Examen nun wirklich sein wird.

Aus diesen strukturellen Bedingungen wird deutlich, weshalb der einzelne das Gefühl bekommen kann, unter einem dauernden Leistungsdruck zu stehen und durchs Studium überfordert zu werden, obwohl er objektiv gesehen weder zu viel noch zu wenig tut.

Aus Angst jedoch, nicht genügend und vielleicht auch nicht das Richtige zu lernen, entstehen wiederum Arbeitsstörungen, weil es sich dann jeweils um eine "extrinsische", fremdbestimmte Motivation handelt, weil sich Versagensängste, Versäumnisängste bei einem bestimmten Grad leistungsmindernd auswirken.[2]

---

1) vgl. weiter unten, Kap. 3.4.2

2) vgl. GÄRTNER-HARNACH, V., Angst und Leistung, Weinheim 1972, S. 1o6: "Die Arbeit mit extrinsischer Motivation scheint eher Leistungsangst zu bewirken als die Abstellung ... auf vorwiegend intrinsische Motivation", wobei wichtig ist, "daß ihm ständig die Möglichkeit zur Überprüfung seiner Leistung gegeben wird." (S. 112)

WAGNER hat in seinem berühmten Aufsatz: "Der Bluff" die Leistungs- und Arbeitsproblematik in den Geisteswissenschaften eindrücklich skizziert. Da an der Universität keine Waren produziert werden, die zur Existenzberechtigung legitimieren, entscheiden Übungen, Klausuren, Referate, Examina aller Art über Aufstieg und Verbleib an der Universität, wobei es sich - laut Prüfungsordnungen - um die Prüfung von Wissen, also Faktenwissen und Problemlösungswissen, handelt. Da aber das, was "sozial an Wissen erwartet wird, nie voll bekannt ist, wird es zur Notwendigkeit, möglichst viel Wissen anzuhäufen, denn man kann sich nie sicher sein, daß man genügend weiß und ob das, was man weiß, auch gerade den Erwartungen entspricht".[1)] Da es also keine objektiven Kriterien für "Wissenswertes" und "Wissensnotwendiges" gibt, ist auch das "Vortäuschen von Wissen" möglich, denn beim Prüfer muß ja "lediglich der Eindruck entstehen ..., das geforderte Wissen sei vorhanden". Der somit erfundene und mögliche "Bluff" wird aber um so notwendiger, je mehr sich die quantitativen Anforderungen bis ins Unendliche ausdehen, "so sehr, daß sie schließlich niemand mehr anders als durch Bluff erfüllen kann".[2)] Besonders in den Geistes- und Sozialwissenschaften - "für die man sich vor allem durch Bücherlesen und Nachvollziehen fremder Gedankengängen ausbildet" - ist, nach WAGNER, dieser Bluffzwang verbreitet. Denn eine Überprüfung dessen, was gelernt wurde, die "Relevanz und Richtigkeit kann nur dadurch überprüft werden, daß man das Gelernte in der wissenschaftlichen Diskussion in eigenen Worten für den Diskussionszusammenhang formuliert.[3)] Da der Student stets unsicher ist, ob das Gelernte richtig ist, formuliert er möglichst ungenau, vage, um sich gegebenenfalls davon distanzieren zu können, immer mit der Angst, sich ja nicht zu blamieren, etwa sein eigenes Bluffverhalten durchschaubar zu machen. Diese ständige Angst und die Unge-

---

1) vgl. WAGNER, W., a.a.O., S. 58 ff.

2) ebenda, S. 6o

3) ebenda, S. 67

wißheit über das, was wirklich relevant ist, führt aber ebenfalls zu einer dauernden Verunsicherung im studentischen Arbeitsverhalten. Er hat das Gefühl, eigentlich nie auch das wissensmäßig einlösen zu können, was er nolens volens in Seminaren oder Arbeitsgruppen dauernd "vorblufft". Ganz allgemein entsteht so ein diffuser Konkurrenzdruck, der um so diffiziler und kurioser ist, als keiner eigentlich genau weiß, womit er den anderen ausstechen kann und soll, es sei denn dadurch, daß er auf "alle relevanten - und wenn (er) wirklich gut sein will, auch auf alle irrelevanten Fragen (man weiß ja nie, was der Prüfer für relevant hält) - eine Antwort bereit (hat), die ... den Fragenden befriedigt ..."[1)]

3.4.1.4 Pädagogische Unfähigkeit der Dozenten

SATERDAG u.a. haben in ihrer Saarbrückener Studie herausgefunden, daß "die meisten Befragten ... der Meinung (sind), daß der Lehrer der wichtigste Faktor für Interesse und Desinteresse an einem Fach sei". Auch aus unserer Untersuchung geht hervor, welch zentrale Rolle der Lehrer an der Schule für die Schüler noch hat. An der Universität nimmt diese Bedeutung und auch die Vorbildfunktion der Dozenten, schon wegen des viel geringeren Kontaktes zu diesen, erheblich ab.[2)] SATERDAG vermutet aber, daß "der Studierende noch auf der Universität eine Erwartungshaltung" (hat), die dem Lehrenden eine sehr wichtige Vermittlungsrolle zudiktiert. Die während des Studiums sehr häufig auftretenden motivationalen Schwierigkeiten, "... sind wohl ein Indiz dafür, daß die Dozenten an der Hochschule diesen Erwartungen nicht entsprechen".[3)]

Zumindest für die Seminaratmosphäre und den Arbeitsstil in den Übungen sind die pädagogischen und didaktischen Fähig-

---

1) WAGNER, W., a.a.O., S. 59; vgl. auch weiter unten: Prüfungsängste, Kap. III, 3.4.2.2,

2) vgl. Ergebnisse aus der Hauptuntersuchung in Kap. III, 3.3.2, S. 175

3) SATERDAG/APENBURG, a.a.O., S. 43

keiten der Dozenten von ausschlaggebender Bedeutung, denn nur selten ist es den Studenten möglich, Aufbau und Arbeitsweise gegen den Willen des Dozenten zu verändern.

Neben der Arroganz der Seminarleiter und deren autoritärem Eingreifen in den jeweiligen Seminardiskussionen wird in den Gruppendiskussionen denn auch hauptsächlich deren pädagogische Nichtqualifikation kritisiert, die die Motivation an Mitarbeit oder Diskussion im Seminar bzw. Übungsverlauf ersticke.

(männl., 3. Sem., Französisch/Sozialkunde, Gruppe 1): "... Du wirst an der Uni zu wenig motiviert. Und müßte sich mal fragen, woran das liegt, z.B. an den Dozenten, die Leute, die das vermitteln, daß die vielleicht didaktisch nicht so auf der Höhe sind bzw. die Studenten nicht so motivieren können - die sehen ihre Sache eben auch nur als Job an und machen nur gerade die Sache, an der sie grade forschen und ansonsten kümmert die das wenig, ob die Studenten das pakken oder nicht."

(weibl., 3. Sem., Germanistik/Rom., Gruppe 1): "Das spielt 'ne unheimliche Rolle (wie der Dozent das macht) ... ich habe gerade in Literaturwissenschaft ein Seminar mitgemacht, und wie der das aufgebaut hatte, Seminarplan und alles, das war unheimlich dufte - bloß, ja das ist ein Typ, der mit sehr vielen Worten überhaupt nichts sagt, der steht also da vorne, der Seminarleiter, und labert und labert und reißt den Leuten, die das Referat halten, das Konzept völlig aus der Hand und labert und erzählt und macht und tut und das ganze Seminar ist jetzt schon so total frustriert, weil der Typ also immer nur da vorne steht und irgendwas erzählt und das jedem recht machen will und diese Meinung anbringt und jene Meinung vertritt, der ist also - diese anfängliche Motivation, die wirklich vom Thema her da war, die hat der total zerstört."

Wenn man bedenkt, daß für einen Hochschullehrer Promotionen, Habilitationen usw. als Qualifikation gelten, jedoch kein einziges pädagogisches Buch, das er gelesen haben muß, können solche Seminarleiterkritiken keinen verwundern.

3.4.2 Fehlende Erfolgserlebnisse und Selbstverwirklichungschancen / Prüfungsängste

Mehr noch als die bisher erörterten Probleme aus der Studienstruktur betreffen die folgenden die Möglichkeiten des einzelnen, sich im Studium selbst zu engagieren, sich in dem Getanen wiederzufinden, im Studium selbst eine - noch nicht erreichte - Identität zu finden. Folgende Punkte wurden als Ursachen für die Frustrationen in diesem Bereich genannt:

+ mangelnde Erfolgserlebnisse (feed back) (25 Nennungen)
+ Fehlen von Selbstverwirklichungsmöglichkeiten (17 Nenn.)
+ Sinn des Studiums und der gelehrten Studieninhalte nicht einsehbar (15 Nennungen)
+ Eigeninitiative wird weder gefördert noch ermöglicht (11 Nennungen)
+ allgemeine Resignation, die sich auf Unireformen und Politik bezieht (8 Nennungen)

3.4.2.1 Fehlende Erfolgserlebnisse, mangelhafte Rückmeldung

Neben der allgemeinen Orientierungslosigkeit und der Praxisferne ist die Klage über zu wenig Rückmeldung und das Gefühl, keine oder zu wenig Erfolgserlebnisse zu haben, nach Meinung der Gruppendiskutanten eine der Hauptursachen für die Arbeitsstörungen.

Im Gegensatz zu handwerklicher Arbeit erzeugt der Studierende keinerlei Produkte, die für ihn selbst oder andere in irgendeiner Weise konsumierbar oder direkt verwertbar wären.[1] Der Studierende partizipiert auch längst nicht mehr, wie es etwa beim Lehrling im Meisterbetrieb oder an ganz kleinen Forschungsinstituten noch heute möglich ist, an der Fertigstellung eines gemeinsamen Produktes oder einer Forschungsarbeit, die er wachsen sieht, zu der er beitragen könnte. Der Studierende der philologischen Massen-

1) vgl. WAGNER, W., a.a.O., S. 58

fächer ist dagegen zur Konsumtion und Reproduktion von Büchern oder des Dozentenwissens gezwungen. Es handelt sich um sog. "antizipatorisches" Lernen, Lernen also, das - und das muß der Student "glauben" - ihm später einmal von Nutzen sein soll. An letzterem nicht wenigstens hin und wieder zu zweifeln, fällt vielen Studierenden angesichts der oben beschriebenen Praxisferne verständlicherweise schwer. Da somit kein direkter Bezug zu irgendeiner Praxis, keine Möglichkeit, das Gelernte - innerhalb der Studienzeit-umzusetzen oder anzuwenden besteht, ist er um so mehr auf wenigstens "immanente" Erfolgserlebnisse angewiesen,[1] die ihm das Gefühl geben könnten: ich tue wenigstens das, was von mir erwartet wird mit dem von mir erwarteten und gewünschten Erfolg.

Bei dem Jahr für Jahr wachsenden Überangebot von Informationen und Wissensmöglichkeiten (die Produktion von wissenschaftlichen Büchern und Zeitschriften entwickelt sich in Form einer Exponentialkurve)[2] und der - studienmäßig geforderten - Zersplitterung des Wissens in kleine und spezielle Steinchen in verschiedenen Fächern und Übungen entsteht das Gefühl einer hoffnungslosen Minderwertigkeit und Unzulänglichkeit. Dieses strukturell wohl kaum vermeidbare Mißgeschick wird nun in vielen Studienfächern auch nicht durch eindeutiges "feed back" für die einzelnen zu erreichenden Lernziele gemildert, wie dies in der Schule wenigstens noch ansatzweise der Fall war. Es geht dabei nicht um "Schein"-Klausuren, die der Selektion dienen, sondern um individuelle Lernzielkontrollen und um direkte und ausführliche Rückmeldungen über Referate, die gefordert werden. Wenn aber immer unklar bleibt, was zu lernen war und der Student nie wei ob er gelernt hat, was er lernen sollte oder wollte, so entfällt diese letzte extrinsische Motivation, die ein Ar-

---

1) vgl. auch SPERLING, er beschreibt diesen Drang nach Anerkennung in SPERLING/JAHNKE, a.a.O., Bd. 1, S. 15o

2) vgl. hierzu DE SOLLE PRICE, The Science of Sciences, in: CONTANT, J.B., Modern Science and Modern Man, Doubleday Anchor Books 1952, S. 244

beiten an manchmal nicht einsehbaren und für den späteren Beruf irrelevanten Stoffen noch gestützt hätten. Die dann einsetzenden Arbeitsstörungen und der Aufschub von notwendigen Lernprozessen vermitteln dem einzelnen das (dann erklärliche) Schuldgefühl, daß es an ihm liege, wenn er "mal wieder nichts geschafft" hat, wenn er meint: "ich weiß viel zu wenig", "ich schwimme überall", "ich kann mich nur durch 'Bluff' retten", "ich weiß nicht, ob ich überhaupt für das Studium geeignet bin", "ich kann mich noch lange nicht zum Examen melden".

(männl., 3. Sem., Sozialpädagogik, Gruppe 4): "Ja, ... das kenn ich auch, daß man immer meint, man tut zu wenig, und dann gar nicht mehr dazu kommt, irgendetwas gründlich zu tun, ne, Hauptsache: viel! ... und dann überschneiden sich die Termine. Ja, und dann machste irgendwelche Sachen, die dich gar nicht so interessieren, die aber auch irgendwie, irgendwann mal gemacht werden müssen..."

(weibl.,3. Sem., Soman./Sozialkunde, Gruppe 3): "... Also meine Erfahrung ist, daß zum Beispiel auch die Referate - ich mache als zweites Fach Sozialkunde - da ist das wohl besonders schlimm: ich habe noch kein Referat, kein einziges durchgesprochen bekommen. Also ich habe die Referate gemacht, habe die abgegeben und dann waren sie weg, also ich habe überhaupt gar keine Ahnung, wie man die fand, ob die gut waren oder schlecht oder sonstwas ..."

(männl., 8. Sem., Gesch./Geogr./Sozialkunde, Gruppe 6): "(Studium ist extrem frustierend) ... auf der anderen Seite ist immer irgendwie noch dieser soziale Status, den man anstrebt, das spricht noch mit rein (fürs Studium), obwohl man es manchmal gar nicht wahrhaben will, ne. Aber wie gern ich mir jetzt wirklich 'ne Handwerkerlehre ... erwünschen würde, denn das gibt einem solche Erfolgserlebnisse, wenn man irgendwie was selber gebastelt hat, etwas hingekriegt hat - und das paßt oder auch nicht, ist egal, jedenfalls hast du selber was gemacht. ... Das brauche ich so sehr. ... Das hat man im Studium so gut wie nicht."

3.4.2.2 Prüfungsängste

Dieser diffuse Leistungsdruck, die Unsicherheit über die eigene Leistung und die tatsächlichen Anforderungen kumulieren dann in den punktuellen Prüfungsritualen: Klausuren, Zwischenprüfungen und Abschlußexamina. Die Zufälligkeit dessen, was in den kurzen Prüfungen wirklich abgefragt werden kann, die Weite und Unüberschaubarkeit dessen, was "dran" kommen könnte, das Bewußtsein, über ganz große Bereiche des Studierten und noch mehr des Nichtstudierten nichts oder nur Unzureichendes zu wissen, lassen vielen die Abschlußprüfung als einen selbstzerstörerischen Offenbarungseid erscheinen, vor dem ihnen umso mehr graut, je näher sie diesem psychoterroristisch empfundenen Initiationsritus kommen.[1]

Es ist hier nicht der Ort, auf die spezielle Problematik der Prüfungen und Prüfungsordnungen einzugehen - dies ist von anderer Seite schon ausführlich getan worden[2] - sie interessiert hier nur insofern, als sie direkt oder indirekt zu Arbeitsstörungen beiträgt.

Bei einem Teil der Gruppendiskutanten wurde schon lange vor dem Examen die Arbeitsleistung durch die drohende Prüfung beeinträchtigt, weil die Angst, in dieser für alle Studenten wichtigsten und für einen sehr langen Zeitraum einzigen Erfolgskontrolle und Bestätigungsmöglichkeit zu versagen, die Auswahl der Seminare, des Stoffes und das Arbeitsverhalten negativ beeinflußte. Nicht das jeweils interessierende Seminar, nicht die ins je eigene Interessengebiet passenden Themen und Bücher würden gewählt und bearbeitet, sondern das Seminar und die Bücher, von denen die Studenten glauben, daß sie vom Prüfer verlangt würden, von denen sie glauben, gut durch die Prüfung kommen zu können. Da aber weder die genauen Anforderungen noch die psychischen Begleitumstände der Prüfung - Laune des Prüfers, eigene Verfassung usw. - wißund noch weniger beeinflußbar sind, bleibt auch mit noch so großem Arbeitsaufwand immer das Gefühl, zu wenig getan zu haben, noch immer einen Berg von unbewältigtem Wissen vor sich zu haben und trotz allen Fleißes keine Garantie für

---

1) vgl. zur psychoanalytischen Betrachtung der Prüfungen: MOELLER, M.L., Zur Psychodynamik der neurotischen Prüfungsangst, in: Ziolko, H.U. (Hrsg.), Psychische Störungen bei Studenten, Stuttgart 1969, S. 214 ff.

2) vgl. BUCHHOLZ, B., Die akademische Prüfung als institutionelles und persönliches Problem, in SPERLING/JAHNKE, a.a.O., Bd. 2, S. 7 ff., dort auch ausführliches Literaturverzeichnis

einen "Erfolg" im Sinne von "Nichtversagen", "Nichtblamieren" zu bekommen.

(weibl., 5. Sem., Biol./Engl., Gruppe 3): "Du kriegst auch echt unheimlich wenig Rückmeldung, während des ganzen Studiums, und praktisch erst bei deinem Examen dann auf einmal ... während deines Studiums kannst du dich jedenfalls gar nicht einschätzen selbst, was du weißt oder wissen solltest, du kriegst nur mit, was du noch alles wissen solltest und daß du unheimlich wenig schon weißte ... und das Examen wird dann zu so 'nem Berg irgendwie, weil man den Berg so aufschiebt während des Studiums."

(weibl., 5. Sem., Mathem./Chemie, Gruppe 6): "... ich kenn jetzt auch paar, die haben das (die Prüfung) nicht geschafft, und die haben sich auch hingesetzt und gepaukt wie wir - das hing dann hinterher von der Verfassung ab, wie sie sich gaben, ob sie sich selbstbewußt gaben oder nicht. ... Und wir haben ja nur für die Prüfung gearbeitet und nicht etwa, weil wir glaubten, das bringt uns was, das ist doch alles viel zu theoretisch ... und dann lernt man drei Monate (eigentlich das ganze Studium) und dann wird man 'ne halbe Stunde oder später eine Stunde geprüft, nicht? ... und da kommt es wirklich darauf an, ob der Prof gut gegessen hat und ob er gute Laune hat, ob vorher schon zwei durchgefallen sind oder noch gar keiner ..."

(weibl., 9. Sem., Deutsch/Sozialkunde, Gruppe 7): "... es ist so, wenn ich jetzt aufs Examen zugehe, und ich bin jetzt bei einem Prof, der sich spezialisiert hat - und da sehe ich jetzt, daß ich eben doch wieder in die Richtung gehen muß, die der Prof geht, also muß ich mir wieder was anderes einpauken. Und mir fehlt also jetzt die Motivation, dieses andere da anzueignen, weil ..., das was mir Spaß macht, das erstreckt sich eigentlich mehr auf so menschliche Gebiete ... und wenn ich mir da nun was anlesen soll - ich weiß nicht, wie ich das schaffen soll. Und die Sachen, die mir mal Spaß gemacht haben, die habe ich inzwischen auch wieder vergessen."

3.4.2.3 Geringe Selbstverwirklichungschancen, fehlende Einsicht in Sinnhaftigkeit des Studiums

Eng verknüpft mit mangelnder Anwendbarkeit und Erfolgskontrolle in einer wie auch immer gearteten Praxis ist die Klage über mangelnde Selbstverwirklichungschancen. Denn die Selbstverwirklichung, die Vervollkommnung der eigenen Persönlichkeit ist der eigentlich letztlich bleibende unmittelbare Sinn, den das Studium unter diesen Bedingungen haben könnte. Das alte Humboldt'sche Ideal des Studierens um seiner selbst willen, das durch Selbststudium und Praxisferne quasi erzwungen wird, nehmen denn auch heute noch viele Studenten sehr ernst; doch auch hier stoßen sie bald an die objektiven und subjektiven Grenzen eines solchen Unternehmens.

Denn so "frei" die "Ausbildung" an der Universität im Vergleich zu anderen Ausbildungsgängen unserer Gesellschaft auch sein mag, am Ende zählen doch nur "Scheine", Zensuren, Examen, die sie - zumal da, wo sie von "Bafög" oder Elternhaus abhängig sind - in einer immer kürzer werdenden "Regelstudienzeit" erbringen müssen. So treten eigene Interessen, die der Vertiefung bestimmter lebensgeschichtlich bedeutsamer Problemlösungen dienen sollen, mit den Anforderungen des Studiums nicht selten in Widerspruch zueinander.

(weibl., 3. Sem., Angl./Rom., Gruppe 1): "Bei mir ist es so, daß also dieser Druck, der durch die Zeit kommt, also daß ich mich bedrückt fühle, wenn ich irgendwas machen muß, - mich würde das wahrscheinlich sonst interessieren, aber weil ich das gerade für ein Seminar lesen muß, dann ist das irgendwie weniger interessant und dann möchte ich das irgendwie lieber weglegen und sagen, das ist also im Augenblick nicht so wichtig."

(männl., 3. Sem., Engl./Sozialkunde, Gruppe 1): "Wenn du etwas für dich selber tust, wenn das nicht vom Seminar gefordert ist, dann hast du eher das Gefühl, jetzt bist du kreativ tätig, jetzt tust du etwas für dich allein, das geht mir also auch so, daß man einfach nicht gerne reproduziert."

(weibl., 7. Sem., Soz.wirt, SS-Gruppe): "... Wiederum habe ich oft den Wunsch, viel mehr noch zu machen, weil mich im Grunde viel mehr interessiert. Und ich finde das dann doof, daß ich unbedingt die Sachen alle machen muß, ... ich fühle mich also richtig gejagt, stehe unter so 'nem Scheinzwang, daß ich so viel machen muß - und das, was mich im Grunde interessiert, wo ich mal reinhorchen möchte wenigstens, da habe ich dann überhaupt keine Zeit mehr zu."

Studienwechsel, Studienzeitverlängerung und Unzufriedenheit mit der Studiensituation gehen zum Teil auf diese Suche nach den eigenen Interessen, nach dem "wirklichen" eigenen Engagement für eine Sache zurück.

(weibl., 4. Sem., Päd./Soz.kde., SS-Gruppe) "... als Verkäuferin ist es ja wahrscheinlich egal, ob ich Schuhe oder was anderes verkaufe, aber als Student hat man doch irgendwie den Anspruch an sich selbst, sich selbst zu verwirklichen, - es ist ein schwammiger Begriff - aber doch irgendwie ein Interesse, etwas zu haben, was man tut, wo man dann auch innerlich zu stehen kann, wenn man sein Geld mal damit verdient ... und da ist das mehr oder weniger beliebig gewählte Fach am Anfang (nicht das richtige) und dann wechselt man eben das Fach, um immer näher an das zu kommen, was man Selbstverwirklichung nennen will."

Die schon in der Schulzeit entwickelte und wohl auch geförderte Erwartung, daß das Studium zur "Selbstentfaltung" führt, wird durch die Studienrealität und die auch hier vorgegebenen Stoffe und Aneignungsformen, die als "Fremdbestimmung" erlebt werden, enttäuscht.

Viele der Veranstaltungen sind sog. "Pflichtveranstaltungen" die der Student eben besucht haben muß. Die individuellen Interessen des einzelnen können in den großen Massenseminaren kaum berücksichtigt werden, eine Mitgestaltung an Themen, Stoffen und Verarbeitungsmethoden - also eine Eigeninitiative, die andererseits immer wieder gefordert wird - ist in den seltensten Fällen realisierbar.

(weibl., 7. Sem., Gruppe 7): "... so daß ich auch nirgends eine Möglichkeit sehe, da einzugreifen. Nirgends ist 'ne Möglichkeit, eigene Probleme zu artikulieren ... es wird nur immer gesagt, wo und was man weiter arbeiten soll ... und dann schlägt voll die "Wissenschaftlichkeit" zu - da gibt es dann irgendwelche Theorien, nach denen zwingend gearbeitet werden muß - und die sind dann so abstrakt, die stehen in keiner Verbindung zu mir selber. Und dann sehe ich für mich auch das Problem, wie soll ich den Schülern mal beibringen, daß sie sich selber etwas erarbeiten müssen, wo ich das selbst nicht lernen kann ... so gehe ich auch höchst ungern in Seminare ..."

BECK umschreibt das Dilemma der Studenten als "Doppelbindung sozial-struktureller Art", die in der "Förderung der für die Stabilität des Systems funktionalen Unmündigkeit der Studenten im sozialen Bereich bei gleichzeitig verbal geförderter und unterstützer Selbständigkeit im Bereich des Studiums" bestehe.[1] Doch auch die Selbständigkeit im Stu-

---

1) vgl. BECK, P., a.a.O., S. 124

dienbereich selbst wird von den Gruppendiskutanten als nur gering eingeschätzt.

Als Gesamteindruck der in den vorigen Kapiteln beschriebenen Unzulänglichkeit und Unzufriedenheit mit der Studiensituation, wie sie als Praxisferne und Selbstverwirklichungsschwierigkeiten, als Mangel von Rückmeldung und Erfolgserlebnissen beschrieben wurde, ergibt sich dann konsequenterweise die Frage nach dem Sinn des Studiums überhaupt oder auch einzelner Lerninhalte. Genannt werden hauptsächlich: Statistik, alte Sprachen, lateinische Quellen, stilistische und linguistische Detailuntersuchungen, Karthographie usw. Nach Meinung vieler Gruppendiskutanten sind diese "Hilfswissenschaften" nicht notwendig, vor allem aber kämen sie den eigenen Selbstverwirklichungsansprüchen nicht entgegen. Obwohl einzelne solcher Hilfswissenschaften m.E. durchaus ein integrativer Bestandteil bestimmter Studienrichtungen sein könnten (z.B. Statistik für Sozialkundelehrer), scheint die Art und Form ihrer Vermittlung die Studenten oftmals abzuschrecken. Der von MORGENSTERN apostrophierte "Zerfall der Wissenschaften in unkorreliertes Detailwissen" macht es dem einzelnen Studenten offenbar fast unmöglich, seine nach wie vor ans Studium gestellten "Wünsche nach einem 'widerspruchsfreien Erklärungsmodell für alle (menschlichen) Beziehungen", [1)] nach Auflösung des Wertechaos, mit denen er entwicklungsbedingt, aber auch vielleicht zeitbedingt an die Universität kommt, im Studium zu befriedigen. Die an die Wissenschaft herangetragenen "Heilserwartungen", d.h. einen Sinn für sich zu finden, eine Erklärung des Ganzen der Welt zu bekommen, die Beseitigung von schon immer vorhandenen Minderwertigkeitsgefühlen und Existenzängsten, von Nutzlosigkeit und Unselbständigkeit, werden um so bitterer enttäuscht, je eher die wissenschaftlichen Teildisziplinen solche Idealerwartungen selbst durch ihre Fächerprogrammatik und entsprechende Seminarveranstaltungen prolongieren, besonders also in den "Geisteswissenschaften, aber auch in Fächern wie

---

1) SPERLING/JAHNKE, a.a.O., Bd. 1, S. 227 f.

Sozialkunde, Soziologie und Sozialpsychologie. SPERLING: "Grob vereinfacht kann gesagt werden, daß die Universität den Bedürfnissen nach naturwissenschaftlicher Erkenntnis noch am ehesten gerecht wird, ... wogegen die Geisteswissenschaften extrem frustrieren, wohl weil hier die Diskrepanz zwischen Erwartung und Realität am größten ist.[1] "Die Wissenschaft ist so verlockend wie unerreichbar geworden, eine Wurzel der Resignation."[2]

Der tristen Wirklichkeit versucht - so weiter SPERLING - der Student durch "Starphantasien" zu entkommen, Studium bedeutet im Prinzip für die Studierenden nicht, eine Qualifikation zu bekommen, sondern zur letzten "weltbeglückenden Offenbarung" zu gelangen, so daß selbst das Schreiben kleinerer Referate eigentlich nur dann der Mühe lohnt, wenn dabei ein ganz neues Grundkonzept der Welt entdeckt wird, und "alles Dagewesene ... widerlegt wird".[3] Die bei solchem Anspruch nicht ausbleibende tiefe Enttäuschung, "daß wieder etwas nicht geht, daß man wieder etwas nicht bekommt, ist in Gestalt lebensgefährlicher Resignation oder blindwütiger Aggression nur verständlich, wenn man sie an ihrem psychodynamisch wirkenden Anspruch - paradiesische Zustände - mißt."[4]

SPERLING übersieht hierbei meiner Meinung nach jedoch die strukturellen Zwänge zu solcher individualistischen Eingleisigkeit, im Sinne von subjektivem Streben nach geistigem Abgehobensein, nach Aufgehen in die "paradiesischen Zustände", wie sie oben beschrieben wurden. Da es real kaum Möglichkeiten der Umsetzung oder einer anderweitigen Legitimierbarkeit des Wissens gibt, und Wissenschaft sich im Prinzip nach wie vor wertfrei, nur für sich selbst kontemplatierend versteht, bleibt auch dem Studierenden kaum ein andersartiges Bewußtsein vom Sinn seiner ja unbestritten teil-

---

1) SPERLING/JAHNKE, a.a.O., Bd. 1, S. 227

2) ebenda, S. 226

3) ebenda, S. 153

4) ebenda, S. 155

weise mühseligen und anerkanntermaßen "zweckfreien", um nicht zu sagen "zwecklosen" Gehversuche im Reiche der "Artes".

3.4.3 "Persönliche Probleme"

Natürlich werden alle bisher besprochenen strukturellen Probleme für die Betroffenen auch irgendwann "persönliche Probleme". Wenn hier trotzdem eine eigene Kategorie "persönliche Probleme" eingeführt wird, so deshalb, weil die Gruppendiskutanten selbst eine Reihe von Problemen als ihr eigenes individuelles Versagen auffassen und sie auch als solche zu lösen suchen. Es handelt sich dabei nicht um persönliche Probleme schlechthin, sondern explizit um solche, die sie am effektiven Arbeiten hindern. Im einzelnen sind dies folgende Untergruppen von Meinungsäußerungen:

+ Abhängigkeit von persönlichen guten Kontakten, um arbeiten zu können (15 Nennungen)
+ "persönliche Probleme" verhindern den vollen Einsatz im Studium (9 Nennungen)
+ Unfähigkeit, mit akademischer Freiheit umzugehen (7 Nennungen)
+ falsche Arbeitseinteilung (3 Nennungen)

Das "zentrale Problem ..., daß die Universität als Sammelstelle von Wissenschaft und Lehre, die sich aus wissenschaftlichem Tun ergebenden menschlichen Probleme bisher weitgehend verleugnet,"[1] läßt sich am schwächsten Glied der Institution, beim Studierenden selbst, der mit den institutionellen Widersprüchen leben muß, nicht mehr verleugnen.

---

1) SPERLING/JAHNKE, a.a.O., S. 225

3.4.3.1 Persönliche Probleme und gute Kontakte

Der Studierende muß letztlich mit dem "neurotogenen Hochschulklima" - wie es MAHLER nannte[1] - allein fertig werden. "Einsamkeit und Freiheit" zwingen ihn geradezu, sich viel mit sich selbst und seinen eigenen Problemen zu beschäftigen. Als Ersatz für andere Lösungsmöglichkeiten introjeziert er die äußeren Frustrationen, versucht sie in sich, mit sich, durch sich zu "lösen"; entweder durch Hobbies, durch intensive therapieähnliche Kontakte, durch Alkohol oder auch durch psychosomatische Verarbeitung, wie sie sich dann in allgemeinem Unwohlsein, in Unlustgefühlen, Müdigkeit und vegetativen Verstimmungen äußern. Da sich an der objektiven Situation wenig ändert, bleibt er von diesen Verarbeitungsmöglichkeiten abhängig, ja wird es immer mehr, je länger er sich daran gewöhnt und je weniger sich wirklich dauerhafte Auffangmöglichkeiten für die Enttäuschungen - etwa in einer Partnerbeziehung - ergeben.

Da nun nicht die Arbeit selbst Quelle von Erfolg und Identitätserlebnissen sein kann - denn dazu würden nach BECK neben Rollendistanz und Ambiguitätstoleranz auch Empathie und Identitätsdarstellung gehören, die inhaltlich und kommunikativ nur sehr partiell im Universitätsbetrieb möglich sind - gewinnen, wie bei jeder entfremdeten Arbeit, die "außeruniversitären" Beziehungen und Identitätsmöglichkeiten an überdimensionaler Bedeutung.[2]

So wird denn die Interdependenz zwischen "guten Kontakten" und Arbeitsstörungen von den Gruppendiskutanten selbst immer wieder angesprochen. Insbesondere spielen hierbei Freundschaften, aber auch Arbeitsgruppen eine große Rolle.

---

1) MAHLER, E., Psychische Konflikte und Hochschulstruktur, in: Psyche 23, 1969, S. 772

2) vgl. BECK, P., a.a.O., S. 1o2; vgl. auch MARX, K.: "... der Arbeiter fühlt sich daher erst außer der Arbeit bei sich und in der Arbeit außer sich. Zu Hause ist er, wenn er nicht arbeitet, und wenn er arbeitet, ist er nicht zu Hause." Zit. nach DREITZEL, H.P., Die Einsamkeit ..., a.a.O., S. 31

(weibl., 5. Sem., Deutsch/Sozialkunde, Gruppe 4):"Ich glaube, die Arbeitsstörungen hängen auch wieder - zumindest sehe ich das so - ein bißchen mit diesen Kontaktschwierigkeiten zusammen. Denn mir ist das so gegangen, daß ich das am Anfang ganz stark hatte, ne. Und zwar ist es so, wenn ich privat mich nicht ganz wohl fühle oder Probleme habe, unausgeglichen bin, daß ich dann einfach nicht arbeiten kann, da kann ich stundenlang vor einem Buch sitzen - ich packs einfach nicht. Ich glaube, daß da mit ein Grund liegt, daß viele Studenten so depressiv sind und dann auch keine Motivation haben, zu arbeiten, weil sie da eben auch nichts mehr drin sehen, ne."

(weibl., 7. Sem., Gesch./Deutsch, Gruppe 5): "Bei mir ist das ähnlich (ein Teufelskreis). Im ersten Semester habe ich soviel wie gar nichts gemacht. Ich konnte auch gar nichts machen, ... wenn ich mich vor ein Buch gesetzt habe, da habe ich auch gar nichts verstanden ... ich hatte so viel mit meinen sonstigen Schwierigkeiten zu tun, daß ich gar nicht gekonnt hätte, auch wenn ich gewollt hätte ... und ich kann mir vorstellen, wenn man sich ein bißchen eingelebt hat und wenn man mehr Leute kennt, daß sich das dann gibt."

Durch gemeinsames Arbeiten mit anderen können Frustrationen aus dem Seminarbetrieb ventilartig verarbeitet, zumindest besprochen werden, man fühlt sich nicht mehr völlig allein gelassen und kommt sich auch nicht als der "Dümmste" vor.[1] Im Kontakt mit anderen erscheint es dem einen oder anderen auch eher möglich, gegen bestimmte Anforderungen der Dozenten vorzugehen oder andere Arbeitsformen auszuprobieren. Fehlt jedoch diese Solidarität und dieser Ausgleich - so klagen die Studenten - entstünden dann oft gleich so schwere psychische Depressionen und somatische (vegetative) Verstimmungen, daß an konzentriertes Arbeiten nicht mehr zu denken sei, weil sie mit den unverarbeiteten persönlichen Problemen der "Unausgeglichenheit" psychisch zu sehr beschäftigt sind.

(weibl., 3. Sem., Angl./Rom., Gruppe 1): "...so 'ne gewisse Ausgeglichenheit, die irgendwo für 'ne gewisse Arbeitshaltung vonnöten ist, die fehlt oft ... und das ist das Problem, daß viele Leute eben noch nicht zu sich selbst gefunden haben ... Das ist so, ich kenn es bei 'ner Freundin von mir, die ist häufig nicht in der Lage, allein zu sein. Wenn die mal 'nen Abend nichts bestimmtes vorhat, dann kommt sie und sagt: Komm, wir machen jetzt irgendwas. Sie muß also immer irgendwas zu tun haben und muß praktisch immer die Zeit, die sie hat, totschlagen, am liebsten mit anderen Leuten, weil sie es allein nicht kann. Und ich mein', wenn jemand in so 'ner Situation ist, dann ist er ja auch nicht in der Lage, allein ... zu arbeiten ..."

---

1) vgl. Kap. III,2.4.2.5 Kontaktstörungen, S. 151 f.

3.4.3.2 Unfähigkeit, mit der "akademischen Freiheit" umzugehen

Die so berühmte "akademische Freiheit", die - wie schon erwähnt - im Endeffekt doch weitgehend aminístrativ durch Studienordnungen und Prüfungsbestimmungen eingeschränkt ist, besteht hauptsächlich noch in der Selbstdisziplin, mit der der Student sein Studium, seine Arbeit und seine Freizeit organisiert. Für beides gibt es keine vorgeschriebenen Regeln oder Orientierungen. Da es kaum jemanden auffällt und der Student selbst sich in den Massenseminaren oft genug relativ überflüssig vorkommt, bedarf es beim Aufstehen morgens, beim Bier abends großer innerer Überwindung, nicht weiterzutrinken bzw. weiterzuschlafen. Auch die anfallende Arbeit, z.B. Anfertigen von Referaten, Lesen von Büchern hat im Prinzip keine Eile, kaum jemand kontrolliert es, kaum jemand nimmt es zur Kenntnis, wieviel oder wie wenig oder wann es getan wird. Die Arbeit läßt sich eine ganze Weile vor sich herschieben, allerdings immer mit schlechtem Gewissen, denn - vielleicht oder wahrscheinlich, so argwöhnt man - rächt sich dieses "Lotterleben", irgendwann kommt mal die Prüfung. Viele können dann auch nur unter Zeitdruck arbeiten, d.h. wenn bestimmte Termine eingehalten werden müssen, weil es sonst keine innere Notwendigkeit für die Arbeit gibt. So "klotzen" denn manche ein- oder zweimal im Semester unheimlich ran, um dann den Rest der Zeit wieder relativ unbeteiligt zu "vergammeln" - sie bezeichnen sich als "Saisonarbeiter", sind sich aber doch klar, daß das nicht die beste aller Möglichkeiten ist, etwas vom Studium zu haben.

(weibl., 3. Sem., Angl./Rom., Gruppe 1): "... wir hatten da ein Thema bekommen und sollten das nun selbständig erarbeiten, - das fiel uns unheimlich schwer ... weil das so ungewohnt ist, ne. ...

(männl., 3. Sem., Engl./Sozialkunde, Gruppe 1): ... die meisten haben so 'ne rezeptive Haltung, so jetzt sag mir mal, was ich lernen muß, ne, damit ich in der Klausur oder im Examen das gut reproduzieren kann."

(männl., 3. Sem., Engl./Sozialkunde, Gruppe 1): "Das (das Aufschieben von Arbeit) belastet einen so lange, bis kein Ausweg mehr bleibt, es doch zu machen - so geht das mir. Und wenn ich dann unter so 'nem richtigen Zeitdruck stehe, daß der Schein nun unbedingt sein muß, weil es sonst gar nicht mehr geht, dann klappt das so einigermaßen ..."

(weibl., 3. Sem., Germ./Rom., Gruppe 1): "... wenn mir so ein Seminar überhaupt keinen Spaß macht, dann schiebe ich das immer wieder raus, aber dann habe ich auch so ein fürchterlich schlechtes Gewissen."

3.4.4 Überblick über die Lösungsvorschläge

Ohne im einzelnen auf alle Vorschläge einzugehen, soll an dieser Stelle nur ein Überblick über die studentischen Lösungsvorschläge zur Verbesserung des Arbeitsbereichs gegeben werden. Im Detail wird dies dann im Schlußkapitel[1] diskutiert werden. Neben privaten Lösungen wie: "Sich Termine setzen", seinen Arbeitstag genau "planen", "sich Kommilitonen für eine längerfristige Arbeitsgruppe suchen", "zur ärztlich-psychologischen Beratungsstelle gehen", werden durchaus realisierbare hochschuldidaktische Vorschläge gemacht:

Lösungen (Rangfolge)	Häufigkeit d.Nennungen
(1. Individuelle Lösungsvorschläge, Ratschläge	11)
2. Praxisbezug herstellen, didaktischer Studienaufbau	8
3. Orientierungsphase einrichten	5
4. kleinere Seminare	5
5. verstärkte (echte) Gruppenarbeit	5
6. Seminarleiter - persönliche Motivation, Orientierung	3
7. bessere Studienberatung, Anleitung zum Studium	3
8. Angebote zur Analyse von Gruppenprozessen	2
9. Zusammenhänge von Fächern, roter Faden	1
1o. Erfahrungsaustausch mit älteren Semestern	1
11. Themen müßten mehr persönlich ansprechen	1
	45

1) Kap. IV, 3., S. 294 f.

4. Exkurs: Sozialisationswirkungen der Universität

Ausgewählte Probleme zur Sozialisationswirkung des Universitätsstudiums auf den Sozialisationsprozeß der Studenten im Hinblick auf psychische Stabilisierung und Ablösungsprozesse vom Elternhaus werden aufgrund der empirischen Hauptuntersuchung und der diesbezüglichen Gruppendiskussionen erörtert.

4.1 Allgemeines

Das Universitätsstudium ist im Leben des angehenden Akademikers zwischen 2o und 3o Jahren mit einer Dauer von 5 bis 8 Jahren eine der bedeutsamsten Sozialisationsphasen. In dieser Zeit stellen sich nicht nur die wichtigsten Weichen für den späteren Beruf, auch die psychosoziale Entwicklung des heranwachsenden Menschen erfährt hier ihre entscheidenden Ausprägungen, wie sie später nur noch durch den Berufseintritt in etwa gleich intensiver Weise beeinflußt werden kann.[1)]

In diesem "sozialen Moratorium", das jede Ausbildungsphase in den entwickelten Industriegesellschaften bedeutet, trägt der "Jugendliche" noch nicht die volle Verantwortung für eine Berufstätigkeit, hat aber eben auch nicht die gleichen Rechte und Möglichkeiten wie die im Berufsleben befindlichen (auch Gleichaltrigen), er bleibt weiterhin abhängig - finanziell und damit auch sozial, z.B. vom Elternhaus. REIMER spricht von einer "Ausdehnung der Kindheit auf reife Erwachsene"[2)] und meint damit, daß die "Verkindlichung" in den Bildungsanstalten westlicher Industriegesellschaften das Reifen zu Erwachsenen herauszögert.

Es entstehen auf diese Art und Weise gleichzeitig Frustrationen u n d Freiräume fürs Experimentieren mit sich, den anderen und dem erlernbaren theoretischen Wissen im Stu-

---

1) vgl. hierzu die Untersuchungen der Konstanzer Forschungsgruppe: MÜLLER-FOHRBRODT, G., a.a.O. und KOCH, J.-J., a.a.O.

2) REIMER, E., Schafft die Schulen ab, Reinbek 1972, S. 42

dium. Diese Chance enthält aber gleichzeitig die Gefahr der Desorientierung, der Verunsicherung und des chaotischen Scheiterns. Denn der Studierende bleibt - wie oben geschildert - im doppelten Dilemma: Unmündigkeit, Abhängigkeit und (zum Teil) auch ohne Hilfe und Anleitung. Sozialpsychologisch kann man die Studienzeit als "Adoleszenz" umschreiben, deren Ziel - in Anklang an ERIKSON - "jene endgültige Identität" sei, die "jeder einzelnen Identifikation mit den Bezugspersonen der Vergangenheit durchaus übergeordnet (ist); sie schließt alle wichtigen Identifikationen ein, aber verändert sie auch, um aus ihnen ein einzigartiges und einigermaßen zusammenhängendes Ganzes zu machen."[1)]

Die Entwicklung zu dieser Identität vollzieht sich zumeist nicht gleichmäßig, sondern "krisenhaft". Die "Adoleszenzkrise" umfaßt nach DÖBERT/WINKLER mehrere Stufen, darunter eine "typisch übersteigert egozentrische Selbstreflektionsphase" mit "utopisch-spekulativem Charakter" und eine "Distanzierungsphase", während der neue Rollen und Deutungsmuster z.T. "nur" tentativ durchgespielt werden.[2)]

"Die Funktion der Auseinandersetzung mit der kulturellen Tradition besteht also darin, die dogmatischen Gehalte der alten Rollenidentität von ihren partikularen Bindungen an die elterliche Autorität endgültig zu befreien, um so erst eine auf die Ebene des Gesamtsystems bezogene Neustabilisierung der Identität zu ermöglichen."[3)]

Am Ende stehe dann eine neue Identität mit irreversiblen Rollen, mit psychischer Geschlechtsreife, mit einem unabhängigen moralischen Bezugssystem, beruflicher Identität und sozialem Arrangement mit der Gesellschaft.[5)]

Dieses Entwicklungsmodell bedarf m.E. mehrerer kritischer Modifikationen,[4)] will man es auf die Studentenzeit anwenden. Zum einen ist zwar die Studienzeit sicherlich in manchen

---

1) ERIKSON, E.H., a.a.O., S. 139

2) vgl. DÖBERT/NUNNER-WINKLER, a.a.O., S. 43

3) ebenda, S. 44

4) vgl. hierzu auch kritisch BECK, P., a.a.O., S. 39

5) vgl. de Levita, D.J., Der Begriff der Identität, Frankfurt 1971, S. 197: "Identität ... (ist) die Art ..., wie ein Mensch sich in der Welt einrichtet."

ihrer Teile krisenhaft - wie oben gezeigt -, doch ob der Student (als zumindest altersmäßig und vom Gesetz her schon Erwachsener) noch als "adoleszent" und die gesamte Studienzeit als "Adoleszenzkrise" betrachtet werden kann, bleibt mehr als fraglich. Auch besteht eben mit Abschluß der Studienzeit noch keine "berufliche Identität" - das macht ja gerade einen Teil der Sozialisationsprobleme aus; und ob der Erwerb "irreversibler" Rollen oder einer "endgültigen" Identität ein je erreichbares und überhaupt wünschenswertes Ziel eines Sozialisationsprozesses ist in einer Zeit, da Mobilität und Flexibilität zur Existenzfrage werden, muß sehr bezweifelt werden. Zum anderen birgt dies sog. "soziale Arrangement mit der Gesellschaft" mehrere Gefahren: Einmal die resignierende Anpassung oder den ängstlichen Opportunismus, zum anderen die "große Verweigerung", die sich dann sowohl psychosomatisch in körperlichen Abwehrformen/oder politisch in der Ablehnung jeglichen Einlassens auf irgendeine Form - wenn auch kritischer - Mitarbeit und realistischer Analyse gesellschaftlicher Verhältnisse ausdrücken kann.

Beide Fehlformen des universitären Sozialisationsprozesses sind sehr häufig und ein Indiz für das Ausmaß des Mißlingens desselben. Die institutionellen Ursachen hierfür wurden u.a. in den vorigen Kapiteln beschrieben.

Nach den umfangreichen - zum Teil allerdings recht speziellen und nichtrepräsentativen - amerikanischen College-Untersuchungen scheint - so HUBER - jedenfalls festzustehen, "daß sie (die Colleges) einen Effekt auf die Veränderung von Werten, Einstellungen und Motiven, also auf die Sozialisation von Studenten haben".[1] Auch wenn sich diese Ergebnisse nicht ohne weiteres auf deutsche Verhältnisse übertragen lassen, ist - aufgrund von ähnlichen Ergebnissen (z.B. Infratest-Umfragen) - doch zu vermuten, daß die Hauptrichtungen der Veränderung auch in der BRD wirksam werden:

---

1) HUBER, H., Das Problem der Sozialisation ..., a.a.O., S. 18

+ liberalere Haltung gegenüber traditionellen Werten
+ größere Toleranz
+ Aufgeschlossenheit für Neues
+ individualistische Grundeinstellung
+ "linkere" politische Einstellungen (als vergleichbare Gruppen)[1)]

Für die BRD hat besonders KOCH in seiner Konstanzer Untersuchung über Lehrerstudenten ähnliche Tendenzen erkennen können, dabei aber auf das bemerkenswerte Phänomen hingewiesen, daß sich die Liberalisierung und die Aufgeschlossenheit für Reformen schon am Ende des Studiums, erst recht jedoch mit Eintritt in das Berufsleben, wieder ihrem ursprünglichen Ausprägungsgrad annäherten.[2)]

Eine umfassende, theoretisch begründete, auf die Sozialisationseffekte bezogene empirische Untersuchung an deutschen Studierenden gibt es, wie schon erwähnt, noch nicht.[3)] Auch der vorliegende Exkurs zu Sozialisationswirkungen kann und will diese Lücke nicht füllen.

So soll es im folgenden nicht um politische Sozialisationseffekte oder Studien- bzw. Berufsmotivationsveränderungen, sondern um die Frage der Einschätzung von Veränderungen der psychischen Lagebefindlichkeit der untersuchten Lehrerstudenten im Laufe des Studiums gehen. Da die Ablösung bei gleichzeitig andauernder Abhängigkeit vom Elternhaus eine bedeutsame Rolle in der psychosozialen Entwicklung der "Jugendlichen" spielt und überdies das "Elternbild" ein wesentlicher Faktor für die Ausprägung der psychischen Störungen bildet, nimmt diese Frage in den Gruppendiskussionen und damit in diesem Kapitel einen größeren Raum ein.

---

1) vgl. Infratest: Sozialforschung, Hochschulbarometer ..., a.a.O., S. 26: "63 % aller Studierenden sahen im WS 73/74 ihre eigenen politischen Vorstellungen noch am ehesten durch die beiden Koalitionsparteien SPD (45 %) und FDP (18 %) vertreten."

2) vgl. KOCH, J.-J., a.a.O.

3) vgl. HUBER, L., a.a.O., S. 15; BECK, P., a.a.O., S. 6; vgl. jedoch AMELANG/HOPPENSACK, a.a.O., die zwar Veränderungen der Einstellungsstruktur in ihrer Längsschnittstudie, nicht jedoch Sozialisationseffekte (insbesondere keine politischen) erhoben haben.

Im strengen Sinne des Begriffes handelt es sich hier also nicht mehr um die Ursachen psychischer Störungen, sondern mehr um deren bewußtseinsmäßige Verarbeitung im Laufe des Studiums. Die beiden aus theoretischen Überlegungen abgeleiteten Haupthypothesen heißen: Nach einer gewissen Eingewöhnungszeit versteht es der Studierende nun, mit den Anfangsschwierigkeiten (besonders organisatorischer Art) besser umzugehen, der andauernde psychische Druck und die allgemeinen studienbedingten Verunsicherungen jedoch verstärken sich weiter bis zum Examen hin. Zweitens: Das Verhältnis zum Elternhaus entwickelt sich von einem recht engen zu einem lockeren, distanzierterem hin.

Da schon im Zusammenhang mit den psychischen Störungen, also "Neurotizismus", "Kontaktstörungen" und "Arbeitsstörungen" auf die Entwicklung im Laufe des Studiums eingegangen wurde, wird hier auf eine neuerliche detaillierte Diskussion der dortigen Ergebnisse (und natürlich der Instrumente) verzichtet. In einem Überblick werden die wichtigsten Ergebnisse aus der Fragebogenhauptuntersuchung (SS 75) nochmals zusammengefaßt, um dann die diesbezüglichen Meinungsäußerungen aus den Gruppendiskussionen zu erörtern.

4.2 Überblick über die Entwicklung der psychischen Störungen und des Elternverhältnisses im Laufe des Studiums

Während die "Neurotizismus"-werte im Laufe des Studiums den Verlauf einer "Wannen"-Kurve nehmen, d.h. am Anfang und am Ende des Studiums relativ am höchsten sind, nimmt die "Studienunzufriedenheit" (JSS 1) im Laufe des Studiums ab, ebenfalls die "Gehemmtheit". Bei allen anderen Dimensionen, die zu den Komplexen "Arbeitsstörungen" bzw. "Kontaktstörungen" gehören, ließ sich keine signifikante Semesterabhängigkeit feststellen.[1)]

---

1) vgl. in den jeweiligen Kapiteln III, 1, 2, 3

Tabelle 42: Neurotizismus im Laufe des Studiums[1)]

	N = 5o3 1. - 6. Sem.	N = 9o 7. u. 8. Sem.	N = 12o 9.u.mehr Sem.	Signifikanz
Neurotizismus	24,62	21,34	23,93	++
Studienunzufriedenheit (JSS 1)	3,15	3,oo	2,98	++
Gehemmtheit	4,44	3,64	3,53	++

Eine differenziertere Diskussion dieser Ergebnisse wird im Zusammenhang der Ergebnisse aus der Gruppendiskussion erfolgen.

Die Befragung der Studierenden nach der Einschätzung ihres Elternverhältnisses "früher" und "heute" ergab keine signifikanten Differenzen zwischen den Semestergruppen:

Tabelle 43: Elternverhältnis im Laufe des Studiums[2)]

	N = 6o3 1. - 6. Sem.	N = 9o 7. u. 8. Sem.	N = 12o 9.u.mehr Sem.	Signifikanz	
"früher"					
Zu Eltern warmes, gutes Verhältnis (JEF 1)	3,46	3,41	3,32	o.785	n.s.
starke Kontrolle durch Eltern (JEF 2)	2,79	2,86	2,79	o.699	n.s.
Liebesentzug und Angst als Erziehungsmittel (JEF 3)	2,44	2,46	2,44	o.957	n.s.
"heute"					
warmes, gutes Verhältnis (JEH 1)	3,3o	3,15	3,19	o.181	n.s.
starke Kontrolle durch Eltern (JEH 2)	1,95	1,95	2,o6	o.248	n.s.

Fußnoten 1) und 2) s. S. 224

Die Einschätzung des Elternverhältnisses und des Erziehungsstiles der Eltern in Jugendzeit und Kindheit bleibt also während des Studiums retrospektiv fast identisch. Die Eltern-Einschätzung weist jedoch im Laufe der gesamten Sozialisationsgeschichte einen "Trend" zu größerer emotionaler Distanz zum und Kritik am Elternhaus auf. Deutlicher wird dieser "Trend", wenn die soziobiographisch vorgeordnete Schulzeit noch mit einbezogen wird:

Tabelle 44: Vergleich Elternverhältnis "heute" zwischen Schülern und Studenten

	Schüler ("heute") N = 2o8	Student. ("früher") N = 713	Student. ("heute") N = 713	Signif
zu Eltern warmes gutes Verhältnis	3,5o	3,44	3,26	++
starke Kontrolle durch Eltern	2,55	2,8o	1,97	++
Angst/Liebesentzug	2,14	2,44		++

Diese Tabelle zeigt, daß zwischen der Schülereinschätzung ihres augenblicklichen Verhältnisses zu ihren Eltern und der retrospektiven Einschätzung der Studenten ihres Verhältnisses zu jener Zeit ("früher") in bezug auf das "warme und gute Verhältnis" kein bedeutsamer Unterschied besteht, wohl aber, was die Einschätzung der "starken Kontrolle" und der "Liebesentzugstechniken" und der "Angst" betrifft. Letztere Dimensionen sehen die Studenten jetzt aus der Retrospektive kritischer als die Schüler es "im Augenblick" tun. Die Stu-

Fußn. v. S. 223

1) Zur Bedeutung und Genesis der Instrumentarien sowie zur Diskussion der Indices für die Komplexe: "Arbeitsstörungen" und "Kontaktstörungen" vergleiche in Kap. III, 2, S. 113 und Kap. III, 3, S. 167

2) Zur Konstruktion dieser Elternskalen siehe die Erläuterungen im Kap. II, 3.4, S. 39

denten fühlten sich durch die Eltern stärker kontrolliert und erinnern sich eher daran, ihren Eltern gegenüber Angst empfunden zu haben, als es die Schüler, die ja noch zu Hause leben, vielleicht sich selbst zugeben können.

Entscheidende Unterschiede erleben die Studenten aber offenbar, wenn sie ihr früheres Elternverhältnis mit dem "jetzigen", während des Studiums, vergleichen. Sie fühlen eine deutlich größere Distanz zu ihren Eltern und fühlen sich - dies ist die größte statistische Differenz! - längst nicht mehr so stark von ihren Eltern kontrolliert.

Zu erwarten war weiterhin die signifikante geschlechtsspezifische Differenz bei der Einschätzung des Elternverhältnisses: Weibliche Studierende beurteilen ihr Verhältnis zu ihren Eltern sowohl in der Retrospektive wie in der Gegenwart signifikant positiver als ihre männlichen Kommilitonen (also JEF 1 und JEH 1), während sie sich in der Beurteilung der elterlichen Kontrolle nicht unterscheiden.

Sozialisationstheoretisch interessant sind ferner die Korrelationen zwischen den erhobenen Elternindices, da sich auch hier das "Circumplex-Modell" von BECKER bestätigt, das versucht, die elterlichen Sozialisationsfaktoren in die (Kreuz-) Dimensionen von Kälte vs. Wärme bzw. von Autonomie vs. Abhängigkeit zu fassen[1] siehe Tabelle 4 , S. 226)

Diese Korrelationen machen mehreres deutlich: Ein elterliches Gewaltverhältnis, das auf Angst aufbaut und mit den klassischen Liebesentzugstechniken arbeitet,[2] korreliert positiv mit der Erfahrung des Kindes von starker Abhängigkeit und Kontrolle durch die Eltern, gleichzeitig verhindert es Gefühle der Zuneigung, der Wärme und Geborgenheit zu bzw. durch die Eltern und trägt nicht unerheblich zur späteren

---

1) vgl. Kap. II, 3, 4, S. 39 u. 41

2) nach dem Motto: Wenn Du brav bist, hat dich die Mutti gern

Tabelle 45: Korrelationsmatrix:

	(Wärme) JEF 1	(Abhängigkeit) JEF 2	(Angst) JEF 3	(Wärme) JEH 1	(Abhängigkeit) JEH 2
(Abhängigkeit) JEF 2	-.35				
(Angst) JEF 3	-.52	.58	-		
(Wärme) JEH 1	.6o	-.34	-.42		
(Abhängigkeit) JEH 2	-.19	.43	.31	-.27	-
Neurotizismus	-.26	.25	.33	-.16	

Neuroseanfälligkeit bei (Korr. JEF 3/Neurotizismus: .33). Die hohen Korrelationen zwischen der Einschätzung des Elternhauses "früher" mit "heute" machen zudem klar, daß einmal gemachte Erfahrungen mit den Eltern später, also während der Studienzeit, eine gewisse Konstanz aufweisen.[1] Am ehesten verändert sich das Gefühl der Abhängigkeit und der Kontrolle durch den Einstieg in die neue Sozialisationsphase: Universitätsstudium.

Zu ganz ähnlichen Ergebnissen kommt R. WEBEL in seiner Untersuchung über die "Beziehungen zwischen Elternbild und Persönlichkeitsmerkmalen von Studenten" aus dem Jahre 1975 in Hamburg: Auch er stellt einen positiven Zusammenhang zwischen "positivem Beziehungsverhältnis" zur Mutter und emotionaler Stabilität der Studenten fest sowie einen negativen Zusammenhang zwischen mütterlicher "Kontrolle" und "Strenge" und emotionaler Stabilität der Studenten.[2] Einschränkend zur Validität dieser - unserer - Ergebnisse muß nochmals in Erinnerung gerufen werden, daß es sich um retrospektiv wahrgenommene Einschätzungen der Eltern handelt,

---

1) vgl. die Korrelation von .6o zwischen JEF 1 und JEH 1 (gutes Verhältnis zu Eltern), obwohl zu bedenken ist, daß es sich nur um "Retrospektiven" handelt, vgl. weiter unten, und der Varianzanteil von 64 % immer noch recht hoch ist

2) vgl. R. WEBEL, a.a.O., S. 186

nicht um Resultate teilnehmender Beobachtungen aus einer Längsschnittuntersuchung, so daß eine Harmonisierung der gegenwärtigen Einstellung der Studierenden mit den "wirklich" "früher" gemachten Erfahrungen im Sinne der Vermeidung einer kognitiven Dissonanz nicht ausgeschlossen werden kann. Die Ähnlichkeit der Ergebnisse hierzu zwischen Schülern und Studenten ("früher")[1] und die Differenz zwischen "früher" und "heute" spricht jedoch gegen diese Harmonisierungshypothese.

Nachzutragen bleibt, daß sich auch hinsichtlich der Einschätzung des Elternhauses zwischen den Fächergruppen "Naturwissenschaften/Leibesübungen" und "Geisteswissenschaften" statistisch signifikante Differenzen ergeben und zwar insofern, als sich die "Naturwissenschaftler/Sportstudenten" "früher" weniger von ihren Eltern kontrolliert fühlten und daß sie auch "heute" noch ein signifikant besseres ("wärmeres") Verhältnis zu ihren Eltern haben als die "Geisteswissenschaftler". Dies korrespondiert mit der geringeren Neuroseanfälligkeit der "Naturwissenschaftler/Sportstudenten"-Studentengruppe[2] und läßt mehrere Hypothesen als Erklärung zu: eine präuniversitäre Selektion der Studierenden, - das würde bedeuten, daß Studierende, die mit ihrem Elternhaus schlechtere Erfahrungen gemacht haben, in den Geisteswissenschaften am ehesten einen Ersatz für Geborgenheit, Sinngebung und Anerkennung suchen, die sie von ihrem Elternhaus nicht von vornherein mitbringen (- und was dann zu den schon dargestellten größeren Enttäuschungen führt) oder aber auch ein fächerspezifischer Sozialisationseffekt der Universität selbst, der nicht ohne Einfluß auf die Beziehung zum Elternhaus bleibt und bei den Studenten der "Geisteswissenschaften" zu einer größeren Distanz und stärkeren Unabhängigkeit von den Eltern führt. Wahrscheinlich schließen sich diese beiden Erklärungsmuster nicht aus, sondern ergänzen sich gegenseitig. Nicht unwahrscheinlich wäre auch die Vermutung, daß das na-

---

1) vgl. S. 224 f.

2) vgl. Kap. III, 1, 3.5, S. 8o f.

turwissenschaftliche Studium bei den Eltern mehr Anerkennung findet und Konflikte zwischen den Generationen wegen der eher traditionellen Einstellungen der "Naturwissenschaftler" seltener sind.

4.3 Psychische Entwicklung und Verhältnis zum Elternhaus aus der Sicht der Studierenden (aufgrund der Gruppendiskussionen)

Für viele Studierende, besonders, wenn sie erst kurze Zeit an der Universität studieren, ist es offenbar schwierig, Sozialisationswirkungen des Studiums bei sich selbst zu diagnostizieren. Dazu ist der Abstand zur derzeitigen Situation noch nicht groß genug. So war denn das Echo auf das diesbezügliche Statement, in dem die Gruppendiskutanten aufgefordert wurden, über Veränderungen ihrer Einstellungen, ihr Verhältnis zu ihren Eltern sowie zur Entwicklung ihrer psychischen Störungen im Vergleich zu anderen Problembereichen eher zurückhaltend, die Beantwortung der anschließend verteilten Fragebogenitems zu den Sozialisationswirkungen zeigten einen Bias zur Mitte hin - Zeugnis der inneren Unsicherheit.

Weil bei einer solchen Unsicherheit das Verfahren der Gruppendiskussion für gruppendynamische Momente und Beeinflussung durch opinionleader besonders groß ist, soll in diesem Kapitel mit der Darstellung der Ergebnisse aus dem anschliessend vorgelegten - "objektiveren" - Fragebogen begonnen werden, um dem Leser den Rahmen für die nachfolgenden Meinungsäußerungen zum "Sozialisationsstatement" zu geben.

Mehrere Trends lassen sich hier ablesen, die auch in der Gruppendiskussion aufzeigbar sind:

+ die Anfangsschwierigkeiten technischer Art nehmen im Laufe des Studiums ab, von einer Zunahme von psychischen Störungen insgesamt kann man nicht sprechen
+ insbesondere haben die Studenten nun bessere Kontakte als am Anfang

+ Arbeitsstörungen, Streß und Angst aber bleiben insgesamt wohl gleich, nehmen eher noch zu vor dem Examen
+ der Selbstfindungsprozeß ist noch nicht abgeschlossen
+ das Universitätsstudium hat die Wertvorstellungen der Studenten doch verändert
+ zu den Eltern haben sie ein mehr und mehr distanziertes Verhältnis, sie sind nicht mehr wichtigster Bezugspunkt

<u>Tabelle 46:</u> Fragebogenergebnisse zu Sozialisationswirkungen

	Ja 1 2 – Nein 3 4	Median
7. Meine Wertvorstellungen, was für mich wichtig ist und welche Vorstellungen vom Leben ich habe - all das hat sich im Laufe des Studiums entscheidend geändert		2,o4
3. Ich habe jetzt intensivere und befriedigendere Kontakte als früher		2,15
9. Ich habe heute ein sehr viel distanzierteres Verhältnis zu meinen Eltern		2,4o
2. Die "technischen" Anfangsschwierigkeiten ("gewußt wo und wie") haben zwar abgenommen, die "psychischen" Schwierigkeiten (Arbeitsmotivation, psych. Störungen, Kontaktmangel) dagegen sind eher stärker geworden		2,47
5. Der Stress und die Angst nehmen immer mehr zu		2,48
6. Erst während meiner Studienzeit habe ich zu mir selbst gefunden, ich weiß jetzt, was ich kann, will und soll		2,67
4. Ich arbeite jetzt intensiver und befriedigender für mich als früher		2,68
1. Bei mir haben die Schwierigkeiten (also psych. Störungen wie Arbeitsstörungen, Kontaktmangel, körperliche Beschwerden) im Laufe des Studiums insgesamt zugenommen		2,81
8. Die vielen Theorien und die ganz anderen Verhältnisse und Lebensweisen hier an der Uni verwirren mich		2,9o
lo. Meine Eltern sind für mich immer noch die wichtigsten Bezugspersonen, bei denen ich mich geborgen und verstanden weiß		3,34

(Anmerkung: nach Grad der Zustimmung geordnet)

Wie schon erwähnt, war das Echo auf das nachfolgend wiedergegebene Statement zu den Sozialisationswirkungen im Vergleich zu den anderen relativ gering:

"Zwischen 4 und 6 Jahren verbringt der Student im Durchschnitt an der Universität. Welche Auswirkungen hat das auf ihn? Es ist wahrscheinlich, daß sich Einstellungen, die Persönlichkeit des Studenten und auch seine Schwierigkeiten, die er mit sich, mit dem Studium und dem Studentenleben hat, ändern.
Wenn ihr mal an eure bisherige "Studentenkarriere" denkt, welche Veränderungen habt ihr da festgestellt? Hattet ihr am Anfang größere Schwierigkeiten in manchen Bereichen, die sich inzwischen erübrigt haben und/oder haben sich neue und größere Frustrationen und Störungen durch andauernde Unzufriedenheit und Stress ergeben?
Schließlich: Hat sich bei euch im Verhältnis zu euren Bekannten und zu euren Eltern was verändert?

Insgesamt konnten 263 Meinungsäußerungen registriert werden, die auf 187 Karten vercodet wurden, die je nach Häufigkeit ihrer Nennung geordnet wurden.

<u>Tabelle 47:</u> (Rangfolge) Sozialisationsentwicklung

1.	Verstärkung von Schwierigkeiten, Passivität, keine Erfolgserlebnisse, kein Sinnzusammenhang	35
2.	Distanz zum Elternhaus und Entfremdung größer geworden	28
3.	Zunehmende Isolation, Entfremdung von ehemal. Bekannten, von nichtakadem. Bevölkerung	27
4.	Besorgnis über fehlende oder unsichere Berufs- und Zukunftsperspektive nimmt zu	22
5.	Verbesserung des Verhältnisses zu Eltern, man ist unabhängiger, freier geworden, hat weniger Konflikte	2o
6.	Leistungs-, Konkurrenz-, Examensdruck nimmt zu	17
7.	Anfangsschwierigkeiten (organisator., sich zurechtfinden, wissen, wie's geht) weniger geworden	17
8.	Selbständigkeit ist gewachsen. Auch Selbstverwirklichung	17
9.	kritischer, problembewußter geworden	14
1o.	akademisch. Freiheit, Unabhängigkeit von zu Hause wird genossen, gut gefunden	13
11.	Orientierungslosigkeit, Ziellosigkeit dauert an	1o

12.	Resignation vor gesellschaftspol. Entwicklung	8
13.	realistischer geworden	8
14.	Wochenendfahrprobleme, also Flucht nach Hause	5
15.	keine Veränderung im Elternverhältnis	4
16.	Leistungsdruck und finanzielle Abhängigkeit von Eltern belastet sie	4
17.	zunehmender Verlust von Spontanität	4
18.	schlechtes Gewissen, wenn man in der Freizeit nichts tut: kann diese deshalb nicht genießen	4
19.	Sonstiges	6
		263

Diese Meinungsäußerungen konnten in drei Hauptgruppen zusammengefaßt werden (vgl. Tabelle 48, S. 231a)

+ Veränderungen im Studium (Arbeits-)bereich
+ Veränderungen im Verhältnis zum Elternhaus und im Kontaktbereich
+ positive Entwicklungen im Selbstbild

4.3.1 Entwicklungen im Studium (Arbeits-)Bereich

Obwohl, wie aus der Hauptuntersuchung vom SS 75 und auch aus dem anschließend verteilten Fragebogen hervorgeht, insgesamt nicht von einer allgemeinen Verschlechterung der psychischen Situation der Studenten im Laufe des Studiums ausgegangen werden kann, überwiegen in den Meinungsäußerungen zum Komplex Studien- (bzw. Arbeits-)Bereich die negativen Äußerungen:

+ Verstärkung der Schwierigkeiten, besonders die eigene Passivität nehme zu, man hätte keine Erfolgserlebnisse, Studium sei ohne Sinn.(35 Nenn.)
+ Die fehlende Zukunftsperspektive, besonders, was die Chancen, einen entsprechenden Beruf (Lehrer) zu bekommen, nähmen zu. (22 Nenn.)
+ Der Leistungs- und Konkurrenzdruck nehme mit Heranrücken des Examens zu. (17 Nenn.)
+ Die Anfangsschwierigkeiten (sich zurechtfinden) würden abnehmen. (17 Nenn.)
+ Resignation bezüglich der gesellschaftlichen Entwicklung nehme mit zunehmender politischer Bewußtheit im Laufe des Studiums zu. (18 Nenn.)

+ Das schlechte Gewissen, wenn man in der "Freizeit" nichts tut, nehme immer mehr zu, so daß man diese nicht genießen könne. (4 Nenn.)

Recht übereinstimmend waren die Gruppendiskutanten der Meinung, daß der größte Teil der Anfangsschwierigkeiten etwa im Laufe von 3 Semestern überwunden wurde. Probleme bei der Wohnungssuche, bei der Organisation der Arbeit, das Sichauskennen mit den Institutionen, das Fremdheitsgefühl, das Suchen von neuen Bekannten, kurz: die Umstellung auf einen neuen Lebensabschnitt, eine neue Umwelt und neue Arbeitsformen fällt einigen wohl schwer, scheint aber in den meisten Fällen zu gelingen.

(weibl., 3. Sem., Engl.:Ool., Gruppe lo): "Bei mir ist's so, daß ich jetzt besser weiß, wie, wo, was wann in der Uni ist - daß ich mich insgesamt in dem Studienablauf ein bißchen auskenne und da so'n bißchen weiß, was ich machen kann und wie ich es machen kann, einfach von der Studienorganisation her mich da so'n bißchen eingearbeitet habe."

Für manche waren die Schwierigkeiten und Frustrationen am Anfang auch ein Anlaß, sich intensiver mit sich und ihrer Lage und ihren Zielen auseinanderzusetzen:

(weibl., 3. Sem., Soz.wis., Gruppe 9): "... ich würde bei mir sagen, daß ich durch eine gewisse Frustration .. dazu gezwungen worden bin, mich intensiver mit solchen Sachen (gesellschaftliche Stellung der Akademiker) zu beschäftigen, daß durch Frustration doch ein Prozeß in Gang gesetzt worden ist, also daß man so'ne privilegierte Stellung hat in der Gesellschaft ... Am Anfang bin ich mit so'ner gewissen Energie rangegangen und die ist dann so verpufft und dadurch bin ich dann gezwungen worden, mich mit meiner eigenen Situation und damit dann auch mit der Frage, daß ich doch zu so einer Art Elite gehöre, auseinanderzusetzen. Ich mußte mich ja dann irgendwie entscheiden, ob ich weitermache oder aufhöre."

Auf der anderen Seite wurde von einem großen Teil der Diskutanten doch betont, daß viele Erwartungen, die sie an ihr Studium hegten, enttäuscht wurden und daß sie einen Teil ihrer psychischen Schwierigkeiten und ihres Leidens auf die universitären Bedingungen zurückführen, besonders auf die Tatsache, daß sie keine Anerkennung, keine Erfolgserlebnisse hätten, daß sie in großen Teilen ihres Studiums keinen Sinn erkennen könnten, was sie zu einer resignierenden Anpassung und Passivität treibe. Nochmals wurde hier einer der gravierendsten Problempunkte der Sozialisationsagentur Hochschule angesprochen. Sie gebe ihnen nicht das Gefühl, etwas wichtiges, Produktives zu leisten, sie kämen sich überflüssig vor, verlören einen Teil ihres Selbstbewußtseins und zweifelten am Erfolg ihrer Bemühungen, ein anerkanntes und sinnvolles Leben in der Gesellschaft führen zu können. Die Zweifel an ihrem Tun, die empfundene Nutzlosigkeit ihres Daseins führten zur Resignation, zur Passivität, zu Selbstzweifeln, die die Grundlage sei für allen Unmut, für alles Leiden, und in nicht wenigen Fällen zu psychosomatischer und psychoneurotischer Verarbeitung und entsprechenden Störungen beitrügen.

Hieraus ist auch die Sehnsucht nach wenigstens befriedigenden Kontakten zu erklären, die Sehnsucht auch nach einem politisch befriedigenden Engagement, und nach einer handwerklichen praktischen Beschäftigung.

(männl., 6. Sem., Sozkde/Mathe, Gruppe 1o): "Also ich würd nicht mehr studieren. Ich hab so meine Scheine gemacht - und nun mache ich auch mein Examen, damit du was in den Fingern hast später ... aber noch mal anfangen würde ich nicht, ich würde lieber noch was anderes gerne machen, einen anderen Beruf, so was Praktisches ... weil die Eltern es so wollten und ich nichts anderes wußte, habe ich eben angefangen zu studieren ... und jetzt, ja, ob ich wirklich nach dem Examen die innere Freiheit hätte, nicht Lehrer zu werden, sondern - ich sag mal so - Gärtner zu werden ... also ich würde unheimlich gerne was Praktisches, was Konkretes machen ... Wenn ich in den Ferien mal gearbeitet habe, so richtig in der Fabrik, das war unheimlich anstrengend und hat mir auch gestunken ... aber ich war da doch zufriedener, weil du da irgendwas gemacht hast - da sahst du, daß du irgendwas gemacht hast, und wenn's nur so ein Stapel Margarinepapier gewesen sind, ne!"

(weibl., 7. Sem., Germ./Pol., Gruppe 7): "Also mir stinkt eigentlich die Situation an der Uni unheimlich. Daß du hier mal ein Buch liest und da mal ein Buch liest, aber im Grunde nichts als nur unheimlich hohe Ansprüche hast, was du damit willst (?) ... aber ich komme mir wirklich wie so ein kleiner Parasit vor ... ich weiß jedenfalls eigentlich gar nicht, was ich an der Uni noch soll ..."

(männl., 8. Sem., Gesch./Geol./Sozk., Gruppe 6): "... also die Frage, was man nach den sechs Semestern Studiums hat, na, also ich würde sagen, da hat man zunächst mal 'ne Ausbildung, aber in erster Linie hat man 'nen Knacks, ne (zustimmendes Gelächter) ... also wenn ich jetzt noch mal anfangen könnte, ich hätte jetzt Abitur oder so, ja, ich würde ganz was anderes machen, also auf den sozialen Status würde ich scheißen und würde was vollkommen anderes machen, - bloß da verlangen die Eltern, ja du mußt studieren, ne, - man denkt ja auch, studieren, ja, das ist Klasse, ne, und dann ... ist man so enttäuscht ..."

Die Orientierungslosigkeit, die bereits als Teil der Arbeitsstörungen beschrieben wurde, hält bei einem geringeren Teil der Diskutanten auch über die Anfangssemester hinaus an und wird für die Betroffenen mit Fortschreiten des Studiums allmählich unerträglich. Nach mehreren Semestern Studiums wird ihnen klar, daß nicht mehr alles und jedes offen ist, daß sie kaum oder nur unter Schwierigkeiten wechseln können, daß andere Berufe für sie immer unerreichbarer werden, daß sie sich auf ihre Fächer, auf "ihren" Beruf einstellen müssen: Lehrer zu werden. Da aber für viele weder das Studienfach noch der Beruf Lehrer eine von ihnen selbst getroffene Entscheidung war, erleben sie dieses Erkennen von Unausweichlichkeit nicht als etwas, was sie bejahen könnten, sondern als etwas, dem sie sich fügen müssen, das sie in ihrer Freiheit einschränkt, demgegenüber sie sich resignierend beugen müssen. Für einen andersartigen Entschluß, z.B. ein Abbruch, fehlt ihnen im Prinzip schon die Erfahrung, Entscheidungen selbst zu treffen und zu verantworten. Dies wurde ihnen ja bislang meist erspart bzw. vorenthalten. Beleg für diese Schwierigkeit ist auch der hohe Durchschnittswert bei Item 26 aus dem SSP:

"Unfähigkeit, sich zu bestimmten Entscheidungen durchzuringen": $\bar{x} = 2.21$).

Bemerkenswert unsicher zeigten sich die Studierenden auch hinsichtlich der Überlegung, was ihr Studium ihnen für ihre spätere Tätigkeit einbringe und ob sie sich dem Beruf später überhaupt gewachsen zeigen würden. Kaum jemand meinte, daß das jetzige Studium ihn adäquat auf seine spätere Tätigkeit vorbereite, die Zukunfts(berufs-)perspektive erscheint den meisten deshalb recht ungewiss und düster. Sie haben Angst, dann irgendwo "verschickt" zu werden oder gar nicht anzukommen, "auf der Straße" zu sitzen oder aber vielleicht im Beruf zu versagen. Viele denken auch jetzt schon mit Bangen daran, wie sie dann wieder völlig neu anfangen sollen, mit neuen Aufgaben, aber auch in einer für sie wiederum gänzlich neuen Umgebung, nachdem sie sich mit viel Mühe hier am Universitätsort mit Bekannten und Freunden einigermaßen eingelebt haben. Hier, wo sie denn doch, - dessen sind sich die meisten bewußt - eine relativ große Freiheit hatten, wo sie relativ wenig eingeschränkt waren, was politische Meinungsbildung, was Lebensrhythmus,Lebensart und Arbeitseinteilung betrifft. Wie aber sieht es in einem Dorf, einer Kleinstadt mit eventuell konservativem Kollegenkreis und mißtrauischen Nachbarn damit aus? Der sog. "Praxisschock" wird antizipatorisch als Angst vor dem Fertigwerden, dem Studienabschluß "verarbeitet". Ein Teil der mit zunehmendem Semesterzahl ansteigenden Examensangst hat m.E. auch in dieser drohenden Existenzveränderung ihre Ursachen und dürfte schon manchen dazu bewegt haben - sofern er es sich finanziell leisten konnte - das Ende des Studiums an der "Alma Mater" einige Semester hinauszuschieben.[1)]

Durch die immer wieder ungewisse Frage, wieviel mit welchem Notendurchschnitt und welchen sozialen Bedingungen (familiärer Art) werden in diesem oder dem nächsten Jahr (wenn "ich" fertig werde), wirklich eingestellt, und die - teilweise - Verschärfung der Prüfungsanforderungen und Ver-

---

1) M. Quorin läßt in ihrem Artikel Psychotherapeuten zu Wort kommen, die aus ihrer Praxis berichten: "Immer mehr Studenten haben vor der Praxis Angst, sie suchen Schutz im Schoß der Universität" und studieren möglichst noch ein zweites Fach oder beginnen ein weiteres Studium, "was sie noch ungeeigneter für die Praxis macht." vgl. Zeit-Artikel M. Quorin: Sie suchen Schutz im Schoß der Universität 29./3o.11.1975.

schlechterung der Benotung tragen ihrerseits quasi als objektive Faktoren erheblich zur Vermehrung dieser Zukunfts- Examens- und Eistenzängste bei.
Und mit vorrückender Semesterzahl lassen sich auch bis dahin beiseite geschobene Wissenslücken und Arbeitsdesiderate nicht mehr ohne weiteres auf die lange Bank schieben, denn im Examen wird möglicherweise alles eigentlich zu erwerbende Wissen verlangt, Ergebnis: Immer weniger kann die - nicht definierte Freizeit genossen werden, das schlechte Gewissen, zu wenig oder nichts getan zu haben plagt,auch dann, wenn sie den ganzen Tag an der Universität verbracht haben.

Mit zunehmender Semesterzahl und zunehmendem Alter wird auch die finanzielle Abhängigkeit von den Eltern immer mehr als Problem empfunden. Es geht dabei nicht nur darum, daß die Eltern sich selbst einschränken, um die z. T. hohen Ausbildungskosten ihrer Kinder aufbringen zu können, sondern auch darum, daß die Eltern entsprechend ihrer eigenen Opfer, die sie bringen, einen moralischen Druck explizit oder implizit auf ihre Kinder ausüben, doch möglichst schnell und möglichst gut ein Examen zu machen.

Gerade vor dem Examen sieht sich kaum noch jemand in der Lage, diesem elterlichen Druck zu entgehen, indem er etwa Ferienjobs annimmt, denn das würde wiederum zu einer Verminderung der Arbeitskapazität für die Examensvorbereitung führen.

Sind die Studierenden vor Beginn des Studiums politisch noch wenig festgelegt und engagiert, so wird durch das Studium offenbar ein stärkeres Interesse für politische und gesellschaftspolitische Fragen geweckt. Die Agitation vielfältiger politischer Gruppen, die Auseinandersetzungen zum Hochschulgesetz, der implizit politische Gehalt vieler Lerninhalte, die Diskussion um das Ausbildungsförderungsgesetz, die Überfüllung an den Universitäten, der "Numerus clausus" und der sog. "Extremistenerlaß" - all dies trägt zu einer allgemeinen politischen Bewußtwerdung der angehenden Akademiker bei. Sie suchen eine politische Heimat, sind aber allzuschnell von der Chaotik der (linken) Splittergruppen, den ewigen nutzlosen Debatten, die zu keinem Ergebnis und keinem Erfolg führen, frustriert. Die allgemeine politische Landschaft scheint so festgefügt und unveränderbar und die angebotenen Analysen der Gesellschaft oft so abstrakt theoretisch, weltfremd und die Strategien zur Veränderung so unrealistisch, daß übereinstimmend alle Gruppendiskutanten ihre Resignation hinsichtlich politischer Veränderungsmöglichkeiten und ihres Engagements erkennen ließen. Die Angst, ein zu engagiertes Auftreten an der Universität könnte - bei der befürchteten Allgegenwart von Verfassungsschutzleuten - doch zu einer schließlichen Ablehnung durch die Schulbehörden führen, trägt zu der allgemeinen Verunsicherung in politischen Fragen nicht unerheblich bei. Dies ist m.E. der schlimmste Effekt des "Extremistenerlasses": Diese Einschüchterung.

4.3.2 Veränderungen im Verhältnis zum Elternhaus und im Kontaktbereich

Ein sehr differenziertes Bild entstand über die Entwicklung des Elternverhältnisses, wobei gleichzeitig mit dem Problem der Ablösung vom Elternhaus auch die Frage der zunehmenden Entfremdung von alten Freunden und Bekannten aus dem Heimatort erörtert wurde. Für die meisten stand jedoch fest, daß sie im Laufe des Studiums eine größere Distanz zu ihren Eltern gewonnen hätten:

+ größere Distanz und gleichzeitig Entfremdung zum bzw. vom Elternhaus. (28 Nenn.)
+ Zunahme der Isolation, besonders der Entfremdung von ehemaligen Bekannten, zu Hause am Heimatort und von der Bevölkerung. (27 Nenn.)
+ Mehr Distanz zum Elternhaus, dadurch aber besseres Verhältnis zu diesen gewonnen. (2o Nenn.)
+ Wochenende gehört immer noch den Eltern und den alten Bekannten. (5 Nenn.)
+ überhaupt keine Veränderung zum Elternhaus. (4 Nenn.)
+ Abhängigkeit von Eltern belastet. (4 Nenn.)

Nur ein sehr geringer Teil der Studenten erlebt während des Studiums gar keine Veränderung im Verhältnis zum Elternhaus.

Dies ging auch schon aus der Hauptuntersuchung vom SS 75 hervor (vgl. Kap. III, 4,S. 224 ff.). Diese größere Distanz wird aber sehr unterschiedlich empfunden, einerseits negativ als Entfremdung, andererseits positiv als größere Unabhängigkeit und Entlastung von Konflikten, was insgesamt sogar ein besseres Verhältnis zu den Eltern ermöglicht. Bei vielen scheinen beide Empfindungen gleichzeitig oder nebeneinander zu existieren.

Der überwiegende Teil der Eltern hat ja selbst nicht studiert,[1] so daß das Universitätsstudium ihrer Kinder für die meisten etwas Fremdes, Unbekanntes ist. Sie begleiten deshalb ihre Kinder an der Universität mit Stolz und Hochachtung, aber auch mit Mißtrauen und Ängsten, ob sie das Studium wirklich erfolgreich beenden werden und befürchten auch von sich aus die wahrscheinlich kaum zu vermeidende Entfremdung zwischen sich und ihren Kindern.[2] Unter zum Teil großen finanziellen Opfern erfüllen sie sich ihre eigenen Aufstiegswünsche über ihre Kinder, üben damit aber nicht selten einen psychischen Druck zumindest im Erleben ihrer studierenden Kinder aus, der der psychische Background für viele Versagensängste der Studenten ist.

Die völlig neuen und anderen Erfahrungen der Studierenden an der Universität, die Veränderungen in der Wertstruktur, das Bewußtsein, zu einer anderen sozialen Schicht gehören zu werden, das erworbene Wissen, über das die Eltern nicht verfügen - all das führt meistens über kurz oder lang zu einer Entfremdung zwischen Eltern und Kindern, zumin-

---

1) rund 24 % der Studenten hatten im WS 69/7o einen Akademiker zum Vater, vgl. ROLFF, H.G., Sozialisation und Auslese durch die Schule, Heidelb. 197o, S. 21, bzw. FEND, H., Gesellschaftl. Bedingungen schulischer Sozialisation, Weihn. 1974, S. 159. Bei unserer Stichprobe zur Hauptuntersuchung bei 713 Studenten hatten rund 21 % einen Vater mit Hochschulabschluß; nach Infratest 1973/74 WS, haben 22 % der Studierenden einen Vater mit einem wissenschaftlichen Hochschulabschluß, vgl. Infratest, Hochschulbarometer, a.a.O., S. 38.

2) vgl. hierzu auch MEISSNER, W., Folgeprobleme des beruflichen und sozialen Aufstiegs bei Studierenden aus Arbeiterfamilien, unveröffentl. Examensarbeit bei Prof. Bahrdt, Göttingen 1977; vgl. Tab. 44, S. 224 d. vorl. Arbeit.

dest zu der Erfahrung, daß die Eltern in diesem neuen Bezugsrahmen keine Autoritäten mehr sind, daß sie bei den meisten Problemen nicht mehr helfen können, daß ihr Urteil unmaßgeblich ist, daß sie vieles, was die Studierenden bewegt, ganz einfach nicht verstehen können.[1)]

(männl., 3. Sem., Deutsch/Sozk., Gruppe 2): "Ich glaube, also bei mir ist es so, ich dachte, ich werde mich besser mit meinen Eltern verstehen, aber jetzt so durch die räumliche Distanz und zweitens auch, daß ich hier in der Uni meinen Eltern völlig entfremdet bin ... habe ich festgestellt, daß ich im Grunde genommen eine ganz andere Denkweise habe und stelle auch fest, daß bei uns so über manche Probleme überhaupt nicht gesprochen wird, das ist mir früher überhaupt nicht aufgefallen ..."

(weibl., 5. Sem., Deutsch/Sozk., Gruppe 7): "Mir geht es mit meiner Familie ... so, jetzt nicht vom emotionalen her, sondern vom Rationalen, daß es mir einfach sehr schwer fällt, mit denen zu reden, allein z.B. die politische Lage an der Uni, die beschäftigt mich unheimlich, und das ist einfach nicht möglich, da mit Leuten außerhalb der Uni (so auch meine Eltern) überhaupt drüber zu reden, also das verstehen die einfach nicht."

(weibl., 5. Sem., Mathe/Russ., Gruppe 6): "Das geht mir eigentlich auch so, daß ich jetzt mehr Distanz zu meinen Eltern habe, und daß ich mich jetzt besser von den Abhängigkeiten, die zwar immer noch bestehen, lösen kann. - Aber andererseits auch eine starke Entfremdung irgendwie spüre; also, wenn ich nach Hause komme, kann ich von dem was ich mache, eigentlich nie so erzählen, weil es erstmal keine Akademiker sind und sich nicht vorstellen können, was hier läuft und daß ich dann auch gar nicht denen vermitteln kann und daher ist die Kommunikation ziemlich schlecht."

Die letzten Äußerungen verweisen bereits auf ein spontan viel diskutiertes Problem, nämlich der zunehmenden <u>Isolation und Entfremdung von den ehemaligen Bekannten</u>, aber auch von der gesamten <u>übrigen Bevölkerung</u>. Der Ablösungsprozeß vom Elternhaus ist begleitet von Entfremdungsprozessen von der heimatlichen Bevölkerung, von einer Schicht, aus der sie entstammen, und deren Probleme einmal die ihren waren. Sie er-

---

1) Ein Prozeß, der sicherlich schon an der Schule, auf dem Gymnasium begonnen hat, dort aber noch durch räumliche Nähe und Einbettung in gemeinsame Bekanntenkreise gemildert war.

leben sich nun als in "zwei Welten" lebend, einmal hier an der Universität und dann wieder zu Hause, wo die alten "Nicht-akademisch-Gebildeten" sie nicht mehr begreifen mit ihren spezifisch studentischen Problemen und Begriffen (z.B. Fremdwörtern); und auch den Studierenden werden die Probleme der "alten" Bekannten immer unverständlicher. Die Studenten werden von jenen nun als überheblich angesehen, als Parasiten, als unreife Kinder, die sich auf Kosten von "Papa Staat" ein schönes, freies Leben machen.

Die Gleichaltrigen sind mit Familiengründung, mit Eigentumserwerb beschäftigt, mit Kinderkriegen usw., alles Probleme, die nur für einen Bruchteil der Studierenden schon relevant sind,besonders werden diese Probleme dann in einem anderen Bezugsrahmen diskutiert, kritischer hinterfragt, problematisiert - alles Verhaltensweisen, mit denen sie Angehörige anderer Bevölkerungsschichten und die alten Bekannten nur befremden können.

(männl., 3. Sem., Germ./Sozk., Gruppe 7): "... genau, ich habe da so'ne politische Theorie für mich entwickelt, die für mich total einsichtig ist, aber wenn ich dann in den Semesterferien bin und in so'n Werk gehe und am Band arbeite, dann sind da ganz andere Probleme. Da interessiert das die Leute nicht, das ganze System ist Scheiße, da muß man was ändern, die haben ganz andere Probleme, viel kleinere Probleme, die für die viel wichtiger sind, daß z.B. die Pausen zu kurz sind ... da kannste dann nicht einfach sagen, du wirst ausgebeutet oder so ..."

(weibl., 11. Sem., Germ./Pol., Gruppe 7): "Mir geht das so, daß ich jetzt zwar 'ne ganze Menge Bekannte habe hier in Göttingen, aber das ist so viel wie 'ne "Kaste", wo jeder genau weiß, was der andere denkt und wo man sich so die Bälle zuschmeißt, wo jeder so ziemlich 'ne ähnliche Meinung hat und daß man da erst rauskommt, wenn man irgendwo arbeitet, oder wenn man mal wieder nach Hause fährt und dann mal sieht, was andere Leute für Probleme haben. Hier sind überall so die gleichen Probleme, so übers Studium und so ... - aber daß man hier so den Blick für normale Leute verliert, die so außerhalb dieser Studentenkaste leben. Und auch so ältere Leute, so ab 3o aufwärts, da hat man ja auch kaum Kontakt zu. Das finde ich unheimlich schade, daß das durch das Studentendasein so abgeblockt ist. Das (Gefühl) hatte ich, früher, als ich noch zur Schule ging, viel weniger. Da hatte ich noch Kontakt zu den Bekannten meiner Eltern oder auch zu Leuten aus dem Dorf ... Und dann tut man das so ab, wenn die über ihre Probleme erzählen, die reden dann über das Auto und ihre Klamotten und sowas, da regen die sich drüber auf, son Pippifax, - daß man das dann sofort unterbuttert, ja - und daß man das eigentlich nicht dürfte, ne, so borniert zu werden."

Hier klingt deutlich eine Spur von Selbstkritik an, ein Sichwehren gegen das "Kastendenken", gegen die "Borniertheit", die Nabelschau, die viele eigene Probleme vielleicht auch vergrößert erscheinen lassen - Erkenntnis, daß die Relation zu anderen außerhalb des Universitätsbereiches verlorengegangen ist. Gleichzeitig wird auch klar, wie stark die Sozialisationsagentur Hochschule dazu beiträgt, die in unserer Gesellschaft vorhandenen Schichtgrenzen zu zementieren und die "Aufsteiger" (von der unteren Mittelschicht zur Akademikerschicht) von der übrigen Bevölkerung zu isolieren, und Vorurteile gegenseitig zu verfestigen.

Ein großer Teil der politischen Isolation und des Verpuffens der "antiautoritären Bewegung" in den 6oer Jahren dürfte hierin ihre Ursachen haben.

Fast die Hälfte aller Diskutanten aber betont, daß durch die größere Distanz zum Elternhaus, eine deutliche <u>Verbesserung ihrer Beziehungen zu den Eltern</u> eingetreten ist.
Man fühlt sich unabhängiger, selbständiger, nicht mehr auf das Vertrauen nur der Eltern angewiesen. Die Eltern haben keinen so direkten Einfluß mehr auf die Lebensgestaltung ihrer Kinder, sie sind gezwungen - nolens volens - diese Selbstständigkeit ihrer Kinder zumindest de facto anzuerkennen, dadurch wiederum fühlen sich die Studierenden eher als früher von ihren Eltern akzeptiert und als in etwa gleichberechtigt anerkannt. Konflikten läßt sich leichter aus dem Wege gehen: Man fährt eben ein paar Tage früher wieder weg, wenn es zu schlimm wird oder vermeidet Konfliktthemen von vornherein. Die beschränkte Zeit, die sie insgesamt nur noch zu Hause verbringen, gibt den Kindern den Status eines Gastes, den man verwöhnen möchte, und wer möchte dann wenigstens für diese kurze Zeit nicht die "heile" Welt genießen?

(weibl., 3. Sem., Angl./Rom., Gruppe 1): "Bei mir ist es so, daß sich mein Verhältnis zu meinen Eltern - einmal aus dem Grunde, daß ich 4oo km von zu Hause weg bin - das hat sich unheimlich verbessert und ich habe jetzt langsam das Gefühl, daß meine Eltern mich akzeptieren, weil ich alleine leb' und weil ich nicht mehr zur Schule geh', weil ich nicht mehr zu Hause bin. Und - ja so vier Wochen kann ich das schon jetzt ganz gut zu Hause aushalten, ohne daß irgendwelche Konflikte entstehen, weil ... sie so langsam merken, daß ich erwachsener werd' und nicht mehr 12 Jahre alt bin, ne; aber dann (nach vier Wochen), haben sie sich schon wieder so an mich gewöhnt, daß sie meinen, daß ich die Kleine bin und daß sie mir immer noch erzählen können, daß ich um 9.oo Uhr zu Hause sein muß, ne."

(weibl., 3. Sem., Germ/Sozk., Gruppe 3): "... also mein Ablösungsprozeß von zu Hause hat eigentlich schon in der Schulzeit begonnen, da gab's 'ne ganze Menge Krisen ... was sich jetzt verändert hat, ist eigentlich, daß ich jetzt irgendwie eher meinen eigenen Lebensbereich behaupte, daß ich einfach lieber nur kurz zu Hause bin, und dann wieder bei mir, daß ich mein eigenes Leben führen will. Allerdings am Anfang des Studiums war ich noch unheimlich viel zu Hause, aber jetzt fühle ich mich eigentlich wohler bei mir ... denn zu Hause, da muß man sich doch immer noch oft anpassen, brav sein und hier, da kann man wirklich so leben, wie man will, kann sich beser abgrenzen."

Oft treten wohl auch Mischformen zwischen Entfremdung und Verbesserung auf, die Eltern verstehen nicht alles, können aber auch nicht mehr viel verbieten, Konflikte mit ihnen können leichter ertragen werden, die Toleranz auf beiden Seiten wächst, auf jeden Fall fühlen sich alle (Mitdiskutanten) durch das Studium unabhängiger von ihren Eltern und selbständiger.

4.3.3 (Positive) Entwicklungen im Selbstbild der Studierenden

Als positiv sahen die mitdiskutierenden Studierenden folgende Punkte an:

+ Selbständigkeit ist gewachsen, z.T. auch die Selbstverwirklichung. (17 Nenn.)
+ sie fühlen sich kritischer und problembewußter (14 Nenn
+ sie genießen die akademische Freiheit, die Unabhängigkeit von zu Hause und von Berufsverpflichtungen. (13 Nenn.)

+ sie meinen, realistischer geworden zu sein. (8 Nenn.)

(+ aber: zunehmender Verlust an Spontanität. (4 Nenn.))

Hinzuzählen könnte man die in den beiden vorigen Unterkapiteln enthaltenen positiv gewerteten Entwicklungen:

+ Kontaktverbesserung

+ Abnahme der technischen und organisatorischen Schwierigkeiten

+ mehr oder weniger gelungene Ablösung und damit meist auch Verbesserung des Verhältnisses zum bzw. vom Elternhaus.

Trotz der zum Teil massiven Kritik an den Studienbedingungen und dem erlebten Leiden daran, verzeichnen somit doch ca. 2o % der Meinungsäußerungen zu diesem Statement auch positive Entwicklungen in ihrem Selbstbild während ihres bisherigen Studiums. Man könnte diese Entwicklung auf die Formel bringen: Die Gesellschaft, die Universität und das Studium werden kritischer gesehen, die eigene Persönlichkeit jedoch entwickelt sich - jedenfalls für einen Teil der Betroffenen - hin zu größerer Selbständigkeit, mit realistischerem, kritischerem Problembewußtsein als dies ihnen am Anfang des Studiums möglich war.

Immer noch bietet offenbar die im Vergleich zu anderen gesellschaftlichen Bereichen größere <u>(akademische) Freiheit</u>[1] die Chance, in relativer (z.B. räumlicher) Unabhängigkeit von den Eltern, frei von Berufsverpflichtungen, von unmittelbaren Terminzwängen und von politischen Zwängen, eigene Interessen zu entwickeln, sich mit politischen Fragen zu beschäftigen, die eigene Selbstfindung voranzutreiben, vielschichtige Kontakte zu pflegen, kurz: sich selbst zu verwirklichen.[2]

---

1) mit deren mancherlei Auswüchsen, wie beschrieben, ein großer Teil nicht mehr viel anfangen kann, vgl. Kap. III, 3.4.3.2, S. 216

2) Daß diese Chance zu nutzen nur einem Teil gelingt und auch diesem nur sehr partiell, wurde in den vorangegangenen Kapiteln ausführlich beschrieben, vgl. Kap. III, 3.4.2.3, S. 2o9 f.

(weibl., 3. Sem., Rom./Sozk., Gruppe 3): "Ja, ich glaub', ich weiß langsam, was ich will und wie ich leben will und was ich machen will und wofür ich mich interessiere. Ich bin dadurch, daß ich von zu Hause weg bin, nicht mehr so eingeschränkt in meiner Zeit und in dem, was ich machen muß und so. Die Sachen, die Pflichten, die ich mir irgendwie auferlege, die erlege ich mir selbst auf ... Ich merke, daß man langsam anfängt, zu sich selbst zu finden, daß man weiß, was man will ..."

Hier klingt an, daß die Distanz zum Elternhaus, die relative Freiheit zu einer Art Selbstfindungsprozeß beigetragen hat, zu einem größeren Selbstbewußtsein und größerer Selbständigkeit, wie es auch andere berichteten. Es wird mit dem voruniversitären Zustand in Schule und Elternhaus verglichen. Hier, im Studium haben viele zum ersten Male die Erfahrung machen können, völlig auf sich gestellt etwas eigenes zu Wege zu bringen, sich einen eigenen Arbeits- und Lebensrhythmus aufzubauen, der ihnen nicht vorgeschrieben wurde mit unvorhergesehenen Situationen, bei denen ihnen keine Eltern helfen konnten, selbst fertig zu werden, Erfolge zu haben, die sie sich ganz allein zuschreiben können, Fähigkeiten zu entwickeln (z.B. in einem Seminar frei(er) reden zu können), die sie sich früher nie zugetraut hätten.

(weibl., 5. Sem., Bio./Engl., Gruppe 3): "Ich glaube, ich bich selbstbewußter geworden und auch selbständiger - es sind jetzt 'ne ganze Menge Dinge, die man allein machen muß, die man alleine aushalten muß, auch durch einen Teil Erfolgserlebnisse, da wird man einfach selbstbewußter ..."

Die Selbständigkeit und Unabhängigkeitsgefühle gehen einher mit dem Bewußtsein, an der Universität überhaupt erst ein Problembewußtsein erlangt, früher ausgeklammerte Probleme ohne Tabu angehen zu können, ein eigenes politisches Bewußtsein bekommen zu haben. Trotz aller von allen bemängelten Defizite, was die eigentliche Berufsausbildung angeht, meinen sie doch, ihre Kritikfähigkeit weiterentwickelt, überhaupt "Denken" gelernt zu haben, jetzt Zusammenhänge zu durchschauen, zu Reflexionen über sich und ihre Stellung in der Gesellschaft als auch deren Reformbedürftigkeit angeregt worden zu sein. Allerdings geht mit diesem "refektierter" "kritischer"-Werden auch ein Desillusionierungsprozeß einher, der auf der einen Seite als Resignation und Verlust von Spontaneität erlebt wird,[1] auf der anderen Seite als "realistischer geworden" eingeschätzt wurde. Dieser"Realismus" bezieht sich hauptsächlich auf die "Enttäuschung durch anfänglich zu hohe Erwartungen" (wie sich einer der Mitdiskutanten ausdrückte), aber auch auf die politischen Verhältnisse, von denen man - wohl zu recht - annimmt, daß sie sich nicht ohne weiteres von heute auf morgen verändern ließen.

(weibl., 5. Sem., Deutsch/Sok., Gruppe 4): "wenn man das so sagen kann, bin ich im Laufe meines Studiums immer mehr desillusioniert worden in vielen Bereichen: einmal, was das Studium selbst anbetrifft, unter dem ich mir also sehr viel mehr vorgestellt hatte, zum anderen, das, was man so an der Uni machen kann; auch später im Beruf, ja, und so vom politischen Engagement wollen wir mal gar nicht mehr reden - so traut man sich ja heute kaum noch, eine Unterschriftensammlung zu unterschreiben. Und das ist also eben auch diese Sache, daß man, ob man will oder nicht, irgendwie in so'ne elitäre Stellung reingedrängt wird, die Studenten, so als Klasse ...".

(weibl., 3. Sem. Sowi., Gruppe 9): "... Ich finde, daß man an der Uni lernt, Zusammenhänge zu durchschauen, auch durch die Politik, die an der Uni betrieben wird, wenn das auch meistens Gruppen sind, die oft übereinander herziehen, und polemisch werden; aber man lernt jedenfalls, mehr als in der Schule, seine Stellung klarer zu sehen in der Gesellschaft...

(männl., 3. Sem., Sowi., Gruppe 9): "Ich glaube, ich habe in meinem Studium jedenfalls gelernt, das, was sich in meiner Umgebung abspielt, realistischer zu erfassen und auch und in einen Zusammenhang einzuordnen - das fehlte mir am Anfang ... Ich versuche nun, einzuschätzen, warum wer was lehrt an der Uni ..."

Wenn man die (Selbst-)Reflexion als nach wie vor wichtigstes Ziel einer akademischen Bildung ansieht, so kann man sich mit den hier referierten Ergebnissen über die sonstigen vielen Kritikpunkte trösten.

---

1) siehe hierzu weiter oben, unter Kap. III, 4.3.2., S.237 f.

5. Exkurs 2: Probleme der weiblichen Studierenden an der Universität

Ausgehend von der sozialen und ökonomischen Unterprivilegierung der Frauen in der Gesellschaft sollen die spezifischen Schwierigkeiten der weiblichen Studierenden an der Universität zusammenfassend erörtert werden (als Ergebniszusammenfassung aus der Hauptuntersuchung) und die Lage der Studentinnen sowie die Ursachen für die höhere psychische Belastung und die höheren Abbruchquoten aus der Sicht der Studierenden selbst (aufgrund der Gruppendiskussion) dargestellt und diskutiert werden.

5.1 Allgemeines

Ohne an dieser Stelle nochmals in extenso auf die "Stellung der Frau in Familie, Beruf und Gesellschaft einzugehen,[1] sollen doch einige wichtige Rahmenbedingungen der gesellschaftlichen Stellung der Frau im allgemeinen thesenartig referiert werden, um so einen Rahmen für die Diskussion der Probleme der weiblichen Studierenden zu gewinnen:

+ Trotz formaler Gleichberechtigung in den meisten Bereichen des öffentlichen Lebens dauert die Unterprivilegierung der Frauen in den Bereichen Politik (Mitsprache, Vertretung) und Berufsleben (Bezahlung, Ausbildung, Aufstiegschancen) an.[2]

+ Nach wie vor entspricht dieser Unterprivilegierung eine geschlechtsspezifische Erziehung der Frauen in Familie, Schule und den Massenmedien zu vergleichsweise größerer Passivität, Anpassung, Unterordnung, Verzicht, "Expressivität" (im Gegensatz zu "Instrumentalität"), zur Beschränkung auf den Innenbereich (Haus, Familie, Kinder) und auf Innerlichkeit, auf Tugenden wie Toleranz, Nettsein, Schönsein, Liebsein, Mütterlichkeit usw.[3]

---

1) vgl. Magisterarbeit WÖLLER, Göttingen 197o, S. 11 ff. Thema: Probleme der Feminisierung des Volksschullehrerberufs

2) vgl. hierzu die mannigfaltigen Untersuchungen und wissenschaftlichen Berichte, wie sie z.B. von NAVE-HERZ, R., Das Dilemma der Frau in unserer Gesellschaft, Neuwied, 1972, übersichtlich zusammengetragen wurden, aber auch MENSCHIK, J., Gleichberechtigung oder Emanzipation?, Frankfurt 1971; BRANDT, G. u.a., Zur Frauenfrage im Kapitalismus, Frankfurt 1973

3) vgl. WÖLLER, a.a.O.; NAVE-HERZ, R., a.a.O.

+ An dieser Geschlechtsrollentypisierung wird aus gesellschaftlichen und ideologischen Gründen trotz weitgehender Dysfunktionalität sowohl objektiv wie subjektiv (im Bewußtsein der Männer und Frauen) in "ideologischer Gewöhnung" festgehalten. Auch die - quantitativ unbedeutende, meist studentisch initiiert und getragene - "Frauenbewegung" der letzten Jahre hat gesamtgesellschaftlich hieran kaum etwas ändern können, eher schon im studentischen Milieu.[1]

+ In den hier besonders interessierenden (Aus)bildungseinrichtungen gelten die von H. PROSS konstatierten Tendenzen - mitnur geringfügigen Veränderungen- weiterhin: insgesamt geringere Beteiligung von Mädchen, Neigung zu kürzerer, minderqualifizierenden Bildungsgängen, Kumulierung in wenigen Berufen und Fachgebieten und - im Vergleich zu Männern - vorzeitigerer Abbruch von namentlich theoretisch orientierten Bildungsgängen.[2]

Gegenüber diesem insgesamt traurigen Bild einer in Sachen Frauen-(und Männer) Emanzipationen nur mühsam sich weiterentwickelnden Gesellschaft, nehmen sich Bedingungen, Status, Berufschancen und spätere Bezahlung der Frauen an der Universität als geradezu privilegiert aus. Sie gehören auch innerhalb ihres Geschlechts zur privilegierten Minderheit: Während an den Volksschulen 49 % Mädchen sind, sind es an den Hochschulen nur noch zwischen 25 und 36 % - ca. ein Drittel; an der Gesamtzahl der Gleichaltrigen gemessen sind das heute rund 7 % (1965: 4,3 %)der 20 - 24jährigen .[3]

Immerhin hat sich der Anteil der Frauen an Universitäten und Technischen Hochschulen seit 1954 von 16,2 % auf 23,2 % im Jahre 1969 und 31 % im Jahre 1975/76 erhöht.[4]
In Göttingen studierten im Wintersemester 1976/77 6502 Frauen gegenüber 13 258 Männern an der Universität(einschließlich Gasthörer), das sind 32,9 % weiblicher Anteil

---

1) vgl. die neueste Untersuchung von H. PROSS in "Brigitte", H. 5, 1977, S. 154 ff. und die folgenden Hefte, Serie: Der deutsche Mann, und D. BECKMANN, die emotionale Rolle der Frau, in: Frankfurter Rundschau, 16. April 1977, Nr. 88, S. V

2) vgl. H. PROSS, Über die Bildungschancen ..., S. 33; zur Modifikation dieser Abbruchsthese vgl. HITPASS, J., Das Studienschicksal des Studienjahrganges 1958, Gütersloh 1967, sowie S. 251 dieses Kapitels

3) vgl. HERVE, F., Studentinnen in der BPD, Köln 1973, S. 53 f.

4) vgl. HERVE, F., a.a.O., S. 55 und Statistisches Jahrbuch der BRD, hrsg. vom Statitischen Bundesamt, Wiesbaden 1976, S. 11o f.

an der Gesamtzahl der Studierenden.[1]

In der philosophischen Fakultät sind hingegen die Frauen überrepräsentiert: 2951 weibliche gegenüber 2327 männliche Studierenden, also 56 % Frauen - und das sind 45,3 %, also knapp die Hälfte aller weiblichen Studierenden in Göttingen.[2]

Auch hier wiederholt sich die allgemeine Tendenz, daß Ausbildung und Beruf der Frauen sich vornehmlich auf Bereiche des Erzieherischen und Sozialen beschränken, die dem traditionellen Geschlechtsrollenstereotyp der Frau am ehesten verwandt sind.

Die Stichprobe aus der Hauptuntersuchung, aber auch die aus den Gruppendiskussionen, entspricht somit relativ genau der Verteilung der Geschlechter an der philosophischen Fakultät in Göttingen, in der der überwiegende Teil der hier untersuchten Lehrerstudenten immatrikuliert ist: weibl.: 57,1 %, männl. 42,9 %.[3]

Die Studentinnen stellen also eine privilegierte Minderheit unter ihren Geschlechtsgenossinnen dar, sind im Verhältnis zur Gesamtstudentenschaft ebenfalls eine Minderheit; doch stellen sie innerhalb der philosophischen Fakultät eine Mehrheit dar, besonders in den Fächern: Englisch, Französisch, Deutsch, Geographie, Geschichte und Sozialkunde, so daß eine Studentin hier nicht mehr als "komisches Wundertier" bestaunt und belächelt werden dürfte, wie dies vor 60 Jahren noch der Fall gewesen sein mag.[4] Dementsprechend dürften sich auch- zumindest in den oben genannten Fächern ein Teil der massiven Vorurteile des Lehrkörpers der Univer-

---

1) vgl. Übersicht über die Zahl der Studierenden und Gasthörer im WS 1976/77, im Vorlesungsverzeichnis der Georg-August-Universität SS 1977, S. 472

2) vgl. Vorlesungsverzeichnis SS 1977, a.a.O., S. 472

3) vgl. Beschreibung der Gesamtstichprobe in Kap.II, 4, S. 44

4) Vgl. HEYMANS, G., Die Psychologie der Frauen, Heidelberg 197o, S. 121, zit. nach HERVE, F., a.a.O., S. 68

sität gemildert haben, jener Vorurteile, die ANGER und VETTER in ihren 1960 und 1961 durchgeführten Untersuchungen bei immerhin damals 64 % des gesamten Lehrkörpers feststellen konnten:[1] Kritikfähigkeit, Urteilsvermögen, Sachlichkeit, produktiv-schöpferische Fähigkeiten wissenschaftliche Phantasie, abstraktes Denken usw. - Tugenden also, die sich die Dozenten von einem erfolgreichen Studenten wünschten, wurde den weiblichen Studierenden prinzipiell abgesprochen oder doch nur zu einem vergleichsweise geringeren Teil zuerkannt.

Neuere (Wiederholungs)Untersuchungen zu diesem Thema fehlen leider; aus einigen späteren anderweitigen Untersuchungen und Berichten, wie sie HERVE referiert, läßt sich jedoch entnehmen, daß auch 10 Jahre später keineswegs alle Vorurteile gegenüber den Frauen an der Universität beseitigt sind. Als Indizien dafür soll hier nur an die verschwindend geringe Anzahl von weiblichen Hochschullehrern (1974: 8 % der gesamten Hochschullehrerschaft),[2] sowie die Meinung Dr. H. RAHNS zitiert werden, des Leiters der Studienstiftung zur Förderung des wissenschaftlichen Nachwuchses, der den Grund für die geringe Anzahl weiblicher Stipendiaten "in der großen Zurückhaltung der Hochschulen, Studentinnen als Bewerberinnen vorzuschlagen" sieht.[3]

Auch auf die Universität schlägt also - wenn auch in inzwischen abgeschwächter Form[4] - die allgemeine Rollenfixie-

---

1) vgl. ANGER, H., Probleme der deutschen Universität, Bericht über eine Erhebung unter Professoren und Dozenten, Tübingen 1960, S. 476 ff. und VETTER, H., Zur Lage der Frau an den westdeutschen Hochschulen, in: KZfSS, 13. Jg., H. 4, 1961, S. 644 ff.

2) vgl. zur Soziodemographie von Hochschullehrern in: Infratest Sozialforschung, Hochschulbarometer, Befragung von Lehrenden an Hochschulen, SS 1974, München 1974, S. 22

3) zitiert nach HERVE, F., a.a.O., S. 73

4) vgl. geringerer Frauenanteil an Studierenden, Konzentration auf wenige Fächer und Studienrichtungen, wenige weibliche Hochschullehrer sowie Vorurteile.

rung und Benachteiligung der Frauen in unserer Gesellschaft durch.[1] Anlaß genug, sich mit der somit "besonderen"Proble matik der weiblichen Studierenden an der Universität zu beschäftigen.

Im Rahmen der vorliegenden Arbeit jedoch besonders relevant und weitere gewichtige Gründe, sich mit den psychischen Problemen der Studentinnen zu befassen, sind jedoch die übereinstimmenden Berichte der psychologischen Beratungsstellen, in denen eine höhere Frequentierung durch Studentinnen konstatiert wird und die - bislang - höheren Abbruchquoten von Studentinnen.

Im WS 73/74 sah die Geschlechterverteilung bei der Beratungsstelle Göttingen folgendermaßen aus:

Tabelle 48: Geschlechtsverteilung bei den Neuanmeldungen der Beratungsstelle Göttingen[2]

Geschl.	Neuanmeldung an der Beratungsstelle Göttingen	Anteil an der Universität Göttingen
männl.	57 %	72 %
weibl.	43 %	28 %

Im Vergleich zu ihrem proportionalen Anteil an der Gesamtstudentenschaft, sind die Frauen hier also deutlich überrepräsentiert,[2]

In allen Bereichen des Bildungs- und Ausbildungswesens

1) wobei die Gründe hierfür sichernicht nur in der Universität (siehe weiter unten) zu suchen sind, sondern auch in der voruniversitären geschlechtsspezifischen Sozialisation.

2) vgl. ASTA-Sozialinfo, 1975, S. 43: Bericht der Beratungsstelle Göttingen

"verdünnt" sich der Frauenanteil je höher die sozialen Positionen sind, die erreichbar sind, je länger die Ausbildung dafür dauert, je höher die Qualifikationen sind, die erlangt werden müssen; d.h. es besteht eine negative Selektion der weiblichen Auszubildenden aufgrund vielfältiger Ursachen.[1] Diese "Verdünnung" geschieht durch vorgängige Selektion oder durch begleitende Selektion, den sog. "vorzeitigen Abgang" aus den jeweiligen Ausbildungsstufen.[2]

Doch über den Studienabbruch von Studenten und Studentinnen gibt es in der BRD keine statistisch gesicherten Zahlen, da weder der Abschluß eines Studiums durch Examen, noch ein "Nichtwiederimmatrikulieren", noch die Exmatrikulation oder die Wiederimmatrikulation an den einzelnen Universitäten koordiniert erfaßt, geschweige denn bundesrepublikanisch einheitlich registriert werden. Es ist deshalb sehr schwierig, stichhaltige Aussagen über den - hier besonders interessierenden - Studienabbruch der Frauen zu machen. Die Einzelarbeiten, die in und an verschiedenen Universitäten zu den verschiedensten Zeiten zu diesem Problem vorliegen, ergeben kaum ein eindeutiges und einheitliches Bild, ja widersprechen sich zum Teil.

Tabelle 49: Studienabbrecher[3]

Verfasser	Erscheinungsjahr	Studienabbrecher in %
Gerstein	1965	3o
Kath, Oehler, Reichwein	1966	22 - 27
Hitpass	1967	12
Goldschmidt	1969	17
Biäsch, Schallenberger	1971	15

1) vgl. u.a. H. PROSS, Über die Bildungschancen ..., a.a.O., S. 3o ff., und HERVE, F., a.a.O., S. 25 ff.

2) vgl. GERSTEIN, H., Studierende Mädchen ... und dieselbe, Erfolg und Versagen im Gymnasium, Konstanz 1969

3) aus: SCHLAFFKE, W. (Institut der deutschen Wirtschaft), Streitsache: Studienabbrecher, Köln 1976, S. 8; vgl. hierzu auch: AMELANG/HOPPENSACK, a.a.O., S. 1o

Die Abbrecherquote in den einzelnen Studienfächern schwankt allerdings nicht unbeträchtlich. Nach G. KATH[1)] sah es 1965 in den einzelnen Fachrichtungen wie folgt aus:

Fachrichtungen	weiblich	männlich
Medizin	19 %	1o %
Rechtswissenschaften	24 %	16 %
Naturwissenschaften	35 %	12 %
Wirtschafts- u. Soz.-wissensch.	37 %	21 %
Kulturwissenschaften	53 %	25 %

"Im Durchschnitt" - so resümiert SCHLAFFKE diese älteren Untersuchungen zum Studienabbruch - "ist die Quote der weiblichen Abbrecher doppelt so groß wie die der männlichen."[2)]

Doch zu bedenken ist, daß diese Untersuchungen zum größten Teil fast 1o Jahre (z.T. noch mehr) zurückliegen und "nach wie vor ... kaum festzustellen (ist), ob jemand sein Studium gewechselt, unterbrochen oder gänzlich abgebrochen hat".[3)] Nach der neuesten und umfassendsten Untersuchung durch GRIESEBACH/LEWIN von Exmatrikulierten des Studienjahres 1974 scheint - so die Autoren - "mit 36,6 % ... der Frauenanteil bei den Abbrechern nicht signifikant höher (zu liegen) als bei den Absolventen (35,o %)".[4)] Allerdings bezieht diese Untersuchung Absolventen und Abbrecher von Pädagogischen Hochschulen und Kunsthochschulen mit ein, so daß sich hierdurch eventuell ein günstigeres Bild für die Studentinnen ergibt, als es für die Universitätsstudentinnen, besonders die Gymnasiallehrer, zuträfe.

---

1) KATH, G., Studienweg und Studienerfolg, Berlin 1966, S. 67, 76 ff.

2) vgl. SCHLAFFKE, W., a.a.O., S. 9

3) vgl. ebenda, S. 7

4) vgl. GRIESBACH, H./LEWIN, K., Studienschicksal und Beschäftigungssituation von Hochschulabsolventen und Studienabbrechern, HIS-Kurzinformationen, Okt. 1976, H. 4, S. 8

HITPASS kam 1967 in seiner Längsschnittstudie über "Das Studienschicksal des Immatrikulationsjahrganges 1958" zu dem Ergebnis, daß das Philologie-Studium als Staatsexamenstudium die höchste Abbruchquote aufweist und daß insgesamt die Erfolgsquoten bei männlichen Studierenden 92 %, bei den weiblichen Studierenden jedoch nur 82 % betrügen - das würde bedeuten, doppelt soviel weibliche Studierende brechen ohne Erfolg ab wie männliche.[1] "Der höchste Prozentsatz der Studienabbrüche wird aus folgenden Gründen vollzogen: 1. Heirat (nur Frauen), 2. intellektuelles Unvermögen, 3. Unzufriedenheit mit Unibetrieb, 4. aus finanziellen Gründen."[2] Doch auch hier variieren die Befunde der einzelnen Autoren sehr breit: APENBURG und andere fanden als Abbruchgedanken folgende Hauptgründe heraus:

Zweifel an der persönlichen Eignung (39 %)
mangelnde Erfolgserlebnisse (26 %)
Mißerfolge bzw. befürchtete Mißerfolge (25 %).[3]

HERVE nennt noch weitere Gründe:

Heirat und Geburt von Kindern
Mangel an Motivation
schlechte Wirtschaftslage und
psychische Schwierigkeiten.[4]

Sicherlich muß bei der Ursachenhierarchisierung bedacht werden, daß es sich zumeist um ein Bündel von Motiven handelt, die sich untereinander durchaus stark beeinflussen dürften. So verwies schon H. GERSTEIN 1965 zu Recht auf die Tatsache, daß die "Heirat" bei Befragungen zwar gern als Grund für einen Abbruch angegeben werde, daß sich hierhinter jedoch eine Menge anderer Gründe verberge, oder wie es A. WELZEL-

1) vgl. HITPASS, J.D., a.a.O., S. 67 ff.
2) HITPASS, J.D., zit. n. HERVE, F., a.a.O., S. 1o5
3) vgl. APENBURG/SATERDAG, a.a.O., S. 275
4) vgl. HERVE, F., a.a.O., S. 83

MOLLWITZ überspitzt formulierte: "Studentinnen verlassen nicht die Universität, weil sie heiraten, sondern sie heiraten, weil sie die Universität verlassen."[1)]

Doch die vorliegende Arbeit beschäftigt sich nicht primär mit Abbruchgründen von männlichen oder weiblichen Studierenden, sondern mit den psychischen Beeinträchtigungen der Studierenden und deren Ursachen.

5.2 Überblick über die geschlechtsspezifisch differenten Ergebnisse (weibliche Studierende) aus der Haupterhebung 1975

Ohne im einzelnen nochmals auf die Bedeutung und Ermittlung bzw. Erstellung der Instrumente bzw. Ergebnisse einzugehen, sollen hier nur die Ergebnisse wiederholt dargestellt werden, die einen signifikanten Unterschied zwischen den Geschlechtern zeigten:

Tabelle 5o: Geschlechtsspezifische Unterschiede aus der Hauptuntersuchung 1975[2)]

	weibl. N=4o7	männl. N=3o6	Signif.
Neurotizismus	25,41	21,97	++
vegetative Störungen (SSP 2)	1,79	1,66	++
Geselligkeit (FPI 5)	4,oo	3,52	++
Gehemmtheit (FPI 8)	4,21	3,66	++
Studienschwierigkeiten (JSS 1)	3,15	3,o4	+

Um die Ergebnisse nochmals mit Worten zusammenzufassen:[3)] Auf der aus dem FPI entwickelten "Neurotizismus-Skala" zeigen die Göttinger weiblichen Studierenden sowohl im Vergleich

1) GERSTEIN, H., Studierende Mädchen ..., a.a.O. und A. WELZEL-MOLLWITZ, a.a.O., S. 9

2) vgl. hierzu die Kap. III, 1, S. 66 , Kap. III, 2, S. 12o und Kap. III, 3, S. 172

3) vgl. auch Kap. III, 1.3, S. 66

zur Eichstichprobe als auch im Vergleich zu ihren männlichen Kommilitonen signifikant höhere Werte, d.h. im einzelnen, sie sind nervöser (FPI 1), depressiver (FPI 3), leichter irritierbar mit geringerem Selbstvertrauen (FPI 6), gehemmter (FPI 8), emotional labiler (FPI 11), weniger durchsetzungsfähig, mit weniger Zuversicht und mehr körperlichen Beschwerden (FPI 12). Sie klagen über mehr "vegetative Störungen" (SSP 1), sind vom Studium mehr enttäuscht und sind unzufrieden mit ihrer Arbeitsleistung (JSS 1) und haben ein größeres Kontaktbedürfnis; sie sind umgänglicher und haben einen größeren Bekanntenkreis (FPI 5: Geselligkeit) als die befragten männlichen Studierenden in Göttingen.

Andere Untersuchungen zu diesem Problem kommen zu ähnlichen Ergebnissen: BECKMANN u.a. referieren aufgrund ihrer Untersuchung an der Universität Gießen mit dem sog. "Gießentest", daß die Studentinnen zwar über eine größere Arbeitsmotivation verfügten, aber doch mit größeren Schwierigkeiten im Arbeitsbereich zu kämpfen hätten, daß sie unsicherer seien bezüglich der Richtigkeit und dem Erfolg ihrer Arbeit, daß sie anfälliger für Niedergeschlagenheit und konkurrenzängstlicher seien.[1] Auch JAHNKE konstatierte bei "Studentinnen mehr persönliche Unsicherheit und Minderwertigkeitsgefühle", auch "Examensangst und Ungewißheit über die eigenen Fähigkeiten" äußerten die Studentinnen in seiner Untersuchung in Göttingen von 1968 häufiger.[2]

Auch APENBURG u.a. stellten fest, daß Studentinnen sich wesentlich ungünstiger selbst beurteilten als Studenten.[3]

Die Liste der Autoren, die gleiche oder ähnlich negative Befunde über Studentinnen berichten, soll abgeschlossen werden mit einem Zitat von MÖLLER/SCHEER, die Untersuchungen an der Beratungsstelle Gießen durchführten:

---

1) vgl. BECKMANN u.a., a.a.O.,S. 31 ff.

2) vgl. JAHNKE, J., a.a.O., S. 11o

3) vgl. APENBURG/SATERDAG, a.a.O., S. 275

"Studentinnen leiden signifikant stärker unter ihren Beschwerden als Studenten ... Aufgrund der belasteteren Studiensituation ist anzunehmen, daß Studentinnen tatsächlich mehr leiden. Es mag hinzukommen, daß es Frauen in unserer Kultur eher gestattet ist, Leidensdruck zu äußern."[1)]

Wie es der Schluß dieses Zitates andeutet, muß bei diesen und anderen Ergebnissen aus empirischen Untersuchungen berücksichtigt werden, daß es den Frauen entsprechend dem Rollenstereotyp von "Weiblichkeit" sicherlich leichter fällt als den Männern, von ihren Problemen zu sprechen, ja sie überhaupt erstmal als solche wahrzunehmen.[2)] Ob und inwiefern sich hinter diesem höheren Leidensbewußtsein ein "objektiv" höherer Leidensgrad der Frauen verbirgt - wie MÖLLER/SCHEER meinen - oder ob dieses "Leidensbewußtsein" ihnen gar einen Vorsprung - wie H.E. RICHTER meint - vor den ihre Probleme und Schwächen verleugnenden Männern bei der Emanzipation aus den bedrückenden Verhältnissen einräumt, ist hier nicht klärbar bzw. bleibt abzuwarten.[3)]

Wie sehen nun die Gruppendiskutanten die Ursachen für diese offenbar als belastend empfundene Situation der Studentin?

5.3 Art und Ursachen der psychischen Belastung der weiblichen Studierenden (aufgrund der Gruppendiskussionen)

Die Gruppendiskussionen wurden an diesem 5. Punkt zumeist nochmals lebhafter, insbesondere die Frauen, die ja in der Überzahl waren, fühlten sich hier naturgemäß angesprochen.

---

1) MÖLLER/SCHEER, Psychotherapeutische Beratungsstelle ..., a.a.O., S. 58

2) vgl. H.E. RICHTER, Lernziel: Solidarität, Frankfurt 1974, S. 39 ff.: Die Krankheit des Mannes, der nicht leiden darf

3) vgl. H.E. RICHTER, a.a.O., S. 51: "Es ist ... noch gefährlicher, starke und im Grunde überlastende innere Spannungen nicht mehr als Leiden empfinden und ausdrükken zu können. In dieser Hinsicht hätten die Frauen wahrlich keinen Grund, die Männer zu beneiden."

Das Statement lautete:

"Überdurchschnittlich viele weibliche Studierende suchen die Beratungsstellen auf, wesentlich mehr Frauen verlassen die Universität ohne Abschluß.
Haben es die Frauen auch heute noch schwerer an der Uni?
Wie steht es mit dem Verhältnis der Geschlechter untereinander - nach Euren Erfahrungen?
Welche Defizite gibt es für eine volle Gleichberechtigung der Frau an der Universität?"

Die Auswertung der Tonbandprotokolle ergab 314 Meinungsäußerungen zu der im Statement angesprochenen Frage, die auf 228 Karten vercodet wurden und zu 21 Argumentgruppen zusammengefaßt wurden (4 Äußerungen bezogen sich auf Verbesserungs- bzw. Lösungsvorschläge).[1] Der Häufigkeit ihrer Nennung nach wurden diese in eine Rangfolge gebracht (vgl. unten) und ebenfalls in ein Strukturmodell eingeordnet (s. S. 259), das einige Zusammenhänge, wie sie in den Diskussionen anklangen, verdeutlichen soll.

<u>Tabelle 51:</u> Frauenprobleme - Ursachenbeschreibungen (aus Gruppendiskussion)

		F
1.	Frauen schweigen in Seminaren und Arbeitsgruppen, werden nicht ernst genommen, bekommen keine Anerkennung	51
2.	Frauen gehen eher und häufiger in Beratungsstelle, weil sie eher Schwäche zugeben und sich helfen lassen können - Männer haben es oder tun sich da schwerer	32
3.	Rollenkonfliktdilemma: lieb, nett, attraktiv - hart, durchsetzungsfähig, aktiv	29
4.	rollenspezifische Erziehung führt zur Benachteiligung	2o
5.	Abbruchgrund: Männer, Kinder, Flucht in Ehe	19
6.	von vornherein weniger, geringere Erwartungen an Frauen	18
7.	Vorurteile (geringere Abstraktionsfähigkeit, Mannweiber, Politmieze usw.)	17

---

1) gleichlautende Meinungsäußerungen wurden auf ein und derselben Karte festgehalten, daher die Differenz zwischen Meinungsäußerungen und Code-Karten, vgl. zur Methode Kap. II, 4.5.4, S. 53 f.

8.	Attraktivität, Nettheit - immer noch gültiges weibliches Rollenbild - zwingt zum Zurückstecken	16
9.	Geschlechterprobleme im privaten Bereich (mit Partnern)	16
1o.	durch Frauenrolle haben Frauen Kontaktschwierigkeiten	14
11.	männlich geprägter Uni-Stil (Art des Umgangs, Dozenten)	13
12.	Durchsetzungsunfähigkeit der Frauen - Grund für Benachteiligung und Abbruch	13
13.	geringere Selbsteinschätzung (intell.) der Frauen	11
14.	Frauen müssen für gleiche Anerkennung und Behauptung an der Uni "mehr bringen" als männliche Kommilitonen	9
15.	"objektive" Benachteiligung der Frauen (weniger Dozenten)	9
16.	starke Konkurrenz mit Männern (aber auch untereinander)	8
17.	es gibt keine (formale) Benachteiligung der Frau an der Uni	6
18.	Frauen verstehen es nicht so gut zu bluffen, sich selbst wissenschaftlich ins rechte Licht zu rücken	6
19.	Frauen haben auch einige Vorteile an der Uni durch ihre Rolle als Frau	5
2o.	An der Uni geschieht eine subtilere Art von Unterdrückung der Frau als draußen	2
21.	Sonstiges	5
		425

Lösungen

Geschlechspartner sollten beide selbständiger werden, sich emanzipieren./Nur gemischte Arbeitsgruppen erlauben./Emotionales im Wissenschaftsbetrieb nicht unterdrücken, sondern als wichtig und gleichwertig zu kognitiven Aussagen anerkennen./Bessere Partnerschaft zwischen Geschlechtern entwickeln.

Im Anschluß an die Gruppendiskussion wurde ein Fragebogen ausgefüllt, der auch zum Thema "Frauenprobleme" 14 Items enthielt.[1)]

---

1) vgl. S. 261

Tabelle 52

Frauenprobleme - Ursachenbeschreibungsstruktur (Gruppendisk.)

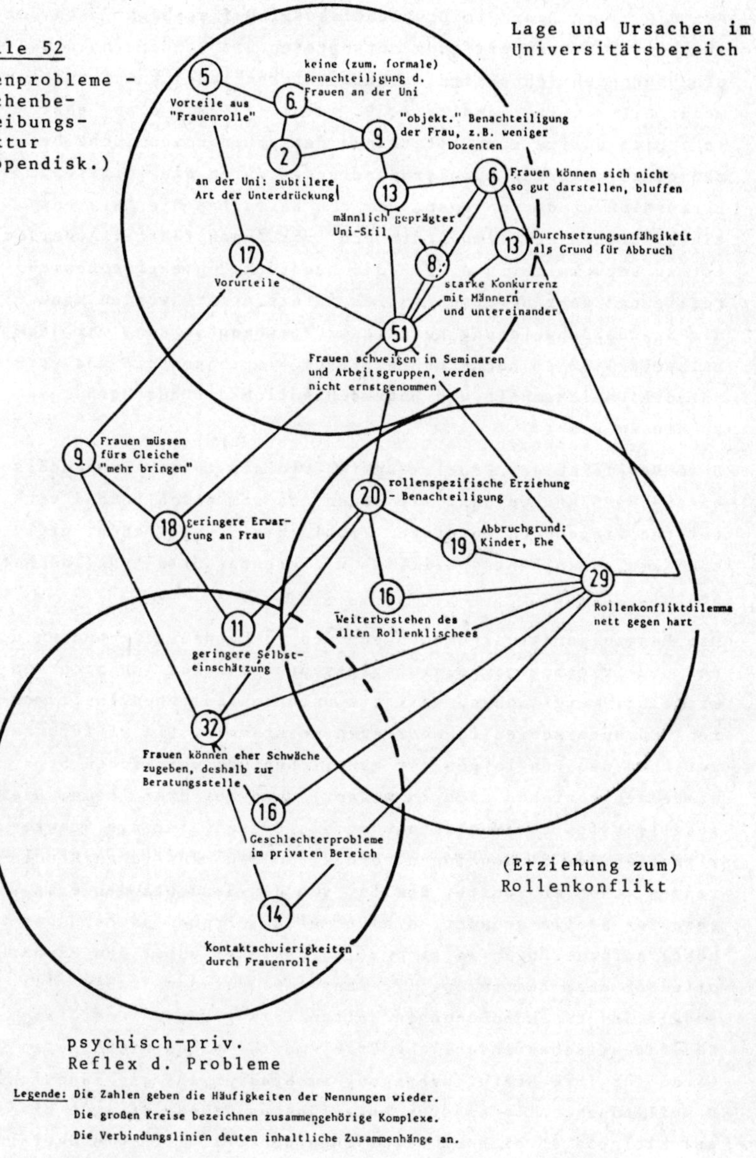

Legende: Die Zahlen geben die Häufigkeiten der Nennungen wieder.
Die großen Kreise bezeichnen zusammengehörige Komplexe.
Die Verbindungslinien deuten inhaltliche Zusammenhänge an.

Auf die erste Frage im Gruppendiskussionsfragebogen nach der objektiven Benachteiligung antworteten die Studentinnen und die Studenten (ohne signifikante Unterschiede) knapp zustimmend (Mittelwert, männl.: 2,29; weibl.: 2,22), also "eher ja". Hier dürfte sich allerdings der gruppendynamische Prozeß eines gewissen Aufklärungsdruckes durch die initiierte Diskussion niederschlagen, der den Befragten die Existenz eines solchen Problems erst recht vor Augen führte. Außerdem ist zu berücksichtigen, daß der Ausdruck "objektive Benachteiligung" sehr unterschiedlich interpretiert werden kann - die Standardabweichung bei dieser Itembeantwortung war deshalb mit 1.12 am höchsten in diesem Fragebogenteil und verrät die Unsicherheit und Unterschiedlichkeit der Meinungen zu diesem Punkt.

Beim Vergleich der Problempunkte, wie sie in der Gruppendiskussion genannt wurden, mit denen aus dem anschließend verteilten Fragebogen zu diesem Problemkreis verglichen, ergab sich ein geschlechtsspezifisch differentes Bild (vgl. nächste Seite).

Die Rangfolge der Argumente aus den Tonbandaufzeichnungen und der der Fragebogenergebnisse lassen sich natürlich nicht unmittelbar vergleichen, weil sie unterschiedlichen Instrumenten und unterschiedlichen Fragen entstammen. Die Differenzen zwischen den Rangfolgen der männlichen und weiblichen Studierenden beziehen sich im wesentlichen auf drei Items: Die gesellschaftliche Unterdrückung als Ursache für die Schwierigkeiten der Studentinnen werden von den männlichen Studierenden schon an zweiter Stelle, von den Studentinnen erst an sechster Stelle genannt; die Vermutung, Frauen hätten überhöhte Anforderungen an sich selbst, findet unter den Männern offenbar eher Zustimmung (7. Rang) als bei den Frauen (11. Rang); Studentinnen dagegen halten ihre größere Sensibilität für zwischenmenschliche Probleme für einen wichtigeren Grund für ihre Beeinträchtigung im Studium als die männlichen Kommilitonen. Alle anderen aufgeführten Gründe stimmen bis auf kleinere Abweichungen zwischen den Geschlechtern überein.

Gruppendiskussionsargumente Rangfolge	Fragebogenergebnisse Rangfolge (weibl.)	Fragebogenergebnisse Rangfolge (männl.
1. Frauen schweigen in Semin. u. Arbeitsgruppen, werden nicht ernst genommen, kein feed back	1. Erziehung zu weiblichen Tugenden steht im Widerspruch zu universit. Anforderungen	1. Erziehung zu weibl. Tugenden steht im Widerspruch zu universit. Anforderungen
2. Frauen können eher Schwäche zugeben, sich helfen lassen, gehen deshalb eher zur Beratungsstelle	Frauen sind stärker durch persönl. Probleme (Kinder, Haushalt, Monatsbeschwerden) gehandicapt	2. gesellsch. Unterdrückung setzt sich an der Universität fort
3. Rollenkonfliktdilemma: lieb, nett vs. hart, durchsetzungsf., aktiv	3. männlich geprägter Universitäts-Stil, Frauen können und wollen sich nicht anpassen	3. männlich geprägter Universitäts-Stil, Frauen können und wollen sich nicht anpassen
4. rollenspezifische Erziehung	4. geringeres Durchsetzungsvermögen der Frauen benachteiligt sie an der Universität	4. Frauen sind mehr durch persönl. Probleme gehandicapt
5. Männer, Kinder, Ehe - Grund für häufigeren Abbruch	5. ihre größere Sensibilität für zwischenmenschliche Probleme beeinträchtigt ihr Engagement im Studium	5. Frauen haben geringeres Durchsetzungsvermögen
6. es werden von vornherein geringere Erwartungen an Frauen gestellt	6. gesellschaftl. Unterdrückung der Frau setzt sich an der Universität fort	6. Frauen haben an der Uni überhöhte Anforderungen an sich
7. Vorurteile gegen Frauen	7. Frauen erhalten weniger Anerkennung ihrer intellektuellen Leistungen	7. Angst vor Vergleich mit Männern
8. weibliches Rollenbild zwingt zum Zurückstecken in Ausbildung/Ber.	8. Angst vor dem Vergleich mit Männern hemmt sie in Seminardiskuss.	8. männliche Studenten akzeptieren Frauen nur als attraktive Wesen, nicht als intellektuell gleichwertige Kommilitonen
9. Geschlechter(kampf)probleme im privaten Bereich absorbiert sie	9. die männl. Studenten akzeptieren die Frauen nur als attraktive Wesen, nicht als intellektuell gleichrangige Kommilitonen	9. Frauen erhalten weniger Anerkennung für intellektuelle Leistungen
1o. weibl. Rollenklischees bewirken Kontaktschwierigkeiten (Kneipe)	1o. Studentinnen sind emotional labiler	1o. ihre größere Sensibilität für zwischenmenschliche Problme beeinträchtigt ihr Engagement im Studium
11. männlich geprägter Univ.-Stil benachteiligt die Studentinnen	11. Studentinnen haben ganz besonders hohe (zu hohe) Anforderungen an sich selbst	11. Studentinnen sind insgesamt emotional labiler
12. Durchsetzungsunfähigkeit der Frau in Seminaren benachteiligt sie		
13. Frauen haben geringere Selbsteinschätzung in bezug auf Leistung		
14. Frauen müssen mehr bringen für das Gleiche		
15. objektive Benachteiligung		

Festzuhalten bleibt, daß die wesentlichen Gesichtspunkte, wie sie sich aus den Gruppendiskussionen ergaben, auch durch den nachgereichten Fragebogen bestätigt wurden:

Erziehung zu weiblichen Tugenden/Rollenkonflikt

Durchsetzungsunfähigkeit

starke Überprägnanz der weiblichen Verhaltensweisen (Sensibilität)

männlich geprägter Universitätsstil

Behinderung durch persönliche/private Probleme

Unsicherheit bezüglich Eigenerwartung/Fremderwartung/ Anerkennung

Bei der Darstellung der Ergebnisse der Gruppendiskussion zum Thema Probleme der weiblichen Studierenden wird nach folgenden Gesichtspunkten vorgegangen:

+ Beschreibung der Lage der Frauen an der Universität;

  universitäre Ursachen für Benachteiligung, größere psychische Belastung
+ rollenspezifische Erziehung als Ursache für Rollenkonflikt
+ psychischer Reflex der Probleme bei den befragten Frauen

5.3.1 (Subjektive) Beschreibung der Lage der Studentinnen und Ursachen für Benachteiligung

In der Diskussion gingen natürlich Beschreibung der Lage und Befindlichkeit der Studentinnen an der Universität mit den Ursachen für die stärkere Frequentierung der Beratungsstelle und für die Studienabbrüche ineinander über. Auch hier in der Darstellung lassen sich Überschneidungen und Redundanzen nicht ganz vermeiden. Der Übersichtlichkeit halber wurde aber doch eine Zuordnung der Meinungsäußerungen zu den oben genannten Untergruppen versucht. Folgende Meinungsgruppen sollen in diesem Unterkapitel erläutert werden:

+ Frauen schweigen mehr als ihre männlichen Kommilitonen in Seminaren und Arbeitsgruppen, sie würden nicht recht ernstgenommen und bekämen weniger Anerkennung für das, was sie sagen (51 Nennungen)

+ Dozenten wie Mitkommilitonen hätten von vornherein geringere Erwartungen an die studienrelevanten Leistungen von Frauen (18 Nennungen)
+ Vorurteile wie geringere Abstraktionsfähigkeit, "Mannweiber", "Politmieze" existierten immer noch (17 Nenn.)
+ Frauen könnten sich in Seminaren und Arbeitsgruppen schlechter durchsetzen (u.a. auch Grund für häufigeren Abbruch) (13 Nennungen)
+ "objektive" Benachteiligung der Frauen bestehe u.a. in der geringeren Anzahl der weiblichen Dozenten (9 Nenn.)
+ Frauen müßten für das gleiche Ziel "mehr bringen" (9 Nennungen)
+ die Frauen sähen sich einer starken leistungsmäßigen Konkurrenz untereinander und den Männern gegenüber (8 Nennungen)
+ es gäbe keine (formale) Benachteiligung der Frauen an der Uni (6 Nennungen)
+ sie könnten nicht so gut "bluffen" oder sich anderweitig gut darstellen (6 Nennungen)
+ in gewisser Weise könne man auch Vorteile aus der "sog. Frauenrolle" ziehen (5 Nennungen)
+ an der Universität herrsche eine subtilere Unterdrückung der Frau als in anderen gesellschaftlichen Bereichen (2 Nennungen)

Es scheint allgemeiner Konsens zu sein: Eine direkte formale Benachteiligung und Unterdrückung der Frauen an der Universität besteht nicht (mehr).

Vielmehr beziehen sich die inkriminierten Defizite einer vollen Gleichberechtigung auf die "subtileren" Formen von Benachteiligung und Diskriminierung.

Dies hat seine Ursachen zum einen in den objektiven Bedingungen der allgemeinen Frauenunterprivilegierung in der Gesellschaft, vornehmlich in der traditionellen familiären Rollenfixierung auf weibliche Tugenden, die es den Studentinnen erschwert, auch die dieser z.T. widersprechende studentische Rollen gleichermaßen auszufüllen, letzteres geschieht meist mit der Tendenz, der Primärrolle "Frau" den Vorrang unter Zurücknahme der adäquaten Rollenperformanz als "Student" zu geben (vgl. weiter unten); zum anderen aber liegen die Defizite nach Meinung der Studierenden auch in der "männlich dominierten" Institution Hochschule mit überwiegend männlichen Dozenten, in deren Vorurteilen, im "männlich" geprägten Stil der Arbeits- und Interaktionsformen.[1)]

Im einzelnen wurden folgende Beobachtungen diskutiert: Am häufigsten war die Feststellung, daß in Seminaren und Arbeitsgruppen, sofern sie gemischt sind, Männern entsprechend ihrem gesellschaftlichen Rollenstatus die größere Kompetenz in fachlichen Fragen, die größere Aktivität und die größere Seriosität zugebilligt wird - und zwar von allen, also von den Dozenten, von den Männern wie von den Frauen. Die Studentinnen haben häufig das Gefühl, daß ihre Beiträge nicht recht ernst genommen werden, daß sie erst dann in der Diskussion Beachtung finden, wenn ein männlicher Kommilitone ihre Argumente übernimmt oder sie anderweitig unterstützt. Man gesteht ihnen einen gewissen "Frauenrabatt" zu, der darin bestehe, daß sie zwar etwas sagen dürfen, vielleicht auch etwas Unübliches oder Falsches, eben weil sie Frauen seien. Auch die Dozenten wendeten sich mit Vorliebe erstmal an die männlichen Kommilitonen bei offenen Fragen oder Diskussionen, ja würden z.T. offen bezweifeln, daß beispielsweise Gruppenreferate aus gemischten Arbeitsgruppen tatsächlich unter gleichberechtigter Mitarbeit der weiblichen Mitglieder entstanden seien.

Umgekehrt zweifeln die Frauen aus rein weiblichen Arbeitsgruppen, ob der Dozent und das gesamte Seminar (einschließlich ihrer weiblichen Kommilitonen) die Ergebnisse ihrer Arbeit ernst nehmen, eben weil kein Mann mitgearbeitet habe.

(weibl., 5. Sem., Pol./Gesch., Gruppe 6): "Wenn ein Mann etwas sagt, ... dann achtet man in erster Linie darauf, was er sagt, ne, aber, wenn 'ne Frau etwas sagt, was vielleicht auch

---

1) Bei diesem "männlich geprägten Universitäts-Stil" handelt es sich wohl in erster Linie um eine Anmutung seitens der Studentinnen, gemeint ist u.a. die Ausklammerung von Gefühlen, die Verbiestertheit in ein Sachthema, die als typisch männlich empfundenen Selbstdarstellungszwänge der Männer, das Konkurrenzverhalten, auch der "Bluff", neben ironischem Distanzgehabe

wirklich gut ist, und sie leistet da wirklich was, ne, was kriegt sie da hinterher zu hören: Du hast heute abend wirklich reizend ausgesehen. - Das Beispiel verdeutlicht so, wie das eigentlich noch aussieht, wie wenig die Frau anerkannt wird: Da ist nämlich nicht wichtig, was sie sagt, sondern in erster Linie, wie sieht sie aus, ne."

Gleichgültig in welcher Richtung sie sich in Arbeitsgruppen- oder Seminardiskussionen einbringen, ob sie eher Psychologisches und Emotionales mitberücksichtigt wissen wollen - was ihrer traditionellen Rolle entspräche - oder ob sie auch ihr politisches Engagement und ihre Reflektiertheit unter Beweis zu stellen versuchen - beides wird mit der gleichen Art von herablassender Ironie von seiten der Männer beantwortet, sei es, indem ihnen psychologisierendes unwissenschaftliches Geschwätz oder abwehrend "Politmieze" und Aggressivität vorgeworfen wird. Abgeschreckt von solcher Art von negativem "Feed Back" verzichten offenbar die meisten Studentinnen resignierend auf gleichberechtigte Mitarbeit und ordnen sich in die "Mehrheit der schweigenden Frauen" ein, um so wenigstens ihre Primärrollenidentität als attraktives Mädchen zu erhalten.

(weibl., 5. Sem., Chem./Sozk., Gruppe 6): "Wenn ein Junge was sagte, habe ich das am Anfang ganz kritiklos hingenommen, wenn ein Mädchen was sagte, dann habe ich gedacht, wieso kann die überhaupt was sagen, das ist doch sowieso Quatsch, ne - das ist mir dann ziemlich schnell aufgefallen, daß ich da so'n Verhältnis hatte ..."

(weibl., 6. Sem., Sozialwiss., Gruppe 9): "Ich glaube, Mädchen sind eben mehr auf Anpassung hin erzogen worden, und dadurch haben sie dann auch mehr Schwierigkeiten, in Diskussionen sich durchzusetzen und zu reden, und sie werden auch mit dem Konkurrenzverhalten schwerer fertig ... zwar haben die Jungen auch ihre Schwierigkeiten, aber die sind viel früher darauf getrimmt, die zu unterdrücken und Mechanismen zu entwickeln ... für mich ist da so'n ganz typisches Beispiel: Ironie. Mit Ironie hat man ganz schöne Abwehrmechanismen und kann man andere ganz schön fertigmachen - mir ist aufgefallen, daß Jungens das wesentlich öfters machen, diesen ironischen Unterhaltungsstil und daß Mädchen da meist ziemlich hilflos drauf reagieren und sehr verletzt werden dadurch ..."

(weibl., 3. Sem., Sozialwiss., Gruppe 9): "Ich habe oft zu spüren bekommen, wenn in einer Arbeitsgruppe ein Mädchen eine dominierende Stellung einnimmt, z.B. auch in einer politischen Gruppe, daß dann sehr leicht, daß dann sehr leicht der Ausdruck "Politmieze" kommt, während, wenn ein Mann diese Stellung einnimmt, das wird akzeptiert, ne, das ist selbstverständlich."

(männl., 9. Sem., Sozialwiss., WS): "Ich glaube,daß es Mädchen unheimlich schwerfällt, selbst wenn sie die gleichen Leistungen erbringen, daraus ein gleiches Selbstbewußtsein oder gleiche Befriedigung zu ziehen..."

(männl., 5. Sem., Soz./Päd., WS): "... ja sie werden eben kritischer beurteilt, z.B. in politischen Gruppen, vor allem in Konkurrenz mit ihren männlichen Kollegen ..."

(männl., 8. Sem., Theol., WS): "... ja, aber als Frau kriegt die doch so'n Rabatt, weil sie ne Frau ist ..."

(weibl., 7. Sem., Soz.-päd., WS): "... ich kann mich an 'ne VV erinnern, da haben auch mal Mädchen geredet ... und ich stand unten mit den anderen, da hörte ich dauernd solche Beiträge von den Männern wie: hysterische Weiber usw. - das war aber nicht nur ironisch..."

Zwar vermögen einzelne offenbar aus diesem den Studentinnen als Frau gewährten "Rabatt" auch Vorteile zu ziehen, indem sie z.B. "dumme Fragen stellen" dürfen, ohne daß sie deshalb unten durch wären und außerdem besitzen sie durch die Nichtfestlegung auf eine bestimmte Karriere im Beruf andere (- mehr? -) Selbstverwirklichungsmöglichkeiten als die Männer, die kaum die Möglichkeit haben, sich auf Familie und Kinder zurückzuziehen, ohne an Selbstachtung zu verlieren. Doch - und hier herrschte unter den Mitdiskutanten einhellige Meinung - w e n n sie sich auf die Konkurrenz mit den Männern ohne "Wenns und Aber" einläßt, wenn sie in die "Männerdomäne" - zu der man wohl auch alle universitären höheren Ausbildungsgänge zählen muß - einbrechen will, dann "muß sie sich durchboxen", dann muß sie gegen den Widerstand und die erbitterte Konkurrenz der Männer sogar "mehr bringen" als diese, um etwa gleiche Anerkennung, gleichen - auch beruflichen oder studienmäßigen - Erfolg zu haben wie ihre männlichen Kollegen bzw. Kommilitonen.

Die Studentinnen leben immer noch mit dem Gefühl, daß es nicht selbstverständlich ist, daß sie studieren. Sie meinen deshalb, sich und den anderen, der Familie, den Verwandten, Freunden, Freundinnen stets beweisen zu müssen, daß es sich lohnt, sie studieren zu lassen, daß ihre Erfolge eine nachträgliche Legitimation für ihren Studienplatz sind. Dies führt dann zu einem dauernd erhöhten, oft überhöhten Selbstanspruch an ihre eigene Arbeit und ihre Leistung, der sehr schnell in Unzufriedenheit mit sich selbst und in Versagensängste umschlagen kann, die eben jene Zurückhaltung und jenes Understatement bewirken, das allenthalben zu beobachten ist.

(weibl., 8. Sem., Pol./Sport, SS-Gruppe): "... also z.B. in den naturwissenschaftlichen Fächern vor allem, da ist es meiner Meinung nach so, daß von den Frauen doch mehr erwartet wird. Die müssen nämlich sozusagen beweisen, daß sie das Recht haben, da auch zu sitzen ... müssen beweisen, daß sie auch die Begabung und die Intelligenz haben, - so hab' ich das jedenfalls sehr stark empfunden und das hat mir große Schwierigkeiten gemacht, das ist in so 'nem Fach wie Pädagogik vielleicht wieder anders ..."

(weibl., 5. Sem., Deutsch/Sozk., Grupp4 4): "... (Schweigen in Seminaren) ... ja ich glaube, daß die Mädchen meinen, sie müßten "mehr bringen", um überhaupt die Berechtigung zu haben, zu sprechen, ne. Und das bestätigt sich auch oft. Mir ging es am Anfang auch so, daß ich merkte, wenn ein anderes Mädchen, ein Mädchen sprach, daß ich mich dann viel leichter einbringen konnte, als wenn da nur Männer sprachen, daß ich mich denen (den Männern) von vornherein unterlegen fühlte ..."

Um sich also gegen die als stark empfundene Konkurrenz der Männer, denen sie sich gemäß dem traditionellen Rollenklischee erstmal unterlegen fühlen, durchzusetzen, bedürfte es besonderer Anstrengungen, besonderen Selbstbewußtseins und besonderer Selbstdarstellungskünste, z.B. des "Bluffs", wie er oben[1] beschrieben wurde. Durchsetzung und überzeugte, aktive Selbstdarstellung, eventuell auch "Sich in den Vordergrund spielen" widerspricht aber wiederum der Weiblich-

---

1) vgl. Kap. III, 3

keitsrolle, so daß die Studentin in den Augen der Männer entweder "unweiblich", eben "männlich" wirken wird, d.h. also auf Kosten ihrer weiblichen Attraktivität, oder aber sie bestätigt durch ihre Zurückhaltung und Verschüchterung wiederum das Rollenklischee von den nicht ganz ernstzunehmenden, schweigenden, nichtmitdiskutierenden Frauen - ein fast unlösbares Dilemma.[1)]

(weibl., 6. Sem., Sozialwiss., Gruppe 9): "Ich sehe da schon Unterschiede zwischen den Geschlechtern, die Frau ist eben nicht so vorbereitet, hat nicht so viele Interessen entwickelt, und auch nicht ... rational zu handeln, ich meine so die Mechanismen, die da so vorherrschen, gelernt hat ... und da habe ich dann den Eindruck, daß Mädchen dann auch nachgiebiger und anpassungsfähiger sind, und daß sie dann in der Diskussion auch Schwierigkeiten haben, sich durchzusetzen und zu reden und ja und generell so mit dem Konkurrenzverhalten fertig zu werden, obwohl auch Männer so Schwierigkeiten haben, aber die sind schon frühzeitig dazu erzogen worden, Mechanismen zu entwickeln und die zu unterdrücken ..."

Im Prinzip reduzieren sich alle diese Beobachtungen auf den Grundwiderspruch des Rollenkonflikts zwischen Weiblichkeitsrolle und Studentenrolle.

5.3.2 Der Rollenkonflikt der Studentin

Soziale Rollen unterscheidet man gemeinhin in "erworbene" und "zugeschriebene", wobei die Geschlechtsrolle dann zu den "zugeschriebenen" gezählt wird, oder auch als "Basisrolle" oder "Primärrolle" gekennzeichnet wird. Mit dieser Unterscheidung wird auf den Grad des Involvements und der möglichen Distanz hingewiesen, die die einzelne Person, das "I" (nach G.H. MEAD) zu den in den verschiedenen sozialen Situationen zu spielenden Rollen haben kann. Wie aber kulturanthropologische Untersuchungen zeigten, ist auch die allgemein eher statisch aufgefaßte Primärrolle, die Geschlechtsrolle keineswegs ausschließlich als anthropologische Konstante aufzufassen, sondern wird gesellschaftlich

---

1) vgl. weiter unten zum Rollenkonflikt

überformt, mit mannigfaltigen Rollenattributen und "künstlichen" Unterscheidungsmerkmalen überhäuft.[1] Die soziale Überformung der Geschlechtsrollen, das sog. "sex-typing" geschieht in mehreren ineinander übergreifenden Sozialisationsphasen in Elternhaus und Schule und wird durch die dort stattfindende Internalisierung zu einem vergleichsweise festen und integralen Bestandteil der jeweiligen personalen Identität, die nur unter extremen Bedingungen und Bemühungen, und vor allem unter großen Identitätsdiffusionsängsten korrigiert werden können.

Unter den Studentinnen ist dieser "sex-typing"-Prozeß weitgehend abgeschlossen, nichtsdestoweniger werden sie an der Universität mit Rollenerwartungen an den Studenten konfrontiert, die mit ihrer Weiblichkeitsrolle z.T. erheblich konfligieren. Das Ergebnis ist ein "Interrollenkonflikt", dem sie auf die verschiedenste Weise zu begegnen, meist zu umgehen versuchen.[2]

Zwar gibt es auch unter den in dieser Untersuchung befragten Studentinnen einige, die sich keines Konflikts und keiner Benachteiligung an der Universität bewußt sind,[3] doch für die meisten dürfte dieses Rollendilemma eines der Hauptprobleme sein, mit dem sie in ihrem Studium so oder so fertig werden müssen:

(weibl., 5. Sem., Russisch/Mathem., Gruppe 6): "Sie müssen ja die widersprüchlichen Anforderungen unter einen Hut kriegen. Also, sie müssen auf der einen Seite tatsächlich in Seminaren da unheimlich ihre Emotionen und alles Mögliche beiseite lassen; ja nicht irgendwie sagen, was man selbst darüber denkt und was man noch dazu darüber fühlt, und

---

1) vgl. hierzu: M. MEAD, Mann und Weib, Das Verhältnis der Geschlechter in einer sich wandelnden Welt, Konstanz 1955; NAVE-HERZ, R., a.a.O.

2) vgl. weiter unten S. 273 f.

3) (7. Sem., weibl., Engl., Gesch., Gruppe 5): "Also von mir kann ich das nicht behaupten (Konflikterleben) ... ich glaube, ich bin so mit meiner Rolle und so mit dem, wie ich mich so als Frau (an der Uni) ... fühle und (womit ich) zu rechnen habe, das stimmt irgendwie überein."

auf der anderen Seite, wenn sie aber jetzt sich ganz darauf einstellen (auf den männlich geprägten Universitäts-Stil), dann sagen wir mal, auch sonst so sind, dann wird Ihnen wieder vorgeworfen, oder sie werfen sich das vielleicht auch selbst vor, daß sie eben gar nicht mehr weiblich sind, oder ja, jedenfalls Identitätsschwierigkeiten haben."

WELZEL-MOLLWITZ interpretiert diesen Konflikt so:

"... das Erleben des Rollenkonflikts und das Leiden unter der universitären Situation in der, gemäß dem wissenschaftlichen Anspruch 'sine ira et studio', Sachbezogenheit und Unpersönlichkeit herrschen, in der Leistung und Konkurrenz normative Werte darstellen, die eigene Minderzahl und die seltenen Leitbilder" - all dies führt dazu, daß "die eigene Anwesenheit an der Universität nicht als Selbstverständlichkeit erfahren wird, zur Rollenunsicherheit führt, die sich (negativ) in den sozialen Beziehungen und in psychischen Dimensionen niederschlägt."[1])

Obwohl in unterschiedlicher Bewußtheit wurde dieses Rollendilemma von den Gruppendiskutanten als eigentliche Ursache für die vermehrten Schwierigkeiten der weiblichen Studierenden an der Universität erörtert. Es handelt sich dabei im einzelnen um folgende Argumentgruppen:

+ Rollenkonfliktdilemma: lieb, nett, attraktiv, anpassungsfähig und positiv auf der einen Seite und hart, durchsetzungsfähig, aktiv auf der anderen Seite zu sein (29 Nennungen)
+ rollenspezifische Erziehung zu den weiblichen Tugenden führe zu geringerer Motivation und geringerem Durchhaltevermögen (2o Nennungen)
+ wegen der (Ehe-) Männer, wegen Kindern oder auch aus Bequemlichkeit, manchmal auch schon wegen geringerer Schwierigkeiten, werde das Studium von Frauen abgebrochen und/oder geheiratet (19 Nennungen)
+ das auch an der Universität noch dominante weibliche Rollenbild zwinge in Studium und Beruf zum Zurückstekken, im Extremfall eben zum Abbruch (16 Nennungen)

Häufig wird darauf hingewiesen, daß Frauen zur Passivität erzogen würden, die sie dann in der Durchsetzung an der Hochschule behindere und auch zur politischen Zurückhaltung beitrage. Sie würden schon in der Kinderstube lernen, sich

---

1) A. WELZEL-MOLLWITZ, a.a.O., S. 12

im Hintergrund zu halten, sich mit Puppenspielen auf die Erfüllung der Mutter- und Hausfrauenrolle vorbereiten, während die Jungen mit Fischer-Baukästen und vielseitigeren Spielmöglichkeiten auch außerhalb des Hauses von vornherein einen weiteren Interessenshorizont entwickeln könnten. Sich eigene Bedürfnisse, Interessen und Wünsche zuzugestehen, müsse von den Studentinnen meist überhaupt erst entwickelt und erlernt werden. Das erkläre die Beschränkung der Studentinnen auf wenige Fächer und Berufe.

Nach wie vor bestehe das alte Rollenstereotyp - auch an der Universität - weiter: Der Mann hat aktiv, dynamisch, rational bis zu einem gewissen Grade sogar aggressiv zu sein, die Frau in erster Linie: attraktiv, nett, einfühlsam, weich, passiv. Auch die Frauen untereinander - so wurde berichtet - beurteilten sich (wie die Männer die Frauen) zuallererst nach dem Aussehen, erst dann auch nach der Leistung, dem Inhalt ihrer (bzw. seiner) Äußerungen. Man habe schon früh gelernt, sich als potentielle Sexualpartnerin für die Männer zu geben und zu verhalten, weniger als Arbeitskollegin. Und wenn eine Frau gut aussehe und auch noch was "könne" im Studium, löse das allemal noch Verwunderung aus oder man unterstelle ihr, daß sie ihre eventuellen guten Leistungen und Qualifikationen aufgrund eben ihrer Attraktivität oder möglicherweise aufgrund intimer Kontakte zu den Dozenten erhalten haben könne.

So fühlen sich die Frauen auch im Kontakt zu Männern zuweilen sicherer, weil sie wissen, wie und wodurch sie dort "ankommen"; sie gehen deshalb z.T. lieber in Männerarbeitsgruppen, denn sie haben hier, zumindest wenn sie sich attraktiv wissen, eine sichere Grundlage für ihre Beziehungen. Andere, die hier weniger "erfolgreich" sind oder sein wollen, ziehen dagegen reine Frauengruppen vor, weil sie hier wirklich als Studienkommilitonen akzeptiert werden, ohne in bezug auf Attraktivität gegenüber den Männern konkurrieren zu müssen.

(weibl., 5. Sem., Biol./Engl., Gruppe 3): "Also wenn man so von der Rolle ausgeht, also Männer mehr für das Rationale, Frauen mehr für das Emotionale, und Männer mehr für Karriere und Beruf, (dann muß man doch sagen), daß die Anforderungen und Leistungsnormen, die gestellt werden an der Uni, eben den Normen eher entsprechen, in denen die Männer schon erzogen worden sind bis dato und daß es uns Frauen da tatsächlich schwerer fallen muß, uns da anzupassen, obwohl man durch Abitur usw. schon ein bißchen in die Richtung geschubst worden ist ..."

(weibl., 5. Sem., Deutsch/Sozk., Gruppe 7): "Also ich habe da noch nie so rational durchdacht. Aber mir fällt auf, daß ich so 'ne ganz große Sehnsucht habe, mal mit Frauen vernünftig zusammenzusarbeiten. ... ja so 'ne undefinierbare Stimmung, die dann da auftaucht, das erlebe ich eben ständig ... und ich arbeite auch lieber mit Männern zusammen als mit Frauen."

(weibl., 7. Sem., Deutsch/Sozk., Gruppe 7): "... ja, also ich arbeite jetzt grundsätzlich nur in Arbeitsgruppen mit Männern zusammen, höchstens noch eine Frau, sobald mehr Frauen da sind, kann ich's nicht ... das ist wahnsinnig schwer zu greifen ... ich habe den Eindruck, daß Frauen untereinander oft kritischer sind ... und daß ich mich dadurch vielleicht ein bißchen mehr angegriffen fühle. Die Ursachen liegen vielleicht einfach darin, daß man das nicht gelernt hat, daß Frauen auch 'ne solidarische Gruppe sind."

(weibl., 11. Sem., Frz./Deutsch, Gruppe 7): "... nee, also wenn ich in einer reinen Frauengruppe bin, dann geht das, aber wenn nur ein, zwei Männer dabei sind, dann kommt das, bei mir zumindest, zu einem unheimlichen Konkurrenzdenken, daß ich mich dann versuche, von den anderen abzusetzen und besser zu sein als die anderen, das kommt dann ganz automatisch. Und ich bin dann auf jeden sauer, der einen besseren Satz sagt als ich."

(weibl., 5. Sem., Chem./Sozk., Gruppe 6): "... Frauen werden ja doch in erster Linie danach eingeschätzt, wie sieht sie aus, und nicht danach, was sie sagt. ... beim Mann dagegen da achte ich doch darauf, ob ich mich damit identifizieren kann, ob das richtig ist, was er sagt und so; und ich mache bei den Frauen das Gleiche, aber die Männer machen das bei uns (Frauen) eben nicht, ne."

(weibl., 5. Sem., Deutsch/Sozk., Gruppe 7): "Also ich finde das eigentlich unheimlich beschissen, daß ich, wenn ich in so 'ne Arbeitsgruppe reingehe und da Mädchen treffe, daß ich die erstmal danach einschätze, wie sieht die aus, wie sind die aufgemacht, was haben die an und nicht so danach, wie sie so ganz persönlich auf mich wirken, während das bei Männern bei mir genau umgekehrt ist, da gehe ich davon aus, ob die selbstsicher wirken oder freundlich und zugänglich sind und das erschwert wahrscheinlich auch das Zusammenarbeiten ... das ist, unheimlich mies finde ich das ..."

Wenn aber auf der anderen Seite, einmal von den Studentinnen selbst, aber auch von den Eltern und z.T. wohl auch von den Dozenten und von der ganzen Institution Hochschule her, gleichzeitig der Anspruch auf Erfüllung der "studentischen Rolle" besteht, kommt es unausweichlich zum Interrollenkonflikt.

In der Rollentheorie unterscheidet man zwischen "Intra"- und "Inter"-rollenkonflikt. Der "Intrarollenkonflikt" bezieht sich auf widersprüchliche Rollensegmente innerhalb ein und derselben Rolle, wie sie von den verschiedenen Gruppen von Rollensendern als Erwartungen an den Rollenträger herangetragen werden, der "Interrollenkonflikt" dagegen beschreibt die widersprüchlichen Erwartungen, die an den Träger, das Individuum mehrerer Rollen herangetragen werden, so daß dieser sich dem Konflikt ausgesetzt fühlt, beide Rollenerwartungen nicht oder nur teilweise integrieren zu können.

Die "studentische Rolle" könnte man in Anlehnung an die Parson'schen Pattern variables mit folgenden normativen Orientierungen kennzeichnen: affektiv neutral, funktional spezifisch, partikularistisch, tatsächliches Verhalten als Bezugspunkt der Beurteilung.[1] Die klassische Weiblichkeitsrolle dagegen würde man mit den Orientierungsnormen von Affektivität (Personenbezogenheit) von funktionaler Diffusität, universalistisch (Relevanz der ganzen Persönlichkeit), Bezug auf vorgegebene Qualitäten (z.B. Schönheit) charakterisieren können.[2]

Da die Weiblichkeitsrolle aber sowohl vom Sozialisationsprozeß wie von der jeweiligen Umwelt her eine eindeutige Überprägnanz" hat, zumal sie als Primärrolle in stärkerem Maße die Identität stützt als alle anderen Rollen, haben die Studentinnen die größeren und größten Mühen, sich

---

1) vgl. H.P. DREITZEL, Das Leiden der Gesellschaft ..., a.a.O., S. 221 ff.

2) vgl. F. WÖLLER, Magister-Arbeit, Probleme der Feminisierung des Volksschullehrerberufs, Göttingen 197o, S. 42

von dieser ihrer Frauenrolle soweit zu distanzieren, daß sie die studentische Rolle gleichermaßen optimal ausfüllen könnten. Im Zweifelsfall fällt es ihnen allemal leichter, sich von ihrer Rolle als Studentin zu distanzieren als von der als Frau: Sie halten sich dann eher zurück, brechen eher ab, flüchten sich in Krankheiten.

Solange sie aber studieren, müssen sie versuchen, einen Kompromiß herzustellen. Das geht nicht ohne dauernde Selbstzweifel, dauernde Überprüfung ihres Verhaltens, dauernder Unsicherheit: Bin ich nun noch genug Frau, bin ich auch ein guter Studierender, wofür entscheide ich mich in diesem oder jenem Fall.

Die Meinungsäußerungen zu diesem Thema enthalten viele Bereiche, in denen sie diese Konflikte immer und immer wieder erleben:

(weibl., 4. Sem., Deutsch/Pol., Gruppe 5): "Es sind doch Sachen da, die ziemlich offensichtlich sind, wo Frauen benachteiligt sind. Jetzt, so formell, sind Frauen an der Universität eigentlich nicht benachteiligt, sie sind sogar gleichberechtigt ... (aber) die Probleme, die sich den Frauen da stellen, sind doch auf einer anderen Ebene, wie z.B. gerade so Frauen, die sich emanzipieren wollen, die halt irgendsoein Ideal von sich haben, ... daß die immer in so einen Zwiespalt kommen ... daß sie irgendwie Sachen erarbeiten wollen, aber nebenbei trotzdem nicht darauf verzichten wollen, eine Beziehung zu einem Mann zu haben, und zwar eine sehr intensive Beziehung, und daß dadurch immer Sachen zurückgeschoben werden."

Von der Frau an der Universität wird die Erfüllung von Doppelaufgaben erwartet: sie soll den wissenschaftlichen Ansprüchen genügen, sich emanzipieren, aber auch schön, hübsch sein, gut zu Kindern, mit Kindern gut umgehen können, gut im Bett sein usw. Von ihnen wird verlangt, daß sie trotz aller Konkurrenz und gestiegenen Leistungsanforderungen, denen sie nur unter Vernachlässigung aller sonstigen weiblichen Tugenden genügen könnten, noch die Bereitschaft haben, sich mit zwischenmenschlichen Problemen auseinanderzusetzen, für Harmonie, für Häuslichkeit usw. zu sorgen.

Sie sollen sich sozial und emotional engagieren, vor allem in Partnerbeziehungen, gleichzeitig aber nicht ihr Studium vernachlässigen.

Auf das eine ist sie hinsozialisiert worden, das andere müßte sie sich erst mühsam erarbeiten, das aber ginge wieder nur auf Kosten der schon erworbenen Qualitäten, von denen sie nicht weiß, sind diese, wie sie immer noch gefordert werden, die wichtigeren oder kann sie sich ganz auf ihre neue studentische Rolle einlassen. Auf der einen Seite erlebt sie die Leistungsanforderungen an der Universität als Druck zur "Gleichschaltung" der Geschlechter, auf der anderen wird ihr doch von Dozenten und männlichen Kommilitonen immer wieder bedeutet: Es lebe der "kleine Unterschied".

So entsteht ein dauernder Balanceakt, mit der Forderung, dauernd umschalten zu können, von emotional auf rational, von hart und durchsetzungsfähig auf weich, lieb und nett - eine Aufgabe, der sich die meisten nicht gewachsen fühlen. Der Kompromiß ist meist recht einseitig und fällt in den meisten Fällen zugunsten ihrer Primärrolle aus, ohne daß sie sich aber ganz aus den Leistungsnormen der männlich geprägten studentischen Rollenmuster befreien können, solange sie das Ziel der Sozialisationsagentur Hochschule (Examen machen) nicht negieren. Resignierend wird dann auf die Ausfüllung der einen oder anderen Rolle verzichtet, was wiederum z.T. zu grotesken Verhaltensformen und Verkümmerungen von Persönlichkeit und Selbstverwirklichung führt. Die "Emanze", die "Karrierefrau", die "Politmieze" sind deshalb nicht nur Überzeichnungen der männlichen Phantasie und Abwehr gegen ein Stück gelungener Emanzipation der Frauen, sondern auch Wirklichkeit, eben Produkt der einseitigen Rollenkonfliktlösung, die nur deshalb so kurios wirkt, weil Männer wie Frauen (-vielleicht auch die betreffenden selbst-)"eigentlich" etwas anderes erwarten und diese Desintegration und Umkehrung von Rollenmustern nur schwer verkraften können.

Die Frauen selbst sind dabei "Opfer" und "Akteure" gleichermaßen: Opfer insofern, als sie den widersprüchlichen Rollenerwartungen, besonders der Überprägnanz der Weiblichkeitsrolle ausgeliefert sind, ohne sich dagegen adäquat wehren zu können, Akteure insofern, als sie selbst entweder durch Entsprechung die Vorurteile gegenüber den "leistungsfähigen" Frauen verstärken oder durch Desintegration zu Karikaturen eben jener Abweichung von der Norm werden, die allemal die Vorurteile zu bestätigen scheinen. Man könnte dieses Dilemma mit dem psychologischen Begriff der "Doppelbindung" kennzeichnen: Gleichgültig, wie sie sich entscheidet, sie wird immer das Falsche tun.

M. MEAD beschrieb diesen Rollenzwiespalt schon 1955 sehr treffend:

"So sieht sich das Mädchen während ihrer Erziehung und der Entwicklung ihrer beruflichen Aussichten dem Zwiespalt gegenüber, daß sie ihre Fähigkeiten gerade soweit einsetzen muß, um als erfolgreich zu gelten, aber nicht als zu erfolgreich; daß sie fähig genug sein muß, eine Stellung zu bekommen und zu behalten, doch ohne jede Art von Hingabe, die sie entweder zu erfolgreich oder abgeneigt machen würde, für Heirat und Mutterschaft ihre Stellung gänzlich aufzugeben. "Zwei Schritte vorwärts und einen zurück" ist die Tanzvorschrift, der sie zu gehorchen hat ..."[1)]

Während so die Mehrzahl der Studentinnen den Kompromiß in Form der MEADschen Tanzvorschrift versuchen - nicht ohne dabei des öfteren psychosomatische Deprivationen in Kauf zu nehmen (vgl. weiter unten) - und eine kleine Minderheit sich in Radikalität zu wehren versucht, gibt es die schwer erfaßbare , aber wohl doch deutlich über einem zu erwartenden studentischen Durchschnitt liegende Gruppe von solchen Studentinnen, die die oben beschriebene Spannung nicht ertragen und die Flucht, meist in die Ehe, antreten, wenn diese nicht überhaupt das Ziel ihres Studiums war.

---

1) M. MEAD, Mann und Weib ..., S. 344. Ähnliche Empfindungen beschreiben MYRDAL/KLEIN, Die Doppelrolle der Frau in Familie und Beruf, London 1965, dt. Übersetzung in Köln/Berlin, S. 181: "Meine Familie hatte von mir erwartet, daß ich Madame Curie und Hedy Lamarr in einer Person sein würde" - berichtet eine amerikanische Studentin.

Nicht selten geben Frauen das Studium auf, gehen arbeiten, um ihrem Mann das Studium zu finanzieren, oder sie bekommen Kinder, deren Betreuung sie im Studium weit zurückwirft, oder sie ziehen mit ihrem Mann, der einen guten Job gefunden hat. Denn der Berufsabschluß - so die Gruppendiskutanten - ist für die Männer nach wie vor Notwendigkeit, für die Frauen eine Möglichkeit - letztere können ja auch immer noch heiraten. Dieser Fluchtweg ist eine Alternative, die gern und manchmal vielleicht vorschnell in Anspruch genommen wird, wenn im Studium erste Mißerfolgserlebnisse sichtbar werden.

(weibl., 3. Sem., Deutsch/Sozk., Gruppe 3): "Also einmal ist mir aufgefallen, daß doch 'ne ganze Menge Grazien hier rumlaufen, die versuchen nur, in ein paar Semestern hier ihren Doktor zu angeln ..."

(weibl., 5. Sem., Biol./Engl., Gruppe 3): "... und bei 'ner Resignation, daß dann doch viele die Flucht in die Ehe antreten ... das kann sich auch 'ne Frau eher leisten ... und wenn sie dann noch einen Mann oder erst Freund hat, der vielleicht schon fertig ist und 'nen Job hat, - dann ist das doch leichter (aufzuhören) als sich da durchzuboxen."

(weibl., 9. Sem., Deutsch/Sozk., Gruppe 7): "... ja ich könnte mir das so erklären, ... von der Rollenerwartung her, wenn 'ne Bindung entsteht, und sie sich in 'ner Zweierbeziehung binden und die Aussichten, dann mit Kind, das wird ja auch alles immer schwieriger. Und es ist ja auch heute noch so, daß Frauen doch noch stärker davon belastet sind ... und es gibt so wenig gute Kindergärten und dann muß doch einer stärker nachgeben und dann heißt es letztendlich: der Beruf des Mannes ist doch etwas wichtiger und soll er etwas halbtags arbeiten, - das geht doch nicht, ne. Und wenn dann auch noch Studienfrustrationen, die jeder durchmacht, wenn die dann noch dazukommen, dann sicherlich benutzen manche Frauen das als Fluchtpunkt."

5.3.3 Psychisch-privater Reflex der Probleme (Aufsuchen der Beratungsstellen)

All die subtilen Benachteiligungen der Frau, besonders aber ihr eigener Identitätskonflikt als Interrollenkonflikt, lassen sie offenbar eher unzufrieden mit Studium und sich selbst werden und eher zur Beratungsstelle gehen. Zusätzlich wird ihr dieser Gang allerdings auch erleichtert oder nahegelegt durch folgende Punkte:

+ Frauen können eher Schwäche zugeben und Hilfe annehmen (32 Nennungen)
+ die Geschlechterprobleme im privaten Bereichen werden psychisch von den Frauen verarbeitet oder getragen oder eben nicht ertragen (16 Nennungen)
+ durch die Frauenrolle mit ihren Restriktionen haben Frauen eher Kontaktschwierigkeiten (14 Nennungen)
+ die geringere Selbsteinschätzung der Frauen läßt sie leichter an sich und ihren Fähigkeiten im Studium zweifeln und deshalb Rat suchen (11 Nennungen)

Wie aus unserer Hauptuntersuchung im SS 75 hervorgeht und oben schon berichtet,[1)] fühlen sich die Studentinnen depressiver, emotional labiler, weniger durchsetzungsfähig, gehemmter und mit mehr körperlichen Beschwerden belastet. Folgerichtig suchen sie auch häufiger die Beratungsstellen auf. Doch neben den oben (in Kap. III, 5, 1-2) schon erläuterten "objektiven" Benachteiligungen und dem stets virulenten Rollenkonflikt werden auf der individuellen Ebene noch weitere Gründe angeführt, die zu dieser häufigeren Frequentierung der Beratungsstellen führen. Aus dem schon geschilderten Rollenverständnis heraus - so die Gruppendiskutantinnen - entwickeln die Frauen ein geringeres Selbstbewußtsein, geringeres Zutrauen in die eigenen studienrelevanten Fähigkeiten, die häufig auftretenden psychischen und somatischen Beschwerden tun ein übriges, sich der geforderten Leistung im Studium nicht gewachsen zu fühlen. In der Beratungsstelle erhoffen sie sich eine Klärung oder Behebung dieser Schwierigkeiten. Doch mehr noch als die arbeitsbezogenen Störungen geben die Frauen neben depressiver Verstimmung Partnerprobleme als Primärgrund für das Aufsuchen einer Beratungsstelle an.[2)] Zwar klagen auch die weiblichen Studierenden in der Gruppendiskussion über Kontaktschwierigkeiten aufgrund ihrer

---

1) vgl. Kap. III, 5, 1, S. 246 f.

2) vgl. Bericht der ärztlich-psychologischen Beratungsstelle, Göttingen 1974, S. 21 und Tab. 16/17, S. 89 f. in Kap. III, 1.3.6

passiven Rolle, die es ihr beispielsweise verbiete, von sich aus jemanden anzusprechen oder überhaupt etwas selbständig ohne (männliche) Begleitung zu unternehmen.[1]
Doch scheint im Ganzen das System vom "aktiven Mann"und "sich ansprechen lassender Frau" immer noch zu funktionieren. Schon der quantitative Überschuß von Männern an der Universität garantiert den Studentinnen die Möglichkeit, auf jeden Fall an der Universität einen Partner zu finden. Dann aber fangen offenbar die Probleme für sie erst an. Denn hier gilt die alte Rollenverteilung zwischen Frau und Mann in noch unverdünnterem Maß als an der doch in der Tendenz auf Gleichberechtigung angelegten Leistungsphäre der Universität. Die Studentinnen sehen sich hier mit all jenen emotionalen Problemen konfrontiert, die sie klassischerweise für den Mann, der sich für die Leistung freizuhalten versucht von solchen Problemen, mitzulösen hat. Das fängt dann mit den häuslichen Pflichten in etwa gemeinsamen Wohnungsgemeinschaften an und reicht bis zur Selbstverleugnung, wenn der Partner besondere studienintensive Phasen zu überwinden hat, bei denen seine Freundin oder Frau ihm zu helfen versucht - meist eben unter Hintanstellung ihrer eigenen studienmäßigen Verpflichtungen. Im Hinblick auf die vermutete spätere Bedeutung des Berufs des Mannes wird ihm und seiner Ausbildung der größere Wert beigemessen und eigene Leistungswünsche zurückgestellt. Zum Teil werden in solchen Partnerbeziehungen auch noch ein gut Teil psychischer Energie auf die private Lösung und Verarbeitung von emanzipatorischen Ansprüchen hinsichtlich einer Neudefinition der traditionellen Rollenverteilung verwendet, was die Studentinnen, da sie sich statistisch gesehen, häufiger in Partnerbeziehungen befinden, auch öfter belastet.[2]

Am häufigsten aber wurde als Grund für die höhere Frequenz der weiblichen Beratungssuchenden - wohl zu Recht - die Vermutung geäußert, daß es den Frauen eben aufgrund ihrer Weib-

---

1) vgl. hierzu die Ausführungen im Kapitel über Kontaktstörungen, Kap. III, 2.4.3.4, S. 160

2) vgl. Kapitel über Neurotizismus, Kap. III, 1.3.6,S.89 f.

lichkeitssozialisation leichter falle, Schwäche zuzugeben und Hilfe anzunehmen. Und diese größere Sensibilität für die eigenen und für zwischenmenschliche Probleme, diese größere Bereitschaft, sich mit den psychischen Problemen auseinanderzusetzen und sie behandeln zu lassen, wurde von der Mehrzahl der Mitdiskutierenden nicht als Negativum, sondern als Positivum der weiblichen Rolle verstanden.[1] Anders ausgedrückt, die Studentinnen wie auch die Studenten waren der Meinung, daß sehr viele Männer ebenfalls Probleme, wenn auch andere, hätten, daß ihnen ihre Männlichkeitsrolle jedoch verbiete, solche Schwierigkeiten sich und anderen zuzugeben und sich dabei helfen zu lassen. Der Mann wird früh dazu erzogen, aversive emotionale Gefühle zu unterdrücken und zu überspielen (z.B. "Männer weinen nicht") und letztendlich allein ohne andere damit fertigzuwerden. Der - selbstauferlegte - Zwang zur Rationalität, zur Ausklammerung des Emotionalen, zur Konkurrenz um jeden Preis, zwingt sie dazu, allein und "mannhaft" diese Probleme zu leugnen oder in noch mehr Leistung zu kompensieren. Bestenfalls suchen sie sich eine Partnerin, um sich von dieser in therapieähnlichen Gesprächen trösten und aufrichten zu lassen: Frauen sind schließlich dazu da und können sowas auch am ehesten. Dies allerdings überlastet die doppelt belastete Studentin wiederum - siehe oben.

(weibl., 9. Sem., Deutsch/Sozk., Gruppe 7): "Also ich glaube, daß Frauen durch ihre Sozialisation eher darauf vorbereitet sind, solche Probleme überhaupt wahrzunehmen und sich mit denen auseinanderzusetzen, insofern ... und daß Jungens eher so erzogen sind, daß es darauf ankommt, daß sie was leisten ... nicht aber, sich mit persönlichen Sachen auseinanderzusetzen, auch daß sie keine Schwächen zugeben können ..."

(weibl., 9. Sem., Franz./Geogr., Gruppe lo): "Also in der Arbeitsgruppe, im Studium, so mit Kollegen, wenn du so willst, da ist das nicht so schlimm, da haben wir mal darüber gesprochen, daß ich Minderwertigkeitsgefühle hatte und dann

1) vgl. H.E. RICHTER, a.a.O., S. 5o f. und in diesem Kapitel, S. 256, Anm. 3

war das vom Tisch. - Nur mit meinem Freund, als ich mit dem zusammen war, da hat der mich total dominiert, und ich hatte dann Kontaktschwierigkeiten und konnte mein Studium nicht weiterführen so wie ich es wollte, weil ich eben ziemlich viel Rücksicht auf ihn genommen habe; und das war dann doch einfach eine zu große Belastung."

(männl., 6. Sem., Math./Sozk., Gruppe 1o): "Ja, das dürfte wahrscheinlich der Grund sein, daß Männer irgendwie, äh ..., ich seh' das so, daß Männer einfach zu funktionieren haben ... die dürfen nicht hysterisch sein, was man ja den Frauen so vorwirft. D... Die Männer dürfen eben keine Schwierigkeiten haben, die haben immer topfit zu sein ... (obwohl sie es in Wirklichkeit nicht sind (ist gemeint) ."

5.3.4 Schlußbemerkung

Trotz geringer, "objektiver" direkter Benachteiligung der Frauen an der Universität bleiben somit noch eine Menge Defizite auf dem Wege zu einer vollen Gleichberechtigung der Frauen zurück.

Auch die Universität ist nur zum Teil eine "Gleichberechtigungsinsel". Die gesellschaftlichen Probleme der traditionellen Unterdrückung und Diskriminierung von Frauen läßt sich, wenn auch in subtilerer Form, an der Hochschule nachweisen.

Der wesentlichste Konfliktpunkt ist die Schwierigkeit, die sich für die Frauen aus dem Zwang ergibt, traditionelle Weiblichkeitsrolle und männlich geprägte Leistungsrolle des Studierenden miteinander zu verbinden bzw. zu integrieren. Eine optimale Lösung dieses Dilemmas gelingt nur in den seltensten Fällen. Zu stark sind einerseits eigene Sozialisationsrelikte der weiblichen traditionellen Identität, zu groß auch der gesellschaftliche Druck der "anderen", Frauen und Männer und Dozenten,auch an der Universität, diese alte Identität nicht aufzugeben. Für eine neue Identität, als Integration von Leistung und Emotionalität - um es auf eine Formel zu bringen - gibt es keine Vorbilder.[1] "Emanzipation

---

1) vgl. M. GERHARDT, Wohin geht Nora?, Auf der Suche nach der verlorenen Frau, in Kursbuch 47, Hamburg 1977, S. 89.

macht Angst"[1] - dies gilt sowohl für die sich wenigstens zum Teil zu emanzipieren versuchenden Frauen an der Universität wie für die Männer, die nicht nur durch manche Formen der Emanzipation, sondern durch den Prozeß selbst stark verunsichert werden[3] und sich deshalb um so krampfhafter und rigider auf die Verteidigung von eigentlich überholten Formen von Herrschaft klammern.

Die Verwirrung und die Unsicherheit, die heute im Verhältnis der Geschlechter untereinander entsteht, kann jedoch die Chance für eine Neudefinition beider Geschlechter ermöglichen, die manche Sackgassen der Männlichkeitsrolle wie manche Formen des Feminismus überwinden könnte, wenn beide sich vorsichtig zu einer neuen "Offenheit" bekennen, die den zwanghaften Kampf um eine je feindselige, das andere Geschlecht herabsetzende eigene Identität nicht mehr nötig hat.

"Am Ende des Weges steht, stelle ich mir vor, nicht mehr die Zuordnung zu den Systemen "männlich" und "weiblich", sondern eine qualitativ andere Struktur, die vielleicht von Situationen, vielleicht von Funktionen oder auch von neuen Kategorien ausgeht. Dann und nur dann braucht man von Emanzipation nicht mehr zu reden."[2]

---

1) vgl. M. MOELLER-GAMBAROFF, Emanzipation macht Angst, in: Kursbuch 1977, S. 1

2) M. GERHARDT, Wohin geht Nora, a.a.O., S. 89

3) vgl. H. GOLDBERG, Der verunsicherte Mann, Düsseldorf 1977

IV. Zusammenfassung der Ergebnisse, Reflexion und Lösungsvorschläge zur Therapie und Verhinderung von psychischen Störungen unter Studenten

Die wichtigsten Ergebnisse aus der Hauptuntersuchung im SS 75 und der Gruppendiskussion vom WS 76 werden nochmals thesenartig zusammengefaßt, insbesondere Art, Ausmaß und Ursachen von psychischen Störungen. Eine kurze Reflektion über die Untersuchungsergebnisse schließt sich an. Ferner werden die Vorschläge der Studenten und eigene Überlegungen zur Verbesserung der universitären Situation, zur Therapie und Vermeidung von neurotigenen Bedingungen diskutiert.

1. Zusammenfassung der Untersuchungsergebnisse

Die zum Teil erheblichen Störungen unter den Studierenden haben im Wesentlichen ihre Ursache in der Kommunikations- und Arbeitsstruktur, d.h. also der Studienorganisation, dem Studienaufbau der Universität.

Daneben, besonders für einige Extremfälle von pathologischen Störungen ist die jeweilige Biographie, die elterliche Erziehung und eine unglücklich verlaufende sozialisationsphasenspezifische Problematik mitverantwortlich. Die höhere psychische Anfälligkeit der weiblichen Studierenden bildet eine Sonderproblematik.

Thesenartig sollen hier nochmals die wichtigsten Ergebnisse zu Ausmaß und Ursachen psychischer Störungen zusammengefaßt werden:

1.1 Neurotizismus

+ (Lehrer-)Studenten unserer repräsentativen Göttinger Stichprobe sind im Vergleich zur Gesamtbevölkerung neurotischer, wenn man das FPI als Meßmethode verwendet (vgl. Kap. III, 1.3, S. 66)

+ Studenten haben auch im Vergleich zu Schülern (aus Niedersachsen) signifikant höhere "Neurotizismus"-Werte. (vgl. Kap. III, 1.3.2, S. 71)

+ Die Verbreitung der Störungen unter den (Lehrer-)Studenten ist (wenn man die Werte der Kölner Beratungsklientel nach dem SSP als Vergleich heranzieht) wesentlich größer als die tatsächliche Göttinger Beratungsklientel vermuten läßt, nämlich 14 % der Studentenschaft gegenüber 3 %, die zur Zeit die ärztlich-psychologische Beratungsstelle frequentieren. (vgl. Kap. III, 1.3.3, S. 74) Für das Ausmaß der Störungen unter Studierenden bieten also die Realzahlen der Beratungsklientel sicherlich kein verläßliches Maß.

+ Das Störungsausmaß nimmt im Verlauf des Studiums die Form einer "Wanne" an, d.h. am Anfang ist der Grad der Störungen am höchsten, nimmt in der Mitte des Studiums (7. u. 8. Sem.) ab, um dann erneut am Ende des Studiums wieder anzusteigen. Er verweist damit auf die Zusammenhänge der Orientierungslosigkeit am Anfang und des Examensdruckes am Ende des Stuiums als Ursachen für die neurotischen Störungen. (Kap. III, S.3., S. 77).

+ Sprachwissenschaftler und Geisteswissenschaftler zeigen signifikant höhere Neurotizismuswerte als die Naturwissenschaftler einschließlich Sportler. Dies deckt sich mit den Beratungsstellenstatistiken und anderen ähnlichen Untersuchungen. Es bestätigt sich hiermit, daß die Fächerstudienstruktur Einfluß auf das Wohlbefinden der Studierenden hat. (vgl. Kap. III, 1.3.5, S. 80).

+ Die Studentenschaft ist, was Herkunft und andere soziobiographische Daten, genauer, deren Auswirkungen auf den Neurotizismus angeht, eine recht homogene Gruppe. Es ließen sich keine signifikanten Auswirkungen von Herkunft, Familienvollständigkeit, Wohnort usw. ermitteln. (vgl. Kap. III, 1.3.6, S. 83)

+ Im Vergleich zur Gesamtbevölkerung sind die untersuchten Göttinger (Lehrer-)Studenten vor allem "depressiver", leichter zu irritieren, nachgiebiger, gehemmter, emotional labiler und weniger durchsetzungsfähig. (vgl. Kap. III, 1.3.8, S. 100)

+ Erzieherisches Verhalten der Eltern, das mit Angst und Liebesentzug zur Durchsetzung ihrer elterlichen Gewalt arbeitet, prädisponiert offenbar zur späteren verstärkten Anfälligkeit gegenüber neurotischen Störungen, wogegen eine "positives Beziehungsverhältnis", also Wärme und Zuneigung eher emotionale Stabilität prognostizieren läßt. (vgl. Kap. III, 1.3.7, S. 91 und 222)

+ Die Ursachen für diese Störungen werden von den Studierenden (in der Gruppendiskussion) vorwiegend in der Kommunikations- und Arbeitsstruktur der Universität, insbesondere aber auch den mannigfältigen Orientierungsschwierigkeiten, der Praxisferne, der Wohnsituation, der Sinnlosigkeit der Studieninhalte gesehen.

Ausgehend von diesen Ursachenbeschreibungen, wie sie zum Teil schon in der Pretestphase ermittelt wurden, wurden im Einzelnen die Ursachen für die Hauptstörungen, nämlich die Kontakt- und die Arbeitsstörungen untersucht:

1.2 Kontaktstörungen

+ Im Vergleich zur Gesamtbevölkerung und zu Schülern haben die Gött. Studenten signifikant mehr Kontaktstörungen (nach FPI), insbesondere sind die gehemmter und introvertierter, haben aber ein größeres Kontaktbedürfnis als sie an der Universität befriedigen können. (vgl. Kap. III, 2.4.2, S. 12o)

+ Kontaktstörungen bleiben insgesamt während des Studiums relativ gleich stark erhalten, lediglich die Gehemmtheit, insbesondere bei den Studentinnen nimmt im Laufe des Studiums ab. (vgl. Kap. III, 2.4.4, S. 123)

+ Die Studienstruktur der verschiedenen Fächergruppen (naturwiss. vs. geisteswissenschaftl.) ergibt keine eindeutigen Differenzen. Lediglich die Dimension: "Soziale Ablehnung" ist in der Gruppe der Naturwiss./Sportler geringer. (vgl. Kap. III, 2.4.5, S. 129)

+ Als Ursachen (aus den Gruppendiskussionen) werden folgende Meinungen vertreten:

Sozialstruktuell. Ursachen des Univ.-lebens (Kap. III, 2.4.1, S. 132)	Isolation durch Wohnsituation Abkapselung in Gruppen Strukturlosigkeit des Univ.-lebens (keine festen Arbeitszeiten) ständiger Wechsel der Bezugsgruppen kontakthemmende anonyme Atmosphäre der Mensa
Seminarbezog. Ursachen (Kap. III, 2.4.2, S. 142)	Arbeitsgruppen zu theoretisch ohne tieferen persönlichen Kontakt Anonymität und Entfremdung in Massenseminaren Leistungsdruck, Konkurrenz, Karrieredenken Ausklammerung persönlichen Engagements und persönlicher Probleme in Seminaren Verschüchterung und Angst vor Blamage und Sprechhemmungen in Seminaren
individuell-psychische Deprivation (Kap. III, 2.4.3, S. 153)	Angst, abgewiesen zu werden keine selbstverständlichen Kontakte man hat nicht gelernt, Kontakte aufzunehmen übergroße Sehnsucht nach tieferen Kontakten fehlendes Selbstwertgefühl "Anmachangst" (bezogen auf anderes Geschlecht, Wochenendfahrten, Kneipenbesuche).

1.3 Arbeitsstörungen

+ Der Vergleich zu dem Kölner Beratungsklientel zeigt, daß die Göttinger (Lehrer-)Studenten insgesamt weniger Schwierigkeiten mit dem Studium haben (Meßmethode: SSP), daß aber doch über die Hälfte der nichtklientelen Göttinger (Lehrer-)Studenten über ähnliche Arbeitsstörungen klagten wie die die Kölner Beratungsstelle aufsuchenden Studenten. 17 % sind so stark arbeitsgestört, daß es für sie schwer sein dürfte, das Studienziel überhaupt oder in einer angemessenen Zeit zu erreichen. (vgl. Kap. III, 3.3.1, S. 172 f.)

+ Angst vor Prüfungen, Gefühle von Unsicherheit über die eigenen Fähigkeiten, Konzentrationsschwächen und das Gefühl, nicht mit der notwendigen Tatkraft und Ausdauer an die Studienaufgaben heranzugehen - waren die wichtigsten Implikatoren der Arbeitsstörungen, wie sie sich aus der Hauptuntersuchung ergaben. (vgl. Kap. III, 3.3.1, S.172 f.

+ Dozenten der einzelnen Studienfächer wurden insgesamt negativer eingeschätzt als die Dozenten des pädagogischen Begleitfaches, was "pädagogische Qualifikation", "Arroganz", und "zu hohe Anforderungen" betraf. (vgl. Kap. III, 3.3.1, S. 172 f.)

+ Die Arbeitssituation wurde von den Studenten signifikant schlechter eingeschätzt als von den zum Vergleich herangezogenen Schülern. (Kap. III, 3.3.2, S. 175 f.)

+ Nur die weiblichen Studierenden zeigen eine Abnahme von Arbeitsstörungen im Laufe des Studiums, was aber z. T. an der starken Selektion derjenigen liegen dürfte, die größere Schwierigkeiten haben (und des in höheren Semestern geringeren Anteils von Studentinnen überhaupt). (vgl. Kap. III, 3.3.3, S. 177 f.)

+ Als <u>Ursachen</u> (aus den Gruppendiskussionen) wurden folgende Meinungen geäußert:

studienstruktuelle Ursachen (vgl. Kap. III, 3.4.1, S. 186 f.)	Orientierungslosigkeit, mangelnde Anleitung zum Studieren fehlender Praxisbezug, zu einseitig theoret. ungenügende Vorbereitung auf der Schule unklarer Studienaufbau, kein roter Faden Streß und Leistungsdruck verunsichert fehlende oder schlechte Berufsperspektive Angst vor Examen oder anderen Prüfungen pädagogische Unfähigkeit der Dozenten

fehlende Erfolgserlebnisse und Selbstverwirklichungschancen (vgl. Kap. III, 3.4.2, S. 2o4)	mangelnde Erfolgserlebnisse Fehlen von Selbstverwirklichungschancen Sinn des Studiums und der gelehrten Studieninhalte ist nicht einsehbar Eigeninitiative wird nicht ermöglicht allgemeine Resignation, die sich auf Studienreform und allg. Politik bezieht.
"persönliche Probleme" (vgl. Kap. III, 3.4.3, S. 213)	Abhängigkeit von persönlichen guten Kontakten "persönliche" Probleme verhindern den vollen Einsatz im Studium Unfähigkeit, mit akademischer Freiheit umzugehen falsche Arbeitseinteilung

\+ Mit diesem letzten Punkt wird darauf verwiesen, daß Arbeitsstörungen kein isolierbares Phänomen sind, sondern in enger Wechselwirkung mit anderen studentischen Problemen zu sehen sind.

4. Sozialisationswirkungen

\+ Eindeutige Wirkungen der Hochschule auf die Sozialisation von Studierenden ließen sich nur in einer - im Rahmen dieser Arbeit nicht durchführbaren - Längsschnittuntersuchung nachweisen.

\+ gewisse Anfangsschwierigkeiten, besonders solche organisatorischer Art und solche der Desorientierung nehmen im Laufe des Studiums ab, ebenfalls (leicht) die Kontaktstörungen. (vgl. Kap. III, 4.3, S. 222 f.)

\+ Arbeitsstörungen dagegen, sowie Streß und Angst bleiben insgesamt etwa gleich. (vgl. Kap. III, 4.2., S. 222 f.)

\+ Im Laufe der Sozialisationsgeschichte vergrößert sich die Distanz zum Elternhaus (wenn man die Schüler mit den Studenten vergleicht), d.h. Studenten haben kein so intensives und "gutes" Verhältnis zu ihren Eltern wie die Schüler und fühlen sich nicht mehr so stark kontrolliert. (vgl. Kap. III, 4.2., S. 222 f.)

\+ Während des Studiums selbst gibt es keine signifikanten Veränderungen der Einschätzung des Elternverhältnisses unter den Studierenden. (vgl. Kap. III, 4.2, S. 222 f.)

\+ Aus den Gruppendiskussionen ergibt sich - diese Fragebogenergebnisse ergänzend - ein noch differenzierteres Bild: Die Mehrzahl erlebt eine größere Distanz zum Elternhaus und zunehmende Entfremdung, betont aber die so von ihnen gewonnene Unabhängigkeit. (vgl. Kap. III, 4.3.2, S. 237 f.)

+ Im Selbstbild treten im Laufe des Studiums - retrospektiv - positive Entwicklungen ein: Die Studierenden fühlen sich (nun) selbständiger, kritischer, realistischer, problembewußter als am Anfang des Studiums. (vgl. Kap. III, 4.3.3, S. 242 f.

5. Probleme der weiblichen Studierenden

+ Studentinnen sind bezogen auf die Universität als Ganzes noch immer eine Minderheit: knapp ein Drittel der Studierenden sind weiblichen Geschlechts. Sie konzentrieren sich zudem auf einige wenige, die klassischen philosophischen Fächerkombinationen, in denen sie (in Göttingen) sogar die Mehrzahl bilden.

+ Sie frequentieren überproportional die ärztlich-psychologische Beratungsstelle und leiden zumindest subjektiv stärker unter den universitären Bedingungen als die männlichen Studenten. Die bislang höheren Abbruchquoten gleichen sich mehr und mehr derjenigen der Studenten an. (vgl. Kap. III, 5.1, S. 246 f.)

+ Sie weisen signifikant höhere "Neurotizismus"-Werte auf (gemessen nach dem FPI), klagen über stärkere "vegetative Störungen" (gemessen nach dem SSP) und haben - besonders am Anfang - auch mit größeren "Studienschwierigkeiten" (gem. n. eigenem Instrument) zu kämpfen. (vgl. Kap. III, 5.2, S. 254 f.)

+ Zu berücksichtigen bleibt bei diesen Ergebnisse, daß es eher zum weiblichen Rollenstereotyp gehört, solche "Störungen" und die Annahme von Hilfe zuzugeben bzw. anzunehmen als zur männlichen Rolle, so daß ein direkter Vergleich des "subjektiven" Leidens zwischen den Geschlechtern nur unter Vorbehalt möglich bleibt. (vgl. Kap. III, 5.3.3, S. 277 f.)

+ Weniger in der objektiven Benachteilung der Frauen liegen die Schwierigkeiten der Studentin heute als in der subtilen Macht der Überprägnanz des traditionellen weiblichen Rollenstereotyps, dem sich auch die Studentinnen nicht ohne weiteres zu entziehen vermögen. (vgl. Kap. III, 5.3.1., S. 262 f.)

+ Durchsetzungsunfähigkeit, Zurückhaltung bei Seminardiskussionen, psychosomatische Anfälligkeiten usw. sind Ausdruck eines bislang noch immer ungelösten "Interrollenkonflikts" zwischen der Rolle der "Frau" und der des "Studierenden". (vgl. Kap. III, 5.3.2, S. 268 f.)

2. Reflexion der Untersuchungsergebnisse

Wenn durch diese Untersuchung bewiesen wurde, daß das Ausmaß der psychischen Störungen erheblich größer ist als aus der Frequentierung der Beratungsstellen zu vermuten wäre, und wenn darüberhinaus nachgewiesen wurde, daß auch die nicht manifest "kranken" Studierenden, die "Nichtklientelen" ebenfalls unter zum Teil erheblichen Arbeits- und Kontaktstörungen leiden, so gibt dies - meine ich - Anlaß, Überlegungen über die Ursachen und die Vermeidung solcher negativen Sozialisationsprozesse anzustellen.

Entgegen der besonders in der Mehrzahl der psychologischen wissenschaftlichen Literatur angenommenen Hypothese, daß psychische Störungen eine rein individuelle, in der Biographie des einzelnen begründete Fehlentwicklung ist, wurde in dieser Arbeit der Versuch unternommen, nachzuweisen, daß psychische Störungen zumindest <u>auch</u> ein Produkt der jeweiligen aktuellen Sozialisationsbedingungen, in diesem Fall der Hochschule sind.

Sicherlich sind die Sozialisationserfahrungen in der Familie und in gewissem Umfange auch der Schule für manche manifesten psychischen Störungen der Studierenden mitverantwortlich. Bestimmte, überkontrollierende und "kalte", auf Angst und Liebesentzug aufgebaute Erziehungsstile prädisponieren mehr als andere eine spätere neurotische Entwicklung. Dennoch meine ich aufgrund der Ergebnisse dieser Arbeit behaupten zu können, daß die Universität mit ihren spezifischen Kommunikations- und Arbeitsstrukturen zum Teil erst neurotisches Verhalten produziert und in weiten Verhaltensbereichen eine anderorts vielleicht zu vermeidende Reaktivierung früherer Fehlentwicklungen begünstigt.

Offen bleibt dabei die Frage, inwiefern andere Berufssozialisationen die hier erhobenen Neurotizismen durch andersartige, bessere Institutionen vermeiden und welche langfristigen Schäden und/oder Wirkungen die Hochschulsozialisation auf die Studierenden hat.

Dies bleibt weiteren Längsschnitt- und Vergleichsstudien vorbehalten. Nicht letztlich geklärt muß auch die Frage bleiben, inwiefern es sich bei den Studierenden um die Spiegelung von allgemeinen Entwicklungen in unserer Gesellschaft handelt und ob die Studenten vielleicht eher als andere Bevölkerungskreise in der Lage sind (und über das Wissen verfügen) über ihre psychischen Belastungen zu reflektieren und zu sprechen. Bekanntlich hat auch in der Gesellschaft allgemein das Wissen um psychosomatische Zusammenhänge und das Leiden unter diesen "Krankheiten" erheblich zugenommen, soweit man das aus den unvollkommenen, unvollständigen Statistiken entnehmen kann.[1]

Die immer noch weiter fortschreitende Auflösung noch bestehender (z.B. religiöser) Wert- und Sinnstrukturen, die Verdünnung familiärer Bande, die Verstädterung und Anonymisierung der Gesellschaft, die Individualisierung von Leistung, die Isolierung von Arbeitsvollzügen sind nur einige der allgemeinen Trends, die die Zunahme von neurotischen Symptomen und Erkrankungen erklärlich machten.

Die Universität wäre in diesem Zusammenhang nur ein besonders ausgeprägtes Beispiel für solch allgemeine Entwicklungen, in der sich diese allgemeinen Tendenzen allerdings noch mit der spezifischen (Humboldt'schen) Tradition des Lehrens, Lernens und Lebens nunmehr in Form eines Massenbetriebs kontaminieren. Ein weiterer Kumulationseffekt von Neurotogenität im Studium entsteht sicherlich durch die sozialisationsphasenspezifischen Probleme der Adoleszenz, d.h. der Ablösung vom Elternhaus, der Partnersuche, dem Selbständigkeitslernen: Der Aufbau einer eigenen unabhängigen Identität kann Konflikte herbeiführen, die auch unabhängig von den spezifischen Bedingungen der Universität zu neurotischen Fehlanpassungen führen können. Allerdings läge auch hier in der Beratung und Hilfe ein Aufgabenfeld der Sozialisationsagentur Hochschule, das bislang sträflich vernachlässigt wurde.

---

1) vgl. ASTRUP, L., Nervöse Erkrankungen und soziale Verhältnisse, Berlin-Ost, 1956: auf jeden Fall hat die Behandlung von psychisch Kranken seit 19o4 zugenommen; vgl. auch Funkkolleg, Beratung in der Erziehung, SBB Nr. 3, S. 76.

Trotzdem mag manchen das Ausmaß und die Intensität der Unzufriedenheit der Studierenden mit ihrer Situation und den universitären Bedingungen bestürzen. Auch wenn noch einmal betont werden muß, daß die Anlage und der Sinn dieser Arbeit war, die kritischen Punkte der Studiensituation zu erheben - und nicht ein abgerundetes Bild von den positiven und negativen Seiten der Universität - bleibt der Eindruck von einer weitverbreiteten Unsicherheit über Sinn und Zweck des Studiums, von Orientierungslosigkeit, von Resignation und psychischem Unbehagen bis hin zu körperlichen Symptomen.

Es mag eingewendet werden, daß es sich bei diesen Studierenden um Wahrnehmungsverzerrungen handelt, daß es vielleicht auch modisch ist, zu kritisieren, unzufrieden zu sein, zu klagen. Objektiv gesehen - so diese Argumentation - geht es den Studierenden doch heute besser als früher und vor allem auch besser als anderen eventuell vergleichbaren Bevölkerungsgruppen: immer noch ist es doch ein Privileg, studieren zu dürfen. Diese Argumentation birgt meines Erachtens die Gefahr der Verharmlosung der geschilderten Probleme in sich. Es wäre eine bequeme Abwehrstrategie gegen alle hier geäusserte Kritik und könnte zu einer Affirmation der bestehenden unzulänglichen Bedingungen an der Hochschule mißbraucht werden.

Trotzdem mag etwas richtiges an der These sein, daß dieses geschilderte Leiden und die Kritik an den universitären Verhältnissen der Studierenden im Vergleich zur objektiven Lage irgendwo "maß"-los sind, insofern als ihm bzw. ihr kein relativierendes Element innewohnt, daß die eigene Lage in etwas weniger düsterem Licht erscheinen lassen könnte. Doch auch eine solche "Wahrnehmungsverzerrung"hätte meiner Meinung nach ihre sozialpsychischen Ursachen in den u.a. auch gesellschaftlichen Bedingungen der so Denkenden.

Diese gesellschaftlichen Bedingungen im engeren Sinne bestünden u.a. in den voruniversitären Elternschicht- und Schulstrukturen, die die angehenden Studenten ungenügend vorbereitet auf das universitäre Leben und sie überdies mit

manchen falschen Erwartungen versorgt.[1] Doch kann man und soll man den Arbeiter- und Mittelschicht-Eltern vorwerfen, daß sie ihre Kinder nicht für eine Universität - noch dazu mit all ihren Fehlern - adäquat vorbereitet, soll man den Schulen raten, noch praxisfremder, noch akademischer zu werden? - Sicherlich könnte und sollte an der Schule besser auf das spätere Studium vorbereitet werden,[2] doch SPERLING weist m.E. zu Recht auf die Bedingungen der Universität selbst hin, die einem allgemeinen deprimierenden Negativismus Vorschub leisten:[3]
Zum einen besteht Wissenschaft eo ipso in der Infragestellung von Tradition, in der Kritik oder Überholung des Bestehenden, dies führt zur Verunsicherung von Wert- und Weltdeutungsmustern; die Informationsflut, das Überangebot von zur Konsumption bereitgestellten Lernangeboten löst Hilflosigkeit und Apathie aus, ohne neue Zusammenhänge und Ziele zu stiften. Die Kritik als wissenschaftliche Methode insbesondere bei den geisteswissenschaftlichen und gesellschaftswiss. Fächern (als Grundprinzip vielleicht auch dort manchmal überstrapaziert) wird auf alle Lebensbereiche übertragen, gerät zur Lebenshaltung überhaupt. Anerkennung, Freude am Gegenstand, am Existierenden, am schon Gelernten, am Machbaren wird als Affirmation, als Stillstand, letztlich als überholt und reaktionär verdächtigt. Am Maßstab von "paradiesischen Zuständen" - wie SPERLING umschrieb,[4] ist dann in der Tat alle Wirklichkeit zutiefst enttäuschend. Gerade diese Unzufriedenheit und, wenn man so will "Maßlosigkeit" ist aber ihrerseits Ergebnis der einseitig kognitiv rezeptiven Kontemplation der universitären Disziplinen fern jeder praktischen Verwertungsmöglichkeiten. Die Möglichkeiten der Überprüfung von Theorien und eventuell die

---

1) vgl. die Ausführungen zu den Sozialisationswirkungen, Kap. III, 4, S. 218 f.

2) vgl. weiter unten.

3) vgl. SPERLING/JAHNKE, a.a.O., S. 155.

4) vgl. SPERLING/JAHNKE, a.a.O., S. 155 und Kap. III, 3, 4.3.2, S. 216 dieser Arbeit.

Erfahrung von der "Machbarkeit" aber auch von den gesellschaftlichen und eigenen Grenzen wird den Studenten bei der jetzigen Konzeption der Lehrerbildung vorbehalten, um sie später einem um so stärkeren "Praxisschock" auszusetzen. Ein maßstabsrelativierender Vergleich von Lebensverhältnissen und theoretischen Ansprüchen, aber auch die Erfahrung von erfolgversprechenden Ansätzen, von eigener umgesetzter Leistung bleibt ihnen vorbehalten und führt zu den beschriebenen Gefühlen von Nutzlosigkeit und Aussichtslosigkeit. Unzufriedenheit und (berechtigte) Kritik sind die notwendige Folge.

Des weiteren sind die bestehenden politischen Verhältnisse nach dem Versanden der "antiautoritären Bewegung" sowohl an den Universitäten als auch in der Gesamtgesellschaft wenig ermutigend für ein vorwärtsgerichtetes Reformengagement. Die Hilflosigkeit und Zersplitterung der jetzigen "Studentenbewegung" mit seinen "Sponti"-Gruppierungen legen von dieser Resignation und Ziellosigkeit ein beredtes Zeugnis ab.

Die Schulen, an denen die meisten später tätig sein werden, sind mit Überfüllung und Leistungsdruck, durch administrativ gesteuertem allmählichem Reformstop kaum ein Ziel im Bewußtsein der Studierenden, für das es sich lohnte, die Mühsal des Studiums gezielt und schnell hinter sich zu bringen; - ganz angesehen davon, daß keiner mehr sicher sein kann, bei zunehmender Akademikerarbeitslosigkeit und politischer Überprüfung eine dieser einzig für sie möglichen Berufsstellen zu bekommen.

Die Universität - dies dürften die Ergebnisse dieser Untersuchungen gezeigt haben - wäre schlecht beraten, wenn sie die zum größten Teil berechtigte Kritik der Studenten und ihr Leiden unter diesen Bedingungen lediglich als adoleszent-pubertäres Lamentieren abwertete. Wichtigstes Fazit: Die Hochschule darf ihre Ausbildungs- und Sozialisationsfunktion für angehende Lehrer (und andere Berufe) endlich nicht mehr leugnen, sondern als ihre wesentlichste akzeptieren - mit all seinen Konsequenzen.

Die manchem, eventuell negativ anmutende Bilanz dieser Untersuchung enthält dann auch implizit und explizit Ansätze für eine Verbesserung dieser Funktionen der Universität. Auf der Basis der Kritik der Betroffenen könnte - dies ist die Hoffnung des Verfassers - eine neue Konzeption von Universität, insbesondere der Lehrerausbildung entstehen. So soll diese Arbeit schließen mit einigen wesentlichen Perspektiven, die bei einer solchen Reform berücksichtigt werden müßten:

3. Vorschläge zur Verbesserung der universitären Bedingungen studentischer Sozialisation

Kommunikationsstruktur und Arbeitsstruktur der Sozialisationsagentur Universität haben nach den referierten Untersuchungsergebnissen auf einen großen Teil der Studentenschaft neurotogene Auswirkungen, die sie anfällig für psychische Störungen werden läßt. Diese Strukturen werden darüber hinaus der Aufgabe einer angemessenen Sozialisation von angehenden Akademikern nur unzulänglich gerecht.

Sozialisationsagenturen, auch die deutsche Universität sind in ihrer jeweiligen Form nicht naturgegeben, sondern historisch gewachsene Gebilde und damit auch veränderbar.

Ziel dieser Arbeit war es, unter anderem auf der Basis der Befragung von Betroffenen, von unter diesen Sozialisationsbedingungen individuell psychisch Leidenden Kriterien für eine Kritik aber auch für eine Reform der Universität zu erhalten, die nicht nur neue Ziele setzt, sondern auf den empirischen Erfahrungen der Sozialisanden selbst aufbaut. So können die Ergebnisse vom Ausmaß der psychischen Störungen ein Indiz für die Notwendigkeit der Veränderung sein, die Ergebnisse zur Ursachenattribuierung durch die Studenten selbst als Indizienkomplex für die Art der Veränderungen der Universität gelten.

Darüber hinaus wurde in den Gruppendiskussionen explizit nach Veränderungswünschen bzw. nach Lösungen für die jeweils angesprochenen Probleme gefragt.

Ohne in diesem Schlußkapitel eine umfassende Darstellung und Würdigung der langjährigen Universitäts- und Studienreformdiskussion vornehmen zu können, sollen doch die wesentlichsten Gesichtspunkte, die nach Meinung der Studenten (aufgrund der Gruppendiskussionsmeinungsäußerungen) - und des Autors - bei einer Ausbildungsreform (des Lehrerstudiums) jedenfalls mitberücksichtigt werden müßten, im folgenden dargestellt und diskutiert werden.[1)]

3.1 private Lösungen und Ratschläge

Eine Reihe von Vorschlägen, die die Gruppendiskussion machte, richtet sich an die eigene Adresse. Sie suchen z. Teil durchaus selbstkritisch die Fehler für ihre Schwierigkeiten bei sich, z.B. in ihren falschen Erwartungen, in ihrer zu geringen Arbeitsmoral, in mangelnder eigener (auch politischer) Initiative und mangelndem Durchhaltevermögen.

Neben solchen ernstzunehmenden Apellen an sich und ihre Studienkommilitonen wurden private Lösungen diskutiert, die größtenteils eine weitverbreitete Hilflosigkeit und auch Resignation vor der vermuteten Unveränderbarkeit der bestehenden Verhältnisse an der Universität verraten. Solche private Lösungen wie: "Am Wochenende regelmäßig nach Hause fahren", um den Streß des Studiums zu kompensieren oder "in Kneipen zu gehen", um das Alleinsein zu vermeiden oder sich immer neue Termine (für Referate) setzen, bieten lediglich vorübergehend und nur für den einzelnen vielleicht eine Möglichkeit, mit den negativen Erlebnissen an der Universität fertig zu werden. Andere, eher therapeutisch orientierte Vorschläge beziehen sich auf die Teilnahme an Selbsterfahrungsgruppen und Einnahme von Beruhigungstabletten oder auf eine Kurz- oder Langzeittherapie im Rahmen der Beratungsstelle oder auch bei Fachärzten. Diese Lösungsformen sind

---

1) Für eine weitergehende, vertiefte Diskussion solcher Reformvorschläge - wozu dem Verfasser hier Zeit und Platz fehlte - sei auf die vielfältige Literatur in den Anmerkungen zu diesem Kapitel verwiesen.

sicherlich notwendig (siehe weiter unten) und sinnvoll, sie wirken aber stets nur reaktiv, d.h. sie können bestenfalls lediglich im Nachhinein schon entstandene Störungen kurieren, nicht aber die Ursachen beseitigen, die erst zu solchen Schwierigkeiten führen.[1)]

Trotzdem, wenn auch z.T. erst auf Nachfragen, wurden auch eine Reihe von sehr brauchbaren strukturellen Vorschlägen gemacht, die dem "Verursachungsprinzip" gerecht werden und Grundlage für eine Reform der Universität bieten:

3.2 Beratung

Die Beratung müßte schon vor dem Studium beginnen und kontinuierlich über das ganze Studium studienbegleitend weiterlaufen.

Die Studien- und Berufsberatung an den Schulen ist offenbar völlig mangelhaft, die Informationen über das Studium, aber auch über die damit anzustrebenden Berufe ungenügend. Auch die Lehrer scheinen nicht in der Lage, eine konkrete Vorstellung von den tatsächlichen Studieninhalten und der Art und Weise des Studierens zu vermitteln. Selbständige Arbeit wird an der Schule noch zu wenig geübt, so daß die Studenten am Anfang des Studiums vor vielerlei, für die Mehrzahl zu viele neue Aufgaben gestellt werden.
Ein "Oberstufenkolleg" wie es HENTIG in Bielefeld erprobt, wäre wohl ein adäquater Versuch, der eventuell in modifizierter Form auch an den Gymnasien, bzw. Gesamtschulen als sinnvolle Zwischenstufe zwischen der Unterstufe, bzw. Sek. I und dem Studium anzustreben wäre.[2)]

Die Berater an den Schulen müßten schon konkrete Kenntnisse von allen Studiengängen und der Art und Weise der jeweiligen fachwissenschaftlichen Forschungsmethoden und Arbeitsformen vermitteln können, unter Umständen aber auch alternative Berufe (eventuell durch Kollegen) vorschlagen und veranschau-

---

1) vgl. hierzu Kap. III, 2.4.4, S.161 und Kap. III, 3.4.3.3, S. 217

2) zum Bielefelder Modellversuch vgl. HENTIG, H. v., Das Bielefelder Oberstufenkolleg, Stuttgart 1971.

lichen können.

Die völlig inadäquaten Erwartungen an das Studium und die vielen Enttäuschungen und Fehlentscheidungen könnten so schon im Vorfeld der Universität vermieden bzw. ausgeräumt werden. Die Beratung an der Hochschule darf nicht nur eine bloße "Feuerwehrfunktion" haben, wie es die jetzigen ärztlich-psychotherapeutischen Beratungsstellen aufgrund ihres geringen Personals[1)] haben, sondern sowohl die fachinternen Studienprobleme als auch die allgemeinen sozialpsychischen Probleme, mit denen jeder Student am Anfang seines Studiums, aber auch später noch konfrontiert ist, schon prophylaktisch zu erkennen helfen und Lösungsmöglichkeiten gemeinsam mit den Studierenden erarbeiten.[2)] Dazu wäre ein Umdenken der Fachdozenten erforderlich, die oft genug mit Arroganz und Herablassung alle Probleme der Studenten als deren eigene Dummheit auffassen und im Gegenteil Schwierigkeiten als ein willkommenes Mittel der Selektion auffassen.

Selbsthilfegruppen wie das "Social Work" sind ein guter Ansatz, sie müßten aber mehr als bisher von Fachkräften angeleitet und als selbstverständliche Möglichkeit in jedem Seminar, wirklich von allen Studenten nicht als notwendiges Übel für "Ausgeflippte", sondern als reale Verbesserung ihrer sozialen und fachlichen und psychischen Selbstverwirklichungsmöglichkeit im Studium aufgefaßt werden können. Bisher besteht noch eine starke affektive Distanz zu all solchen Institutionen, die es abzubauen gilt. Anleitung, Hinweise und Mitarbeit aller Dozenten wäre dazu vonnöten.

Die in allen Untersuchungen, auch in der hier vorliegenden, ermittelte Orientierungslosigkeit, ließe sich m.E. durch

---

1) zur Zeit kommen jährlich etwa 7oo Klienten auf einen Berater, vgl. BIRTSCH, U./KÄMMERER, A., Das Studieren lernen, in: Psychologie heute, H. 1/1977, S. 377.

2) vgl. hierzu HUBER, L., "Studienberatung" in der Reihe: Hochschuldidaktische Stichworte, hrsg. vom Interdisziplinären Zentrum für Hochschuldidaktik der Universität Hamburg, Nr. 8, 1974.

3) vgl. den Bericht zum Göttinger "Social Work" von ESSBACH-KREUTZER, U., in: Tätigkeitsbericht der Ärztl.-Psych. Beratungsstelle Göttingen, unveröffl. Manuskript, Aug.1974

eine solche allgemeine, umfassende Beratung und Anleitung zur Selbsthilfe in Gruppen auf vielen Problemgebieten wirksam einsetzen: Wohnungssuche, Wissenschaftliches Arbeiten, Umgang mit den Bibliotheken, Verfassen von selbständigen Arbeiten, Kontaktsuche, Probleme beim Sprechen in Seminaren beim Umgang mit anderen Kommilitonen und mit den Professoren. Wenn die hier geschilderten Probleme der Studenten sowohl quantitativ wie qualitativ (d. meint: personell und finanziell als auch im Bewußtsein und der Bereitschaft der Dozenten) ernst genommen würden, könnte das Ausmaß der psychischen Störungen entscheidend reduziert werden.

3.3 Verbesserung der pädagogischen Qualifikation der Dozenten

Um den notwendigen praktischen Bezug (siehe weiter unten) zum späteren Beruf, um den Studenten von vornherein die didaktische Dimension auch schon im Hochschulstudium als Modell und als Vermittlungsform zugänglich zu machen und um die mannigfaltigen Kommunikationsstörungen und -hemmungen in den Seminarveranstaltungen aufzufangen, bedarf es pädagogisch besser qualifizierter Dozenten. Denn "in Wahrnehmung und Erleben der Studenten wird die Qualität eines Hochschullehrers mehr bestimmt durch engagiertes demokratisches (und didaktisch geschicktes, der Verf.) Verhalten als durch rein fachliche Qualifikation. Dieses Ergebnis weist auf die Bedeutung einer fachübergreifenden Didaktik hin."[1] Nicht nur die rein "fachliche" Qualifikation dürfte deshalb als Berufungskriterium von Dozentenstellen maßgeblich sein, sondern auch deren pädagogische Ausbildung und Fähigkeiten.[2]

---

1) vgl. MÜLLER-WOLF, H.M./FITTKAU, B., Lehrverhalten von Hochschullehrern und seine Bedeutung für Einstellungen und Verhalten von Studenten, in: Zts. f. Entwicklungspsychologie und Pädagog. Psych., 1971, Bd. III, H. 3, S. 178.

2) vgl. HUBER, L., Die "pädagogische Eignung" des Hochschullehrers, in DUZ/HD, 5/75, S. 165 ff. - Huber fordert darin den Nachweis der Teilnahme an hochschuldidaktischen Veranstaltungen, Abhalten einer Lehrprobe, regelmäßige Erhebungen der studentischen Einschätzung seiner Lehrveranstaltungen seiner bisherigen Stelle usw.

Auf die freiwillige pädagogisch-didaktische Fortbildungsbereitschaft der Dozenten kann man dabei offenbar nicht vertrauen.[1] In althergebrachter Mißachtung pädagogischer Kenntnisse und Fähigkeiten vertraut man auf das Naturtalent der meist recht spezialisierten Akademiker oder auf die universelle Aufnahmefähigkeit von Studenten. Die Ideologie von der "reinen Wissenschaft", und die statusmäßige Abgrenzung von den "Paukern", deren Schicksal viele durch Universitätslaufbahn entronnen zu sein glauben, führt dann zu einer im Sinne der "Lehre" unvertretbaren Entpädagogisierung des Hochschulstudiums, unter dem die Studenten - und später deren Schüler - leiden müssen.[2] Trotz einiger erfolgversprechender Anfänge des "Arbeitskreises für Hochschuldidaktik" und "hochschuldidaktischer Zentren" fehlt es m.E. nach wie vor an der Verwirklichung fachübergreifender und fachdidaktischer Prinzipien im Hochschulunterricht.

Deshalb ist an dieser Stelle eine pädagogische Zusatzqualifikation für alle Dozenten zu fordern, die diese in einem hierfür einzurichtenden 1 bis 2 semestrigen Kurs etwa in Form von "Werkstattseminaren" erwerben können.[3]

---

1) Für ein Blockseminar über das Thema: Kommunikation und Kooperation in Lehrveranstaltungen im Juni 1976, angeboten vom Göttinger HDZ, meldeten sich ganze fünf Dozenten, ein anderes ähnlicher Thematik mußte ganz ausfallen aus Mangel an Beteiligung, vgl. Jahresbericht des HDZ der Georg-August-Universität Göttingen, v. 1.6.76-31.5.77, S. 7.

2) Über diese Schwierigkeiten, Hochschullehrer zur hochschuldidaktischen Fortbildung zu bewegen, vgl. HUBER, L., Zur Hochschuldidaktischen Fortbildung von Hochschullehrern, in: Neue Sammlung, H. 5, 1976, S. 367 ff.

3) vgl. Versuche mit solchen "Werkstattseminaren" in Konstanz: FLECHSIG, K.H./RITTER, U.P., Zum didaktischen Konzept von Werkstattseminaren, in: Berichte zur Hochschuldidaktik der Wirtschaftswissenschaften, Bd. 7, Göttingen 1975, S. I - VII; sowie ELTON, L.R.B., Pädagogische Ausbildung von Hochschullehrern in Großbritannien, in: DUZ/HD, 4/7, S. 13o ff.; er berichtet von Einführungskursen für neue Hochschullehrer, und längeren Trainigsprogrammen mit Wiederholungskursen.

Von solchermaßen zusatzqualifizierten Dozenten könnten die angehenden Studenten, die Lehrer quasi am Modell guten Unterricht und didaktische Grundprinzipien für ihre eigene spätere Lehrtätigkeit erlernen.

3.4 Studienreform

Rund 7o %[1] aller Studierenden der philosph. Fakultäten werden Lehrer.[2] Es wäre deshalb an der Zeit, Studieninhalte und Studiengänge auf dieses Berufsziel hin zu reformieren, anstatt immer noch "kleine Gelehrte" zu züchten, die sich später an der Schule deplaziert fühlen.

Während einer breiten Orientierungsphase am Anfang des Studiums sollte den Studenten Gelegenheit gegeben werden, sich mit den gesellschaftswissenschaftlichen und erziehungswissenschaftlichen Grundlagen ihrer späteren (Fach)lehrerberufe und dem Aufbau und der Methodik ihrer Fächer vertraut machen können. Gleichzeitig müßte eine solche Orientierungsphase geeignet sein, persönlichen Kontakt zu Studienkommilitonen und Dozenten herzustellen, der ihnen die Angst nimmt und - etwa durch Bildung von Arbeitsgruppen, die durchs ganze Studium bestehen bleiben - von vornherein das Gefühl der Isolierung erspart.[3] Wochenendseminare und zwangslose Veranstaltungen mit Dozenten und Studenten außerhalb des reinen Lehrbetriebs gäben ihnen die Möglichkeit, die einseitige Fixierung auf kognitive Rollenmuster zu vermeiden und sich als "Mensch" zu fühlen. Wichtigste Forderung der Studenten (in den Gruppendiskussionen) war die Herstellung des Praxisbezugs im Studium.[4] Das heißt, das, was gelernt wird, soll

---

1) wahrscheinlich mehr, denn viele geben bei der Frage nach dem Berufswunsch erst 'weiß nicht' an und werden dann doch Lehrer; vgl. Studentenstatistik, a.a.O., S. 1o bzw. 6

2) an der gesamten Universität sind es in etwa 3o %.

3) wie erfolgreich ein solcher Orientierungskurs sein kann, bewies ein Forschungsprojekt im Bereich Wirtschaftswissenschaften in Göttingen, vgl. KÖRNER, W., Aufgabenfelder der Studienberatung aus staatlicher Sicht, unveröff. Ref. 1975, zitiert nach BIRTSCH/KÄMMERER, a.a.O., S. 36.

4) vgl. HERZ, O., Praxisbezug im Studium, Blickpunkt: Hochschuldidaktik, Nr. 35, Hamburg 1974.

nicht bloß angehäuft werden, um später vielleicht doch irgendwann mal von mehr oder weniger großem Nutzen sein zu können, nein, der Stoff, die Studieninhalte sollen möglichst eng mit eigenen praktischen Erfahrungen und Aufgaben aus dem späteren Berufsfeld verknüpft werden. Dadurch würde nicht nur der Sinn des Gelernten unmittelbar einleuchten bzw. erprobbar sein, auch das Gefühl (während des Studiums) selbst nichts Sinnvolles tun zu können, nur für sich "Weisheit" anzuhäufen, würde der Erfahrung eigenständiger, verantworteter "Arbeit" weichen, die das Gefühl gibt, nicht unnütz zu sein, "richtig" ausgebildet zu werden und vor allem echte Erfolgserlebnisse zu haben. Die von ILLICH zu Recht befürchtete "Verkindlichung"[1)] durch unmündige Rezeption könnte durch eine solche Art der Berufsausbildung verhindert werden, zumal, wenn man die Studenten für diese Tätigkeit regelrecht bezahlt, statt sie auch finanziell in Abhängigkeit von Eltern und Staat zu halten. Zur Verwirklichung solcher Pläne stehen eine Reihe von bisher kaum erprobten Modellen zur Verfügung. Es soll hier nur auf das "Rotationsmodell" und auf die "klinischen Semester" von ROBINSOHN verwiesen werden.[2)] Impliziert ist in diesen Modellen die "Einphasigkeit" der Lehrerausbildung,[3)] wie sie die GEW seit langem fordert. Gemeint ist damit, daß die unsinnige Trennung von fachlicher und pädagogischer Ausbildung aufgehoben wird, wobei letztere quantitativ wie qualitativ in der Regel zu kurz kommt. Daß für die Lehramtskandidaten bislang nach wie vor nur zwei (Anfänger-)Seminare im pädagogischen Begleitstudium Pflicht sind, die irgendwann einmal zwischen erstem und 12. Semester nebenbei absolviert werden, ist für Akademiker, die einen pädagogischen Beruf ergreifen, ein Unding. Dies trägt zur Frustration und Berufsangst der Lehrerstuden-

---

1) vgl. ILLICH, I., Die Entschulung der Gesellschaft, Hamburg 1973, bes. S. 4o ff.

2) vgl. ROBINSOHN, S.B., Bildungsreform als Revision des Curriculums, Neuwied/Berlin 1967.

3) Über erste Erfahrungen mit der einphasigen Lehrerbildung berichten: BÜRMANN, J./GOOS, H. u. a., Einphasige Lehrerausbildung an der Universität Osnabrück, Hochschuldidaktische Materialien Nr. 57, Hamburg 1976.

ten erheblich bei: Sie können bei der jetzigen Form zu oft keinen Zusammenhang von Studium und (Lehrer-)Beruf sehen und fürchten sich davor, bei ihrer späteren Tätigkeit zu versagen. Die pädagogisch-praktische Ausbildung müßte deshalb von vornherein integriert und gleichberechtigt mit der fachlichen Ausbildung (in etwa gleichen Quantitäten) verbunden werden. Eine umfassende, klare Studienplanung - ohne Verschulung - sollte alternative, aber aufeinander bezogene Studienbausteine enthalten, um die Desorientierung einzuschränken.

3.5 Seminargestaltung

Wesentlichste Voraussetzung für eine Verbesserung und Reform des Studiums sind ausreichende, pädagogisch qualifizierte Dozenten. (vgl. weiter oben) Immer wieder wurde von den Studenten die anonyme Atmosphäre der Massenseminare beklagt, die es ihnen verunmögliche, sich aktiv zu beteiligen, Kontakte zu knüpfen, persönliche Beziehungen zu Kommilitonen und Dozenten aufzubauen. "Kleinere Seminare" ist deshalb eine Grundforderung, ohne die alle anderen Verbesserungen ihrer materiellen Basis entbehrten.[1)]

Zu überlegen wäre auch eine grundsätzliche Reform des Wochenstundensystems, das die Kontakte, die Beschäftigung mit Inhalten und Personen immer wieder zerstückelt. Zumindest die bislang nur in den Ferien praktizierbare Form der Kompaktkurse wäre auszubauen.[2)] Auf dieser Basis ließen sich sodann eine Reihe anderer didaktisch-psychologischer Verbesserungen denken, die besonders zwei Ziele verfolgen sollten: größere Eigenständigkeit und Mitarbeit der Studenten (im Sinne Rogers)[3)] und bessere Motivierung der Studenten. Arbeits-

---

1) vgl. das Gesamtschuldilemma, wo durch Beibehaltung der Klassenfrequenzen und durch Überlastung der Lehrer viele Reformansätze kaputtgingen.

2) vgl. RIEMENSCHNEIDER, K., Blockstudium in Hohenheim, AHD, Hamburg 1975.

3) vgl. ROGERS, C.R., Lernen in Freiheit, München 1974.

gruppen innerhalb und außerhalb der Seminarveranstaltungen können auch schon bei der jetzigen Überfüllung der Seminare eine Verbesserung des Arbeitsklimas, bessere Chancen, sich aktiv zu beteiligen und größere Kooperationsfähigkeit fördern bzw. erreichen helfen. In den Gruppendiskussionen wurden die Arbeitsgruppen als durchweg positiv beurteilt, allerdings fehlt auch hier, besonders für die Anfangssemester eine pädagogisch-psychologische Anleitung, um Arbeitsweise und gruppendynamische Sensibilisierung, sowie die notwendige, bislang nicht geübte Kooperation zu erlernen. Ein umfassendes Tutorensystem hat sich hierfür schon ausreichend bewährt.[1]

Durch häufigeren Wechsel der Vermittlungsmedien und Arbeitsformen (Referate, Vortrag, Filme, Exkursionen, Klein- und Plenumsdiskussionen, Projektgruppenarbeit, eigenständiges Erproben von Gelerntem usw.) wäre die Eintönigkeit und einseitige Strapazierung von rezeptiven-kognitiven Elementen in der Hochschule zu überwinden und mehr Möglichkeiten zur Selbsttätigkeit in Eigenverantwortung den Studenten einzuräumen. Dies läßt sich allerdings nicht schlechthin von den Studenten fordern, sondern sie müssen auch hierzu angeleitet werden (z.B. Zweier-Streitgespräch, Rollenspiele, Probeunterricht, Exkursionen).[2]

In diesen Zusammenhang gehört auch die Forderung nach eindeutigen Seminarplanungen, die Seminarziele zusammen mit den Studenten am Anfang des Semesters zu definieren, um den Studenten einerseits Orientierungen für ihre Arbeit aber auch die Möglichkeit einer Erfolgskontrolle für Studenten und Seminarleiter zu gewährleisten. Auch die effektiven Zielbestimmungen, die Methoden zur Erreichung der angestrebten Ziele dürfen nicht fehlen. Unsinnig große, umkommentierte Lite-

---

1) vgl. Marburger Autorenkollektiv, Leitfaden für die Tutorenarbeit; Didaktische Materialien für die Arbeit in studentischen Kleingruppen, Hochschuldidaktik Nr. 42, Hamburg 1977.

2) vgl. PRIOR, H., Formen des Hochschulunterrichts, Blickpunkt Hochschuldidaktik Nr. 2, Hamburg 1969.

raturlisten verunsichern nur die Studenten. Wenige Literatur, die dann auch wirklich besprochen und diskutiert wird, motiviert besser und ist letztlich lerneffektiver. Das Insistieren auf wissenschaftlichen Termini von vornherein und die Ausklammerung von allen persönlichen und emotionalen Regungen der in Seminaren miteinander Agierenden müßte zugunsten eines ausgewogenen Verhältnisses von Beziehungs- und Inhaltsaspekten weichen. Dem Student muß die Möglichkeit gegeben werden, sich selbst als Person mit individuellen Interessen und Problemen einzubringen und sinnvoll mit der "Sache" verbinden können.[1] Die unterdrückten Beziehungsprobleme, die in kaschierter Form sich in die rationale Diskussion einschleichen und diese dann unerquicklich werden lassen, müssen transparent gemacht werden. Dies kann nur in einem Klima von Vertrauen und gegenseitigem Akzeptieren von auch aversiven Gefühlen und durch das Seminarthema zum Teil transzendierende Gespräche ("Metakommunikation") erreicht werden. Eine erste Möglichkeit für die Verwirklichung solchen Hochschulunterrichts bietet beispielsweise die "Themanzentrierte interaktionelle Methode" von R.C. COHN.[2] In solchen gruppendynamischen Elementen würde ein erster Ansatz zum Umdenken der einseitig kognitiv gerichteten Ziele der Universitätsausbildung hin zur Anerkennung von auch affektiven Sozialisationsaufgaben der Hochschule zu sehen sein.[3]

Die Ablösung der überprägnanten Sekundärmotivation (Zensuren, Schein, Klausuren, Druck usw.) durch Erleichterung einer je individuellen sog. "intrinsisichen" Motivation würde zudem wesentlich gefördert, wenn den Studenten nicht mehr

---

1) vgl. die Prinzipien, die ROGERS für ein solches "Lernen in Freiheit" aufstellt. ROGERS, a.a.O., S. 196 ff.

2) vgl. R.C. COHN, Das themakonzentrierte interaktionelle System, in: Gruppendynamik, H. 3, 1974, S. 15o f. und GENSEL, B., u.a., Lernen in der Gruppe: Theorie und Praxis der TZI, Blickpunkt: Hochschuldidaktik, Nr. 25, Hamburg 1972.

3) vgl. PRIOR, H. (Hrsg.), Gruppendynamik in der Seminararbeit, Blickpunkt Hochschuldidaktik Nr. 11, Hamburg 197o.

punktuelle "Selektionsprüfungen" (in manchen Fächern nur in der Zwischenprüfung und am Ende des Studiums), sondern laufend freiwillige (anonyme) Erfolgskontrollen als persönliches Leistungs-feed-back ermöglicht wird.

Die in den traditionellen geisteswissenschaftlichen Fächern wissenschaftlich gerechtfertigte Methode der Kritik (vgl. "historisch kritische Methode" oder "Soziologie als institutionalisierte Dauerkritik") wird oft auf die Beziehungen übertragen, wird leicht zur allgemeinen undifferenzierten Umgangsform des angehenden Akademikers mit Sachverhalten, Gegenständen, Institutionen und Personen schlechthin. Hier müßte man deutlicher zwischen partiell sinnvoller Methode und allgemeinem Lebensprinzip trennen, um den verbreiteten Negativismus, die hieraus folgende Resignation und Depression oder Aggression[1] zu vermeiden. Dies könnte einerseits durch verstärkte Anerkennung von Leistungen der Studenten aber eben auch durch einen differenzierteren Umgang mit der - vielleicht nicht immer berechtigten - destruktiven Total-Kritik erreicht werden.[2]

3.6 Verbesserung der Wohnsituation

Über die Hälfte aller Studenten wohnt - nach den Erhebungen des Studentenwerks vom SS 1975 - allein (55 %), die meisten davon zur Untermiete (47,3 %).[3] In der gleichen Erhebung heißt es: "Weniger als ein Fünftel der befragten Studierenden, nämlich nur 18,7 %, gibt für die Wohngelegenheit keine Mängel an."[4] Bauliche Mängel, zu hohe Preise, ungenügende

---

1) so auch die (seltenere) aggressive "Schlagt alles kaputt"-Haltung der bürgerlichen Guerriglieros

2) Auch die oft kritisierte "Dissoziation von Lust und Leistung" hat wohl hier eine ihrer Ursachen. Vgl. DREITZEL, H.-P., Soziologische Reflexionen über das Elend des Leistungsprinzips, in: Symposium: Sinn und Unsinn des Leistungsprinzips, München 1974, S. 31.

3) vgl. Studentenwerk Göttingen, Die soziale Lage der Studierenden, 1975, S. 24.

4) a.a.O., S. 13.

Größe und zu große Entfernung zur Hochschule sind nur die eine Seite der unbefriedigenden Wohnsituation. Denn die Isolierung durch die weitverstreuten, oft verkehrstechnisch ungünstig gelegenen "Studentenbuden" führt - wie oben (in Kap. III, 2.4.1.1, S.113) beschrieben - zu Kontaktstörungen.

Die "relativ meisten Studierenden möchten" deshalb "gern in einer eigenen Wohnung bzw. einer Gemeinschaftswohnung wohnen (39,4 %). Ähnlich groß ist die Gruppe der Studierenden, die gern in einem Studentenwohnheim wohnen möchten (37,9%)."

Auch in den Gruppendiskussionen wurde der Wunsch nach mehr Möglichkeiten zum gemeinschaftlichen Wohnen (in welcher Form auch immer) geäußert. Allerdings wurde auch gefordert, daß die Studentenwohnheime über mehr kommunikative Einrichtungen, über kleinere überschaubare Wohneinheiten, quasi für "Wohnfamilien" verfügen müßten, um die Anonymität, die auch hier durch die Masse und die Abkapselung der einzelnen in Appartements mit sog. "Naßzellen" zu finden ist, zu überwinden.

Die Vermietung von normalen Mehrzimmerwohnungen an Wohngemeinschaften ohne "Studentenaufpreis" käme ebenfalls dem Wunsch nach Gemeinschaftswohnungen entgegen. Letzteres hätte gegenüber den Studentenwohnheimen den Vorteil, daß die sowieso schon vorhandene Isolierung der Studierenden von der Bevölkerung nicht noch weiter prolongiert würde.

3.7 Kommunikations-, Freizeit- und Sportgelegenheiten

Die Universitätsgebäude selbst (z.B. Mensa) sind für gesellige Veranstaltungen zu unpersönlich bzw. auch baulich und verwaltungstechnisch wenig geeignet. Die Studentenkneipen sind zu einseitig auf Konsum von Alkohol, bestenfalls von Folklore und Beat spezialisiert, erfüllen jedenfalls nicht die Funktion einer vielseitigen, ungezwungenen Kommunikations- und Betätigungsvielfalt, wie sie von den Studierenden in ihrer Freizeit vermißt wird. Mehrere kommunale oder

---

1) a.a.O., S. 15.

universitäre Kommunikations-, Freizeit- und Sportzentren[1] mit der Möglichkeit, sich zwanglos zu treffen, zu kommunizieren, Zeitungen zu lesen, Tischtennis, Skat oder Kickern zu spielen, zu Tanzen, Diskutieren, Musik zu machen usw. wäre eine ideale Möglichkeit, der Isolierung in der Freizeit zu begegnen.
Ohne zu gängeln könnten darüberhinaus kontinuierliche Musik-, Literatur-, Film-, Reise-, Sport-Kreise usw. etabliert werden, wie es bislang nur konfessionell gebundene Gruppen, etwa die ESG oder wiederum für die leisure-class der Professoren-Frauen der Frauenkreis der Georg-August-Universität anbietet.[2]

4. Schlußwort

Ohne Anspruch auf Vollständigkeit zu erheben und ohne die Schwierigkeiten bei der Verwirklichung solcher Forderungen zu übersehen, meine ich, daß die in diesem Schlußteil angedeuteten Veränderungen an deutschen Universitäten manche Frustration, manche Neurose, manchen Abbruch den Studenten und der Gesellschaft ersparen könnten.
Dazu aus der Sicht der betroffenen Studenten eine empirische Grundlage geschaffen zu haben, ist die Hoffnung des Verfassers.

---

1) allerdings bitte nicht wieder in einem Mammutbau mit den dann zu erwartenden Massen!

2) Ich habe mich immer gefragt, warum eigentlich nur Frauen solche Bedürfnisse haben oder haben dürfen, die jeweiligen Männer haben offenbar keine Freizeit oder nehmen sich nicht die Muße, sich musisch zu beschäftigen?

A N H A N G

Literaturverzeichnis

ABENDROTH, W.: Zum Problem der Rolle der Studenten und Intellektuellen in den Klassenauseinandersetzungen der spätkapitalistischen Gesellschaft, Kritische Bemerkungen zu H. Marcuses Analyse, in: Das Argument, Bd. 9, 1967, H. 5/6, S. 4o8

ADAM, H.: Studentenschaft und Hochschule, Frankfurt 1965

AHRENS, J.R.: Zur Sozialisationssituation von Studenten - ein empirischer Beitrag zur Analyse von Sozialisationseffekten bei Hamburger Studenten, Diss., Hamburg 1972

ALLERBECK, K.R.: Soziologie radikaler Studentenbewegungen, München 1973

ALLERBECK, K.R.: Datenverarbeitung in den Sozialwissenschaften, Stuttgart 1972

AMELANG, M./FULST, S.: Selbstber. Schwierigkeiten der Studieneingangsphase bei Vertretern verschiedener Fachrichtungen. Nr. 25 der Arbeiten aus dem Psycholog. Institut der Universität Hamburg, April 1974

AMELANG, M./HOPPENSACK, Th.: Persönlichkeitsstruktur und Studienerfolg. Eine Untersuchung zu Persönlichkeitsveränderungen und der Vorhersage des Studienerfolges bei Studierenden verschiedener Fachrichtungen, Zwischenbericht, unveröff., Hamburg 1975

ANGER, H.: Probleme der deutschen Universität, Tübingen 196o

ANGER, H.: Befragung und Erhebung, in: Handbuch der Psychologie, hrsg. v. Thomä, H., Bd. 7, Teil 1, S. 591 ff., Methodisches über Gruppendiskussionen

APENBURG, H./SATERDAG, E.: Orientierungsprobleme und Erfolgsbeeinträchtigung bei Studierenden, Saarbrücker Studium zur Hochschulentwicklung, Hrsg. H.J. Schuster, Hochschule d. Saarl., 1972

ASTRUP, L.: Nervöse Erkrankungen und soziale Verhältnisse, Berlin-Ost 1956

ATCON, R.P.: Zum Strukturwandel der deutschen Universität, hrsg. v. Stifterverband für die deutsche Wissenschaft, Essen 1964

BAETHGE, M.: Ausbildung und Herrschaft, Frankfurt 197o

BAHRDT, H.P.: Der Status des Wissenschaftlers in der modernen Gesellschaft, in: Atomzeitalter, lo/1966

BAHRDT, H.P. et al.: Die Universität. Kritische Selbstbetrachtungen, Göttingen 1964

BAHRDT, H.P.: Soziologie der "Massenuniversität", in: Universität und Universalität, Universitätstage 1963 der FU Berlin, Berlin 1963

BARGELT, T. u.a.: Sozialisation in der Hochschule, Hamburg 1975, H. 37 der Reihe: Blickpunkt: Hochschuldidaktik

BATESEN, G.: Schizophrenie und Familie, Frankfurt (sk. Reihe Theorie) 1972

BECK, Peter: Zwischen Identität und Entfremdung, die Universität als Ort gestörter Kommunikation, Frankfurt 1975

BECKER, E. u.a.: Sozialwissenschaften; Studiensituation, Vermittlungsprobleme, Praxisbezug. Orientierungshilfen für Studenten und Dozenten, Bd. 517 der campus studium, Berlin 1976

BECKMANN, D.: Die emotionale Rolle der Frau, in: Frankf. Rundschau 16.4.1977, Nr. 88, S.V.

BECKMANN, D./RICHTER, H.E.: Gießentest, Bern u.a. 1972

BECKMANN, D./MOELLER, M.L./RICHTER, H.-E./SCHEER, J.W.: Studenten - Urteile über sich selbst, über ihre Arbeit und über die Universität, Frankfurt 1972

BERGER, P.L./LUCKMANN, Th.: Die gesellschaftliche Konstruktion der Wirklichkeit, Frankfurt 1969

BERNDT, H.: Zur Soziogenese psychiatrischer Erkrankungen, Bericht über ökologische und epidemiologische Forschungsergebnisse, in: Soziale Welt 19, 1968, S. 22 - 46

BERNDT, H.: Zur Soziogenese psychiatrischer Erkrankungen. Familiendynamische Aspekte der Schizophrenieforschung, in: Mitscherlich, A. (Hrsg.), Der Kranke in der modernen Gesellschaft, Köln u.a. 1967, S. 454-482

BIRTSCH, V./KÄMMERER, A.: Das Studieren lernen, in: Psychologie heute, H. 1, 1977, S. 35 ff.

BÖKER, W.: Psychische Probleme bei Studierenden, in: Hamburger Ärzteblatt, 23. Jg., Nr. lo, 1969

BOSCH, G.: Z-m Gewicht sozialer Faktoren bei Verlauf und Behandlung psychischer Krankheiten, in: Dörner, K./ Plog, U. (Hrsg.), Sozialpsychiatrie, Neuwied 1972, S. 21 - 39

BRASSE, B.: Institutionelle Bedingtheiten psychischer Störungen bei Studenten - Aufgezeigt an Beispielen aus der Universität Konstanz, in: Studentische Politik 6/7 - 1973

BRÄUTIGAM, W.: Reaktionen, Neurosen, Psychopathien, Stuttgart 1968, dtv

BRANDT, G. u.a.: Zur Frauenfrage im Kapitalismus, Frankfurt 1973

BRIM, O.G./WHEELER, S.: Erwachsenen-Sozialisation. Sozialisation nach Abschluß der Kindheit, Stuttgart 1974

BRIMMER, B.: Das Selbstverständnis der Akademikerin in Beruf und Familie, empirische Untersuchung an Hochschulen, Diss. Gießen 1972

BÜRMANN, J.: Kritische Anmerkungen zur gegenwärtigen hochschuldidaktischen Sozialisationsforschung, unveröffentl. Manuskript, Hamburg 1974

BÜRMANN, J./GOOS, H. u.a.: Einphasige Lehrerausbildung an der Uni Osnabrück, in: Hodida Materialien 57, Hamburg 1976

BURISCH, W.: Universitätsstruktur und studentisches Bewußtsein, Elemente einer organisationssoziologischen Analyse, Tübingen, Verl. Elly Huth, 1969

BUSCH, L.: Die soziale Lage der Studierenden (Gött. Studentenwerk), Göttingen 1975

CHAMPAGNE, P.: Fernsehen und Familie, in: Prokop, D., Massenkommunikationsforschung, Frankfurt 1973

CLOETTA, B.: Einstellungsänderung durch die Hochschule, Stuttgart 1975

COHEN, R.: Systematische Tendenzen bei Persönlichkeitsbeurteilungen, Bern 1969

COHN, R.C.: Zur Humanisierung der Schulen, in: Schleswig-Holstein, Ärzteblatt, H. 1o, 1973, S. 497 ff.

COHN, R.C.: Das themenzentrierte interaktionelle System, in: Gruppendynamik, H. 3, 1974, S. 15o ff.

DEICHSEL, A./HELFEN, P./LAGA, G./LAGA, I./TIEMANN, R./WITTEN, J.: Politische Sozialisation von Studenten, Stuttgart 1974

DÖBERT, R./NUNNER-WINKLER, : Adoleszenzkrise und Identitätsbildung, Frankfurt 1975

DÖRNER, K.: Die Hochschulpsychiatrie, Stuttgart 1967

DREITZEL, H.P.: Die Einsamkeit als soziologisches Problem, Zürich 197o

DREITZEL, H.P.: Soziologische Reflexionen über das Elend des Leistungsprinzips, in: Symposium: Sinn und Unsinn des Leistungsprinzips, München 1974, S. 31

DREITZEL, H.P.: Das Leiden der Gesellschaft und das Leiden an der Gesellschaft. Vorstudien zu einer Pathologie des Rollenverhaltens, Stuttgart 1972

ECKSTEIN, B./BORNEMANN, E.: Arbeit mit kleinen Studentengruppen, Reihe Blickpunkt Hochschuldidaktik Nr. 4, Hamburg 197o

EHLERS, Th./GIESSEN, H.: Eine Längsschnittuntersuchung zur Vorhersage des Studienerfolges bei Marburger Psychologie-Studenten. Berichte aus dem Inst. f. Psychologie der Phil. Universität Marburg, Nr. 5, 1971

ELTOW, L.R.B.: Pädagogische Ausbildung von Hochschullehrern in Großbritannien, in: DUZ/HD 4/7, S. 13o f.

ENDRES, N.: Psychologische Strukturforschung in der Hochschuldidaktik, eine morphologische Untersuchung, Diss. Köln, Phil. Fak., 9.2.1974

ERIKSON, E.H.: Identität und Lebenszyklus, Frankfurt 1966

ESSBACH, U.: Vorüberlegungen zu einem Modell studentischer Selbsthilfegruppen, Göttingen 1973

FAHRENBERG, J./SELG, H.: FPI, Das Freiburger Persönlichkeitsinventar, Handanweisung, Göttingen 197o

FELDMANN, A./NEWCOMB, Th.M.: The impact of college on students, 2 Bde., San Franciscos, Jossey-Bass Inc., 197o

FEND, H.: Gesellschaftliche Bedingungen schulischer Sozialisation, Weinheim 1974

FEND, H.: Sozialisierung und Erziehung, Weinheim 197o

FISHMAN, J.A./PASANELLA, A.K.: College admission - selection studies, in: Review of Educational Research, 196o, 3o, S. 298

FLECHSIG, K.H./RITTER, U.P.: Zum didaktischen Konzept von Werkstattseminaren, in: Berichte zur Hochschuldidaktik der WW, Bd. 7, Göttingen 1975

FRIEDRICHS, J.: Methoden der empirischen Sozialforschung, Hamburg 1973

FROMM, E.: Die Kunst des Liebens, Frankfurt 1975

Funkkolleg: Beratung in der Erziehung, Leitung: W. Hornstein u.a., Studienbegleitbrief Nr. 3, Weinheim 1976

GÄRTNER-HARNACH, V.: Angst und Leistung, Weinheim 1973[2]

GASCH, B.: Erfolg im Psychologiestudium, Diss. Erlangen, Phil. Fak. 2.2.197o

GERHARDT, M.: Wohin geht Nora? Auf der Suche nach der verlorenen Frau, in: Kursbuch Nr. 47, Hamburg 1977

GERSTEIN, H.: Studierende Mädchen. Zum Problem des vorzeitigen Abgangs von der Universität, Studien zur Soziologie, Bd. 4, München 1965

GERSTEIN, H.: Erfolg und Versagen im Gymnasium. Ein Bericht über die soziale und leistungsmäßige Abhängigkeit des vorzeitigen Abgangs, Diss. Konstanz, Soz.-Wiss., 17.3. 1969

GIESE, H./SCHMIDT, G.: Studenten, Sexualität, Verhalten. Eine Umfrage an 12 dt. Universitäten, Hamburg-Reinbek 1968

GOFFMAN, E.: Stigma. Über Techniken der Bewältigung beschädigter Identität, Frankfurt 1967

GOLDBERG,H.: Der verunsicherte Mann, Düsseldorf 1977

GOLDTSCHMIDT, D.: Die objektive Studiensituation der Studierenden in der BRD als eine Streß-Situation, in: Ziolko, H.-V. (Hrsg.), Psychische Störungen bei Studenten, Stuttgart 1969, S. 51 ff.

GRIESBACH, H./LEWIN, K.: Studienschicksal und Beschäftigungssituation von Hochschulabsolventen und Studienabbrechern, in: HIS - Kurzinformationen, H. 4, Okt. 1976

GRIESE, H.: Erwachsenensozialisation, Reihe: Gesellschaft und Erziehung, Raith-Verlag 1976

GROSSARTH-MATICEK, R.: Revolution der Gestörten? Motivationsstruktur, Ideologien und Konflikte bei politisch engagierten Studenten, Heidelberg 1973

HAAG, F./KRÜGER, H./SCHWÄRZEL, W./WILDT, J. (Hrsg.): Aktionsforschung, Forschungsstrategien, Forschungsfelder und Forschungspläne, München 1972

HABERMAS, J.: Protestbewegung und Hochschulreform, Frankfurt 1969

HALLERMANN, W.: Eröffnung, in: Ziolko, H.-U. (Hrsg.), Psychische Störungen ..., a.a.O., S. 2

HAYS, W.L.: Statistics for the Social Sciences, London 1974^2

HENTIG, H.v.: Das Bielefelder Oberstufenkolleg, Stuttgart 1971

HENTIG, H.v./HUBER, L./MÜLLER, P. (Hrsg.): Wissenschaftsdidaktik, 5. Sonderheft der Zts. "Neue Sammlung", Göttingen 197o

HERVE, F.: Studentinnen in der BRD, Köln 1973

HERZ, O.: Der Praxisbezug im Studium, Reihe: Blickpunkt Hochschuldidaktik, Nr. 35, Hamburg 1974

HITPASS, J.: Das Studienschicksal des Immatrikulationsjahrgangs 1958, Gütersloh 1967

HÖTTLER, R.: Forschungsbericht und Tabellenbd. der Repräsentativbefragung: Zur politischen Sensibilität der Studenten, Institut für Soziologie, TU Berlin, Arbeitsheft Nr. 7, 1972

HOLLINGSHEAD, A.B./REDLICH, F.: Der Sozialcharakter psychischer Störungen, eine sozialpsychiatrische Untersuchung, Fischer-Verlag, Frankfurt 1975

HOMANS, G.C.: Theorie der sozialen Gruppe, Köln 196o

HOPF, A.: Lehrerbewußtsein im Wandel, Düsseldorf 1974

HOSSFELD, J.: Prüfung am Martinusberg, in: Kürbiskern 1/74, S. 25, Erlebnisbericht, München 1974

HUBER, L.: Das Problem der Sozialisation von Wissenschaftlern. Ein Beitrag der Hochschuldidaktik zur Wissenschaftsforschung, in: Neue Slg., 1974, S. 3 - 33

HUBER, L.: Studienberatung, Hodida-Stichworte Nr. 8, IZHD 1974

HUBER, L.: Die "pädagogische Eignung" des Hochschullehrers, in: DUZ/HD 5/75, S. 165 ff.

HUBER, L.: Zur hochschuldidaktischen Fortbildung von Hochschullehrern, in: Neue Sammlung, H. 5, 1976, S. 367

HUISKEN, F.: Die Produktion des Arbeitsvermögens und die Arbeit des Lehrers, S. 22o

HUISKEN, F.: Anmerkungen zur Klassenlage der pädagog. Intelligenz, S. 4o5 - 438, in: Altvater, E./Huisken, F. (Hrsg.), Materialien zur polit. Ökonomie des Ausbildungssektors, Erlangen 1971

HURRELMANN, K.: Ansätze zu einer Theorie gesellschaftlich organisierter Sozialisation, in: Hurrelmann, K. (Hrsg.), Soziologie der Erziehung, Weinheim 1974

ILLICH, I.: Schulen helfen nicht. Über das mythenbildende Ritual der Industriegesellschaft, Hamburg-Reinbek 1972

ILLICH, I.: Die Entschulung der Gesellschaft, Hamburg 1973

Infratest: Hochschulbarometer. Befragung von Studierenden im WS 73/74. Zusammenfassung wichtiger Ergebnisse, München o.J.

JAHNKE, J.: Empirische Untersuchung über das Arbeitsverhalten im akademischen Studium, 1968 durchgef., Meisenheim 1971

JENNE, M./KRÜGER, M./MÜLLER-PLANTENBERG, U. (Hrsg.): Student im Studium, Stuttgart 1969

KALISCHER, W.: Die Universität und ihre Studentenschaft (Dokumentation an Gesetzen, Erlassen, Beschlüssen, Reden, Schriften und Briefen), Essen o.J. (1967)

KATH, G./OEHLER, Chr./REICHWEIN, R.: Studienweg und Studienerfolg. Verlauf und Dauer des Studiums SS 1957, Berlin, Bonn u.a. 1966

KEIL, W./PIONTKOWSKI, O.: Strukturen und Prozesse im Hochschulunterricht, Weinheim 1973

KEMPOWSKY, W.: Immer so durchgemogelt. Erinnerungen an unsere Schulzeit, München 1974

KEUPP, H.: Psychische Störungen als abweichendes Verhalten, München 1972

KLEEMANN, S.: Sozialisationsprozesse und Einstellungsveränderungen in der Hochschule am Beispiel USA, Berlin, Inst. f. Bildunngsforschung in der Max Planck Gesellschaft 1969, Studien und Berichte, bibliograph. Materialien 9 B

KOCH, J.-J.: Lehrer - Studium und Beruf, Ulm 1972

KÖHLER, G.: Beratung zwischen Anpassung, Aufklärung und Veränderung, in: Studentische Politik 6/7, 1973

KRAPPMANN, L.: Soziologische Dimensionen der Identität, Stuttgart 1973[3]

KROHNE, W. (Hrsg.): Angst bei Schülern und Studenten. Entstehungsbedingungen ..., Hamburg 1977

KUDA, M. (Hrsg.): Bericht der psychotherapeutischen Beratungsstelle Göttingen, interner Bericht, Göttingen 1974

KÜHN, H.: Ergebnisse einer Untersuchung über Studienschwierigkeiten während des ersten Semesters, in: Wiss. Z. der TU Dresden, 18, 9 - 17, 1969 c

LABONTE, Ch.: Industriearbeiter und Weiterbildung, Stuttgart 1973

LAING, R.D.: Phänomenologie der Erfahrung, Frankfurt 1969

LAMNEK, S./KRUTWA, A.: Grundriß der elektronischen Datenverarbeitung, München 1975

LIEBEL, M./WELLENDORF, F.: Schülerselbstbefreiung. Voraussetzungen und Chancen der Schülerrebellion, Frankfurt 1971[4]

LIENERT, G.A.: Testaufbau und Testanalyse, Weinheim 1967, 2. Aufl.

LÜSCHER, K.: Berufliche Sozialisation, in: Luckmann/Sprondet (Hrsg.), Berufssoziologie, Köln 1972

MAHLER, E.: Psychische Konflikte und Hochschulstruktur, in: Psyche 23, S. 772, 1969

MAHLER, E.: Psychische Konflikte und Hochschulstruktur, Frankfurt 1971

MALETZKE, G.: Massenkommunikation. Artikel im Handbuch für Psychologie, 7. Bd., Sozialpsych., 2. Halbbd., hrsg. von F. Graumann, Göttingen 1972

MANGOLD, W.: Artikel: Gruppendiskussionen, in: Handbuch d. empir. Sozialforschung, hrsg. von König, R./Maus, H., 2. Aufl., Stuttgart 1967

MANGOLD, W.: Gegenstand und Methode des Gruppendiskussionsverfahrens, Frankfurt 196o

MEAD, G.H.: Mind, Self and Society, 13. Aufl., Chicago 1965

MEAD, M.: Mann und Weib. Das Verhältnis der Geschlechter in einer sich wandelnden Welt, Konstanz 1955

MEISSNER, W.: Folgeprobleme des beruflichen und sozialen Aufstiegs bei Studierenden Aus Arbeiterfamilien, unveröffentl. Examensarbeit bei Prof. H.P. Bahrdt, Göttingen 1977

MENSCHIK, J.: Gleichberechtigung oder Emanzipation?, Frankfurt 1971

MIELITZ, M.: Die Situation der Studienanfänger in der philosoph. Fak., dargestellt am Beispiel der Phil. Fak. in Freiburg, Neue Slg., Sonderheft 4, Göttingen 1967

MITSCHERLICH, A.: Krankheit als Konflikt. Studien zur psychosomatischen Medizin 1, Frankfurt 1969

MOELLER, M.L.: Psychotherapeutische Behandlung von Studenten im Urteil der Therapeuten, in: Psyche 23, 1969, S. 724 - 747

MOELLER-GAMBAROFF, M.: Emanzipation macht Angst, in: Kursbuch Nr. 47, Hamburg 1977

MÖLLER, M.L./SCHEER, J.W.: Psychotherapeutische Beratungsstelle (Gießen), Stuttgart 197o

MÖLLER, M.L./SCHEER, J.W.: Arbeitsprobleme bei Studenten in der Beratung, in: Studentische Politik 3/4, 1971

MÖLLER, M.L./SCHEER, J.W.: Student und psychische Störungen. Eine Bestandsaufnahme der Psychother. Beratung f. Studierende an der Universität Gießen, Gießen 197o

MÖLLER, M.L. u.a.: Studenten, Urteile über sich selbst, über ihre Arbeit und über die Universität, Frankfurt 1972

MORGENSTERN, W.R.: Pathographie eines Weges ins Ungewisse - von der Schulbank in den Hörsaal, in: Student. Politik, H. 6/7, 1973, S. 35 ff.

MÜLLER-FOHRBRODT, G.: Wie sind Lehrer wirklich, Stuttgart 1973

MÜLLER-WOLF, H.M./FITTKAU, B.: Lehrverhalten von Hochschullehrern und seine Bedeutung für Einstellungen und Verhalten von Studenten, in: Z. f. Entwicklungspsych. u. Päd. Psych. 1971, III, S. 165 - 18o

MÜLLER, W.: Angst in Lernprozessen. Unveröffentl. Magisterarbeit, Konstanz 1971

MYRDAL, A./KLEIN, U.: Die Doppelrolle der Frau in Familie und Beruf, Köln 1965

NAVE-HERZ, R.: Das Dilemma der Frau in unserer Gesellschaft, Neuwied 1972

NEUBERGER, O.: Messung der Arbeitszufriedenheit, Stuttgart 1974, Urban 5o8

NEUBERGER, O.: Theorien der Arbeitszufriedenheit, Stuttgart 1974, Urban 5o7

NEWCOMB, T.M./FELDMAN, K.A.: The impact of college on students, 2 Bde., San Francisco 1969

NIE, N.H./HULL, C.H. u.a.: Statistical Package for the Social Sciences, New York u.a. 1975[2]

NITSCH, W.: Die soziale Dynamik akademischer Institutionen. Trendreport zur sozialwissenschaftlichen Hochschulforschung, Weinheim, Basel u.a. 1973

NITSCH/GERHARDT/OFFE/PREISS: Hochschule in der Demokratie, 1965

OETZEL, U.: Psychische Störungen bei Studenten - Ursache und Therapie, in: Facit 36, Oktober 1974, S. 7o ff.

PETERMANN, A./DARMSTADT, Chr.: Frauen in Kneipen, in: Kursbuch 47, Berlin 1977, S. 57 f.

PIEHL, J.: Angst und Konflikt. Experimentelle Untersuchungen an Examenskandidaten, Diss. Göttingen, Math.-Nat. Wiss. Fak. 15.2.1972

PLOTHO, I. v.: Psychische Störungen bei Studenten (unter besonderer Berücksichtigung neurotischer Arbeitsstörungen), Bonn 197o

POLLOCK, F.: Gruppenexperiment, Frankfurt 1955

PONGRATZ, L.J.: Lehrbuch der klinischen Psychologie, Göttingen 1973

PORTMANN, A.: Biologische Fragmente zu einer Lehre vom Menschen, Basel 1951[2]

PREUSS-LAUSITZ, U./SOMMERKORN, I.N.: Zur Situation von Studienanfängern, in: Neue Slg., Bd. 8, H. 5, 1968, S. 434 ff.

PRIOR, H.: Formen des Hochschulunterrichts, in: Blickpunkt Hochschuldidaktik, Nr. 2, Hamburg 1969

PRIOR, H.: Gruppendynamik in der Seminararbeit, in der Reihe: Blickpunkt Hochschuldidaktik, Nr. 11, Hamburg 197o

PRIOR, H.: Kritische Bibliographie zur Hochschuldidaktik, in: Blickpunkt Hochschuldidaktik, Nr. 17, Hamburg 1971

PROSS, H.: Über die Bildungschancen von Mädchen in der BRD, Frankfurt 1969

PROSS, H.: Serie: Der deutsche Mann, in: Brigitte, H. 5, 1977 und die folgenden Hefte

QUORIN, M.: Sie suchen Schutz im Schoß der Universität, in: Die Zeit, 29./3o.11.75

REICHENBECHER, H.: Konflikte der Studentenzeit, Diss., Heidelberg 1962

REIMER, E.: Schafft die Schulen ab, Hamburg 1972

REISS, V./SCHULMEISTER, R.: Sozialisation in der Hochschule, Hodida - Stichworte Nr. 4, IZHD 1973

REISS, V.: Fachspezifische Sozialisation in der Ausbildung der Gymnasiallehrer in naturwiss. Unterrichtsfächern, in: Neue Sammlung 4/1975

RICHTER, H.E.: Lernziel Solidarität, Hamburg 1974

RICHTER, I.: Die psychisch gestörte Studentin, Untersuchungen zum Bild der Studentin aus psychoanalytischer Sicht, Diss. FU Berlin 1972

RIEMENSCHNEIDER, K.: Blockstudium in Hohenheim, AHD, Hamburg 1975

RIES, H.: Arbeitsberichte (Studienverlauf an Schweizer Hochschulen), Bibliographische Materialien zum Bereich: Student im Studium - und angrenzende Randprobleme, Hochschule Aargau 1974

ROBINSOHN, S.B.: Bildungsreform als Revision des Curriculum, Neuwied/Berlin 1967

ROGERS, C.R.: Lernen in Freiheit, München 1974

ROLFF, H.G.: Sozialisation udn Auslese durch die Schule, Heidelberg 197o

ROSKAMP, H.: Über Identitätskonflikte bei im 2. Weltkrieg geborenen Studenten, in: Psyche 23, 1969, S. 754

RUMPF, H.: Konkurrenzlernen, Gedanken zum Leistungsprinzip, in: betrifft: erziehung, 3, 1975, S. 27 ff.

RUSAM, A.: Erfolg und Versagen im Hochschulexamen, Diss. Nürnberg 1972

SANDER, K./LÜCK, H.R.: Psychische Konflikte bei Studenten, Köln 1974

SANDER, K./LÜCK, H.R.: Entwicklung einer Skala zur Messung von studentischen Problemen (SSP), in: Zts. f. exp. u. angew. Psych., 1974, S. 25o - 262

SATERDAG, H./APENBURG, E.: Orientierungsprobleme und Erfolgsbeeinträchtigung bei Studierenden, 14. Saarbrückener Studien zu Hochschulentschl., Saarbrücken 1972

Seminar für betriebswirtschaftliche Marktlehre, Kurzinformation über die Studie: Kaufkraft und Freizeitverhalten der Göttinger Studenten 1975, Göttingen 1975

SIEDENTOPF, D.: Art und Häufigkeit psychischer und psychosomatischer Störungen bei Studierenden - Untersuchung bei Göttinger Studenten, Untersuchung: 1965 (halbes Jahr), Diss. Göttingen 1968

SIMONS, H.: Forschung im Bereich des College und der Universität, in: Ingenkamp/Parey (Hrsg.), Handbuch der Unterrichtsforschung, Teil II, Unterrichtsforschung in Schule und Hochschule, Weinheim 1971, S. 3341 - 3483

SIMONS, H.: Sozialisation durch die Hochschule, in: Blickpunkt Hochschuldidaktik Nr. 19, Hamburg 1971

SOSMAN, M.: On the meaning of Alienation, in: American Sociol. Review, 24/1959

SPERLING, E./JAHNKE, J. (Hrsg.): Zwischen Apathie und Protest, 2 Bde., Bern u.a. 1974

SPERLING, E.: Was stört Studenten am Unterricht?, in: Neue Sammlung 1/1969, S. 34 ff.

SPERLING, E.: Folgen emotionaler Instabilität bei Studenten und vorbeugendes Eingreifen, in: Aurin, K. (Hrsg.), Bildungsberatung, Perspektiven ihrer Entwicklung in der BRD, Frankfurt 1973

SPERLING, E.: Lernen und Lernstörungen bei Studenten, in: Therapie von Lernstörungen 21, Lindauer Psychotherapiewoche 22 - 23, München 1971 a

Spiegel-Artikel vom 8. Juli 1974, Nr. 28, S. 95: Studenten: Jeder dritte resigniert, Ergebnisse der Infratest-Umfrage im WS 73/74, 4ooo Interviews mit 1o2 Fragen, im Auftrag des Bundesministeriums für Bildung und Wissenschaft

Spiegel-Artikel vom 22.4.1974, Nr. 17, S. 8o ff.: Stalin - geliebter Vater, erotischer Freund, Bericht über die Untersuchung von Grossarth-Maticek, R. (Buchtitel: Revolution der Gestörten?), Heidelberg 1974

SCHALLBERGER, U.: Studienverlauf und Studienerfolg (Zürich), Weinheim, Basel u.a. 1974

SCHÄFER, E.S.: A Circumplex model for maternal behavior, in: Journ. of abnormal soc. Psychol., 1959, 69, S. 228

SCHELSKY, H.: Einsamkeit und Freiheit, Hamburg 1963

SCHELSKY, H.: Das Auseinanderfallen von Öffentlichkeit und Intimsphäre, in: Dreitzel, H.P. (Hrsg.), Sozialer Wandel, S. 4o2 ff., Neuwied 1967

SCHLAFFKE, W.: Streitsache: Studienabbrecher. Dauergeschädigte einer verfehlten Hochschulpolitik?, hrsg. vom Institut der deutschen Wirtschaft, Köln 1976

SCHMIED, D.: Möglichkeiten und Probleme der Studienerfolgsprognose, Berlin, TU, FB Gesells.- u. Planungswiss., Diss. 1.11.1971

SCHMITZ, R.: Übersicht über ausgewählte Meßinstrumente zur Hochschulsozialisationsforschung, Deutsches Institut für wiss. Pädagog., München 1975

SCHULENBERG, W.: Ansatz und Wirksamkeit der Erwachsenenbildung, 1. Bd. der Gött. Abh. zur Soz., hrsg. von H. Plessner, Hildesheim-Studie, Göttingen 1957

SCHUMANN, K.F./CLAUS, H.J.: Prognose des Studienerfolges: Bemerkungen zum Stand der Forschung, in: Blickpunkt Hochschuldidaktik, H. 1o, Hamburg 197o

SCHRAMM, W.: Studentisches Wohnen in der Hochschulstadt, TU Hannover 1969

SCHWÄBISCH, L./SIEMS, M.: Anleitung zum sozialen Lernen für Paare, Gruppen und Erzieher, Hab. 1974

SCHWEIM, L. (Hrsg.): Der andere Studienführer, Weinheim 1973

STANKE, V.: Student und Studium in der DDR. Wie lösen Sozialisten Hochschulprobleme, Berlin 1969

STAPF, H. u.a.: Psychologie der elterlichen Erziehungsstile, Bern 1972

Statistisches Jahrbuch für Niedersachsen, Hannover 1973

STRZELEWICZ, W./RAAPKE, H.-D./SCHULENBURG, W.: Bildung und gesellschaftliches Bewußtsein, Bd. 1o der Göttinger Abhandlungen zur Soz., Stuttgart 1966

Studentensekretariat der Universität Göttingen, Studentenstatistik SS 1975, Maschinendruck, Göttingen 1975

STUMME, W.: Psychische Erkrankungen im Urteil der Bevölkerung, München, Berlin, Wien 1975

TITZE, H.: Politisierung der Erziehung, Frankfurt 1953

TRIANDIS, H.C.: Einstellungen und Einstellungsänderungen, Weinheim 1975

TROST, G.: Die Vorhersage des Studienerfolges, Diss. Mannheim 1973

UTTEYMANS, G.: Die Psychologie der Frauen, Heidelberg 197o

VETTER, H.: Zur Lage der Frau an den westdeutschen Hochschulen, in: KZfSS, 13. Jg., H. 4, 1961, S. 644 ff.

VOGEL, U.: Wissenschaftliche Hilfskräfte, Stuttgart 197o

VOPEL, K.: Gruppendynamische Experimente im Hochschulbereich, in: Blickpunkt Hochschuldidaktik, Nr. 24, Hamburg 1972

WAGNER, W.: Der Bluff - die Institution Universität in ihrer Wirkung auf die Arbeitsweise und das Bewußtsein ihrer Mitglieder, in: Probleme des Klassenkampfes, Nr. 7, Mai 1973, S. 43 ff.

WAGNER, W.: Uni-Angst und Uni-Bluff, Wie studieren und sich nicht verlieren, Berlin 1977

WALTER, H. (Hrsg.): Sozialisationstheorie, 2 Bde., Stuttgart 1973

WATZLAWICK, P. u.a.: Menschliche Kommunikation. Formen, Störungen, Paradoxien, Bern, Stuttgart 1974

WATZLAWICK, P. u.a.: Wie wirklich ist die Wirklichkeit, Frankfurt 1975

WEBEL, R.: Beziehungen zwischen Elternbild und Persönlichkeitsmerkmalen von Studenten, unveröff. Dipl.-Arbeit, Hamburg 1975

WEBER, M.: Die protestantische Ethik und der Geist des Kapitalismus, München 1965

WEINERT, F.E.: Schule und Beruf als institutionelle Sozialisationsbedingungen, in: Handbuch d. Psych., Bd. 7, 2. Halbbd., hrsg. v. Graumann, C.F., Göttingen 1972

WELZEL-MOLLWITZ, A.: Über Aspekte von Rollenkonflikten bei weiblichen Studierenden, eine empir. Untersuchung unter Verwendung des Gießen-Tests, unveröff. Dipl.-Arbeit, Göttingen 1976

WERNER, E./ZIERIS, E./LIPP, W.: Student und Studium in Bochum, Stuttgart 197o

WILCKE, B.A.: Studienmotivation und Studienverhalten, Reihe: Motivationsforschung, Bd. 5, Göttingen 1976

WILCKE, B.A.: Studienbedingungen und Studiengewohnheiten an der Ruhruniversität Bochum, Masch.schr., Bochum 1971

WINTELER, A.: Determinanten der Wirksamkeit akademischer Lehrveranstaltungen, TU Berlin, FB Gesells. u. Planungswiss., Diss. 24.7.1973

WÖLLER, F.: Probleme der Feminisierung des Volksschullehrerberufs, unveröff. Magisterarbeit, Göttingen 197o

ZIMMERMANN, P.: Eine Untersuchung über Meinungen und Haltungen der Studierenden der Justus Liebig Universität Gießen zu einigen Fragen der Universität, des Studiums und deren Reform, Freiburg i.Br., Phil. Fak., Diss. 1o.7.7o

ZIOLKO, H.-U. (Hrsg.): Psychische Störungen bei Studenten, Symposium 1969, Stuttgart 1969

ZIOLKO, H.-U.: Psychische Störungen bei Studierenden, in: Umschau 1965 a, 5o, S. 16 - 18

ZIOLKO, H.-U.: Psychische Erkrankungen bei Studierenden, in: Umschau 1965, 48, S. 25 - 27

ZIOLKO, H.-U.: Neurotische Lern- und Arbeitsstörungen bei Studenten, Z. Psychother. Psychol. 1967, 17, S. 178 - 186

SSP

Der folgende Fragebogen zu psychischen und körperlichen Beschwerden dient der Untersuchung von speziellen Schwierigkeiten, die Studenten , bzw. Schüler haben.
Kreuzen Sie bitte im folgenden (eine der vier Zahlen) an, in welchem Ausmaß Sie in der letzten Zeit diese Schwierigkeiten, Gedanken, Probleme, Gefühle usw. hatten.

	1 überhaupt nicht	2 etwas	3 ziemlich	4 sehr
1. Kopfschmerzen	1	2	3	4
2. Nervosität und innere Spannung.	1	2	3	4
3. Unfähigkeit, von schlechten Gedanken u. Ideen loszukommen	1	2	3	4
4. Schwindelgefühle und Schwäche.	1	2	3	4
5. Verlust sexuellen Interesses u. Vermögens	1	2	3	4
6. Überkritische Einstellung anderen gegenüber	1	2	3	4
7. Unangenehme Träume	1	2	3	4
8. Sprachschwierigkeiten bei Aufregung	1	2	3	4
9. Schwierigkeiten, sich an Dinge erinnern zu können	1	2	3	4
10. Angst vor Prüfungen	1	2	3	4
11. Leicht ärgerlich und verletzt sein	1	2	3	4
12. Schwierigkeiten, sich an das Universitätsleben, bzw. an den Schulbetrieb anzupassen	1	2	3	4
13. Langsam und ohne Energie zu sein	1	2	3	4
14. Gedanken an Selbstmord	1	2	3	4
15. Hemmungen, seine Gedanken u. sein Wissen vor anderen zu zeigen	1	2	3	4
16. Religiöse und weltanschauliche Konflikte	1	2	3	4
17. Gefühl der Verwirrtheit	1	2	3	4
18. Appetitlosigkeit	1	2	3	4
19. Neigung zu Tränenausbrüchen	1	2	3	4

	überhaupt nicht	etwas	ziemlich	sehr
20. Schwierigkeiten oder Unsicherheit im Umgang mit dem anderen Geschlecht	1	2	3	4
21. Gefühl, ertappt oder durchschaut zu werden	1	2	3	4
22. Plötzliche Verärgerung ohne angemessenen Grund	1	2	3	4
23. Probleme, in Seminaren und Vorlesungen,bzw. im Unterricht folgen zu können	1	2	3	4
24. Probleme in der Familie	1	2	3	4
25. Unsicherheit, wo Schwerpunkt der Begabung liegt	1	2	3	4
26. Unfähigkeit, sich zu bestimmten Entscheidungen durchzuringen	1	2	3	4
27. Schwierigkeiten, Kontakt zu finden	1	2	3	4
28. Gefühl der Schwermütigkeit	1	2	3	4
29. Über ärgerliche Dinge lange nicht hinwegkommen	1	2	3	4
3o. Den meisten Dingen gleichgültig gegenüberstehen	1	2	3	4
31. Sich fragen, ob die Fähigkeiten für das gewählte Studium, bzw. den gewählten Schulweg ausreicht	1	2	3	4
32. In den Gefühlen leicht verletzt sein	1	2	3	4
33. Hilflos u. unselbständig sein	1	2	3	4
34. Gefühl, daß andere einen nicht verstehen u. unsympathisch finden	1	2	3	4
35. Gefühl, Dinge sehr langsam verrichten zu müssen, um wirklich sicher zu sein	1	2	3	4
36. Sich anderen gegenüber minderwertig fühlen				
37. Ein- oder Durchschlafschwierigkeiten	1	2	3	4
38. Schwierigkeiten, Entscheidungen zu treffen	1	2	3	4
39. Wunsch, alleine zu sein	1	2	3	4
4o. Vermeidung bestimmter Plätze, Dinge oder Tätigkeiten, weil diese ängstigen	1	2	3	4
41. Der Gedanke, unausgefüllt zu sein	1	2	3	4
42. Hoffnungslos in die Zukunft blicken	1	2	3	4
43. Sich um die Gesundheit Sorgen machen	1	2	3	4
44. Sich abgespannt und gerädert fühlen	1	2	3	4

Elternfragebogen (f r ü h e r)

Versuchen Sie sich im Folgenden bitte zurückzuerinnern an Ihre Jugend (evtl. auch Kindheit): Wie haben sich Ihre Eltern insgesammt gesehen Ihnen gegenüber damals verhalten? Differenzieren Sie bitte, wenn möglich und nötig nach Vater und Mutter.
Kreuzen Sie bitte im Folgenden, getrennt nach Vater und Mutter (falls vorhanden) entsprechend dem Grad Ihrer Zustimmung, bzw. Nichzustimmung zu den folgenden Feststellungen eine der Zahlen 1 - 5 an, wobei die Zahlen in etwa dies bedeuten sollen:

1	2	3	4	5
stimmt gar nicht	stimmt kaum	teils/ teils	stimmt überwiegend	stimmt genau

	stimmt gar nicht				stimmt genau	
1. Meine Eltern waren überfürsorglich; sie behüteten mich zu sehr.	1	2	3	4	5	Vater
	1	2	3	4	5	Mutter
2. Ich hatte oft Zweifel, ob mich meine Eltern wirklich gern hatten.	1	2	3	4	5	V.
	1	2	3	4	5	M.
3. Ich war stolz auf meine Eltern; ich schätzte sie hoch ein.	1	2	3	4	5	V.
	1	2	3	4	5	M.
4. Meine Eltern versuchten, immer zu bestimmen, mit wem ich Kontakt haben durfte und mit wem nicht.	1	2	3	4	5	V.
	1	2	3	4	5	M.
5. Ich fühlte mich meinen Eltern gegenüber ganz frei und sicher.	1	2	3	4	5	V.
	1	2	3	4	5	M.
6. Wenn ich Schwierigkeiten hatte, konnten sich meine Eltern meist gut in meine Lage, meine Gefühle hineinversetzen.	1	2	3	4	5	V.
	1	2	3	4	5	M.
7. Meine Eltern erwarteten immer gute Leistungen von mir und waren enttäuscht, wenn ich sie nicht immer brachte.	1	2	3	4	5	V.
	1	2	3	4	5	M.
8. Meine Eltern versuchten, mich auf ihre Welt- und Lebensanschauung festzulegen.	1	2	3	4	5	V.
	1	2	3	4	5	M.
9. Immer, wenn sich meine Eltern über mich ärgerten, ließen sie mich das lange spüren.	1	2	3	4	5	V.
	1	2	3	4	5	M.
10. Meine Eltern fanden häufig Zeit, mit mir zu spielen, sich mit mir zu unterhalten oder etwas mit mir zu unternehmen.	1	2	3	4	5	V.
	1	2	3	4	5	M.
11. Ich konnte mich bei meinen Eltern nur sehr selten mit meinem Willen durchsetzen.	1	2	3	4	5	V.
	1	2	3	4	5	M.
12. Meine Eltern machten es von meinem Wohlverhalten (z.B. Mithilfe, Gehorsam usw.) abhängig, ob sie nett und freundlich zu mir waren oder nicht.	1	2	3	4	5	V.
	1	2	3	4	5	M.
13. Ich fühlte mich bei meinen Eltern meist zufrieden und geborgen.	1	2	3	4	5	V.
	1	2	3	4	5	M.
14. Meine Eltern wollten immer genau wissen, was ich tue.	1	2	3	4	5	V.
	1	2	3	4	5	M.
15. Ich hatte oft Angst vor meinen Eltern.	1	2	3	4	5	V.
	1	2	3	4	5	M.
16. Meine Eltern hatten meist viel Geduld mit mir, wenn ich etwas nicht gleich begriff oder nicht gleich konnte.	1	2	3	4	5	V.
	1	2	3	4	5	M.

Elternfragebogen (h e u t e)

Bitte denken Sie bei der Ausfüllung dieses Fragebogens nur an Ihr heutiges Verhältnis zu Ihren Eltern! Bitte für Vater und Mutter beantworten, falls vorhanden! Kreuzen Sie bitte hinter jedem Satz entsprechend dem Grad Ihrer Zustimmung, bzw. Nichtzustimmung eine der Zahlen 1 - 5 an, wobei diese etwa folgende Bedeutung hahaben sollen:

1	2	3	4	5
stimmt gar nicht	stimmt kaum	teils/ teils	stimmt überwiegend	stimmt genau

		stimmt gar nicht					stimmt genau
1.	Ich habe ein herzliches Verhältnis	1	2	3	4	5	Vater
	zu meinen Eltern.	1	2	3	4	5	Mutter
2.	Wichtige Entscheidungen (z.B. Studienabbruch, Heirat) würde ich nicht gegen	1	2	3	4	5	V.
	den Willen meiner Eltern treffe.	1	2	3	4	5	M.
3.	Durch meine Studiensituation bin ich stärker von meinen Eltern abhängig	1	2	3	4	5	V.
	als gleichaltrige Nichstudierende.	1	2	3	4	5	M.
4.	Seit ich studiere, habe ich mehr	1	2	3	4	5	V.
	Konflikte mit meinen Eltern.	1	2	3	4	5	M.
5.	Ich habe bei meinen Eltern ein Zuhause, wo ich immer hin kann, wenn ich Schwie-	1	2	3	4	5	V.
	rigkeiten habe.	1	2	3	4	5	M.
6.	So oft es mir möglich ist, fahre ich nach Hause zu meinen Eltern, bzw. bin	1	2	3	4	5	V.
	ich Zuhause bei meinen Eltern.	1	2	3	4	5	M.
7.	Meine Eltern werden mir immer mehr	1	2	3	4	5	V.
	fremd.	1	2	3	4	5	M.
8.	Ich fühle mich meinen Eltern gegenüber	1	2	3	4	5	V.
	heute freier als früher.	1	2	3	4	5	M.
9.	Ich erzähle meinen Eltern wenig vom Studium, weil sie davon nichts oder	1	2	3	4	5	V.
	kaum etwas verstehen.	1	2	3	4	5	M.
10.	Ich habe das Gefühl, daß meine Eltern mich gern immer noch als kleines Kind	1	2	3	4	5	V.
	behandeln möchten.	1	2	3	4	5	M.
11.	Ich schreibe meinen Eltern häufig	1	2	3	4	5	V.
	Briefe.	1	2	3	4	5	M.
12.	Das (manch-mal gespannte) Verhältnis zu	1	2	3	4	5	V.
	meinen Eltern belastet mich im Studium.	1	2	3	4	5	M.
13.	Meine Eltern sind für mich heute so	1	2	3	4	5	V.
	etwas wie gute Freunde.	1	2	3	4	5	M.
14.	Meine Eltern versuchen mich auch jetzt noch, wo ich studiere, auf ihre Lebens-	1	2	3	4	5	V.
	anschauung festzulegen.	1	2	3	4	5	M.
15.	Meine Eltern ermahnen mich öfters, doch	1	2	3	4	5	V.
	zielstrebiger zu studieren.	1	2	3	4	5	M.
16.	Es bedrückt mich häufig, daß ich nicht so bin, wie meine Eltern mich gern	1	2	3	4	5	V.
	haben woll(t)en.	1	2	3	4	5	M.

Anleitung

Sie werden auf den folgenden Seiten eine Reihe von Aussagen über bestimmte Verhaltensweisen, Einstellungen und Interessen finden. Sie können jede entweder mit „stimmt" oder mit „stimmt nicht" beantworten. Setzen Sie bitte ein Kreuz (×) in den dafür vorgesehenen Kreis. Es gibt keine richtigen oder falschen Antworten, weil jeder Mensch das Recht zu eigenen Anschauungen hat. Antworten Sie bitte so, wie es für Sie zutrifft.

Beachten Sie bitte folgende Punkte:

1. Überlegen Sie bitte nicht erst, welche Antwort vielleicht den „besten Eindruck" machen könnte, sondern antworten Sie so, wie es für Sie persönlich gilt. Manche Fragen kommen Ihnen vielleicht sehr persönlich vor. Bedenken Sie aber, daß Ihre Antworten unbedingt vertraulich behandelt werden.

2. Denken Sie bitte nicht lange über einen Satz nach, sondern geben Sie die Antwort, die Ihnen unmittelbar in den Sinn kommt. Natürlich können mit diesen kurzen Fragen nicht alle Besonderheiten berücksichtigt werden. Vielleicht passen deshalb einige nicht gut auf Sie. *Kreuzen Sie aber trotzdem immer eine Antwort an*, und zwar die, welche noch am ehesten für Sie zutrifft.

	stimmt	stimmt nicht
1. Ich habe die Anleitung gelesen und bin bereit, jeden Satz offen zu beantworten ..	◯	◯
2. Ich gehe abends gerne aus	◯	◯
3. Ich bin immer guter Laune	◯	◯
4. Es fällt mir schwer, den richtigen Gesprächsstoff zu finden, wenn ich jemanden kennenlernen will	◯	◯
5. Mein Herz beginnt manchmal zu jagen oder zu stolpern und unregelmäßig zu schlagen	◯	◯
6. Ich spüre mein Herz gelegentlich bis zum Halse hinauf schlagen	◯	◯
7. Ich verliere schnell meine Beherrschung, aber ich fasse mich auch schnell wieder	◯	◯
8. Ich erröte oder erblasse leicht	◯	◯
9. Es macht mir offen gestanden manchmal Spaß, andere zu quälen	◯	◯
10. Wenn mich Leute auf der Straße oder in einem Geschäft beobachten, ist mir das etwas unangenehm	◯	◯
11. Wenn mir jemand Unrecht getan hat, wünsche ich ihm eine gesalzene Strafe	◯	◯
12. Ich habe manchmal nur zum Spaß etwas Gefährliches getan	◯	◯
13. Ich bin unternehmungslustiger als die meisten meiner Bekannten	◯	◯
14. Wenn ich Zuflucht zu körperlicher Gewalt nehmen muß, um meine Rechte zu verteidigen, so tue ich es	◯	◯
15. Ich kann in eine ziemlich langweilige Gesellschaft schnell Leben bringen	◯	◯
16. Ich werde ziemlich leicht verlegen	◯	◯
17. Im Umgang mit anderen Menschen bin ich ungeschickt	◯	◯

	stimmt	stimmt nicht
18. Ich fühle mich manchmal ohne Grund ziemlich elend	O	O
19. Ich habe manchmal das Gefühl, nicht genügend Luft zu bekommen, ein Gefühl erstickender Enge in der Brust	O	O
20. Ich male mir manchmal aus, wie übel es denen eigentlich ergehen müßte, die mir Unrecht tun	O	O
21. Ich habe manchmal ein Gefühl der Teilnahmslosigkeit und inneren Leere	O	O
22. Ich scheue mich, allein in einen Raum zu gehen, in dem andere Leute bereits zusammensitzen und sich unterhalten	O	O
23. Ich habe gern mit Aufgaben zu tun, die schnelles Handeln verlangen	O	O
24. Ich sage nicht immer die Wahrheit	O	O
25. Ich habe einen empfindlichen Magen (Magendrücken, Völlegefühl, Magenschmerzen)	O	O
26. Ich bin im Grunde eher ein ängstlicher Mensch	O	O
27. Wenn mir einmal etwas schiefgeht, regt mich das nicht weiter auf	O	O
28. Ich tue vieles, was ich hinterher bereue	O	O
29. Einem Menschen, der mich bösartig verlassen hat, wünsche ich eine gesalzene Strafe	O	O
30. Ich habe häufiger Blähungen	O	O
31. Wenn jemand meinem Freund etwas Böses tut, bin ich dabei, wenn es heimgezahlt wird	O	O
32. Oft habe ich alles gründlich satt	O	O
33. Es macht mir Spaß, anderen Fehler nachzuweisen	O	O
34. Sind wir zu mehreren, so überkommt mich oft eine unwiderstehliche Lust zu groben Streichen	O	O
35. Ab und zu erzähle ich auch mal eine Lüge	O	O
36. Hin und wieder gebe ich ein bißchen an	O	O
37. Ich bin ziemlich lebhaft	O	O
38. Manchmal habe ich Gedanken, derer ich mich schämen muß	O	O
39. Ich gehöre zu den Menschen, die die Dinge im allgemeinen leicht nehmen	O	O
40. In Gesellschaft ist mein Benehmen meistens besser als zu Hause	O	O
41. Wer mich ernsthaft beleidigt, handelt sich eine Ohrfeige ein	O	O
42. Wenn ich wütend bin, sage ich Ungehöriges	O	O
43. In Gegenwart von bedeutenden Menschen oder Vorgesetzten werde ich leicht verlegen	O	O
44. Ich kann oft meinen Ärger und meine Wut nicht beherrschen	O	O
45. Ich träume tagsüber oft von Dingen, die doch nicht verwirklicht werden können	O	O
46. Manchmal schiebe ich etwas auf, was ich sofort tun sollte	O	O
47. Ich zucke leicht zusammen, wenn sich etwas schnell bewegt oder wenn ich ganz unvermutet von jemanden angesprochen werde	O	O
48. Ich beginne bei Schreck oder Aufregung zu zittern oder bekomme leicht „weiche Knie"	O	O

		stimmt	stimmt nicht
49.	Es gibt Zeiten, in denen ich ganz traurig und niedergedrückt bin	○	○
50.	Ich bekomme vor bestimmten Ereignissen leicht Lampenfieber und körperliche Unruhe	○	○
51.	Ich gehöre leider zu denen, die oft in Wut geraten	○	○
52.	Meine Laune wechselt ziemlich oft	○	○
53.	Ich werde oft durch unnütze Gedanken belästigt, die mir immer wieder durch den Kopf gehen	○	○
54.	Ich habe Schwierigkeiten einzuschlafen oder durchzuschlafen	○	○
55.	Häufig sage ich ohne zu überlegen etwas, was ich später bereue	○	○
56.	Ich grüble viel über mein bisheriges Leben nach	○	○
57.	Ich spiele anderen Leuten gern einen harmlosen Streich	○	○
58.	Meistens blicke ich voller Zuversicht in die Zukunft	○	○
59.	Selbst wenn sich alles gegen mich verschworen hat, lasse ich den Mut nicht sinken	○	○
60.	Ich mache mich gern über andere Leute lustig	○	○
61.	Ich habe fast immer eine schlagfertige Antwort bereit	○	○
62.	Auch wenn mich etwas sehr aus der Fassung bringt, beruhige ich mich meistens wieder rasch	○	○
63.	Ich übernehme bei gemeinsamen Unternehmungen gerne die Führung	○	○
64.	Oft rege ich mich zu rasch über jemanden auf	○	○
65.	Ich fühle mich dem Leben und seinen Schwierigkeiten eigentlich gut gewachsen	○	○
66.	Es fällt mir schwer, andere Leute für mich zu gewinnen	○	○
67.	Ich würde mich selbst als eher gesprächig bezeichnen	○	○
68.	Manchmal macht es mir Freude, Menschen zu verletzen, die ich liebe	○	○
69.	Lieber jemandem die Nase einschlagen als feige sein	○	○
70.	Ich neige dazu, nicht mit Leuten zu sprechen, bis diese mich ansprechen	○	○
71.	Ich bin oft gedankenverloren	○	○
72.	Oft ärgere ich mich zu schnell über andere	○	○
73.	Meine Tischmanieren sind zu Hause weniger gepflegt als in Gesellschaft	○	○
74.	Ich bin häufiger abgespannt, matt und erschöpft	○	○
75.	Manchmal denke ich, daß ich überhaupt zu nichts tauge	○	○
76.	Über Enttäuschungen komme ich ziemlich leicht hinweg	○	○

Bitte überprüfen Sie noch einmal, ob Sie wirklich **a l l e** Sätze beantwortet haben!

Fragebogen zur Studiensituation

Im Folgenden finden Sie eine Reihe von Feststellungen, die sich auf Ihre Situation an der Universität beziehen. Kreuzen Sie bitte hinter jedem Satz entsprechend dem Grad Ihrer Zustimmung, bzw. Nichzustimmung eine der Zahlen 1 - 5 an, wobei diese etwa folgende Bedeutung haben sollen:

1	2	3	4	5
stimmt gar nicht	stimmt kaum	teils/ teils	stimmt überwiegend	stimmt genau

	stimmt gar nicht				stimmt genau
1. Mein Studium langweilt mich oft.	1	2	3	4	5
2. Ich halte das meiste, was ich in meinem Studium lerne, für meinen späteren Beruf wichtig.	1	2	3	4	5
3. Aus Angst, mich zu blamieren, melde ich mich in Übungen nicht zu Wort.	1	2	3	4	5
4. Ich finde, an der Hochschule ist eben doch jeder auf sich allein gestellt.	1	2	3	4	5
5. Unsere Dozenten stellen oft viel zu hohe Anforderungen an uns.					
a) die Dozenten meiner Studienfächer	1	2	3	4	5
b) die Dozenten des pädagog. Begleitfaches	1	2	3	4	5
6. Ich frage mich manchmal, ob es überhaupt richtig war, ein Studium zu beginnen.	1	2	3	4	5
7. Mir fällt es oft schwer, mich auf meine Studienarbeit zu konzentrieren.	1	2	3	4	5
8. Von meinem späteren Beruf habe ich noch keine feste Vorstellung.	1	2	3	4	5
9. Ich arbeite meist für mich allein.	1	2	3	4	5
10. Unter meinen Dozenten gibt es keinen, der so etwas wie ein Vorbild für mich ist.					
a) die Dozenten meiner Studienfächer	1	2	3	4	5
b) die Dozenten d. pädagog. Begleitfaches	1	2	3	4	5
11. Ich bin von der Wahl meines Studienfaches (bzw. meiner Studienfächer) enttäuscht.	1	2	3	4	5
12. Ich arbeite öfters mit anderen Studenten zusammen.	1	2	3	4	5
13. Zu einigen meiner Kommilitonen(-innen) habe ich eine recht herzliche Beziehung	1	2	3	4	5
14. Ich glaube mit einem oder einigen meiner Dozenten könnte ich auch über meine persönlichen Probleme reden.					
a) die Dozenten meiner Studienfächer	1	2	3	4	5
b) die Dozenten d. pädagog. Begletifaches	1	2	3	4	5
15. Ich wünschte mir intensiveren Kontakt zu meine Kommilitonen(-innen).	1	2	3	4	5
16. Mein Studium macht mir überhaupt keinen Spaß.	1	2	3	4	5
17. Ich glaube, daß die meisten anderen Studenten in meinem Semester mehr arbeiten als ich.	1	2	3	4	5
18. Ich arbeite periodenweise sehr viel und dann wieder so gut wie gar nichts.	1	2	3	4	5

	stimmt gar nicht	-	-	-	stimmt genau
19. Ich kann meine Freizeit gar nicht recht genießen, weil ich dann immer denke, eigentlich müßte ich ja arbeiten	1	2	3	4	5
20. Unsere Dozenten sind im allgemeinen recht hilfsbereit.					
a) die Dozenten meiner Studienfächer	1	2	3	4	5
b) die Dozenten d. pädagog. Begleitfaches	1	2	3	4	5
21. Eigentlich müte ich mehr für mein Studium arbeiten	1	2	3	4	5
22. Ich gerate oft ins Grübeln und Träumen, wenn ich arbeiten will.	1	2	3	4	5
23. Ich finde das ganze Klima hier an der Hochschule irgendwie unpersönlich.	1	2	3	4	5
24. Ich habe die Erfahrung gemacht, daß doch recht wenige Kommilitonen(-innen) wirklich hilfsbereit sind.	1	2	3	4	5
25. Die meisten Übungen sind so überfüllt, daß ich keine Möglichkeit sehe, intensiv mitzuarbeiten.	1	2	3	4	5
26. Ich beteilige mich oft an Aktivitäten politischer Gruppen.	1	2	3	4	5
27. Im großen Ganzen bin ich von meiner Arbeit und dem, was ich im Studium lerne, recht befriedigt.	1	2	3	4	5
28. Unsere Dozenten sind meistens pädagogisch zu wenig qualifiziert, d.h. sie machen schlechte Seminare.					
a) die Dozenten meiner Studienfächer	1	2	3	4	5
b) die Dozenten d. pädagog. Begleitfaches	1	2	3	4	5
29. Eigentlich müßte ich mehr für mein Studium arbeiten.	1	2	3	4	5
3o. Ich bin oft unsicher, ob ich genug oder zuwenig geleistet habe.	1	2	3	4	5
31. Ich habe unter meinen Kommilitonen(-innen) ein paar Freunde, mit denen ich in der Freizeit häufiger etwas unternehme.	1	2	3	4	5
32. Die meisten Dozenten sind ziemlich arrogant und shen auf die Studenten herunter.					
a) die Dozenten meiner Studienfächer	1	2	3	4	5
b) die Dozenten d. pädagog. Begleitfaches	1	2	3	4	5
33. Ich habe ein enges und befriedigendes Partnerverhältnis.	1	2	3	4	5
34. Ich habe öfters das Gefühl, mal wieder nichts "geschafft" zu haben, obwohl ich den ganzen Tag etwas getan habe.	1	2	3	4	5
35. Das Gefühl, mit anderen im Studium im Wttbewerb zu stehen, ist bei mir sehr stark	1	2	3	4	5
36. Ich fühle mich an der Uni oft verloren und einsam.	1	2	3	4	5
37. Freizeit, Sport und Erholung kommen bei mir im Semester (also abgesehen von den Semesterferien) viel zu kurz.	1	2	3	4	5

Statistische Angaben

Machen Sie im Folgenden bitte noch einige statistische Angaben zu Ihrer Person. Die möglichen Antworten sind mit Zahlen versehen. Suchen Sie bitte die entsprechende Zahl für die auf Sie zutreffende Antwort heraus und tragen Sie diese in das danebenstehende Kästchen ein.

1. Geschlecht: 1= männl.,2= weibl. ( )

2. Alter: ....( )

3. Konfession: 1= evangel.
   2= kathol.
   3= andere Konfess.
   4= ohne ( )

4. Familienstand: 1= ledig
   2= Verheiratet
   3= geschieden
   4= verwitwet ( )

5. Einwohnerzahl des Heimatortes:
   1= weniger als 5 ooo
   2= weniger als 5o ooo
   3= weniger als 1oo ooo
   4= mehr als 1oo ooo ( )

6. Beruf der Eltern (gegebenenfalls vor Pensionierung, Tod usw.)
   1= Beamter
   2= Angestellter
   3= Arbeiter
   4= Selbständiger
   5= Mithelfender Fam.-angeh.
   6= Hausfrau
   7= Sonstiges

   Vater...... ( )
   Mutter .... ( )

7. Bildungsgrad der Eltern:
   1= Volksschul-abschluß
   2= Fachschul-abschluß
   3= Realschul-abschluß
   4= Abitur
   5= Hochschul abschluß

   Vater..... ( )
   Mutter ... ( )

NUR FÜR SCHÜLER :

8. Klassenstufe (oder entsprechendes)
   1= 10. Klasse
   2= 12./Klasse
   3= 13. Klasse ( )

9. Ich möchte nach dem Abitur studieren
   1= ja
   2= nein ( )

NUR FÜR STUDENTEN :

10. Belegte Studienfächer in diesem Sem. (Zweifachangaben denkbar)
   1= Sprachen (einschließlich Germanistik, Philologien etc)
   2= Gesellschaftswissenschaften (einschließlich Geschichte, Soziologie, Geographie,Politik etc.)
   3= Mathematik und Naturwissensch. (also Biologie, Chemie etc.)
   4= Leibeserziehung
   5= Evang. Religion

   erstes Fach ( )
   zweites Fach ( )

11. Semesterzahl (Hochschulsemester)
   1= 1. und 2. Semester
   2= 3. und 4. Semester
   3= 5. und 6. Semester
   4= 7. und 8- Semester
   5= 9. und 1o.Semester
   6= 11.und mehr Semester ( )

12. angestrebtes Examen:
   1= Staatsexamen für Lehramt an Realsch
   2= Staatsexamen für Lehramt an Gymnas.
   3= Diplom
   4= Magister
   5= Promotion
   6= anderes
   7= weiß noch nicht ( )

13. Ich wohne ...
   1= allein zur (Unter-)Miete
   2= in einem (Studenten-)Wohnheim
   3= mit meiner(m) Verlobten/ Freund(
   zusammen
   4= in einer Wohngemeinschaft
   5= zu Hause bei meinen Eltern,Verwandten ( )

14. Hochschulbesuchsberechtigung durch
   1= Abitur
   2= über den zweiten Bildungsweg ( )

15. angestrebter Beruf:

   ....
   (bitte ausfüllen)

Bitte überprüfen Sie noch einmal, ob Sie alle für Sie zutreffenden Zahlen in die dafür vorgesehenen Kästchen eingetragen haben!